KB220762

트럼프는 선택되었을 뿐이다

TALK RADIO'S AMERICA

트럼프는 선택되었을 뿐이다

극우 확장의 메커니즘

브라이언 로젠월드 지음
송현주 옮김

머리끈

TALK RADIO'S AMERICA

일러두기

- 본문의 모든 방주는 옮긴이 주다.
- 원서의 'Talk Radio'는 문맥에 따라 '라디오 토크쇼' 또는 '보수 라디오쇼'로 번역했다.
- 신문사 및 방송 프로그램은 〈 〉로 표시했으며, 인명은 국립국어원 한국어 어문 규범 용례를 따르되 관용적으로 굳어진 인명에 대해서는 언론사 및 출판물 표기를 참고했다.
- 이 책은 방송문화진흥회의 지원을 받아 출간되었다.

추천 해제
Foreword

다시 찾아온 데마고그[○]의 시대, 트럼프를 밀어올린 바람은 어디에서 불어오는가?

정준희
한양대학교 정보사회미디어학과 겸임교수

애니메이션 〈심슨 가족The Simpsons〉이 던진 '트럼프 대통령' 농담을 현실로 바꾼 2016년. 미국은 물론 세계가 경악했다. 할리우드 3류 배우에 불과했던 로널드 레이건이 권좌에 오른 1980년만 해도, 사람들은 그의 매력적인 외모와 부드러운 화술 그리고 그의 배후에 있는 네오콘의 강력한 힘을 그럭저럭 수긍했다. 레이건 역시 전통적인 미국 대통령다운 배경도 없었고 공화당의 적자도 아니었다. 그래도 대통령에게 기대됨직한 풍모와 네오콘 등 탄탄한 권력 기반이 있었다. 허나 트럼프에겐 그런 것조차 없었다. 품격이라고는 눈곱만큼도 찾아볼 수 없는 졸부 사기꾼에 모욕에 능한 혀만 갖춘 그가 미국 대통령이 된 건 초현실적인 일로 받아들여졌다.

그러나 그것은 엄연한 현실이었다. 그렇다면 그걸 '초'현실로 받아들이는 이들의 현실이 오히려 '비'현실이 되었다는 뜻이다. 미국의 주류 언론과 주류 학계는 그 사실을 받아들일 수 없어 한참을 비틀댔다. 왜 이런 현실이 도래했는지를 규명하기보다, '잠시간' 초현실적인 드라마가 펼쳐지고 있는 것처럼 설명하기 바빴다. 그러다 보니 (현실이 아닌) 드라마의 주역인 트럼프라는 희대의 악당 '캐릭터'에만 집중했다. 우리는

○ Demagogue. 선동으로 대중에 대한 권력을 유지하고 강화하는 정치인이나 연설가.

지금 트럼프가 극본, 연출, 주연을 맡은 리얼리티 쇼를 보고 있는 것이고, 그를 지지해서 대통령으로 만든 사람들은 그저 잠시 TV와 현실을 혼동한 것일 뿐이었다. 사람들을 계속 속이는 데 성공하면 시즌2가 이어질 수도 있겠지만, 결국 현실로 복귀할 수밖에 없다고 믿는 듯했다. 실제로도 트럼프 리얼리티쇼는 시즌1에서 한 차례 마감됐다. 패배를 인정하지 않은 트럼프 지지 군중의 의사당 난입이라는 또 다른 초현실적 드라마가 필요하기는 했지만 말이다. 하지만 그로써 이제 잠정적 초현실이 본래의 현실로 돌아온 것일까?

정치 커뮤니케이션 학자 송현주 교수가 미국에서 보낸 연구년을 털어넣어 번역한 이 책은, 트럼프가 아니라 그를 세운 환경에 주목하며 그것이 미국 미디어와 정치의 새로운 현실로 자리 잡았다고 본다. 트럼프는 이미 레이건이 당선되었을 때부터 예견된 결과물이다. 지금의 미국 보수가 새로운 정통으로 삼는 레이건의 위대한 유산 위에서도 고작 4년만 지속됐던 아버지 부시 시대에 그 씨앗이 뿌려졌다. 이들의 시각과 울분에 의하면, 흑인과 여성에서 시작해 이민자와 이슬람, 성소수자에 대한 포용으로 이어진 민주당식 좌파정치는 '미국다움'을 상실해 가는 도정이었다. 그런 민주당과 타협하려는 공화당 온건파는 민주당보다 더 밉고 따라서 먼저 척결되어야 할 내부의 적이다. 이 감성을 가장 먼저 파악하여, 가장 충실하게 대변하고 효과적으로 조직함으로써 보수 행동주의의 정치 문법을 만든 건, 이 책의 중심인물인 러시 림보로 대표되는, 미국 미디어업계에서 가장 비주류에 속했던 극우 AM 라디오 정치 토크쇼 진행자들이다. 이들은 뉴스, 정치, 오락을 혼성시켜 자신들만의 상업주의와 결합함으로써, 보수에게 불리한 판이었던 미디어의 문법을 바꿨다. 트럼프는 그렇게 바뀐 미디어와 정치 문법에 똑 들어맞는 탁월한 대리자이다.

미국 정치와 미디어의 지난 40년간의 흐름을 조밀하게 추적하는 이 책은 극우 미디어의 발현과 보수 정당의 변화라는 주제에 그다지 익숙하지 않은 이들에게는 자칫 미로처럼 느껴질 수도 있다. 수많은 인명들 속에서, 정치계로 치자면 기껏해야 대통령이나 부통령을 했던 인물쯤이 들어봄직하고, 언론계로 치자면 폭스뉴스와 CNN, 〈뉴욕타임스〉, 루퍼트 머독 정도가 고작일 테다. 때문에 미국 정치와 미디어 사정에 밝은 송현주 교수가 구석구석 친절한 설명을 달아주었다. 그럼에도 불구하고 여전히 나무보다는 숲을 보고 싶고, 구체적인 미국 정치와 미디어업계의 사정보다는 그것이 당대 한국 사회에 의미하는 바를 서둘러 찾고 싶은 욕망이 있을 테다. 그런 분들은 과감히 '거꾸로 읽기'를 선택해도 무방하다. 트럼프가 다시 돌아온 지금 시점에서부터 그가 대통령 자리에 올랐던 2016년을 거쳐, 주류 언론에게서 받은 압도적 사랑만큼이나 극우 대중에게는 혐오의 대상이었던 오바마와, 현재의 정치 토크쇼 문법이 형성된 클린턴의 시대로 거슬러 올라가는 길이다. 이미 아는 것은 아직 모르는 것으로의 창문을 열어주며, 그 창을 통과하여 그간 몰랐던 것을 비로소 알게 되었을 때 그간 알았던 혹은 안다고 생각했던 것들마저 꽤 달리 보일 것이다. 또 혼자 읽기보다는 함께 읽고, 이 책과 연계된 강연과 북토크, 그에 이어질 다채로운 미디어 콘텐츠를 함께 찾아보는 것도 이 시대에 잘 들어맞는 대안적 활동이 될 것이다. 그런 사람들을 위해 나는 내가 운영하는 유튜브와 학습 공동체를 통해 이 책과 연관된 '실천적 읽기'의 장을 만들 생각이다. 이건 단지 잠시간의 해프닝이나 비단 미국만의 일이 아닌 까닭이다. 현실을 도덕적으로 부정하기보다 그 현실을 만들고 있는 흐름을 읽고 대안적 실천의 방향을 모색해야 하기 때문이다.

이처럼 변화된 현실의 한 귀퉁이를 뒤늦게나마 눈치챘던 학자와 평론가들이, '트럼프가 가더라도 트럼피즘Trumpism은 사라지지 않을 것'이라고 말한 바 있다. 이 책이 시종일관 강조하고 있듯, 정치 토크쇼가 초활성화시킨 극우 집단이 당내 경선의 결정력을 쥠으로써 공화당의 체질이 완전히 바뀌어 버렸기 때문이다. 이들 덕에 가끔 집권은 할 수 있을지 몰라도 그럴수록 무언가를 실현하기 위한 초당적 협력 같은 건 꿈도 꿀 수 없을 만큼 선명 극우화된 정당, 미국 공화당. 그리고 이와 유사한 경향을 보이는 각국의 흐름. 이런 구도 속에서 트럼프는 새로운 역사의 주역이 아니라 한 뚜렷한 파도일 뿐이다. 파도는 보이지만 그걸 일으키는 바람은 보이지 않고, 바람을 느낄 수 있어도 그걸 만드는 기상 지형은 느낄 수 없게 마련이다. 이 책은 트럼프라는 파도를 일으키는 바람을 보고, 그 바람을 만드는 신종 극우의 기상도를 그려준다. 그 속에서 트럼프는 선택되었다. 그리고 이 기상도 속에서는 (새로운) 트럼프를 만드는 바람과 트럼프를 자처하는 파도가, 미국을 위시한 도처에서, 계속 등장할 것이다.

역자 서문
Preface

정치언론의 상업적 일탈이 몰고온 민주주의의 딜레마

송현주
한림대학교 미디어스쿨 교수

1999년으로 기억한다. 펜실베이니아대학교의 조지프 카펠라 Joseph Cappella 교수가 내가 다니던 대학원을 방문해 자신의 최신 연구를 발표한 적이 있었다. 당시 그는 동료인 캐슬린 제이미슨Kathleen Jamieson 교수와 함께 저술한《냉소주의의 나선: 언론과 공공선Spiral of Cynicism: the Press and the Public Good》으로 널리 알려진 정치 커뮤니케이션 연구자였다. 그 책의 핵심 내용은 언론이 정치적 갈등을 보도하는 방식이 정치체계와 정치인에 대한 시민들의 신뢰에 영향을 미친다는 것이었다. 구체적으로 정치인들이 자신의 입지를 유지하거나 강화하려는 전략, 달리 말해 다음 선거에서 승리하기 위한 전략이 충돌해서 정치적 갈등이 유발된다고 언론 보도가 규정할 경우 시민들은 정치인들이 공익보다 사익을 앞세운다고 생각하게 되고 정치적 냉소주의는 확산된다는 점을 보여줬다. 그 책의 분석대상이 된 미국의 정치 상황은 클린턴 행정부와 뉴트 깅그리치 하원의장이 이끌던 하원 공화당의 극단적인 갈등이었다. 거의 모든 정책 사안에 대해 민주당과 공화당은 대립했고, 국가가 기능하기 위해 필요한 최소한의 합의도 이루어지지 않았다. 예를 들어 다음 연도 예산안이 하원을 통과하지 못해 정부가 강제로 휴무를 해야 하는 일도 발생했다. 영어를 잘 알아듣지 못하는 처지였지만 카펠라 교수의 발표에 참석했던 이유는 그의 기존 연구를 나름 이해하고 있었고 당시의 발표 내용 또한 그 연장선에 있을 것이라고 예상했기 때문이었다. 하지만 기대와 달리 카펠라 교수는 느닷없이 라디오 토크쇼 이야기를 꺼냈다. 라디오라고?

라디오는 오래된 방송 매체다. 전화선을 이용한 유선 방송으로 시작했다가 무선 전파 기술이 발전하면서 본격적인 대중 매체로 성장했다. 하지만 라디오는 뉴스 매체라기보다는 오락이나 교양 매체의 성격이 더 강했다. 정기적으로 제공하는 뉴스도 심층적이지 않고 단순 정보를 전달하는 뉴스 브리핑 형식이 지배적이었다. 매시 정각에 1분에서 3분 정도의 뉴스를 내보내는 것 정도였다는 것이다. 더군다나 텔레비전이 등장한 이후에는 주변부 매체가 돼버렸고 FM 라디오의 시대에는 음악이 주요 콘텐츠였다. 20세기 중반이 최전성기였던 라디오는 그 이후 소멸해 가는 잔존 매체라는 인식이 지배적이었다. 그런데 21세기를 앞둔 시점에 라디오 토크쇼와 정치적 혐오에 대해 이야기하는 카펠라 교수의 발표에 나를 비롯한 대부분의 대학원생은 어리둥절할 수밖에 없었다. 사실 그 당시 우리나라 정치 커뮤니케이션 연구에서 가장 큰 관심 대상은 인터넷이었다. 뉴스에 달린 댓글이나 인터넷 커뮤니티에서의 정치토론 등이 민주주의에 어떤 의미를 지니는가에 대한 연구가 활발하게 진행되고 있었다. 특히 공론장이라는 민주주의의 이상향에 매료됐던 사람들은, 근대 초기 서구에서 독서 공중이 출현해 커피하우스, 카페, 살롱 등에서 열정적인 토론을 벌이고, 그 결과 근대 시민혁명을 통해 새로운 민주주의 사회가 등장했다는 역사적 가설을 인터넷에 그대로 대입했다. 따라서 카펠라 교수의 라디오 연구는 남의 나라 사례라 하더라도 낯선 이야기였다.

하지만 나중에 깨달은 바, 플랫폼만 달랐을 뿐 미국의

AM 라디오와 한국의 인터넷 공간에서는 유사한 일이 진행되고 있었다. 뉴 밀레니엄에 이르러 정치적 냉소의 시대가 저물고 열정적인 시민 참여의 시대가 열렸다. 단순히 투표율이 반등한 것 이상이었다. 시기와 성격은 다소 다르지만 미국에서는 무브온MoveOn, 티파티The Tea Party, '월스트리트를 점령하라Occupy Wall Street' 등등 정당에 연계되지 않은 시민들의 조직화가 이루어졌다. 우리나라에서는 각종 인터넷 커뮤니티뿐만 아니라 노사모로 대표되는 열성 지지층이 온라인 공간을 중심으로 조직화되고 시민참여형 정당이 등장하기도 했다. 단순히 듣고 보고 반응하는 정도를 넘어서는 참여 지향적 시민들의 등장은 이후 촛불혁명의 모태가 됐다고 할 수 있다. 미국의 라디오 토크쇼와 우리나라의 인터넷 공간은 시민의 뜨거운 참여 열기가 넘쳐나는 용광로였다고 할 수 있다.

카펠라 교수와 제이미슨 교수는 2008년《반향실: 러시 림보와 보수 매체의 구축Echo Chamber: Rush Limbaugh and the Conservative Media Establishment》을 출간했다. 1999년의 발표는 2008년 저서의 초고였던 셈이다. 이 책은 미국에서 보수 라디오 토크쇼의 등장과 성공을 다뤘는데, 특히 러시 림보와 같은 토크쇼 진행자들이 진보와 중도적 관점을 배제하고 보수적 관점을 강화함으로써 극우의 '반향실echo chamber'○을 형성하고 여론의 극단화를 초래하는 과정을 분석했다. 소외됐던 미국 보수층의 참여 열기 이면에 자리 잡은 라디오 토크쇼의 역할과 그 위험성을 보여주고 경고한 것이었다.

○ 비슷한 이념 성향, 가치 체계, 정치적 의견 등을 지닌 사람들끼리만 소통하는 공간, 영역을 의미한다. 필터 버블이라고도 불린다.

뉴 밀레니엄 이전까지 냉소주의가 보편적이었던 것처럼 이념적·정치적 양극화 또한 보편적인 현상이다. 그러나 그동안 관찰하고 분석한 결과에 따르면 양극화는 보수의 극단화에 따른 결과다. 기계적 중립을 따라 양극화라고 말하고 있지만, 실제로는 보수의 극단화 때문에 간극이 벌어져 온 것이다. 미국의 민주당은 공화당 레이건 대통령과 부시 대통령의 12년 집권 이후 꾸준히 중도 확장을 추진해 왔다. 클린턴부터 오바마, 바이든으로 이어지는 민주당 대통령들은 이전의 동북부 출신 진보 성향의 유력 정치인들과 비교해 보면 중도 성향이 강하다. 반면 공화당은 온건파였던 아버지 부시 대통령과 달리, 아들 부시 대통령은 신자유주의 노선을 충실히 따랐으며 트럼프에 이르러서는 완전히 극우로 기울어 버렸다. 되돌아보면 우리나라 정치도 다르지 않다. 민주당 계보를 잇는 정당들이나 주요 정치 지도자들이 중도를 표방하고 지향해 온 반면, 이명박과 박근혜, 윤석열 대통령으로 이어지는 보수 정권은 점차 이념적으로 극우화되어 왔다. 유럽 국가들에서 극우세력이 급성장해서 현실 정치의 한 축이 된 것은 두말할 필요도 없다.

그렇다면 왜 극우화가 두드러지는가? 나라마다 사정은 다를 것이지만 가장 유력하고 보편적인 원인은 신자유주의와 글로벌화의 폐해일 것이다. 이 책이 다루고 있는 미국의 사례를 보면, 대표적으로 중서부의 전통적인 공업지역의 백인 중산층과 중하층이 몰락했다. 흔히 경합주로 불리는 오대호 연안의 미시건과 오하이오 그리고 인근 펜실베이니아 등은 과거 민주당 지지세가 강한 주들이었으나 주력 산업이 쇠퇴하면서 일자리를 잃은 백인 노동자 가정이 대거 공화당 지지로 돌아섰다. 전통적인 공화당 지지층에 더해서 신자유주의의 폐해를 직접적으로 겪은 블루칼라들이 냉소주의를 경유해 결국 극우화되면서 공화당 지지 지역이 확장되고 우경화가 심해진 것이라고 볼 수 있다. 최소한 경제상황을 분석하면 그렇다는 것이다. 여기에 인종 갈등과 이민 문제, 1970년대부터 이어져 온 '문화전쟁'○의 요인, 즉 기독교 교육, 임신 중지, 동성결혼 등등의 사안별 갈등까지 더하면 극우화의 토대는 어느 정도 설명된다. 하지만 사회 체제나 현실 정치에 불만이 있다고 모두 극단화되지는 않는 법이다. 잠재돼 있던 극우화 가능성을 현

○ 정치적, 사회적, 종교적 사안에 대한 서로 다른 가치관이나 신념 체계가 충돌하는 상황을 의미한다. 미국에서는 1960년대와 1970년대에 시작됐으며 오늘날까지 이어져 오고 있다.

실화 시킨 요인은 무엇인가? 트럼프라는 기괴한 인물을 대통령으로 만들었던 원동력은 무엇인가? 이 책은 라디오 토크쇼를 그에 대한 하나의 답으로 내놓고 있다.

뉴스 매체와 정치의 관계에 대해서는 다양한 논의가 있지만 이 책은 그 관계에 대해 몇 가지 관점에 천착하고 있다. 너무나 당연한 말이겠지만 뉴스 매체가 무에서 유를 창조해 내지는 않는다. 극우화의 동력은 다양한 정치·사회·경제·문화적 조건에 잠재해 있지, 뉴스 매체가 만들어 내지는 않는다. 다만 발견하고 자극하고 증폭시킬 수는 있다. 미국 보수의 극우화는 극우 성향의 라디오 토크쇼에 의해 촉발되고 매개된 것이라는 게 이 책의 핵심 내용이다. 미국의 뉴스 매체에 대해 들어본 사람들은 폭스뉴스를 떠올릴 수도 있지만 이 책에서 폭스뉴스는 라디오 토크쇼의 텔레비전 버전으로 이해된다. 폭스뉴스의 원형은 CNN 같은 다른 뉴스 전문 채널이 아니라 보수 라디오 토크쇼에 있다는 것이다. 그렇다면 왜 라디오 토크쇼는 극우화됐는가에 대한 질문이 이어질 수 있다. 러시 림보에서 시작된 라디오 토크쇼가 극우의 반향실을 만들어 냈다는 것은 카펠라와 제이미슨의 2008년 저서뿐만 아니라 다른 많은 연구들에서도 잘 보여주고 있는 바이다. 이 책은 이윤 추구 동기를 그 주요 원인으로 제시하고 있다. 애초에 러시 림보의 라디오 토크쇼는 다른 매체와 FM 라디오에 밀려 몰락하고 있던 AM 라디오를 구원하기 위한 실험적인 프로젝트로 시작됐다. 풍자와 해학, 조롱에 능수능란했던 러시 림보는 정치적 냉소주의가 만연한 환경에서 중년 백인 남성 청취자 중심의 잠재적 시장을 찾아내 개척했다. 별로 진지하지 않은, 정치 오락에 가까운 토크쇼로 시작한 러시 림보의 성공은 무수한 후계자들을 만들어 냈으며 AM 라디오 산업은 막대한 이윤을 창출해 냈다. 기성 정치에서 소외돼 온, 잠재적 극우 성향의 청취자들이 그 토대가 됐다. 라디오 토크쇼 자체도 많아지고 또 폭스뉴스, 블로거, 인터넷신문 등이 경쟁에 가세하면서 극우 성향의 핵심 청취자들을 붙들고 있기 위해서 토크쇼는 더 선정적이고 극우로 치우칠 수밖에 없었다. 이념에 앞서 오락적 차원에서 청취자들을 끌어들이기 위해 라디오 토크쇼는 풍자와 해학을 넘어서는 혐오와 차별, 멸시, 허무맹랑한 음모론을 일상화시켰다. 트럼프는 그 모든 것을 체현한 유일한 현실 정치인이었으니 청취자들이 열광하는 것도 당연했다. 결국 라디오 토크쇼의 일탈적 이윤 추구가 트럼프를 정치인으로 또 대통령으로 만들어 냈다고 해도 과언이 아니라는 게 저자의 주장이다.

이 책의 가장 큰 차별성은 라디오 토크쇼가 어떻게 공화당을 지배하게 됐고 결국 미국 정치를 어떻게 파괴했는가를 생생하게 보여준다는 점이다. 라디오 토크쇼는 전화 참여를 통해 청취자들의 효능감을 고양시킨 뒤 정치 참여로 이끌었다. 불만은 많으나 정치에 대해서는 무지하고 정치로부터 소외됐던 그들은 재미로 듣기 시작한 라디오 토크쇼를 통해 정치에 입문해 극우가 됐고 공화당의 새로운 지지층이 됐다. 이념적으로 일체화된 소수가 영향력을 극대화시킬 수 있는 당내 경선을 통해 극우 지지층은 30여 년에 걸쳐 전통적인 공화당 온건파들을 하나둘씩 당에서 축출했고 그 빈자리는 극우 정치인들로 채워넣었다. 온건파는 공화당의 허울을 쓴 민주당원에 지나지 않으며 보수 이념의 실현을 위해서는 민주당원보다 먼저 제거해야 할 장애물이라는 근본주의적 사고가 그 바탕에 있었다. 이를 간파한 극우 정치 지망생들은 라디오 토크쇼로 몰려들었고, 토크쇼 진행자들과 청취자들의 지지와 후원을 등에 업고 공화당 온건파 거물들을 몰아내고 의회에 입성해 왔다. 이제 공화당 의원들에게 타협과 협상, 양보는 곧 정치적 자살을 의미하기 때문에 압도적으로 상하원을 장악하고 백악관까지 차지해야만 뭐라도 할 수 있게 됐다. 극우화된 공화당이 선거에서 그 정도로 승리하는 건 불가능하다. 따라서 극우화된 공화당은 국가를 운영할 수 없거나 국가 운영을 가로막는 정당이 돼버렸다는 게 이 책의 또 다른 결론이다. 대통령 트럼프가 실제로 해낸 건 아무것도 없다고 평가되는 이유이기도 하다.

이 책을 읽고 난 후 마주하게 되는 가장 큰 화두는 민주주의의 딜레마다. 저조한 투표율로 대표되는 정치적 무관심은 민주주의 정치의 실패를 의미한다. 분노와 혐오, 허위조작 정보와 음모론에 사로잡힌 사람들의 정치에 대한 과도한 몰입은 민주주의 정치에 대한 위협이다. 정치 참여의 차원에서만 보면 정치적 무관심과 과도한 몰입은 상반된 현상 같지만 실제로는 동전의 양면이다. 정치적 무관심이 비非시민적이라면 민주주의를 위협하는 극단화는 반反시민적이다. 비시민은 민주주의 실패의 결과이고 반시민은 민주주의 실패가 특정 계기를 통해 정치로 오도된 결과인데, 역사적으로 비시민이 반시민으로 전화됐던 사례는 무수히 많다. 나치즘과 파시즘, 문화혁명이 대표적이며 그 결과는 참담했다. 그런데 우리는 과연 비시민을 시민으로 이끌 제도나 문화를 갖추고 있는가? 비시민이 반시민이 되는 걸 막는 안전장치를 준비해 왔는가? 반시민의 민주주의 파괴 시도를 막아낼 힘은 축적돼 있는가? 예를 들어 언론자유를 완전히 보장하면서도 허위조작정보의 범람을 막을 수 있는 방안이 있는가? 미국은 실패했다는 것이 저자의 고백이고 그 해결 방안도 딱히 보이지 않는다는 게 저자의 고민이다. 권력자가 자신에 대한 비판에 대해 가짜뉴스와 선동을 언급하고 국가기관이 수사와 심의, 규제로 화답하는 건 성찰 없는 권위주의적 퇴행일 뿐이다. 하지만 비시민의 반시민화라는 민주주의의 딜레마를 극복할 비자유주의적, 비권위주의적 대안이 무엇인지 생각하면 머릿속은 복잡해지고 가슴은 답답해지지만 피할 수 없는 고민이다.

마지막으로 이 책의 주인공 격인 러시 림보의 이야기를 듣다 보면 자연스럽게 떠올리게 되는 인물을 언급하지 않을 수 없다. 바로 김어준이다. 서론을 읽으면 바로 알 수 있을 것이다. 외견상 림보와 김어준은 공통점이 많다. 언론 조직의 한 구성원이 아니라 개인으로서 1인 매체로 기념비적인 성공을 거뒀다. 정치적으로나 재정적으로 모두 그렇다. 또한 둘 다 진지하면서도 풍자와 해학을 통한 재미를 중요시했다. 주류 언론은 그들을 언론인으로 인정하지 않았으나 늘 그들의 영향을 받았다는 점도 유사하다. 물론 이념 진영에 따라 호오가 극명하게 갈린다는 것도 비슷하다. 림보는 미국 보수층으로부터 진정한 언론인으로 추앙받았으나 진보층으로부터는 허위 조작과 혐오발언을 일삼는 선동가로 비난받았다. 김어준 또한 마찬가지다. 하지만 차이점도 분명하다. 유색인종이나 이민자, 성소수자, 여성 등에 대한 혐오 발언을 무수히 쏟아낸 림보와 달리 김어준은 사회적 소수나 약자에 대한 혐오 발언을 한 적이 없다. 권력자나 권력 기관, 기득권에 대한 풍자와 해학, 조롱이 그들을 불편하게 만들었을 수는 있으나 소수자나 약자에 대한 혐오 발언과는 다른 것이다. 이윤 추구에 부여하는 가치도 달랐다. 처음부터 마지막까지 림보에게 가장 중요한 것은 청취율과 그에 뒤따르는 이윤이었다. 림보의 이념 성향을 고려하면 트럼프는 림보가 지지할 만한 후보가 절대 아니었다. 하지만 결국 림보는 극우 청취자들의 선택을 따라갈 수밖에 없었다. 반면 김어준은 사업가로서 뛰어나지만 이윤 추구는 언론의 물적 토대를 튼튼히 하기 위한 것이지, 이윤 자체가 궁극의 목적은 아니다. 이는 매체 시장의 차이 때문일 수도 있고 문화적 차이 때문일 수도 있다. TBS 시사 라디오 진행자 시절, 김어준의 프로그램이 전체 청취율 1위였음에도 불구하고 림보의 수입에 비하면 푼돈에 지나지 않을 그의 출연료는 시비의 대상이었다. 하지만 미국에서 림보의 천문학적 수입은 사업적 성공과 정치적 영향력의 지표로 이해된다. 마지막으로, 언론인으로서 가장 중요한, 사실관계를 다루는 방식에서도 림보와 김어준은 다르다. 림보는 자신의 주장을 합리화하기 위해 사실관계를 왜곡하거나 과장하는 데 거리낌이 없었다. 림보의 후계자들은 더 심각해서 음모론이 일상이다. 김어준 또한 직업적 음모론자라는 비난을 받기도 했지만 사실 관계를 확인하는 데 비교적 엄격하다. 이는 언론 규범의 자각과 준수 의지에 대한 림보와 김어준의 개인적 차이일 수도 있고, 미국과 우리나라가 언론자유를 보장하고 규제하는 방식의 차이에서 유래한 것일 수도 있다. 이 책의 주제와 관련한 두 사람의 가장 큰 차이는 림보와 공화당, 김어준과 민주당 계열 정당의 관계가 다르다는 점이다. 림보와 김어준은 분명 정파적으로 볼 때 각각 공화당과 민주당 계열 정당을 지지하면서도 독립적이었다. 하지만 이념적으로 보다 선명하고 극단적인 림보는 공화당을 개조하려는 전략과 계획을 가지고 있었고 또 실행했다. 반면 김어준은 이념을 분명히 드러내지 않을 뿐만 아니라 이념을 앞세워 당내 역학 구도에 적극적으로 개입하지도 않는다. 이상은 물론 나의 직관에 따른 지극히 주관적인 평가다. 다만 혹시나 책을 읽다가 림보에서 김어준이 연상되고 비교해 보고 싶은 독자가 있다면, 위의 기준들을 참고해 보라는 의미에서 덧붙인 것이다.

서론
Introduction

1988년 8월 1일은 도널드 트럼프를 대통령으로 만든 기나긴 여정이 시작된 날이었다. 그러나 정치 중독자들Political junkies○ 조차도 이 날의 중요성을 알아차리지 못했다. 왜냐하면 러시 허드슨 림보 3세Rush Hudson Limbaugh III 라는 실패한 디스크자키이자 전직 메이저리그 캔자스시티 로열스 구단 직원이 전국 라디오 방송에 데뷔했을 뿐인 날이기 때문이다. 주파수를 맞춘 청취자들도 소수였다. 그 당시를 제대로 기억하는 사람도 별로 없어서 림보의 프로그램 〈러시 림보 쇼〉를 내보낸 방송국 수가 몇이나 되는지도 정확하지 않다. 림보는 56개 방송국과 제휴해 시작했다고 주장했는데 대부분 38~47개 정도로 추정하고 있다.[1]

○ 1972년 미국 대선 캠페인을 취재하던 〈롤링스톤〉의 리포터 헌터 톰슨이 만들어 낸 용어로 정치 관여도가 높아 단순한 관찰자를 넘어 분석가나 전략가 정도로 생각하고 행동하는 사람들을 비유적으로 표현한 말이다. 일반 유권자뿐만 아니라 언론인도 포함된다. 정치 동물(political animal)이라 불리기도 한다.

림보의 프로그램은 시작부터 기존 방송과 달리 대단히 시끌벅적했고, 흥미 위주에다 논쟁적이었다. 림보 이전까지는 대도시 방송에서만 그런 유형의 프로그램을 들을 수 있었다. 1983년 미국 전역의 토크 전문 라디오 방송국 수는 59개에 지나지 않았고 그나마도 전문가 조언, 차분한 인터뷰, 근처 학교에서 벌어진 일이나 혐오스러운 모양의 눈사람 따위의 온갖 시시콜콜한 일들을 다뤘다.[2] 대다수 라디오 프로그램은 지역 관심사에 초점을 맞췄고, 래리 킹Larry King이나 샐리 제시 라파엘Sally Jessy Raphael 같은 중도좌파 성향의 스타급 진행자들은 청취자들에게 자신의 정치적 관점을 드러내지 않았다.

림보가 전국 방송에 데뷔할 당시 이들 토크 전문 라디오 방송국의 라디오쇼들은 정치적 영향력이 미미했다. 보스턴 같은 라디오쇼 인기 지역에서도 국소적인 정책적 논쟁 또는 안전벨트법 같은 민감하고 감성적인 사안에나 영향을 미치는 정도였다. 라디오 토크쇼는 정파적이지 않았고 중앙 정치에서는 아무 역할도 하지 못했다. 1987년 이전에는 공정성 원칙the Fairness Doctrine○ 때문에 논쟁적 사안을 다루는 의견 프로그램을 제작할 때는 방송국들이 다양한 관점을 의무적으로 제시했어야 했기 때문에, 요즘처럼 보수적인 라디오 토크쇼 방송국이 AM 라디오 주파수를 완전히 장악하는 일은 불가능했다. 그러나 그 해 연방통신위원회the Federal Communications Commission, FCC□는 공정성 원칙을 철폐했다.

○ 방송사업자가 논란이 있는 중요 사안을 보도할 때 각 입장을 정확하고 형평에 맞게 다루어야 한다는 원칙으로, 미국에서는 1949년에 도입됐다가 1987년 폐지됐다. 우리나라의 경우 공정성 원칙과 관련해 방송법에 보도의 공정성과 공익성, 공적 책임, 편성의 자율성 등이 상세히 규정돼 있다.

□ 미국 의회 법령에 의해 권한을 부여받은 독립기관으로서 방송통신 관련 정책을 집행하고 방송통신용 전파자원 관리 및 방송통신사업을 규제하고 감독한다. 우리나라에서는 과학기술정보통신부와 방송통신위원회가 나눠 담당하고 있다.

이전보다 더 자유로운 환경에서 림보는 라디오 산업을 혁명적으로 바꾸는 일을 계속했고 그 결과 의도치 않게 새로운 유력 정치 행위자를 탄생시켰다. 그가 시작한 라디오 토크쇼는 10년도 지나지 않아 1,000개가 넘는 방송국의 전파를 탔고 수백만 명이 청취하면서 통근하고, 일하고, 라디오에 대고 소리를 질러대는 프로그램이 됐다. 몇 년 후, 보수 라디오 토크쇼는 중앙 정치와 공공 정책에도 영향을 미치기 시작했다. 사업이 번창함에 따라 그 영향력은 10년 동안 팽창했는데, 1990년대와 2000년대 초반에 걸쳐 전국 신디케이트Syndicate◇ 라디오 토크쇼의 수는 급격하게 늘어났고, 그 내용도 점점 정치적이고 보수적으로 변했다.

◇ 일반적으로 미디어 분야에서 방송 프로그램이나 기사, 칼럼, 만평 등을 제작해 방송사, 신문사, 잡지사 등에 재배포 권한을 판매한다. AP나 연합뉴스 같은 뉴스통신사도 신디케이트의 한 유형이다. 콘텐츠 자체 제작 능력이 부족한 소규모 매체는 신디케이트에 대한 의존도가 높다.

진보 전문가들과 일부 연구자들은 다음과 같은 개략적 이야기 구조에 동의한다. 보수적인 방송국 간부들이 공화당과 공모해 림보의 토크쇼를 원형으로 한 프로그램 양식을 만들었고, 림보 같은 진행자가 되고 싶은 수천 명의 사람들이 뒤이어 나타났다는 것과,[3] 제작자·진행자·정치인이 똘똘 뭉쳐 공화당 후보를 당선시키고, 공화당 정책을 추진하는 플랫폼으로 활용하기 위해 보수적인 라디오 토크쇼를 공화당의 부속기관으로 만들었다는 것이다. 이러한 가설은 라디오 토크쇼의 성공이 정파적이고 이념적인 케이블 뉴스 네트워크(즉 폭스뉴스)의 발달로 이어졌고, 일부 진행자들의 경우 케이블 채널의 뉴스로 자신의 라디오 프로그램을 보완했다는 이론으로 이어진다. 블로그 같은 온라인 사이트에서 공화당 지지자가 급증하면서, 라디오 콘텐츠는 결국 디지털 영역에서도 자리를 잡았다는 것이다.

이런 서사는 나름 그럴듯해 보인다. 특히 진보주의자들은 그렇게 생각할 것이다. 결과만 놓고 보면 많은 라디오 토크쇼의 제작자들, 그리고 그들과 뜻을 같이하는 정치행동위원회 Political Action Committee, PAC○는 공화당 후보에게 기부하고, 대다수 라디오 토크쇼 진행자들은 보수 후보와 보수의 가치를 옹호하기 때문이다. 그러나 이런 서사는 틀렸다. 현실에서 대중적인 보수 방송 프로그램으로 등장한 라디오 토크쇼가 미국 정치에 미친 영향력은 다음의 두 가지 복잡한 이야기로 나눠볼 수 있지만, 그 어느 것도 공화당이 종속적인 매체를 만들었다는 음모론과는 무관하다.

첫 번째 이야기는 라디오 토크쇼가 미국 전역에 확산되는 과정을 재정파탄에 빠진 AM 라디오를 구해내는 것으로 서술한다. 림보는 선거나 입법에 영향을 미칠 의도가 없었고, 자신이 그렇게 할 수 있다는 것도 자각하지 못했다. 림보의

○ 세액 공제를 받는 기부금을 기반으로 특정 정치적 사안이나 공직 후보에 대해 실질적으로는 정치자금을 지원하는 외곽 후원단체다. 2002년 개정된 연방선거운동법(the Federal Election Campaign Act)에 따라 개인뿐만 아니라 노동조합, 기업들도 PAC을 통해 정치자금을 익명으로 무한정 기부할 수 있게 됐다. 이를 계기로 PAC도 늘어나고 모금액의 규모도 커졌는데, 미국 정치가 금권 정치라고 비판받는 이유도 PAC과 관련돼 있다.

초창기 추종자들도 마찬가지였다. 그들에게 기회를 준 제작자들도 정치적 결과에는 관심이 없었다. 진행자들과 제작자들에게 라디오 토크쇼는 단지 사업이었다. 그들은 청취자를 사로잡아 돈을 벌고 싶었고, 예능감 있는 사람들의 입에서 나오는 보수 정치 토크가 돈이 된다는 것을 우연히 발견했던 것이다. 보수 진행자들은 정치적 의견도 강했지만 그들의 일차적인 목표는 금전적 이익이었고, 많은 방송국이 재정적 이익을 위해 자신들의 스타일과 콘텐츠에 투자한다는 것을 알고 있었다.

두 번째 이야기는 1995년 이후 라디오 토크쇼가 완전히 보수적이고 교조적인 매체로 변신했고 다른 매체에서도 추종자들을 낳았으며 공화당을 장악해 진행자들과 청취자들의 생각대로 공화당을 바꾸어 놓았다는 사실에 관한 것이다.[4] 림보는 대단한 혁신가였지만 미국의 언론과 정치를 단번에 혹은 자신의 힘만으로 바꾸지는 못했다. 보수 라디오 토크쇼의 초창기 진행자들은 진보적인 진행자들이나 비정치적 프로그램들과 방송 채널을 공유했다. 보수 라디오가 미래라는 자각도 없었다. 그러나 라디오 사업의 시행착오, 규제의 변화, 정치적 사건들, 우연들, 그리고 가장 중요하게는 청취자들의 참여 덕분에 보수 라디오는 큰 성공을 거두게 됐다.

이들 라디오 토크쇼의 진행자들(이하 '진행자들')은 또한 소외됐던 보수파 공화당 정치인들의 지원을 받았는데, 이들 정치인들은 라디오 토크쇼를 통하면 주류 언론을 우회해 자신들의 메시지를 유권자들에게 직접 전달할 수 있다는 걸 깨달았다. 라디오 토크쇼가 등장하기 이전에는 보수파 정치인들이 언론의 관심을 끌기 어려웠다. 그래서 그들은 급성장하는 라디오 토크쇼에 정치적 자산을 투자했고 결과적으로 성공했다. 라디오 토크쇼는 주류 언론이 진보로 편향됐다며 혐오하던 대중들을 각성시켰다. 보수 라디오와 협력한 공화당은 1994년 중간선거에서 40년 만에 처음으로 하원 다수당이 되는 놀라운 승리를 거두었는데, 이런 예상치 못한 결과로 인해 공화당과 라디오 토크쇼의 결속은 강해졌다.

시간이 지남에 따라 공화당은 라디오 예능인들에게 점점 더 의존하게 됐고 결국 그들은 공화당 선거의 핵심이 됐다. 라디오 토크쇼와 그 추종자들은 그들을 키워준 공화당보다 더 강력해졌다. 림보, 폭스뉴스, 그리고 궁극적으로 '브라이트바트뉴스Breitbart News'○는 온건·실용주의자들을 강경 우파로 교체해 공화당을 빈껍데기로 만들어 버렸다. 하지만 강경 우파의 공약들은 이행 불가능했고, 공약 파기가 반복되면서 보수 매체와 활동가들은 더 분노했다. 그리고 더 강경해진 이들은 이견을 용납하지 않고 공화당 정치인들의 활동을 심각하게 억압했다.

결과는 명약관화하다. 지금의 공화당은 초당적 협치를 해낼 능력이 없다. 중간 조정자 역할을 하는 대통령보다는 라디오 토크쇼 진행자 같은 도널드 트럼프가 공화당을 이끌고 있다. 트럼프는 션 해니티Sean Hannity와 로라 잉그레이엄Laura Ingraham□ 같은 사람들과 보수 소셜 미디어의 지원을 받아 정치 경력을 쌓았다. 그들은 트럼프에게 플랫폼을 제공했고 그의 정치적 연설 능력을 훈련시켰다. 림보가 시작한 혁명의 가장 순수한 결과물이 곧 트럼프의 당선인 것이다.

○ 2007년 보수 평론가인 앤드루 브라이트바트(Andrew Breitbart)가 설립한 극우 성향의 인터넷 언론사다. 여성과 외국인 혐오, 인종 차별적인 시각, 음모론 등으로 비판받아 왔다. 회장이자 편집인이었던 스티브 배넌은 2016년 브라이트바트뉴스가 '대안 우파(alt-right)를 위한 플랫폼'이라고 선언했고, 2016년 미국 대선에서 도널드 트럼프 지지자들의 온라인 근거지가 됐다.

□ 림보 다음가는 영향력을 가진 보수 라디오쇼·텔레비전 뉴스 프로그램 진행자들로서, 이민이나 동성결혼 등의 정책 사안에 대해 대체로 극우적인 입장이었다. 다른 진행자들과 달리 트럼프가 정치에 입문한 초기부터 그를 적극 지지했다.

라디오 토크쇼가 공화당의 꼭두각시라는 잘못된 생각이 널리 퍼져 있는 것은 연구자들이 이 주제에 대해 깊이 파고들지 않았던 탓도 있다. 연구자들은 라디오 토크쇼와 케이블 뉴스의 발전이 초래한 광범위한 결과, 즉 미국인의 철학적·정파적 확신을 강화하고 경쟁 상대와 정책 논쟁을 왜곡하는 반향실에 대해 탐구해 왔다.[5] 이러한 반향실이 만들어 내는 양극화된 정치 영역에서 대중의 관심사는 해결되기 어려운데, 라디오 토크쇼의 부상에 대한 초기 연구 또한 라디오 토크쇼를 누가 청취하는지, 대통령 선거와 정치인에 대한 태도에 어떤 영향을 미쳤는지를 연구했다.[6] 연구 결과 누가 반향실 안에 있는지, 반향실의 효과는 무엇인지에 대한 이해도 깊어졌다.[7]

그러나 연구자들은 이념 언론이 정치와 정책 결정 과정에 미치는 결정적이고 중요한 영향력을 무시해 왔다. 공화당과 민주당은 라디오 토크쇼와 케이블 뉴스를 다른 방식으로 이용한다. 이념 언론과의 관계라는 측면에서 두 정당의 역사를 자세히 살펴보면, 정당과 언론 간의 역학 관계가 명확해지고 그 역학 관계가 어떻게 공화당을 재구성하고 입법 과정에 영향을 미쳐왔는지 알 수 있다. 연구자, 전문가, 정치인들은 이념 언론과 공화당의 관계에서 한 요소만 보는 경향이 있는데, 대표적으로 이들은 라디오쇼 진행자들이 공화당을 지원하는 공공연한 결탁 관계는 잘 파악하고 있다. 하지만 공화당 내부의 권력 투쟁에 대해서는 그렇지 못한데, 라디오 토크쇼는 당내 투쟁에서 승리해 온건파는 물론 실용적 보수파까지 제거했다.

게다가 라디오 토크쇼가 예능과 정치적 관심에 좌우되는 사업이라는 사실도 간파하지 못했다. 라디오 토크쇼가 하나의 사업이라는 것을 알고 있는 사람들조차도 상업적 요구가 어떻게 매체의 내용, 어조 및 그에 따른 정치적 영향을 결정하는지 살펴보지 않는다. 예를 들어 《격분 산업The Outrage Industry》이라는 저서에서 세라 소비에라이Sarah Sobieraj와 제프리 베리Jeffrey M. Berry는 라디오 토크쇼를 이윤 추구 욕망에 의해 좌우되는 사업으로 규정한다. 그러나 정보를 제공하거나 청취자들의 관점을 대변하는 것을 넘어 재미를 주는 매체라는 데까지는 나아가지 못했다.[8] 라디오 토크쇼의 역사적 발전과 보수가 장악한 이유에 초점을 맞춘 연구는 별로 없다.[9]

이 책은 케이블 뉴스와 디지털 매체가 뒤따라갔던 경로를 라디오 토크쇼가 어떻게 개척했는가를 연대기적으로 서술한다. 그리고 라디오 토크쇼가 전체 매체에 초래한 극적인 변화도 함께 살펴본다. 라디오 토크쇼는 이념 주도적 틈새 언론의 첫 번째 물결로서, 미국인들이 정보를 소비하고 저널리즘을 바라보는 방식을 바꿔놓았다. 비록 정보 제공보다 오락에 더 초점을 맞췄지만, 어떤 면에서는 우리를 19세기 정파 언론 the partisan press의 시대로 되돌려 놓았다. 진행자들이 청취율을 위해 종종 검증되지 않은 선정적 이야기를 부각시키면, 주류 언론도 같은 이야기를 다룰 수밖에 없었고 그 결과 뉴스 가치를 결정하는 게이트키퍼로서의 언론인 역할도 훼손됐다. 뉴스 가치의 기준은 디지털 및 소셜 미디어의 부상으로 인해 더욱 붕괴됐고 사실과 허구의 경계를 흐리고 거짓과 과장 및 왜곡을 확신시키는 데 일조했다. 동시에 보수 라디오쇼는 많은 사람들이 보는 앞에서 주류 언론을 가차 없이 폄하하고 저널리즘 자체에 대한 불신을 증폭시켰다.

전통 언론이 더 이상 진실의 중재자가 아닌 상황에서 극단주의 정치인들은 그 누구의 반박도 받지 않고 자유롭게 해괴한 주장을 내놓을 수 있었다. 하지만 자신들의 가치가 공격받는다고 느끼던 사람들에게 그런 주장들은 감미롭게 들렸다. 보수 언론의 스타덤에 매혹된 정치인들 역시 몰려들었고, 그 길을 따라갔을 때 자신의 권력이 커진다는 것도 알게 됐다. 그들은 더 이상 의회나 정당의 주변부에 머물 필요가 없었다. 보수 라디오쇼는 전통적인 정당 및 의회 권력 구조를 전복해서 당의 규율을 유지하려는 공화당 지도부들로부터 극단적인 정치인들을 보호했다.

림보는 이 이야기의 중심이다. 혜성 같이 등장한 그는 1990년대 라디오 토크쇼를 발전시킨 가장 중요한 촉매제였다. 림보의 정치적 관점과 그의 성공으로 인해 라디오 토크쇼는 보수 일색의 정치적 확성기로 바뀌었다. 전국적 인지도와 헤드라인을 만들어 내는 능력 때문에 림보는 미국인의 정치의식에 가장 큰 영향을 미친 진행자로 우뚝 섰다. 림보는 오랫동안 업계에서 가장 많은 청취자를 확보하고 있었다. 〈토커스 매거진Talkers Magazine〉은 2019년 2월 기준으로 림보의 주당 청취자 수를 1,550만 명으로 추정했다. 이 정도 도달 범위로 인해 림보는 정치와 매체 산업에서 막강한 영향력을 행사할 수 있었다.[10] 공화당 의원들, 특히 당 지도부 의원들을 찢어발기는 사례를 보면, 림보가 만들어 낸 뉴스 당사자는 자신의 사무실로 쇄도하는 수많은 전화에 깜짝 놀라게 된다.[11]

림보에 대한 평가는 대단히 엇갈린다. 자신들의 신념을 수호한다고 생각하는 사람들에게는 영웅이고 그의 생각과 스타일, 사회적 영향을 혐오하는 사람들에게는 악당이다. 하지만 그가 방송계의 선각자이고 쇼맨십의 대가라는 사실은 명백하다. 그는 에드워드 머로Edward R. Murrow, 쳇 헌틀리Chet Huntley, 데이비드 브링클리David Brinkley, 월터 크롱카이트Walter Cronkite, 팀 러서트Tim Russert, 데이비드 레터맨David Letterman, 존 스튜어트Jon Stewart, 그리고 존 매든John Madden○과 함께 혁신의 전당에 헌액되는 반열에 있다. 림보가 정치, 공공 정책, 방송 및 전문지식에 어떻게 얼마나 기여했는가에 대해서는 다르게 판단할 수 있지만, 림보의 막강한 영향력을 인정하고 이해하기 위해 노력할 필요는 있다.

○ 각 시대를 대표하는 저명 언론인, 뉴스 앵커, 오락 프로그램 진행자, 스포츠 캐스터 등이다.

라디오 토크쇼는 이념이나 정치적 목적이 아니라 사업적 필요성과 림보의 성공을 발판 삼아 발전했지만 선거와 입법 과정, 정책을 좌우하는 강력한 정치 행위자로 부상했다. 가장 중요한 점은 라디오 토크쇼가 공화당을 변화시켰다는 것이다. 이런 점에서 보수 라디오쇼를 공화당의 세포조직 정도로 간주하는 주장은 큰 결함을 안고 있다. 라디오쇼 진행자들과 그들 대다수가 지지하는 정당, 즉 공화당 간의 관계를 근본적으로 오해하는 것이다.

라디오 토크쇼 진행자들이 수년간 공화당을 적극 지지해 왔다는 점은 확실하다. 비록 선출되거나 임명된 공직자, 고위 당직자는 아니었지만, 정치 자금을 모으고 유권자들을 독려하고 당과 소속 정치인들에게 유리한 방식으로 정치적 사건을 해석하는 등 전통적으로 당 지도부가 해왔던 일들을 대신했다. 또한 주류 언론이 뉴스 가치가 없다고 생각하거나 보도하기 꺼리는 자극적인 이야기로 보수층을 선동한 후, 그들의 분노를 정치나 법안 캠페인 참여로 이끌었다. 마지막으로 주류 언론을 공격해 공화당이 불리한 이야기나 문제제기를 회피할 수 있도록 도왔다. 공화당 정치인들은 제기된 문제를 해결하려고 애쓰는 대신 언론이 편향되었다거나 가짜 뉴스라고 비난만 하면 됐다.

그러나 보수 라디오쇼 진행자들을 그저 공화당 지지자 정도로 치부할 경우, 그들이 축적해 온 영향력을 무시하게 된다. 실제로 지난 30년에 걸쳐 형성된 보수 라디오쇼 진행자들과 공화당 의원들 간의 권력 관계를 정반대로 이해하고 진행자들이 가진 영향력의 근원을 오해하고 있다. 진행자들은 공화당 의원들이 무엇을 하든 축복하는 단순 무지한 정파적 도구가 결코 아니었다. 그들은 1990년대 초반에도 자신들이 동의하지 않는 공화당 정책에 대해서는 비난을 퍼부었다. 1990년대와 2000년대 초반에 진행자들은 공화당을 크게 부흥시켰지만 조지 W. 부시 대통령의 두 번째 임기에 이르러 그들은 흔들렸다. 공화당 공직자들과 후보들을 계속 지원하긴 했지만 공화당이 집권하거나 다수당이 될 경우, 종종 도움보다는 장애물이 됐다. 진행자들은 공통의 원칙을 위해 투쟁할 의지가 부족한 공화당 의원과 후보에게서는 가차없이 등을 돌렸다.

라디오 토크쇼 진행자들의 정치적 힘은 정당의 공식적 권력 구조가 아니라 청취자들과의 긴밀한 유대에서 나온 것이었다. 매일 몇 시간씩 함께하면서 형성된 유대 덕분에 진행자들은 정치 고관여층, 정확히 말해 당내 경선에서 투표하는 사람들에게 엄청난 영향을 미칠 수 있었다. 이 청취자들은 정치와 정책, 후보 및 현안에 대해 자신들이 좋아하는 진행자들의 조언을 따랐다. 따라서 공화당 의원들은 보수 라디오쇼 진행자들의 선전포고와 위협을 진지하게 고려할 수밖에 없었다. 진행자들의 요구를 무시하면 당내 경선에서 진행자들이 지원하는 극우 후보의 도전을 받아야 했다. 공화당 정치인 중에서도 온건파들은 진행자들의 분노를 사지 않도록 조심할 수밖에 없었다.

보수 라디오쇼 진행자들은 전통적인 당 지도부와 달리 공화당의 안정을 목표로 하지 않았기 때문에 정치인들을 마음대로 꾸짖거나 쫓아낼 수 있었다. 그들의 주된 목적은 상업적인 것이었다. 의원들과 정치 활동가들이 표를 얻어서 정부에 영향을 미치려고 하는 반면, 라디오 토크쇼 진행자들은 최대한의 청취자 수와 청취 시간을 추구했다. 자신들의 스타일과 논점을 가지고 실험했을 때, 공화당 정치인들—특히 공화당 지도부—를 공격하면 지지도가 올라간다는 걸 알게 됐다. 자신들이 선출한 의원들이 공약을 이행하지 않고 우경화된 정책을 제대로 추진하지 않는다고 생각해 좌절했던 보수층은 라디오 토크쇼에 귀를 기울일 수밖에 없었다.

보수 라디오쇼 진행자들이 상업적 목적을 추구하기 시작하면서, 공화당의 정치적 지평은 좁아지고 수용할 수 있는 이념의 폭도 제한됐다. 또한 지난 반세기 동안 일어난 두 가지 변화로 인해—첫째, 선거 자금 규정과 기술 변화에 따른 선거 자원 통제의 분권화 둘째, 게리맨더링과 정파적 인구 배치에 따른 당내 경선의 중요도 증가— 새로운 정당 리더십도 강화됐다. 이러한 변화는 기부자, 싱크탱크 종사자, 풀뿌리 시민운동가, 압력단체, 그리고 무엇보다도 라디오 토크쇼의 유명 진행자 같은 비공직자들의 힘을 키워주었다. 진행자들은 때때로 당내 경선 결과에 영향을 미칠 정도로 지지층을 뒤흔들 수 있었다.

라디오 토크쇼와 공화당의 관계는 파우스트적 거래였다. 공화당 후보들을 열심히 돕고 공화당의 정책을 추진하기 위해 노력했지만, 시간이 지나면서 라디오 토크쇼의 유력 진행자들과 공화당 사이의 시너지 효과는 시들해졌다. 라디오 토크쇼가 많아지면서 진향자 간 경쟁이 치열해지자, 유명 진행자들은 공화당을 공격해 자신의 청취율을 유지하려고 했다. 라디오 토크쇼 진행자들은 공화당 의원들에게 이념적 선명성과 호전성을 요구했는데, 이 때문에 공화당은 대중의 폭넓은 지지를 받는 정책을 내세우기 어려워졌다. 이러한 요구는 점점 온건파 공화당 의원들을 위협하고 공화당 정부를 무력화시켰다.[12]

라디오 토크쇼의 지원을 받는 당내 경선 도전자들에게 취약했기 때문에, 공화당 정치인들은 민주당과 타협하기를 주저했다. 2010년대 라디오 토크쇼라는 막장 드라마에서 선동적인 말과 이념적 선명성을 전문으로 하는 의원들은 영웅 역할이었던 반면, 공화당 지도부는 악당 취급을 받았다. 라디오 토크쇼는 강경파 의원들과 브라이트바트뉴스 같은 새로운 디지털 매체와 힘을 합쳐 민주당 정부와의 타협안을 관철시키려던 존 베이너John Boehner 하원의장과 공화당 지도부를 좌절시켰다.○ 보수 매체와 극우 하원의원들의 연합은 베이너 하원의장이 정부 운영에 필수적인 법안이나 경제적 재앙을 막기 위한 재정 지출 법안을 통과시키는 정도에 한정해 타협을 허용했다. 그 결과는 악순환의 연속이었다. 보수 라디오쇼는 온건파를 추방해 공화당을 비타협적으로 만들었음에도 공약 추진에 성과가 없자 더 격앙했다. 이들의 대안은 어떤 대가를 치르더라도 청취자들의 가치를 위해 싸우겠다는, 훨씬 더 전투적인 공화당 정치인들을 내세우는 것이었다.

○ 존 베이너는 26년간 하원의원을 역임한 13선의 공화당 보수파 정치인이다. 그는 오바마 정부 시절 하원의장을 역임하면서, 재정 파탄을 막기 위해 오바마 백악관 및 민주당과 예산 법안 타협안을 통과시키려 했다. 그러나 보수 강경파의 반발에 의해 좌절됐고, 그 여파로 그는 하원의장직에서 사퇴하고 정계를 은퇴했다. 공화당의 극우화와 그 영향력이 표면적으로 드러난 사건으로 평가받는다.

이를 통해 현대 미국 정치사에서 일어난 가장 놀라운 사건을 설명할 수 있다. 바로 도널드 트럼프 대통령의 당선이다. 공화당 유권자들이 트럼프를 지지하자, 많은 사람이 당황했다. 임신중지와 총기 소유 등에 대한 트럼프의 입장은 공화당 유권자들조차 부적격이라고 판단할 정도로 지극히 이단적이었다. 하지만 라디오 토크쇼가 만들어 낸 정치 세계에서 트럼프는 이상적인 후보였다. 진보주의자, 공화당 기득권층, 주류 언론을 끊임없이 후려치는 그의 호전적인 스타일은 지난 30년 동안 라디오 토크쇼가 해왔던 방식과 똑같았다. 드러내놓고 말할 수 없던 것을 대신 말해주는 보수 라디오쇼 진행자를 소중히 여기던 사람들은, 마침내 오랫동안 갈망했던 대통령 후보—그들의 라디오 토크쇼 투사들처럼 말하고 기득권의 허락이나 '정치적으로 올바른politically correct' 언론 따위는 개의치 않는—를 갖게 된 것이다.

트럼프가 보수의 선명성 검증을 통과하지 못했음에도 불구하고 라디오 토크쇼 그리고 결국에는 폭스뉴스도 그의 자격을 인정할 수밖에 없었다. 트럼프를 위해 싸워온 라디오쇼 진행자들이 주류 언론을 비난하자 지지자들도 트럼프의 많은 약점, 이념적 이단, 무례한 행동, 편협한 논평에 대한 언론 보도를 거부하게 됐다. 터무니없는 진보 언론에 뭘 더 기대할 수 있겠나? 부정적인 언론 보도는 라디오 토크쇼 청취자들에게 오히려 트럼프의 후보 자격을 확신시키는 도구일 뿐이었다.

트럼프가 라디오 토크쇼 덕을 봤다는 것은, 말하는 스타일뿐만 아니라 음모론에 대한 취향에서도 분명히 드러난다. 라디오 토크쇼 진행자들은 보수층의 오랜 전통에 따라 음모론을 퍼뜨려 그들의 정치적 힘을 키웠고, 민주당과 진보주의자들에 대한 추잡하고 터무니없는 혐의를 수십 년 동안 꾸준히 청취자들에게 주입했다. 이에 호응한 보수층은 공화당이 음모론의 내용을 인정하고 행동에 나서라고 압박했다.

공화당 정치인들은 보수 지지층과 라디오 토크쇼에 염증을 느끼는 온건파 유권자들 사이에서 선택해야 했다. 공화당이 중도 노선을 취하려고 할 때마다 많은 보수 유권자는 화가 나서 씩씩댔다. 이러한 유권자들에게 음모론을 내지르는 트럼프는 정치적 용기를 가진 신선한 정치인이었다. 그들은 트럼프가 버락 오바마 대통령이 정말 미국에서 태어났는지 의문을 제기하고 근거 없이 힐러리 클린턴을 즉각 체포할 것을 요구할 때 환호했다.

트럼프의 당선은 이 책이 탐구할 진실을 보여준다. 2016년까지 라디오 토크쇼는 미국의 정치 지형을 재구성했다. 그 이전까지 아무도 방송 전파를 정치적 무기로 삼지 않았다. 보수 진행자들의 유일한 목적은 재미있는 라디오를 만들어 돈을 버는 것이었으나, 라디오 토크쇼는 강력한 정치 세력으로 성장했다. 라디오 토크쇼의 영향력 때문에 공화당은 생존을 위해 말 폭탄을 던지고 타협을 회피해야 하는 경직된 극우들의 집합체가 돼버렸는데, 많은 공화당 의원들은 이를 너무 늦게 깨달았다. 그리고 그 연쇄효과는 진퇴양난의 대립, 극단적 정파성, 정치적 반대파와 기성체제에 대한 경멸, 그리고 공화당의 변신으로 이어졌다. 이 과정을 요약하면, 상업적 필요에서 시작된 라디오 토크쇼로 인해 트럼프가 공화당을 차지할 기회가 무르익게 됐다는 것이다.

차례
Contents

거인의 등장

The Colossus Rises

문화전쟁이 최고조에 이르렀던 1980년대 중반은 새로운 보수 성향 매체가 발전하기에 좋은 시기였으나 여기에 비전을 둔 사람은 없었다. 그러나 보수층의 각성, 라디오 산업의 재정적 위기, 그리고 러시 림보의 재능이 우연히 함께 어우러져 계획에 없던 부산물로서 현대적인 라디오 토크쇼가 성장하기 시작했다.[1] 규제 및 기술의 변화 같은 다른 요인들도 영향을 미쳤겠지만,[2] 이는 라디오 토크쇼 성장의 원인이라기보다는 전제 조건이었다.

중요한 순간마다 정치적 계산이나 이념적 열정이 아니라 손익계산이 의사 결정을 좌우했고, 라디오 토크쇼라는 상품의 모양도 만들어 냈다. 빌 클린턴 대통령의 당선 이후 정점에 이르렀던 라디오 토크쇼는, 정치적 거물이었지만 정치가 아니라 상업적 목적이 가장 중요했던 기괴한 창조물이었다.

1960년대 후반에 시작된 문화전쟁 때문에 보수주의자들은 불안했고 또 매우 분노했다.[3] 그 후 20년 동안, 그들은 미국인 모두의 가치라고 생각했던 것들이 결코 보편적이지 않다는 걸 깨닫게 됐다. 인종과 젠더, 성의 영역에서 보수주의는 패배하고 있었고 전쟁도 끝나가는 것 같았다. 유색 인종들은 정치권력을 강하게 요구하면서 더 많은 법적 평등을 얻어내고 문화적으로 인정받고 있었다. 페미니스트 운동은 남성이 가장으로서 생계를 책임지고 여성은 가정을 돌보면서 아이들을 키우는 게 적절하다는 생각을 경멸했다.[4] 비록 성소수자LGBTQ(Lesbian, Gay, Bisexual, Trans-gender, Queer)는 여전히 평등하게 대우받지 못했지만 그들의 커밍아웃은 흔한 일이 됐다.

보수층이 분노한 건 엔터테인먼트 세계가 점점 더 저속해졌기 때문이기도 했다. 1988년 영화 〈그리스도 최후의 유혹The Last Temptation of Christ〉에서부터 투 라이브 크루2 Live Crew의 〈Me So Horny〉나 마돈나의 〈Like a Prayer〉와 같은 노래에 이르기까지 대중문화도 미국인의 신념과 위대함을 공격하는 대열에 합류했다. 게다가 공적 기금으로 신성모독적인 예술, 수정주의 교과서, 그리고 자본주의와 기독교는 물론 전통에 반하는 태도를 부추기는 것처럼 보이는 대학들을 지원한다는 사실에 보수층은 분노했다. 1980년대에는 에이즈와 마약 중독, 10퍼센트에 이르는 10대 임신율과 만연한 이혼 등 도덕적 타락은 어디에나 있었고 또 무서워 보였다.[5]

보수층 미국인들의 분노는 문란함(예: 합법화된 임신중지)을 지지하고 도덕적 방지책(예: 학교에서의 기도)에 반대해서 이런 문화적 불쾌함을 초래한 책임이 있는 진보적 지식인과 정치인 및 매체 경영진으로 향했다. 진보는 평등한 권리가 중요하다고 주장했지만, 보수는 그들이 선량하고 신을 경외하고 법을 준수하는 미국인들이 아닌 소수집단을 우선적으로 배려하는 이들이라고 봤다. 진보는 소수민족 우대정책affirmative action과 이중언어 및 다문화 교육을 지지하고, 감수성이 예민한 청소년들에게 저속하고 외설적이며 비애국적인 교과서를 가르치면서도, 아이들에게 어떤 성교육을 할지 결정할 수 있는 기독교 신자 부모의 권리는 부정하는 듯 보였다.[6]

실제로 진보는 온갖 칠칠치 못한 짓들을 하는 사람들을

위한답시고 오히려 열심히 일하는 사람들을 망치는 것 같았는데, '복지 여왕welfare queens' 같은 말이나 가난한 소수자들에게 혜택을 주는 '큰 정부big government'의 복지제도를 둘러싼 논쟁은 문화전쟁과 연관돼 있었다. 보수는 더 이상 참을 수 없었다. 오거스터스 애거트라는 변호사는 1987년 〈보스턴글로브〉와의 인터뷰에서 복지제도가 "나라를 파산시키고 있다… 나는 월급의 30~40퍼센트를 떼이기 때문에 일하지 않는 사람들보다 약간 더 나은 삶을 살고 있을 뿐이다."라며 불만에 찬 미국 보수층을 대변했다.[7]

보수층이 보기에는 정부와 정치가 아이들에게 노출되고 있는 폭력, 섹스, 마약의 병폐를 해결하지 못하거나 심지어 악화시키는 것 같았다.[8] 하지만 아무것도 할 수 없었던 유권자들은 정치에서 멀어졌다. 복음주의 기독교인born-again Christians의 정치적 잠재력에 대한 〈워싱턴포스트〉의 1988년 기사에서 루이지애나에 사는 건축가 로웰 헨더슨은 소외된 보수층에 대해 다음과 같이 말했다. "이 나라를 봐라. 자동차 범퍼 스티커에 외설적인 말이 쓰여 있고 아이들을 영화관에 데려갈 수 없으며 학교에 보내기도 두렵다… 정부가 그런 일들이 일어나게 해서는 안 된다는 생각이 들 수밖에 없다."[9]

"뉴스 매체, 할리우드, 페미니스트, 전미유색인종지위향상협회National Association for the Advancement of Colored People, NAACP, 아카데미상, 민주당 등 진보 기득권층liberal establishment이 미국적 가치를 끔찍할 정도로 훼손하지 않았다면, 아마도 보수층을 조롱하고 경멸하기 위해 의도적으로 완급을 조절했기 때문일 것이다."라고 '전통 가치 연합the Traditional Values Coalition'○의 베벌리 셸턴Beverly Shelton이 방송에서 불만을 제기하자, 텔레비전 방송국은 해당 프로그램의 방영 여부를 결정하기 위해 성소수자LGBTQ 단체들의 의견은 들었던 반면, 종교 단체들에는 어떤 의견도 듣지 않았다.[10]

○ 미국의 보수 기독교 단체로 1980년 캘리포니아의 목사 루이스 P. 셰이든에 의해 설립됐다. 전통적인 가족 가치와 도덕적 원칙을 옹호하며 각종 사회적 논란에서 보수적 입장을 대변해 왔다.

1980년 로널드 레이건이 대통령이 된 후에도 보수층에게는 진보 기득권층에게서 느꼈던 모멸감을 해소할 주류 언론이 별로 없었다. 또한 많은 보수층은 자신들의 의견이 고립됐다고 느끼거나 표현하는 것을 부끄러워했다. 만약 자신들의 의견을 드러낼 경우 '정치적으로 올바른' 기득권층의 비난을 받고, 완고하고 무정하며 무지하다고 낙인찍힐 수 있었다.[11] 2010년 〈격분 매체outrage media〉○의 한 이용자는 《격분 산업The outrage industry》의 저자 제프리 베리와 세라 소비에라이에게 "쉽게 인종차별주의자로 불리기 때문에 보수가 되는 게 더 어렵다… 내게 내 관점을 정확히 말할 권리가 있는데도, 다른 사람들은 '너는 그냥 틀렸고, 보수적이고, 단지 사람들을 싫어할 뿐이다. 너는 흑인이나 가난한 사람들, 동성애자, 뭐가 됐든 다 싫어할 뿐'이라고 한다."고 말했다.[12]

○ 이용자들의 강렬한 정서적 반응을 이끌어 내기 위해 고안된 서사나 매체의 형태를 지칭하는 용어인데, 여기서는 라디오 토크쇼를 의미한다.

1980년대 후반까지 무당층 미국인들은 보수적 관점의 뉴스가 부족하며, 말로만 객관 보도이지 실제로는 미묘하게 보수적 관점을 차별하거나 심지어 경멸한다고 생각했다. 1987년 퓨 리서치 센터The Pew Research Center□ 조사에 따르면, 공화당 지지자의 62퍼센트와 민주당 지지자의 48퍼센트가 언론이 진보 편향이라고 생각했다.[13] 뉴스는 보수보다 훨씬 더 진보적인 시각에서 뉴스를 보도했다.[14] 보수 라디오쇼 진행자이자 전 샌디에이고 시장인 로저 헤지콕Roger Hedgecock은 1950~1970년대 언론인들은 모두 편향된 사고방식—그들은 공화당의 리처드 닉슨과 로널드 레이건 대통령을 반대했고, 민주당의 케네디 대통령과 시민권 운동을 지지했으며, 대체로 자신들의 세계관이 옳다고 믿었다—을 보여줬다고 설명한다.[15] 언론인 하워드 커츠Howard Kurtz가 정리한 바에 따르면 자신이 만난 보수층은 주류 언론인들이 "정부, 임신중지, 종교 및 기타 모든 것에 대해 동일한 가정"을 공유한다고 생각했다. 이런 전제하에 보수층

□ 사회적 문제, 공공 의견, 인구 통계, 미디어 및 기술, 정치, 종교 등을 연구하고 분석하는 미국의 비영리 싱크탱크이자 연구 기관이다.

은 "자신들이 전체 다수의 생각에서 얼마나 벗어나 있는지 깨닫지" 못하고 분노에 차 있었다.[16] 그들은 자신들을 소수에게 멸시당하는 다수라고 여겼다.

보수 라디오쇼 진행자인 휴 휴잇Hugh Hewitt과 피보디상○을 수상한 언론인 라르스 라슨Lars Larson은 텔레비전 뉴스에서 일할 때 이런 진보적 집단사고를 경험했다.[17] 라슨과 휴잇 둘 다 언론인들이 의도적으로 편향되게 보도하거나 왜곡한다고 믿지는 않았다. 대신 언론인들은 직업의 기초가 되는 선발과 훈련 과정에서 같은 세계관을 학습했고 공통된 지향을 가지고 있었다. 언론인들은 진보적인 문화적 배경과 이념을 공유하는 엘리트 4년제 대학 출신들로서, 총기 소유나 여성의 사회적 역할 등 많은 논쟁적 사안에 대해 유사하게 생각하는 사람들과 어울렸다. 언론전문대학원은 기자들에게 자신의 견해를 배제하고 보도하라고 가르쳤지만, 기사를 선택하고 뉴스 가치를 평가하며 질문을 제기할 때는 동질적 경험과 학습 환경에 의해 형성된 가치가 영향을 미칠 수밖에 없었다.[18]

○ 방송 및 전자 매체 분야에서 뛰어난 성취를 인정받은 프로그램과 개인에게 수여되는 권위 있는 상이다. 심사 및 시상은 조지아대학교에서 주관하며, 텔레비전, 라디오, 팟캐스트, 웹 시리즈, 다큐멘터리 등 다양한 매체를 포괄한다.

1970년대 '탐사 저널리즘investigative journalism'과 '주창 저널리즘advocacy journalism'□ 경향은 언론이 반보수로 편향됐다는 인식을 더욱 부채질했다.[19] 보수층은 탐사보도가 사안의 양면을 모두 보도하는 대신 언론에 이익이 되는 기삿거리만 찾으면서도 공정보도로 위장한다고 봤다. 그래서 베테랑 라디오 진행자 데이브 엘스윅Dave Elswick은 주류 언론이 보수의 오류를 설명하고 싶을 때만 보수의 주장을 전달하는 것 같다고 느꼈다. 보수층을 매우 화나게 했던 최근의 한 사례를 보자. 라디오 토크쇼 진행자이자 전직 하원의원인 존 데이비드 헤이워스J.D. Hayworth는 유권자들의 신분 확인을 둘러싼 논쟁에서 관련 용어term, 프레임frame 및 정의definition를 좌파

□ 특정한 사회·정치·경제·환경적 문제에 대한 변화를 촉진하기 위해 명확한 관점과 목표를 가지고 보도하는 저널리즘의 형태를 말한다. 객관성을 유지하려는 전통적인 저널리즘과 달리, 특정한 사안이나 가치관을 지지하고 독자나 시청자의 행동을 촉구한다.

들이 설정했다고 주장했다. 그는 2005년 초당적 '베이커-카터 위원회Baker-Carter committee'가 사진 신분증 제시를 이미 권고했음에도 불구하고, 언론이 마치 보수가 '유권자 억압'이라는 맥락에서 '유권자 식별법voter-identification laws'○을 반대하는 것처럼 주장한다고 말했다.[20]

○ 투표 시 유권자가 자신의 신분을 확인하기 위해 신분증을 제시하도록 강제하는 법이다. 선거 부정을 방지하고 투표 과정의 안전성을 높이기 위해 도입되었다.

보수층은 이런 편견에서 우월감도 감지했다. 한 인터뷰에서 헤이워스는 기자들끼리 "극단주의자들이 무슨 짓을 하는지" 보려고 보수적인 공화당 연구 위원회Republican Study Committee 모임에 갔다고 말하는 걸 들었다고 회상했다.[21] 림보는 오랜 기간 청취자들—그리고 1992년과 1996년 사이에는 시청자들—에게 진보층이 보수층을 어리석고 무지하다고 생각한다는 점을 상기시켰다. 한 대표적 사례에서 그는 "진보적인 민주당원들은 자신들의 패배가 모두 보수가 멍청하기 때문이라고 생각한다."며 "보수가 자신의 이익이 무엇인지 모르고 있으며, 만약 공화당에 투표하거나 공화당을 지지한다면 교묘한 상술과 포장에 어떤 식으로든 속아 넘어간 것이라고 주장한다."라고 말했다.[22]

결국 보수의 라디오 진행자들은 주류 언론이 진보와 보수를 대하는 기준이 다르다고 믿게 됐다. 예를 들어 언론은 진보의 과도한 농담은 무시했지만 같은 종류의 농담이라도 보수는 곤경에 빠뜨릴 수 있었다. 림보는 1995년 오하이오 민주당 의원 셰러드 브라운Sherrod Brown이 펜실베이니아 애비뉴□—클린턴 대통령의 안전을 강화하기 위해 폐쇄했던—를 다시 개방하자고 농담 삼아 제안했던 사례를 지적했다. 당시 민주당은 공화당의 예산 삭감안을 수개월 동안 비판하고 있었는데, 클린턴 대통령이 의회 연설에서 예상과 달리 균형 예산을 권고하자 '공공연한 반란open revolt' 상황에 빠져 있었다. 림보는 클린턴 대통령이 자신의 지역인 노스캐롤라이나에 온다면 경호원이 필요할 것이라는 공화당 제시 헬름스Jesse Helms 상원의원의 빈정거림을 브라

□ 미국 수도인 워싱턴 D.C.의 중심부를 가로지르는 중요한 도로로 백악관과 국회의사당 근처를 지나간다.

운의 농담과 비교했다. 브라운과 달리 헬름스는 수모를 당했다.[23] 비슷한 방식으로 언론은 윤리적 일탈도 다른 잣대로 판단하는 듯 보였다. 보수층은 팻 뷰캐넌Pat Buchanan○이 '미국의 영혼을 위한 전쟁a war for the soul of America'이라고 부른 전쟁에 자신들이 참전했다고 인식했고, 언론인들은 이 전쟁에서 적의 지원군이었다.[24]

○ 보수주의 정치인이자 저널리스트로서 자유지상주의 이념과 관련한 논쟁적 발언으로 유명하다. 극단적이라는 비판을 받기도 했지만, 현대 미국 정치의 중요 인물 중 하나로 평가받고 있다.

공화당 전략가 그레그 스티븐스Greg Stevens는 언론이 편향되었다는 인식이 커지면서 라디오 토크쇼도 성장했다며 "미국인들이 저녁 텔레비전 뉴스를 놓고 서로 소리 지르며 싸우는 것에 염증을 느끼게 되자" 라디오 토크쇼가 부상한 것이라고 요약했다.[25] 보수층은 자신들이 미국의 진정한 권력이라고 믿고 있는 유권자들이, 보복당할 두려움을 느끼지 않도록 진실을 말해줄 목소리를 갈망했다. 그들은 직장, 학교, 그리고 점점 더 진보적이고 '정치적으로 올바른' 기득권층이 지배하는 가정에 신물이 나 있었다.

천생연분 A Match Made in Heaven

AM 라디오는 1980년대 후반 심각한 곤경에 빠져 있었다. 1961년 도입된 FM 주파수가 AM 라디오 쇠퇴의 주요 원인이었다. FM은 스테레오 신호를 전달할 수 있기 때문에 음악 방송에 더 적합했다. 그리고 독특한 문화 덕분에 촘촘히 편성된 AM 방송과 극명하게 대비되는 획기적이고 혁신적인 방송으로 발전했다.[26] FM 스테레오가 가정과 자동차 라디오의 표준으로 금세 자리 잡으면서 1972년 75퍼센트였던 AM 라디오의 청취자 점유율은 1988년 25퍼센트까지 떨어졌다.[27] 청취자들이 옮겨가자 광고비도 줄어들었는데, AM의 라디오 광고 수익 점유율은 1970년 90퍼센트에서 1985년에는 반 토막이 났다.[28] 1987년까지 대도시 AM 방송국은 네 개 중 세 개, 소규

모 방송국은 절반 이상이 적자에 시달리고 있었다.[29]

이 기간 라디오의 토크 양식은 뉴욕의 스타 진행자 배리 파버Barry Farber가 '라디오 게토radio ghetto'라고 부른 것이었다. 대부분의 토크 프로그램은 음악 방송국이 연방통신위원회의 공익 프로그램 편성 요건을 충족시키려는 방편으로 주로 심야에 방송됐다. 파버가 말했듯이 음악에 책, 동물, 요리를 혼합했던 WOR 방송국을 제외하고 뉴욕에서 밤 10시 이전에 라디오 토크쇼를 내보내는 주요 라디오 방송국은 없었다.[30]

1980년대 이후 많은 AM 방송국들이 뉴스 토크 프로그램을 시작한 건 절박함 때문이었다. 뉴스 토크는 AM 라디오가 생존할 수 있는 가능성을 보여줬는데, 음악과 달리 대화는 스테레오가 아니어도 잘 들렸고 FM이 뉴스 토크를 편성하지 않아서 그 틈새를 활용할 수도 있었다.[31] 그 전략으로 곧 수익을 올릴 수 있었다.[32] 음악에서 토크로 전환한 많은 AM 방송국들의 청취율이 폭발적으로 증가했다. 워싱턴 D.C.의 WOL 방송국은 1981년 라디오 토크쇼로 전환한 후 청취자가 48퍼센트 증가했는데 예외적인 건 아니었다.[33] 전성기 시절 지배적 지위까지 되찾을 수는 없겠지만 상호작용적 토크 양식으로 인해 AM 주파수는 21세기까지 번창할 것이었다.

규제 완화도 성공 요인 중 하나였다. 1987년 연방통신위원회는 텔레비전과 라디오 방송이 논쟁적 사안을 균형 있게 보도하도록 요구하는 공정성 원칙을 38년 만에 폐지했다.[34] 레이건 대통령은 정치적 이익보다 이념적 확신에 따라 공정성 원칙을 부활시키려는 법안에 단호하게 거부권을 행사해 버렸다.[35] 공정성 원칙의 폐지는 라디오 토크쇼가 등장한 원인은 아니었지만 라디오 토크쇼의 성장을 가속화한 한 요인이었다. 림보가 새크라멘토의 KFBK 방송국에서 처음 시작했을 때 그랬던 것처럼, 공정성 원칙하에서도 가시 돋치고 독선적인 토크 프로그램이 가능했다.[36] 신랄하고 논란이 많았던 두 명의 보수 진행자 밥 그랜트Bob Grant와 닐 부어츠Neal Boortz는 공정성 원칙이 유효할 때도 15년 넘게 청취자들을 선동해 왔다.[37] 그러나 이제는 균형을 잡지 않으면 연방통신위원회가 문제 삼을 수 있다는 걱정을 할 필요조차 없어졌다.

라디오 토크쇼가 부상하는 데는 기술 혁신의 역할이 더 결정적이었다. 특히 저렴한 위성 기술이 도입되면서 신디케이트 라디오 프로그램을 전국적으로 방송하는 비용이 줄어들었고 소규모 방송국들이 자체적으로 프로그램을 제작하는 데 장애가 됐던 송출 문제도 극복할 수 있었다. 비용 부담 때문에 대다수 지역 방송국에는 토크 프로그램이 드물었다. 토크 진행자는 일반 진행자보다 더 유능해야 했기 때문에 출연료도 더 많이 받았고, 프로듀서만 있으면 되는 음악 프로그램에 비해 엔지니어, 프로그래머, 전화를 관리할 사람도 필요했다. 신디케이트 프로그램을 방송한다고 해도 비용 문제를 쉽게 해결할 수 없었다. 신디케이트 프로그램은 전화선을 통해 송출됐는데 네트워크 제약 때문에 방송국들은 값비싼 전용 회선을 사용할 수밖에 없었다. 그런데 위성 기술이 이 모든 것을 바꾸어 버렸다.[38]

청취자들이 차에서 방송국에 전화할 수 있게 됐다는 점에서 휴대전화의 등장 역시 라디오 토크쇼가 부상하는 주요 원인이었다. 따분해진 운전자들이 좋아하는 진행자들에게 연락할 수 있게 되면서 라디오 토크쇼의 인기는 더 올라갔다.

1980년대 기술 발전과 규제 완화라는 기반 위에서 라디오 토크쇼는 번창할 수 있었다. 그러나 불만에 찬 보수층의 수요만으로 라디오 토크쇼가 성장할 수 있었던 건 아니다. 라디오 토크쇼는 분노한 보수층에 말을 거는 동시에 더 넓게는 소외된 미국인 전체에 어필했는데, 이는 라디오 토크쇼의 기원이 이념이나 정파적 성향이 아니라 순수한 상업적 기획이었다는 점을 잘 말해준다.

라디오 토크쇼는 미국 사회가 점점 더 고립되던 시기에

꽃을 피웠다. 도시 외곽 주거 지역이 무분별하게 확장되면서 이웃들과는 멀어졌고 차에서 혼자 보내는 시간도 더 길어졌다. 케이블 텔레비전과 홈 비디오 영화 같은 새로운 형태의 가정용 오락도 사람들을 외롭게 만들었다. 1980년대의 '찬란하지만 무서운 고립glorious, but terrifying isolation'에 대한 논의에서 길 트로이Gil Troy는 "라디오 토크쇼는 익명의 거대 쇼핑몰이 친숙한 상가를 대체하고 정치적 논쟁이 광장에서 수동적인 TV 스튜디오로 쫓겨났던 시기, 공동체에 대한 환상을 만들어 놀라울 정도로 강력한 정체성을 형성해 냈다."고 분석했다.[39] 미국인들 특히 나이 든 사람들은 연대와 공동체를 갈망했고 라디오 토크쇼는 그걸 제공했다. 현관에서 이웃들과 시사 문제를 논의하던 경험을 라디오라는 매체로 대체했던 것이다. 심지어 다른 사람들의 친밀한 대화를 듣는 기분 좋은 경험도 할 수 있었다.[40] 진행자 이모텝 게리 버드Imhotep Gary Byrd의 말처럼 라디오 토크쇼는 "유일하게 남아 있는, 사람들이 직접 소통할 수 있는 매체"였다.[41]

많은 진행자들은 라디오 토크쇼의 친밀함이 삶의 빈 공간을 채우는 이상적인 수단이라는 점을 깨달았다.[42] 진보 진행자 톰 하트먼Thom Hartmann이 설명했듯이 텔레비전이 제작자와 시청자 간에 상호작용할 수 있는 기회나 대화한다는 느낌을 주지 못하는 '차가운 미디어cold medium'였던 것과는 달리, 라디오는 관음적이면서 사적인 '뜨거운 미디어hot medium'였다.[43] 전국적 지명도를 얻은 애틀랜타의 진행자 닐 부어츠는 "나는 이 사람들과 함께 화장실에 가고… 함께 침대에 눕고 샤워하고 아침을 먹는다. 그 와중에 개인적인 관계가 쌓인다. 청취자들은 내가 그들에게 일대일로 이야기한다고 생각한다."라고 말했다.[44] 헤이워스 역시 라디오 토크쇼 대열에 합류했을 때 이런 친밀감을 키웠다. 예를 들어 청취자와 친밀한 대화를 나눈다는 환상을 부각하기 위해 "며칠 전 당신과 내가 이야기 나눴던 것처럼"이라는 말로 시작하곤 했다.[45] 가족들이 한데 모인다는 측면에서는 텔레비전이 라디오를 추월했지만, 라디오는 친밀감으로 틈새를 차지했다. 사람들은 혼자 라디오를 들으며 좋아하는 진행자들과 사적인 관계를 다지기 시작했다.[46] 코미디언이자 라디오 토크쇼 진행자인 톰 베카Tom Becka는 수년에 걸쳐 이런 친밀감을 반복해서 경험했다. 예를 들어 청취자들은 암 투병 같은 개인적 고통을 위로해 줬다는 감사의 표시로 그에게 과자와 꽃을 보냈다.[47] 로스앤젤레스의 진행자 레이 브리엠Ray Briem의 한 열렬한 팬은 자신이 죽은 후 그에게 집을 물려주기도 했다.[48]

라디오 진행자들은 지역사회에도 영향을 미쳤다. 만약 전화를 건 청취자가 자기 형의 집이 불탔다고 말하면 진행자는 모금 운동을 시작했다.[49] 로스앤젤레스의 진행자 빌 핸들Bill Handel은 '현금 번개cash mob'를 기획해 50년 된 동네 장난감 가게의 파산을 막는 데 도움을 줬다. 그는 청취자들이 특정 날짜에 그 가게에서 쇼핑하도록 독려한 후 요청에 응해 준 청취자들에게 몇 시간 동안 사인을 해주고 인사도 했다.[50] 이렇게 청취자들을 결집시키는 능력 때문에 라디오 토크쇼가 정치적 영향력을 키울 수 있었을 것이다.

초창기 라디오 토크쇼는 정치에 관심 있는 청취자들에게는 안전한 피난처였다. 친구들과 이야기를 나눌 수 있는, 그리고 재미있기도 한 '장소'였다. 1980년대 시작된 라디오 토크쇼에는 주류 언론에서 소외된 보수층에게 중요한 덕목이 하나 더 있었는데, 바로 자신의 관점이 존중된다는 점이었다. 농담과 주제는 매일 바뀔 수 있지만 보수 청취자들은 점차 자신들의 가치관이 라디오 토크쇼의 토론을 이끌 것이고 자신들이 좋아하는 진행자가 사회를 타락시키는 세력, 즉 진보와 기성 언론에 반격을 가할 것이라는 점을 알게 됐다. 정치 라디오 토크쇼를 개척한 방송국들은 정치적 주제나 소재를 거의 공유하지 않았다. 그들의 목적은 돈을 버는 것이었고 공화당으로부터 진격 명령을 받지 않았다는 점도 확실하다. 보수 청취자들은 방송사들에게 큰 행운이었다. 방송사들은 우연히 미개척 시장을 마주쳤고 그걸 잘 이용했다.

신이 내려준 재능

With Talent on Loan from God

좌절한 보수층과 세속적인 AM 라디오 경영진들이 원하던 바는 한 사람에 의해 마침내 수렴됐다. 라디오 업계 인사들은 러시 림보가 보수 매체에 대한 수요를 찾아내 "혼자 힘으로 AM을 살려냈다."라고 말한다.[1] 1980년대 말과 1990년대 초 림보는 스스로 오만하게 말했듯이 "신이 내려준 재능"으로 무대에서 폭발적인 성공을 거두었다. 전국 방송 수년 만에 그는 하나의 문화적 현상이 됐고 라디오 토크쇼를 보수적이고 정치적인 언론으로 변신시켰다.[2]

1984년에 차기 정치 언론 스타나 AM 라디오를 구해낼 사람을 지명했었다면 림보의 이름은 유력 후보 목록에 오르지 못했을 것이다. 그는 투표권이 생긴 후 12년 동안 선거인 등록조차 하지 않았던 대학 중퇴자였다. 제프 크리스티Jeff Christy와 러스티 샤프Rusty Sharpe 같은 예명으로 활동했던 라디오 디스크자키 일에서도 네 번이나 해고당했다. 몇 년 후 '크리스티'를 해고했던 프로듀서 중 한 명은 자신이 해고한 디제이가 림보라는 사실을 알려줬음에도 그를 기억해 내지 못했다.[3]

라디오 경력이 실패로 끝나자 림보는 1979년 캔자스시티 로열스 구단에 일자리를 얻었다. 5년 동안 단체 입장권 판매와 특별 이벤트 진행 등을 하다가 캔자스시티 KMBZ 방송국에서 뉴스를 읽어주는 일로 방송에 복귀했다. 이마저도 뉴스에 논평을 추가해 제작진을 화나게 하는 바람에 다시 해고되는 듯했다. 경영진은 그를 내보내려고 했지만 방송국 고문 빌 맥마흔Bill McMahon이 먼저 그와 대화하게 해 달라고 요청했다. 맥마흔은 제작자들이 재능 있는 사람들을 종종 해고한다는 사실을 알고 있었다. 그는 림보의 타고난 능력에 매료됐고 뉴스를 읽는 대신 논평하는 자리를 제안했다. 림보는 바로 승낙했다. 그의 짤막한 논평은 큰 반향을 불러일으켰는데, 최초 반응은 대체로 부정적이었다. 하지만 시간이 지남에 따라 반반으로 바뀌었다. 사람들은 림보를 사랑하거나 증오했다. 경영진은 림보가 청취자들의 관심을 끌었기 때문에 좋아했고, 그래서 토크 프로그램을 마련해 주었다.

하지만 림보의 논평 중 일부는 모르몬 교회 라디오 부문 사업체인 보네빌Bonneville이 소유한 KMBZ 방송국 경영진의 눈에는 지나친 논란을 만드는 것으로 보였다. 한 번은 전통적인 중산층 상가를 좀 더 고급스러운 쇼핑몰로 대체하려는 계획을 조롱해서 곤경에 처하기도 했다. 림보의 관점에서 쇼핑몰 개발은 보통의 사람들에게 타격이 가는 일이었고, 그의 항의도 정당했다. 그는 경영진에게 농담이지만 진지한 말투로, 아예 가난한 사람들의 출입을 금지해 버리라고 말했다. 청취자들은 쇼핑몰 개발에 불만을 제기했고, 경영진은 림보를 질책했다. 그는 방송국이 미식축구 구단 캔자스시티 치브스의 라디오 계약을 따내려던 바로 그 순간에 캔자스시티 치브스 경영진을 맹비난함으로써 결국 도를 넘고 말았다. 치브스 회장은 KMBZ 방송국 경영진에게 불만을 털어놨고 림보는 결국 다시 한 번 실직했다. 청취자들의 분노는 청취율에 도움이 될 수 있었지만, 후원자나 동업자를 화나게 했을 때는 그렇지 못했다.

운 좋게도 맥마흔의 사업 파트너인 놈 우드러프Norm Woodruff가 새크라멘토에서 KFBK 방송국의 편성을 담당하고 있었는데, 모톤 다우니 주니어Morton Downey Jr.가 인종차별 논란으로 해고된 후 자리가 비어 있었다. 우드러프는 림보에게 자신의 방송국은 논란을 환영하며, 말한 바에 대해 신념이 확고하고 청취자에게 예의를 지킨다면 그를 계속 지지할 것이라고 말했다. 그렇게 림보는 장차 자신을 유명하게 만들 프로그램의 기반을 다져 나가면서 새크라멘토에서 4년을 보냈다.

결정적으로 림보의 채용을 지지했던 KFBK 방송국의 고문 브루스 마Bruce Marr가 림보를 굳건히 믿었다. 그는 림보에게 라디오를 통해 친밀한 대화로 사람들이 자신을 동료로 느끼게 만들고 그들을 휘어잡는 특별한 능력이 있다는 것을 알았다. 마는 자신의 친구인 전 ABC 라디오 부문 사장 에드 맥러플린Ed McLaughlin에게 림보의 타고난 재능에 대해 말했다. 1988년 맥러플린은 림보를 살펴보게 됐는데 호텔에서 처음 림보의 라디오를 들었을 때는 마의 평가에 동의하지 않았다. 하지만 림보, 마와 함께 저녁 식사를 한 후 차에서 다시 라디오를 들어보면서 림보에게 기회를 주기로 결정했다. 그 결정이 모든 것을 바꿔놓았다. 운전하는 동안 맥러플린은 림보와 청취자 간의 특별한 유대를 느꼈다. 그는 림보 방송의 주제와 아이디어, 강력한 관점과 무엇보다 오락적인 요소를 좋아했다.[4]

맥러플린은 재빨리 림보의 두 시간짜리 프로그램을 각각 뉴욕과 전국으로 방송하는 계약을 중개했다. 광고주 입장에서는 뉴욕이라는 가장 큰 라디오 시장에 진출하는 것이 필수적이었지만, 소규모 시장도 빼놓을 수는 없었다. 소규모 방송국들은 림보의 프로그램을 무료로 방송하는 대가로 시간당 4분의 광고 시간을 맥러플린의 회사에 양도하는 물물교환 방식을 통해 송출권을 얻을 수 있었다. 생존을 위해 분투하고 있던 많은 소규모 방송국들이 이 방식 때문에 림보에게서 더 많은 매력을 느끼게 됐다.[5]

이런 방송국들은 새로운 위성기술 덕분에 라디오 토크

프로그램을 방송할 수 있었지만 여전히 첨단 기술로 운영되는 것은 아니었다. 1989년 림보가 노스캐롤라이나 히커리Hickory의 WHKY 방송국을 방문했을 당시, 광고 단가는 분당 8달러에 지나지 않았고 사용한 장비도 임시 마이크 스탠드와 방송국의 유일한 헤드폰 세트가 전부였다. WHKY 방송국의 제작자이자 영업 담당자는 집에서 가져온 워크맨으로 방송을 들었고, 전화 연결을 관리하는 그의 아내는 전화 참여자들의 명단을 건네기 위해 복도를 쏜살같이 뛰어다녀야 했다. 전화를 받기 시작했을 때는 이어폰의 잡음 소리가 너무 커서 림보와 전화 참여자들이 서로의 말을 알아들을 수도 없었고, 림보는 마이크와 전화기를 동시에 사용했다. 심지어 방송 도중에는 지역의 침례교회가 악천후 때문에 만찬을 취소한다는 소식까지 전해야 했다. 유리 칸막이로 진행자와 제작자가 분리 차단된 시설에서 컴퓨터 화면으로 발신자 정보를 읽는 뉴욕과는 상반된 상황이었다.[6] 그야말로 전환기 직전 AM 라디오의 실정을 잘 보여주는 장면이다.

림보의 초기 제휴사였던 노스다코타 그랜드포크스의 소규모 방송국인 KCNN에서의 경험은 림보가 AM 라디오를 변신시켰다고 평가받는 이유를 잘 보여준다. 제작자이자 진행자인 스콧 헨넨Scott Hennen은 1986년 KCNN을 노스다코타 최초의 토크 전문 라디오 방송국으로 전환했다. 애초에 이 방송국은 한 시간을 자체 편성했고 나머지 시간은 신디케이트 프로그램으로 채웠다.[7] 헨넨은 맥러플린과 그의 제휴사 관리자인 리 밴덴 핸들Lee Vanden Handel의 설득으로 림보의 프로그램을 편성에 추가한 최초의 제작자 중 한 명이었다. 며칠 만에 림보는 전례 없는 반응을 불러일으켰다. 전국적으로도 비슷한 반응이 이어지면서 라디오 토크쇼의 잠재적 청취자들이 그 모습을 드러냈다. 제작자들은 앞다퉈 시류에 올라탔고 라디오 토크 프로그램은 급증했다.[8]

림보의 유혹
Limbaugh's Allure

림보는 단지 라디오 토크쇼를 활성화시킨 것이 아니라 여러 종류의 라디오를 성공적으로 융합시켜 새로운 라디오를 상상해 냈다. 하나는 1940년대와 1950년대에 시작된 대화형 라디오 토크쇼와 1960년 로스앤젤레스에서 시작된 최초의 토크 전문 방송국all-talk station이다. 림보는 댄 스무트Dan Smoot와 클래런스 매니언Clarence Manion○ 같은 라디오 설교자들의 보수 성향과 록 음악 라디오에서 볼 수 있는 흥미로운 스타일과 감성을 대화형 토크에 불어넣었다.[9] 〈러시 림보 쇼〉는 화려하고 논란이 많으며 대단히 재미있었는데, 그 결과 라디오의 방향을 바꿔버렸다.

○ 1950년대와 1960년대에 활동한 보수주의 운동가들로 그들의 라디오 프로그램은 미국 보수주의 운동에 큰 영향을 미쳤다.

1960년대와 1970년대 일부 라디오에서 번성했던 토크 프로그램과 림보의 프로그램은 완전히 달랐다. 대부분의 토크 방송국은 반려동물에 대한 조언부터 정치에 이르기까지 다양한 주제의 대화를 방송했다. 이러한 라디오 토크쇼를 구현했던 림보의 초기 제휴사 중 하나는 샌디에이고의 690XTRA 방송국이었다. 1988년 XTRA가 라디오 토크쇼를 도입했을 때 아침에는 지역의 보수 진행자의 프로그램이, 그 뒤에는 지역 의료 정보 전문가의 프로그램이 방송됐다. 이후가 림보, 그리고 마지막에는 지역 심리학자의 프로그램이 편성됐다.[10]

림보가 촉발한 혁명 이전에는 진행자들의 이념 성향이 다양했고 그들의 정치적 견해는 드러나지 않았다. 뉴욕의 스타 진행자 배리 파버는 자신의 시대에는 대부분의 진행자들이 "대통령을 공격하기도 전에 아마존으로 도망쳐 머리를 움츠렸을 것"이라고 확신했다. 출연자들과 전화 참여자들에게 항상 친절했던 파버는 주제와 상관없이 흥미롭고 흡인력 있는 출연자들을 찾으려고 노력했다. 그 자신은 보수였지만 특정한 관점을 드러내려고 하지 않았다. 그는 한 가지만 피하고 싶었을 뿐이었다. "지독하게 지루하고 어눌해서 애드리브 한마디를 못 치는" 출연자. 림보가 등장했을 때 파버는 "내가 왜 그를 생각하지 못했을까" 하고 놀라워했다.[11]

림보가 많은 청취자가 부적절하고 터무니없다고 생각하는 빤한 유머와 논평을 섞어서 '정치적 올바름을 전복하는PC-subversive' 의견 프로그램을 처음 시작했다는 말은 아니다. 하지만 림보는 최초로 그런 콘텐츠에 보수의 색채를 더해 전국적으로 방송한 사람이었다. 이런 유형의 초기 프로그램은 주로 대규모 시장에 한정돼 있었는데, 이런 시장에서는 방송국 간 경쟁으로 인해 차별화가 필요했기 때문이었다.[12] 이런 프로그램들 중 이념적인 건 없었지만, 톰 레이키스Tom Leykis◎ 같이 규범에 도전하는 거친 진행자들은 정치적으로는 대체로 진보적이었다.

◎ 1990년대 초반부터 2000년대 초반까지 활동한 라디오 토크 프로그램 진행자로, 성과 인간관계에 관한 주제를 주로 다루었다. 논쟁적이고 공격적인 스타일로 인기를 끌었으며, 미국의 라디오 엔터테인먼트 역사에 큰 흔적을 남긴 인물 중 하나다.

림보의 프로그램은 파버처럼 나이 든 세대의 프로그램과는 달랐을 뿐만 아니라 1950~1970년대 매니언과 스무트, 1930년대 찰스 코플린Charles Coughlin 신부 같은 사람들이 방송했던 보수 강좌와도 달랐다.[13] 짤막한 주중 프로그램—스무트와 매니언은 각각 15분씩—에서 그들은 대중에게 보수주의를 설교했다. 청취자들이 전화로 참여할 기회는 없었고 진행자들의 정치적 관점은 광고와 무관했는데, 이런 점에서 림보 프로그램의 상호작용성과 상업적 특성과는 많이 달랐다. 라디오에서 하는 정치 설교는 본질적으로 비영리적이었고, 어떤 때는 진행자들이 오히려 방송국에 비용을 지불하기도 했다. 그 프로그램들은 1951년부터 석유 갑부 헌트H. L. Hunt 같은 보수 후원자들의 지원 덕분에 유지될 수 있었다. 광고를 판매한 스무트조차도 돈 많은 보수 사업가들, 특히 개 사료 사업의 거물 루이스D. B. Lewis의 지원에 크게 의존했다. 이런 사업가들은 청취율보다는 이념을 선전하는 데 더 관심이 많았다.[14]

더 밝고 낙관적으로 포장하긴 했지만 림보도 많은 부분에서 선배 보수 진행자들의 관점을 공유하고 있었다. 그러나 그는 청취율을 높여 상업 광고를 끌어들인다는, 근본적으로 다른 목표를 가지고 있었다. 반면 언론학자 헤더 헨더숏Heather Hendershot이 말한 것처럼 스무트는 "사람들은 진실을 아는 것이 화려하거나 재미있어서가 아니라, 진실 자체를 원하기 때문에 주파수를 맞출 것"이라고 생각했다. 스무트의 프로그램은 종종 "매우 지루"했다. 언론 역사학자 니콜 헤머Nicole Hemmer에 따르면 매니언의 방송도 비슷하게 "지적이고, 밀도가 높고, 청취자들이 스스로를 무지하다고 느끼게 만들" 수 있었다.[15]

스무트와 매니언이 공산주의라는 이념의 위험성을 단호하게 교육했던 반면, 림보는 위협을 인간화했다. 예를 들어 림보는 구소련 최고지도자 미하일 고르바초프가 화제가 될 때마다 진보층의 '순수한 기쁨의 표현'을 묘사하는 '고르바즘Gorbasm'○이라는 용어를 사용했다. 고르바즘 뉴스는 영화 〈스타워즈〉에서 다스 베이더의 주제곡으로 알려진 '제국 행진곡'을 배경음악으로 시작했다.[16] 오래된 보수 십자군과 림보를 쉽게 연결시킬 수 있지만 스타일 면에서 그들은 대조적이었다.

○ 진보층을 조롱하기 위해 만들어 낸 고르바초프와 오르가즘의 합성어다.

림보는 밥 그랜트나 조 파인, 닐 부어츠 같은 1960~1980년대 몇몇 거침없는 라디오 토크쇼 진행자들에 더 가까웠다. 그들은 모두 최고의 예능인들이었다. 하지만 림보는 스타일 면에서 그들과도 달랐다. 그랜트와 파인은 전화 참여자와 인터뷰에 초점을 맞추었고, 전화 참여자를 괴롭혀서 청취자를 즐겁게 했다.[17] 그랜트는 방송에서 온화하고 부드럽게 말했지만 전화 참여자들에게는 얼른 전화를 끊으라고 호통쳤다.[18] 파인은 전화 참여자에게 면도날로 양치질을 하라고 몰아붙이기도 했다.[19] 〈로스앤젤레스 타임스〉 기자 돈 페이지Don Page는 파인의 "강점은 절제되지 않은 모욕, 자극적인 비난"이라고 썼다.[20] 반면 림보는 전화 참여자들을 정중하게 대했다. 그는 다른 진행자들보다 전화를 덜 받았고 인터뷰도 거의 진행하지 않았다. 림보 프로그램의 오락적 가치는 전화 참여자를 꾸짖거나 열변을 토하는 데서 나온 게 아니라 흉내, 억지, 패러디, 유치함 등 그의 유머에서 나왔다. 그는 무뚝뚝했지만 쾌활했고, 풍자와 조롱으로 청취자들의 분노를 증폭시킬 줄 알았다.

이런 면에서 림보의 프로그램에는 자신이 과거 음악 방송에서 록과 팝 음악을 틀어주던 시절의 가벼운 익살도 일부 남아 있었다. 림보는 최초로 디제이의 공연 기법을 정치에 적용했다.[21] 그의 열정적인 진행은 음악 라디오 시절이나 1988년 토크 프로그램으로 전국 데뷔를 하던 당시나 거의 달라지지 않았다. 1990년 디트로이트의 진행자이자 전 사이영상○ 수상자 데니 맥레인Denny Mclain과 함께 출연했을 당시, 림보는 디제이 시절에 자신의 '기량'을 발전시켰다고 고백했다. 그는 토크 프로그램이 음악 못지않게 젊은 사람들을 즐겁게 할 수 있다고 믿었기 때문에 이런 스타일을 긴 토크 프로그램 형식에 녹여낼 방법을 계속 생각해 왔다고 말했다.[22]

○ 미국 메이저리그 야구에서 매년 최고의 투수에게 수여하는 상이다.

림보를 뉴욕으로 데려오는 운명적 결정을 내렸던 WABC 방송국의 존 메이넬리John Mainelli 같은 제작자들은 그의 보수주의가 아니라 유머와 엉뚱한 익살에 빠져들었다.[23] 그리고 림보의 '어처구니없는 행동', 특히 그가 비명과 진공청소기 음향효과를 곁들여 진보층 전화 참여자를 차단해 버리는 '전화 참여자 낙태caller abortions'는 테네시 채터누가Chattanooga의 제작자 빌 러킷Bill Luckett을 매료시켰다. 러킷은 채터누가 청취자들이 이런 일들에 불쾌감을 느낀다는 걸 알았지만, 판을 뒤흔들 필요가 있다고 믿었기 때문에 림보의 프로그램을 편성했다.[24]

전화 참여자 낙태는 순수하게 림보적인 것이다. 모욕적이고 경멸적이지만 창의적이고 재미있다. 그는 프로그램 초창기에 자주 등장했던 '업데이트' 코너에서 같은 방식을 썼다. 콘돔에서 노숙자에 이르는 업데이트 주제는 고유의 테마 음악을 가지고 있었다. 예를 들어, 림보는 앤디 윌리엄스의 〈Born Free〉,□ 기관총 소리, 박격포 폭발음, 그리고 동물들의 비명을

□ 앤디 윌리엄스는 〈Moon River〉라는 곡으로 유명한 미국의 팝가수다. 〈Born Free〉는 그의 히트곡 중 하나로 자유롭고 평화로운 느낌을 준다.

혼합한 음향으로 '동물권 운동animal-rights activism'을 주제로 업데이트를 시작한다는 것을 알렸다.[25] 공개 동성애자인 민주당 하원의원 바니 프랭크에 대한 '업데이트'는 1950년대 노래 〈My Boy Lollipop〉○으로 시작했다. 처음 몇 년 동안 림보는 대부분의 패러디를 직접 만들었다. 1993년에 그는 프로그램 개요를 짜는 데 도움을 받기 위해 보수 코미디언 폴 섕클린Paul Shanklin을 작가로 채용했다. 림보는 팬들이 보내준 자료도 활용했다. 민주당 테드 케네디 상원의원□을 흉내 내는 사람이 1961년 디온 디무치의 히트곡 〈The Wanderer(뜨내기)〉의 곡조에 맞춰 그를 겨냥한 소절 〈The Philanderer(바람둥이)〉를 부르는 게 그런 것이다. 가사는 다음과 같다.

○ 자메이카의 레게 가수 밀리 스몰이 1964년 발표한 노래다.

□ 존 F. 케네디의 막내 동생이다. 대통령과 대통령 후보였던 형제들이 모두 암살된 후 오랜 기간 매사추세츠 민주당 상원의원을 지내며 케네디 가문을 정치 명문가로 키워냈다. 보스턴을 중심으로 한 미국 북동부 엘리트적 진보주의를 대표하는 인물이다. 몇몇 스캔들로 인해 림보를 비롯한 라디오 토크쇼 진행자들의 조롱이 끊이지 않았다.

> 예쁜 여자들이 있는 곳
> 당신은 내가 그들 주위에 있다는 것을 알고 있고
> 나에게는 그들 모두가 동등하기 때문에
> 나는 그들에게 키스하고 그들을 사랑해.
> 나는 엄청 두들겨 맞아서 그들의 이름조차 모르지.
> 왜냐하면 나는 바람둥이이기 때문에, 맞아, 바람둥이
> 나는 여기저기서 잠들지.
> 글쎄 나의 관점은 왼쪽이고, 오른쪽에는 골 빈 여자를 끼고 있어.
> 오늘 밤 내가 어디서 기절할지는 신만이 알겠지.[26]

림보의 프로그램은 고유의 언어도 가지고 있었다. '고르바즘'과 함께, '안전 대화safe talk'가 있었다. 초창기에 전국 방송으로 진행한 라이브 무대에서 림보는 혹시나 자신이 내뱉게 될 사악한 말로부터 청취자를 보호한다면서 마이크에 콘돔을 씌우곤 했다.[27] '실내 온도room temperature'는 죽음을 의미했다.◇ 정치인들에게는 별명을 지어줬는데, 새크라멘토에서 방송하던 시

◇ 실내 온도는 관행적으로 20도 전후를 말한다. 사람이 죽으면 체온이 떨어져 실내 온도와 같아진다는 의미로 만들어 낸 말이다.

절 림보의 오랜 공격 대상이었던 앨런 크랜스턴 상원의원은 그의 고령의 나이와 외모를 비하해 '시체The Cadaver'라고 불렀다. 그런 뻔뻔함은 진보층을 실소하게 하거나 열받게 만들었다.[28]

신랄하면서도 매력적인 스타일은 세대를 초월한 또 다른 라디오 재능 하워드 스턴Howard Stern◎과 림보 사이의 몇 안 되는 공통점 중 하나다. 두 사람의 프로그램 내용은 상당히 달랐다. 스턴은 정치 이야기는 가끔씩 했고 림보는 절대 건드리지 않은 적나라하고 성적인 주제를 자주 다뤘다. 그리고 둘 다 남성들이 주요 청취자였지만, 스턴의 프로그램은 주로 FM 록 방송국에 편성됐다. 하지만 스타일상 두 사람 모두 기존의 규범을 파괴했다. 그들은 무뚝뚝했고 조롱과 억지를 잘 썼다. 청취자들은 방송 중에 자신들이 어떤 이야기를 듣게 될지 전혀 예상할 수 없었다.

◎ 림보와 더불어 미국에서 가장 인기 있는 라디오 진행자다. 림보와 달리 FM 라디오에서 음악과 비정치적인 토크 프로그램을 진행했다. 선정적이고 자극적인 스타일로 많은 논란을 만들어 냈다.

림보의 초기 제휴 방송국이었던 로스앤젤레스의 KFI와 시카고의 WLS는 림보가 성공의 새로운 청사진을 보여주고 있다는 걸 알아차렸다. 이 방송국들은 림보를 중심으로 편성을 재설계해서, 대중적이지만 무난한 라디오 토크 경쟁 방송국 KABC와 WGN에 도전했다. KFI의 제작자 조지 올리바George Oliva가 설명했듯이 포커스 그룹 인터뷰에서 KABC의 취약성이 드러났다. 진행자들이 명확한 입장에서 기꺼이 청취자들을 불쾌하게 하며 무례할 정도로 유머를 사용하는 토크 방송국이 자리 잡을 수 있는 기회였다.[29]

1988년과 1993년 사이 림보의 청취자는 확 늘었고, 그의 프로그램을 방송하는 방송국 수도 폭발적으로 증가했다. 1988년 그의 프로그램은 100개가 채 안 되는 방송국에 편성되어 15분당 평균 29만 9,000명이 청취하는 수준이었다. 그러나 1993년 방송국 수는 610개로 늘었고 청취자 수는 매주 1,700만 명에 달했다.[30] 식당들은 림보의 제휴 방송국과 협력해 청취자 팬들이 좋아하는 프로그램을 들으면서 점심을 함께 먹

을 수 있는 수백 개의 '러시 룸Rush Rooms'을 만들기도 했다.[31]

무엇이 림보를 성공으로 이끌었나? What Drove Limbaugh's Success?

림보의 엄청난 인기의 원인은 이념이었나, 아니면 그의 재능이었나? 소외된 보수층의 마음과 귀를 사로잡는 데 이념이 결정적이었다는 점에는 의심의 여지가 없다. 하지만 라디오 진행 능력 때문에 그 정도로 성공했다고 믿을 만한 충분한 이유가 있다. 림보는 라디오 제작진이 생각하는 이상적 진행자의 특질들을 모두 가지고 있었다. 솔직하면서도 독선적인 림보는 정보와 즐거움, 영감을 주고 참여를 유도했다. 그는 청취자들을 휘어잡았을 뿐 아니라, 방송을 계속 듣기 위해 길가에서 차를 공회전시킬 정도로 붙잡아 둘 수 있었다.[32] 라디오산업 전문기자 로버트 언매크트Robert Unmacht가 묘사했듯이 림보는 "쓰레기통 뚜껑으로도 재미있는 이야기를 만들 수" 있었다.[33] 림보 팀의 팀장 키트 카슨Kit Carson과 맥러플린에 따르면 그의 성공에서 이념의 역할은 덜 중요했다. 그를 가장 잘 아는 업계 인물인 두 사람은 림보가 너무 재미있었기 때문에 그가 진보였다고 해도 똑같이 성공했을 것이라고 주장했다.[34]

라디오 사업에서의 성공과 실패 사례가 이념적 스펙트럼에 두루 걸쳐 있다는 사실 또한 림보의 성공이 능력에 따른 것이라는 주장을 뒷받침한다. 스테파니 밀러Stephanie Miller와 마이클 스머코니쉬Michael Smerconish, 빌 핸들 같은 진행자들은 림보와 관점이 매우 다르지만 모두 림보의 방식으로 성공했다. 그들은 청취자를 즐겁게 해준다. 반면 이념 성향을 불문하고 지루한 진행자들은 실패했다. 이들 중에는 다우니, 고故 프레드 톰슨Fred Thompson 상원의원, 마이크 허커비Mike Huckabee 전 아칸소 주지사와 같은 유명 보수주의자들도 있다.[35] 라디오 토크쇼를 그 누구보다도 잘 알고 있는 〈토커스 매거진〉의 전문가 마이클 해리슨Michael Harrison이 2004년에 분석한 결과가 말해주듯, 당시 수년간 진보 진행자들보다 보수 진행자들이 훨씬 더 많이 실패했다.[36] 시간이 지나면서 보수 진행자들에게 더 많은 기회가 주어졌던 건 맞다. 하지만 그들도 여전히 청취율을 유지해야만 했다.

림보가 적어도 정치적 설득만큼 예능을 중요하게 생각했다는 것은 확실하다. 1991년의 야심 찬 패러디가 좋은 예다. '승리한 걸프전Gulf War Won'이라는 라디오 미니시리즈의 풍자적인 예고편은 림보가 개척했던 정치적 메시지와 익살의 조합을 잘 보여준다.[37] 그 예고편은 또한 그가 쇼맨십에 대해 얼마나 많이 생각하고 노력했는지도 보여준다. 온건파 진보주의자들을 쉽게 비난할 수도 있었지만, 그는 보수적 시각을 알고 싶은 청취자나 단순히 재미를 추구하는 청취자 모두가 좋아하는 오디오 극장의 걸작을 만들었다.[38]

구식 할리우드 테마 음악처럼 만들어진 예고편에서 미니시리즈의 등장인물이 발표됐다. 림보는 웃음 요소와 실생활의 유사성에 따라 자신의 스타들을 선택했다: 콜린 파월 장군 역의 제임스 얼 존스James Earl Jones, 바바라 부시 여사 역의 베티 화이트Betty White, 팔레스타인 지도자 야세르 아라파트Yasser Arafat 역의 링고 스타.○

웃자고 만든 것이었지만 배역 선택은 대부분 림보의 정치적 성향을 반영했다. 그는 주요 공화당 정치인들과 보수주의자들 역에는 유쾌하고 강인하고 남성적인 배우를 선택했다. 클린트 이스트우드는 부시 대통령을, 아놀드 슈워제네거는 보수의 영웅이자 라디오 토크쇼의 미래 스타인 올리버 노스Oliver North 대령□을 연기했다. 전통적인 성 역할을 보여주는 의미에서 1940년으로 설정된 장면에서는, 한 남자가 콘돔 사용을 요구하는 아내에게 화를 내며 밀쳐낸 후 혼자 걸어가 버

○ 콜린 파월
걸프전 당시 합참의장으로 아프리카계 미국인 최초의 국무장관.
제임스 얼 존스
다스 베이더의 목소리와 〈라이언킹〉의 무파사 목소리를 맡은 유명 배우.
베티 화이트
전설적인 배우이자 코미디언.
야세르 아라파트
팔레스타인 해방운동의 상징적 지도자이자 팔레스타인 자치 정부의 초대 대통령.

□ 1980년대 레이건 정부 당시 이란-콘트라 스캔들, 즉 CIA가 테러지원국가 이란에 무기를 판매한 수익으로 니카라과 반군(콘트라스)를 지원한 사건으로 유명한 미국 해병대 장교다. 이 사건에 깊게 관여한 올리버 노스는 유죄 판결을 받았지만 나중에 사면 복권됐다. 이후 작가, 방송인, 그리고 전미총기협회 회장으로 활동했다.

리는 모습을 보여줬다. 콘돔에는 '뉴욕시 학교 시스템 제공'이라는 문구가 찍혀 있었다.

촌극 내에서 진보주의자들과 주류 언론인들의 역할은 처량할 수밖에 없었다. 케네디 상원의원은 "폭탄 맞은 다리를 건너는 것이 어떤 일인지 아는 이라크에서 가장 운 좋은 사람" 역할을 맡았는데, 이는 채퍼퀴딕Chappaquiddick에서의 심각한 교통사고○를 비꼬는 것이었다. 림보는 스타워즈에 등장하는 자바Jabba the Hut에게 당시 〈전국여성기구the National Organization for Women〉의 회장이었던 몰리 야드Molly Yard 역할을, ET에게는 하원 다수당 대표 리처드 게파트Richard Gephardt 역할을 맡겼다. 마틴 쉰은 패트리어트 미사일의 발사를 막으려다 하반신을 잃은 반전 운동가를 연기했다. 레즈비언 모터사이클 동호회인 〈다이크스 온 바이크Dykes on Bikes〉의 샌프란시스코 지부는 "자궁 벙커에서 모성으로 보호되고 있는 이라크 공화국 수비대의 미래 구성원들을 모두 제거"하는 임무를 맡은 전미 제1기병대대를 맡았다. 인형극 캐릭터 하우디 두디, 우피 골드버그, 조커 잭 니콜슨이 각각 저명 언론인인 테드 코펠Ted Koppel, 버나드 쇼Bernard Shaw, 그리고 피터 아넷Peter Arnett을 연기했다. 이는 쇼의 영향력을 약화시키고 코펠과 아넷의 진실성, 도덕성, 독립성을 비난하기 위한 선택이었다.

○ 1969년 매사추세츠 채퍼퀴딕 섬에서 심야에 발생한 교통사고를 말한다. 당시 운전자였던 테드 케네디 상원의원은 파티가 끝난 후 차를 몰고 가다가 차가 전복돼 연못에 빠진 후 수영해서 탈출했다고 진술했고, 동승한 여성은 차에 갇혀 사망한 채 발견됐다. 사고 신고와 처리 과정이 석연치 않아 의혹이 많이 남아 있다.

초현실적 반전으로 림보 역은 실베스터 스탤론이 맡았다. 마지막으로 림보 본인은 자신을 살짝 닮은 전쟁 영웅 노먼 슈와르츠코프 장군Norman Schwarzkopf을, 매력적인 스타 보 데릭Bo Derek은 슈와르츠코프의 아내를 연기했다.

일관된 보수 편향에도 불구하고 다수의 장면은 정치 성향과 상관없이 청취자를 웃겼다. 예고편은 방송 초창기 림보가 추구했던 예능의 전형을 보여준다.[39] 림보의 추종자들은 그가 대단한 보수주의자여서가 아니라 이념이 곁들여진 '익살'

을 기반으로 성공했다는 걸 알고 있었다. 정치적 과제를 명확히 하지만 때로는 이념적 반대자들까지 웃게 만들 만큼 예능을 우선시하는 림보의 스타일을 다른 진행자들도 따라했다. 추종자들은 너바나에서 마티나 맥브라이드Martina McBride에 이르는 록이나 컨트리 음악도 이용했다. 그리고 그들은 별명, 효과음, 우스꽝스러운 흉내, 패러디를 동원해 진보를 경멸했다. 예를 들어 로라 잉그레이엄은 케네디 상원의원을 '졸업축하풍선Senior Balloon'이라고 불렀다. 2005년 잉그레이엄은 자신의 프로그램에서 물고문waterboarding에 대한 케네디의 논평과 빨간 잉크에 잠긴 나라를 합성한 후 물 튀기는 소리를 입혀 내보냈다. 거기다 잉그레이엄은 채퍼퀴딕에 대한 또 다른 명백한 암시로 케네디에게 물 비슷한 건 피하라고 권유했다. 이런 언급은 라디오 토크쇼에서 일상이었다. 다른 보수 출연자는 케네디를 '수영선수'라고 불렀다.[40]

전직 영화 평론가 마이클 메드베드Michael Medved도 림보의 모델을 따랐다. 2006년 림보 스타일의 프로그램에서 그는 공화당 지지자는 복음과 컨트리 음악을 좋아하는 반면, 민주당 지지자는 성폭행을 당했다고 주장하는 DMX 같은 랩 스타를 좋아한다고 단언했던 걸 보면 알 수 있다. 메드베드는 "모니카가 다 큰 소녀이기" 때문에 빌 클린턴이 모니카 르윈스키○를 같은 혐의로 고소했었어야 한다고 주장했다. 뒤를 이어 클린턴이 "핫도그", "그만 해라."라고 말하는 동영상이 등장했다.[41]

○ 클린턴 대통령 재임 시절 백악관 인턴으로서 클린턴과 부적절한 관계(구강성교)를 맺어 화제가 됐던 인물이다.

잉그레이엄, 메드베드, 그리고 수천 명의 다른 진행자들은 림보 덕분에 성공할 수 있었다. 림보는 그들에게 보수 메시지를 전달하면서도 영역을 확장하고, 근엄하고 지루하지 않게 청취자들이 빠져들게 만드는 방법을 개척해 보여줬다.

우리와 비슷한 언론

Media That Sounds Like Us

1980년대 후반부터 1990년대 초반까지는 그 어떤 제작자도 깨어난 보수층에 다가서려고 하지 않았다. 대부분은 이런 잠재적 수용자들이 존재한다는 사실조차 알아차리지 못했다. 이에 대해서는 림보도 깜깜이였기 때문에 아무런 정치적 목적 없이 프로그램을 시작했다. 림보는 오히려 사람들이 "세 가지를 위해 라디오를 켠다. 오락, 오락, 오락"이라고 주장했다.[1] 그러나 전화 참여자들이 자신의 정치적 관점을 찬양하자, 림보는 팬들을 만족시키고 그들에 대한 정치적 의무를 이행하기 위해 프로그램을 변형했다. 그는 "수백만 명이 청취하게 되니까 이제 정직하고 신뢰할 수 있어야 한다는, 그리고 단지 주목받거나 화젯거리를 만들 목적으로 터무니없는 말을 해서는 안 된다는 책임이 생겼다."라고 말했다.[2] 림보 프로그램의 초창기 특성이었던 무례함을 어느 정도 포기하고, 좀 더 전통적인 정치 논평을 제공하겠다는 말이었다.[3] 이런 변화 때문에 일부 진보 성향 팬들은 떠났지만 보수 성향 팬들의 충성도는 오히려 높아졌다. 보수층은 마침내 자신들의 투사를 찾아낸 것이다.

이는 림보의 매력에서 중요한 측면이었는데, 자기 자신

이 소외된 보수 중 한 명이었기 때문에 보수 청취자와 마음이 통할 수 있었다. 〈워싱턴포스트〉 기자 헨리 앨런Henry Allen에 따르면 림보는 "자신을 비웃는 사람들만큼이나 똑똑하고 재미있는, 외로운 시골 사람"이었다.[4] 방송에서 그는 어마어마한 성공과 그에 따른 보상—예를 들어 시가와 골프, 다른 사치품들—에 대해 이야기했는데, 이는 보수 청취자들을 짜릿하게 했다. 왜냐하면 림보는 보수의 가치와 언론의 편향에 대한 분노를 드러냄으로써 보수에 적대적인 언론 분야에서 오히려 더 크게 성공한 보수주의자 중 한 명이었기 때문이다. 림보의 팬 네이선 윌리스는 한 인터뷰에서 "'미국에서는 죽어버렸다'고 생각했던 도덕성을 림보가 보여줘서 고마웠다."라고 말했다.[5]

1992년 청소년 폭력에 대한 토론은 림보가 보수 청취자들을 사로잡았던, 도덕에 대한 전통적 개념과 비타협적 접근방식을 잘 보여준다. 림보는 한 독백에서 보수 가치를 옹호하고 보수 가치에 도전하는 문화적 힘을 조롱했으며, 유해한 진보주의가 만들어 낸 변화 때문에 청소년 폭력 문제를 해결할 수 없게 됐다고 한탄했다. 이 사례에서 림보는 섹스와 폭력이 난무하는 음악과 영화 때문에, 여러 명의 섹스 파트너를 가진 10대 소녀들이 늘어났다고 비난했다. 모든 세대에게 "파괴적인" 음악이 있었다고 주장하던 비평가들에게 림보는 "우리 세대가 생각하던 파괴적인 음악은 비틀즈였다… 하지만 비틀즈의 음악을 오늘날 '아이스 티Ice T'와 '투 라이브 크루' 같은 부류에 비교할 수는 없다."라고 주장했다. 더 심각한 문제는, 진보의 승리로 인해 이런 파괴적인 콘텐츠의 영향을 상쇄할 수 있는 그 어떤 일도 할 수 없게 됐다는 것이었다.

> 뉴욕의 학교에서 학생들에게 동성애적 가치 말고는 그 어떤 가치도 가르칠 수 없습니다. 십계명은 훌륭한 조언이고, 놀라울 정도로 교훈적이며, 다른 사람들과 어떻게 어울려 살아야 되는가에 대해서는 최고의 가르침이지만 가르칠 수 없습니다. 아이들

> 에게 무지개 교과과정은 필요치 않습니다. 사람들에게 함께 사는 법을 가르치기 위해 "헤더의 엄마는 두 명"이라거나 "아빠에게 룸메이트가 있다."라는 말은 필요 없어요. 십계명이면 됩니다. 십계명 안에 모든 게 들어 있습니다. 하지만 가르칠 수 없지요. 십계명은 특정 종교와 관련돼 있고, 그건 헌법에 맞지 않아서 적격하지 않기 때문입니다.[6]

재밌는 모욕, 번뜩임, 끄덕임이 가득하지만 소중한 가치를 우직하게 힘껏 방어하는 발언은 수백만 명의 심금을 울렸다. 캘리포니아 유전 노동자인 제리 '부기' 갤런트가 〈월스트리트 저널〉 기자에게 말했듯이 림보는 "나 같은 평범한 사람에게 분명하게 말한다. 우리 대부분은 열심히 일하는 사람들이고 비난받는 것에 지쳐 있다."[7] 58세 팬인 개릿 헤드릭은 림보에 대해 "내 감성을 재치와 유머로 표현하는 사람이다. 그의 생각은 명확해서 좋다. 그리고 그가 내 생각을 명쾌하게 표현해 줄 때 나는 혼자가 아니라고 느낀다. 이제 우리에게는 좌파의 비열한 본성과 편협함에 맞서 우리를 대변할 수 있는 사람이 있다."라고 말했다.[8]

닐 부어츠도 비슷한 방식으로 공감을 불러일으켰다. 그는 "내가 무언가를 건드리고 있다면… 그건 직장이나 가정 혹은 어떤 사회적 환경에서 하고 싶은 말을 못 하는 사람들의 좌절감이다. 나는 그들을 위해 할 말을 한다. 나는 거칠 게 없다."라고 말했다.[9] 게다가 진보층이나 언론이 이런 감성을 공격할 경우, 진행자들은 주저 없이 논란을 두 배로 키웠다. 부어츠는 2007년 버지니아 공대 참사○에서 희생자들이 왜 스스로를 방어하지 않았냐고 문제를 제기해 분노를 유발한 후 "며칠 만에 좌파 언론의 울부짖는 개들이 들고 일어나고, 많은 사람이 생각은 하지만 두려워서 못하는 말을 내가 언제 해야 하는지 적절한 시기만 보고 있었다."라고 말했다.[10] 정치

○ 2007년 4월 16일 미국 버지니아 블랙스버그 소재 버지니아 폴리테크닉 인스티튜트와 버지니아 주립대학교 캠퍼스에서 일어난 총기 난사 사건이다. 이 대학 학부생이자 재미 한국인 조승희가 반자동 권총 두 자루로 총탄을 난사해 32명이 숨지고 23명이 다쳤다.

적 올바름에 굴복하지 않자, 청취자들은 진행자들을 더 영웅시했다. 한 전화 참여자는 뉴욕의 진행자인 밥 그랜트에게 "제발 우리를 떠나지 말아달라. 당신은 우리의 유일한 목소리다."라고 간청했다.[11]

라디오 토크쇼는 보수층이 자유롭게 견해를 표현하고 정치 과정에 참여할 수 있도록 해주는 비주류 언론이 됐다. 보수가 좋아하는 진행자들은 다른 사람들이 불쾌해할 수 있으니 피해야만 했던 사안들, 즉 인종, 정치, 종교, 성 등 예민한 문제들을 모두 논의했다. 수잔 더글러스는 "많은 백인 남성은 계란 위를 걷는 듯 무엇을 말하는 게 옳고 그른지 더 이상 알지 못한 채 숨쉴 장소가 필요하다고 느끼게 됐다. 라디오 토크쇼는 그들에게 피난처였다."라고 설명했다.[12] 전화 참여자들은 나와 비슷한 생각을 하고 공감해 주는 사람들에게 자신의 감정을 분출할 수 있었다. 그리고 라디오 토크쇼의 익명성 덕분에 전화 참여자들과 청취자들은 생각이 다른 배우자나 친구, 직장 상사, 고객, 이웃이 자신을 알아차릴까 걱정할 필요가 없었다.[13]

림보는 유머와 재미라는 자신의 브랜드가 특히 보수 청취자들 사이에서 반향을 불러일으킨다는 걸 이미 알아채고 있었다. 림보는 진보층이 정치를 너무 진지하게 받아들이기 때문에 자신의 유머가 파고들 틈이 없을 것이라고 느꼈다. 이 지점에서 림보는 자신이 진보였어도 똑같이 성공했을 거라는 주위 사람들과 생각이 달랐다. 그는 "나는 유머 감각이 있지만 진보층은 그저 잘 웃지 않는 사람들이기 때문에" 자신이 진보 영역에선 성공하지 못했을 것이라고 믿었다.[14] 2000년대와 2010년대 케이블 텔레비전에서 진보적 풍자와 해학이 성공했기 때문에 이런 평가는 틀린 것으로 밝혀졌지만, 어쨌거나 우파 사람들은 림보가 예능과 이념을 연결시켰기 때문에 그렇게 열렬히 숭배했다고 볼 수 있다. 그의 유머와 예능 스타일은 확실히 보수 감성에 뿌리를 두고 있었다. 이는 림보와 비슷한 가치, '중산층 미국인'의 성장 배경을 가진 청취자들을 열광시켰다.

진행자들이 보수 정치사상을 전파하고자 한마음 한뜻으로 모의했던 것은 아니었지만, 유머와 재미라는 가치는 라디오 토크쇼에 널리 퍼져 있었다. 이런 감성은 라디오 토크쇼를 훨씬 더 매력적으로 만들었다. 대화는 여느 보수적 가정의 저녁 식사 자리에서 나올 법한 이야기들과 크게 다르지 않았다. 진행자들은 그날의 뉴스에 대해 수다를 떨었다. 지역 라디오 진행자들은 중앙 정치와 지역의 이야기를 접합시켰다. 전국 방송의 진행자들과 지역 진행자들은 최신의 유명인사, 스포츠, 법률 또는 비즈니스 뉴스를 다루었다. 예를 들어 잉그레이엄은 매일 프로그램의 3부를 라이프스타일 주제에 할애했다.[15] 라디오 토크쇼는 모기에 대처하는 가장 좋은 방법에서부터 인기 영화, 진행자의 여행 걱정, 정지 신호의 적절한 위치, 그리고 흰 살코기와 붉은 살코기를 좋아하는 사람들 사이의 오래된 논쟁에 이르기까지 다양한 비정치적 사안들을 늘 포함했다. 새크라멘토의 진행자 조 게티Joe Getty가 설명했듯이 자신과 파트너인 잭 암스트롱Jack Armstrong은 "청취자들과 인간적 관계"를 맺고 있었다. 그들은 청취자들을 많은 주제에 대해 이야기를 나눌 수 있는 "친구"로 여기고 있었다. 암스트롱과 게티는 그들의 프로그램에서 정치적 내용이 차지하는 비중을 뉴스가 많은 날에는 70~75퍼센트, 별로 없는 날에는 절반 이하 정도였다고 추정했다.[16]

주제가 무엇이든 라디오 토크쇼의 정신은 빛났다. 진행자들은 '정치적 올바름'에 대해 공공연하게 반대했고 민권운동이 내세운 새로운 규범들을 비웃었다. 라디오 제작자 데이비드 홀David Hall은 림보가 "항상 누군가의 신성한 소sacred cow○를 맛있는 햄버거와 스테이크로 만들려고 했다."라고 말했다. 이런 스타일이 사업에 스며들어 있었다.[17]

1980년대의 경제 발전과 그에 대한 민주당

○ 일상적인 삶에서 특별한 의미나 중요성을 부여받은 이념, 가치, 생활신조 등등을 지칭한다.

의 대처로 인해 중산층과 중하층 백인 남성들은 라디오 토크쇼에 빠져들었다.[18] 1982년과 1994년 사이 고등학교 졸업과 중퇴 백인 남성의 실질 소득은 각각 9.1퍼센트와 22퍼센트 감소했다. 반면 석사 학위 소지자 백인 남성의 평균 소득은 24.3퍼센트 증가했다. 교육 수준이 낮은 소수민족 남성들의 소득 감소는 훨씬 더 심각한 수준이었지만, 어떤 필자가 〈워싱턴포스트〉에서 주장했듯이 소수자들은 적어도 진보층의 배려와 동정을 받았다. "대학 교육을 받고 특권을 누리며 정치적으로 올바른" 사람들은 소수민족의 소득 감소는 제도적 불공정의 결과로 간주했지만, 블루칼라 백인 남성에게는 생색을 내거나 심지어 경멸하기도 했다. 이런 감성을 공유하는 사람들이 림보를 좋아할 이유는 많았다. 림보는 소수인종우대정책을 비난하고 제시 잭슨Jesse Jackson 목사○를 조롱했으며 민권운동 지도자들의 발언이 극단적이고 위선적이라는 점을 강조했다.[19]

○ 미국 침례교 목사이며 대표적인 민권운동의 지도자이자 민주당의 정치인이다. 1960년대에는 마틴 루터 킹 목사를 따라 민권운동을 이끌었고, 1980년대에는 두 차례에 걸쳐 민주당 대통령 후보 경선에 출마했다.

물론 미국 남성들이 단순히 경제적 소외와 그와 관련된 인종적 분노 때문에 라디오 토크쇼의 이야기를 갈망했던 건 아니었다. 여성운동이 만들어 낸 사회적 변화 또한 남성들이 보수 진행자들에게 끌린 이유였다. 라디오 토크쇼 진행자 잭 암스트롱Jack Armstrong이 묘사한 것처럼 자신을 현금인출기로 이용하는 자녀들, 언제나 화만 내는 아내와 직장 상사에게 환멸을 느낀 "분노한 백인 남성"들에게 라디오 토크쇼는 호소력이 있었다.[20] 2004년 애넌버그 조사연구Annenberg survey에 따르면 림보의 청취자 중 3분의 2가 남성이었다.[21]

대부분 남성이었던 진행자들은 남성성을 내세우며 여성을 종종 대상화했다. 워터게이트 스캔들로 악명 높은 전직 FBI 요원 출신 진행자 고든 리디Gordon Liddy□는 스스로를 사내답고 활기차며 정력이 왕성하다고 강조했다. 주말 사흘을 보낸 후면, 그는 청취자들에

□ 전직 FBI 요원으로서 워터게이트 스캔들에서 주거침입, 범죄모의, 의회 증언거부 등으로 유죄판결을 받고 52개월간 복역했다.

게 "지난 사흘 길고 긴 메마른 시간을 보냈을 여성들이여, 우리가 돌아왔으니 공짜로 성욕을 해소하는 건 여러분 마음먹기에 달려 있다."라고 말했다. 같은 회차 방송에서 리디는 총기 소유에 대한 법정을 열고 사람을 죽일 수 있는 수많은 방법을 알고 있다고 자랑하면서 남성성을 과시했다.[22]

부어츠는 아내를 "여왕"이라고 부르며 존경하는 듯했지만, 정작 자신의 프로그램에서는 다른 라디오 토크쇼와 비슷하게 여성을 대상화하고 페미니즘을 비난하며 남성 청취자들의 기분을 맞춰주려는 분위기를 연출했다. 여성들이 출연할 때, 진행자들은 종종 출연자들의 생각이 아니라 외모에 초점을 맞췄다. 예를 들어, 2005년 〈동물에 대한 윤리적 처우를 요구하는 사람들People for the Ethical Treatment of Animals〉이 신시내티 진행자 빌 커닝햄Bill Cunningham과 두부로 만든 칠면조 고기의 장점에 대해 논쟁하기 위해 '산타의 어린 조력자Santa's little helper'○로 분장한 여성 회원을 출연시켰을 때, 커닝햄과 그의 동료는 이 여성을 성적으로 대상화하는 데 대부분의 시간을 보냈다. 중간에 커닝햄은 "자기honey처럼 생기면 자기가 뭘 주장하더라도 사람들이 다 동의할 거란 걸 나는 알지."라고 말하기도 했다.[23]

○ 미국 성인 애니메이션 〈심슨 가족〉에 등장하는 반려견 캐릭터다.

또한 많은 진행자들은 일관되지 않은 이중 잣대를 강조해서 페미니스트들에 대한 신뢰도를 떨어뜨리려고 했다. 예를 들어 1992년 림보는 민주당 상원의원 대니얼 이노우에Daniel Inouye의 성희롱을 제기한 미용사를 언급하며 그 뒤에 숨어서 나타나지 않는 페미니스트들을 그냥 정파적일 뿐이라고 비난했다. 림보는 바로 그 페미니스트들이 이전에 애니타 힐Anita Hill□을 지지할 준비는 너무 잘 되어 있었다고 지적했다.[24] 다음 순서는 리디였다. 그는 퇴역 여성 군인을 끝까지 몰아붙여, 여성은 자신들이나 부대원을 보호할 수 있을 정도의 역량을 갖추지 못했기 때문에 특정 전투에는 적합하지 않다고 인정하게 만들었다. 한 전화 참여

□ 부시 대통령이 지명한 보수 성향 연방 대법관 후보 클래런스 토머스의 성폭력 의혹을 제기하고 청문회에서 증언한 변호사이자 로스쿨 교수다.

자가 일부 남성들에게도 같은 문제가 있다고 덧붙이자, 리디는 그런 남성들을 추려내는 것은 허용되지만 여성들을 배제하면 성차별로 비난받는다고 응수했다.[25] 리디는 성차별에 대한 불만을 부정하고 전통적 성 역할을 옹호하려고 했다.

라디오 토크쇼의 정치적 천재성 중 하나는 서로 다른, 때로는 모순적인 보수층의 취향을 충족시킬 수 있는 메시지를 내세웠다는 점이다. 한편으로 진행자들은 1960~1970년대 닉슨 대통령 시절 이후 지속되어 온 '침묵하는 다수'의 분노에 호소했다.[26] 2005년 션 해니티의 프로그램에 전화를 건 로스앤젤레스 청취자 다이앤은 레이건 대통령, 조지 부시 대통령, 그리고 공화당이 의회를 완전 장악한 1994년 선거혁명에도 불구하고, 라디오 토크쇼가 등장하기 이전 40년 동안에는 침묵하는 다수의 목소리가 대변되지 못했다고 말했다. 라디오 토크쇼는 블루칼라 백인과 반페미니스트 전통주의자들의 이익과 의견, 그리고 좌절감을 옹호해서 다이앤과 같은 생각을 하는 보수층의 지지를 받았다. 진행자들은 이른바 레이건 민주당원들◦에게서도 호응을 얻었다.[27] 림보는 세인트루이스 청취자 패티 오닐이나 바버라 포츠먼 같은 많은 민주당원들을 끌어들였다. 노동조합원의 딸이자 카톨릭 신자인 포츠먼은 전통적인 민주당 배경을 가진 사람이었다.[28]

◦ 1980년 미국 대선 당시 민주당 후보인 지미 카터 대통령이 아닌 공화당 후보 로널드 레이건을 지지한 민주당원을 말한다. 당시 경제 불황으로 지미 카터는 지지율이 낮았고 신자유주의 정책에 호응한 레이건 민주당원의 지지에 힘입어 레이건이 제40대 미국 대통령에 당선됐다.

다른 한편으로 라디오 토크쇼는 남부 지역의 교외에 거주하는 새로운 보수층과 더 넓게는 부유층 미국인들을 위해서도 뭔가를 했다. 진행자들은 규제 완화와 낮은 세금, 개인적 책임을 경제적 성공과 동일시했다.[29] 때때로 림보는 누진 소득세를 "성과에 대한 공격"이라고 말했는데, 그의 관점에 따르면 "열심히 일하면서 올바른 방법으로 돈을 많이 버는 것에는 아무 잘못이 없기" 때문에 부유층에게는 세금 감면이라는 혜택을 줘야 했다.[30] 림보가 납세자의 분노와 '성취' 경제학의 긍정적 용어를 성공적

으로 결합시켰기 때문에 2000년대 초 그의 청취자들 대다수는 중산층과 중상층 들이었다.[31]

그의 출신 배경을 보면 두 줄기의 보수주의가 림보의 방송에서 융합된 이유를 이해할 수 있다. 1994년 데이비드 렘닉David Remnick이 말했듯이 림보의 "보수주의는 그의 할아버지와 아버지의 전통 공화주의에 그의 고향인 미주리 케이프지라도에서 다수였던 친조지월리스pro-George Wallace○ 세력의 분노가 혼합"된 것이었다.[32] 림보는 미주리 정치 명문가의 아들이다. 그의 아버지는 1952년 대통령 선거 유세 기간에 부통령 후보 리처드 닉슨과 그의 아내를 마을 사람들에 소개하기도 했다. 부유한 변호사로서 많은 기업의 법적 대리인이었던 림보의 아버지는 아들에게 수익 창출을 제한하면 안 된다는 사회적 가치를 가르친 듯하다.[33]

○ 조지 월리스를 지지하는 사람들을 지칭하는 말이다. 조지 월리스는 남부의 앨라배마 주지사를 지낸 민주당 정치인으로서 1960년대와 1970년대에 민주당과 무소속 후보로 대통령 선거에 세 번 출마했으나 모두 낙선했다. 포퓰리스트이자 민주당원이었으나 인종분리정책과 감세를 지지하는 등 보수주의 색채가 강했다.

림보가 청취자들의 의견을 형성시켰는지 아니면 그들의 목소리를 대변하기만 했는지는 구분하기 어렵다.[34] 그는 "설득하기를 좋아한다"고 인정하면서도 자신은 "진심에서 우러난 설득"을 원할 뿐, "면전에서 삿대질을 하며 … 동의하도록 강요하고 싶지 않다. 나는 청취자들이 스스로 의견을 갖기 바란다"는 단서를 덧붙였다.[35] 림보는 자신이 "수백만 미국인들이 이미 생각하고 있던 걸 증명했기 때문에" 성공했다는 걸 알고 있었다. 하지만 그가 청취자들의 생각에 영합했다는 말은 아니다. 그보다는 자신이 진정 진실이라고 느끼는 것을 지지했다. 뉴욕에서 방송하던 초창기 시절, 그는 자신을 채용한 맥마흔에게 생각이 정해지지 않으면 뉴스 가치가 있어도 다루지 않겠다고 설명했다. 그는 의견이 없을 때는 논의하지 않았다. 논란이 많은 주제라도 중요하다고 생각하지 않으면 무시하는 것도 도움이 됐다. 청취자와 친밀해지려면 진정성이 필요하기 때문에, 자주 입장을 바꾸거나 거짓말을 한 진행자들은 높은 청취율을 얻기 어려웠다.[36] 림보의 신념은

우연하게도 "주류 언론에 불만을 가진 일부 미국인들의 생각에 딱 들어맞는" 것이었다.[37]

무엇이 중요한지 청취자들에게 강요하지 않으려고 했다지만, 림보는 분명히 공화당과 보수의 관심사를 앞세웠다. 림보는 자신의 세계관을 구체적인 사안과 선거 캠페인에 적용해 청취자들의 이념적·정치적 가치를 투표와 정치운동으로 전환할 수 있도록 유도했다. 인터넷 시대 이전에 림보는 청취자들이 잘 모르던 사안들에도 관심을 가지도록 만든 정보원이었던 것이다.[38] 또한 림보는 정치 이력이 없었기 때문에 정치에 무관심하거나 거의 알지 못했던 일부 청취자들과도 잘 통할 수 있었다. 누군가의 말처럼 사람들은 "러시는 정치를 재미있게 만든다"며 림보의 방송을 들었다.[39] 림보와 가치가 비슷하거나 림보 때문에 즐거워하는 수백만의 사람들에게 그의 프로그램은 정치를 더 많이 알게 되는 관문이었다.

전체적으로 볼 때 라디오 토크쇼의 부상은 여러 면에서 우연이었다. 우파 성향의 정치 언론을 구축하겠다는 보수의 계획 따위는 없었다. 새로운 스타일의 보수 라디오쇼는 재정난에 빠진 AM 방송국과 선명한 보수 언론을 갈망하는 수용자가 림보를 발견했기 때문에 등장할 수 있었다. 초기부터 라디오 토크쇼는 자신들을 출연시켜줄 언론을 필사적으로 찾고 있던 정치인들의 시선을 사로잡았다. 정치인들이 간을 보기 시작했을 당시만 해도 라디오 토크쇼는 보수적이지 않았다. 다루는 주제와 정치적 성향이 다양했다. AM 라디오는 이후 10년에 걸쳐 서서히 보수 일색 정치 라디오 토크쇼로 변했던 것이다. 1980년대 후반과 1990년대 초반까지만 해도 라디오 토크쇼가 앞으로 어떻게 발전할 것이며 정치적 영향력은 어느 정도일지 여전히 불확실했다. 당시 제작자들은 라디오 산업의 다음 단계는 어떠한 모습일 것인지를 알아내려고 노력하는 중이었고, 정치인들은 라디오 토크쇼를 어떻게 정치에 끌어들일지 고민하며 자신의 길을 탐색하고 있었다.

필요는
발명의 어머니

Necessity,
Mother of Invention

정치권이 처음 관심을 가졌을 당시에만 해도 라디오 토크쇼는 이념 진영의 무기가 아니라 소외된 사람들의 매체였다. 양당 지도부는 라디오 토크쇼를 무시했지만 주류 언론의 관심을 받지 못하는 정치 아웃사이더들은 라디오쇼로 몰려들었다. 정치 거물들은 ABC, CBS, NBC 방송 네트워크, 케이블의 CNN 그리고 엘리트 신문을 이용해 자신들의 메시지를 알릴 수 있었기 때문에, 신생 매체인 라디오 토크쇼를 필요로 하지 않았다. 따라서 라디오 토크쇼의 잠재력을 처음 포착한 정치인들은 주변부 인물들, 즉 의회에서 직책을 갖지 못한 하원의원들이나 대통령이 되고 싶었던 아칸소 주지사 빌 클린턴 같은 지역 정치 지도자들이었다.

공화당 쪽에서는 1980년대 후반 극우파 의원들이 먼저 라디오 토크쇼에 출연하기 시작했다. 공화당 지도부가 출연한 것은 1990년대 중반 이후다. 비주류 하원의원들이 처음 결성한 모임에는 다양한 사람들이 참여했는데, 그들 대부분은 '보수기회협회the Conservative Opportunity Society, COS'나 '공화당연구위원회the Republican Study Committee, RSC' 같은 단체들과 연결돼 있었다. 펜실베이니아의 밥 워커Bob Walker, 미네소타의 빈 웨버Vin Weber

그리고 조지아의 뉴트 깅그리치Newt Gingrich 등이 포함되어 있었는데, 깅그리치는 1984년 공화당 지도부의 목표와는 다른 자신들만의 정책을 추진하기 위해 COS를 설립했다.

늘 그렇듯 별로 존재감도 없고, 1954년 이후 한 번도 다수당이 되지 못한—영원한 소수파 같던— 하원 공화당 내에서, 그것도 비주류 무리에 지나지 않던 강경 보수파의 영향력은 미미했다. 따라서 주류 언론은 그들에게 최소한의 관심 정도만 보였다. 언론에 보도되려는 그들의 게릴라전에서 라디오 토크쇼는 하나의 무기였다. 라디오 토크쇼는 그들의 메시지가 워싱턴의 테두리를 넘어 시민사회 정치 활동가들에게 전달될 수 있는 기회가 됐다. 밥 워커는 1970년대 후반부터 출연 요청을 받아들이기 시작했다. 1989년 하원 공화당 수석 부대표로 지도부에 합류했을 때, 그는 지도부 동료 의원들에게 라디오 토크쇼에 더 자주 출연하라고 독려했다.[1]

반면 폴 모렐Paul Morrell은 우연히 라디오 토크쇼의 이점을 발견했다. 캘리포니아 공화당 하원의원 밥 도넌Bob Dornan의 언론보좌관이었던 그는, 말솜씨가 현란한 도넌 의원에게 계속해서 인터뷰 요청이 들어왔기 때문에 라디오 토크쇼를 알게 됐다. 전략 폭격기인 B-1을 대단히 중요하게 여겼기 때문에 'B-1 밥'이라는 별명을 가진 언론인 출신 도넌은 탁월한 출연자였다. 방송을 너무 잘해서 1990년대 초 림보가 휴가 중일 때 대신해서 진행을 맡기도 했다.[2] 1990년 7월 18일 부시 대통령이 림보의 프로그램에 출연했을 때 처음으로 대통령을 인터뷰를 한 사람도 림보가 아니라 도넌이었다.[3]

모렐은 라디오 토크쇼가 도넌의 기질에 맞을 뿐만 아니라 공화당의 정치적 목표에도 적합하다는 걸 깨달았다. 주류 언론이 무시하는 주장들도 라디오 토크쇼에서라면 유권자의 관심을 끌 기회를 얻을 수 있었다. 기회를 현실화하기 위해 모렐은 '토크 라이트 이니셔티브the Talk Right initiative'를 출범시켰다. 먼저 그는 다른 보좌관들과 함께 하원의원 지역구별로 라디오 토크쇼 진행자의 목록을 작성했다. 그러고 나서 주류 언론이 무시했던 소소한 사안들을 설명하는 한 페이지짜리 자료나 하원의원의 연설문을 만들었다. 그와 동시에 공화당연구위원회는 해당 주제와 관련해 라디오 출연 의사가 있는 하원의원들의 목록을 진행자들에게 팩스로 보냈다. 의원들은 언론의 관심을 즐겼고 보좌진은 주류 언론을 우회해 메시지를 전달할 방법을 갖게 돼서 감격했다.[4]

이 시기에 공화당 지도부도 비주류 의원들처럼 주류 언론의 진보 성향에 대해 환멸을 느꼈을 수 있지만, 주류 언론의 일요일 대담 프로그램에 출연하거나 1면에 보도되는 정도에 만족했다. 1980년부터 1994년까지 자신의 계파를 이끌었던 하원 소수당 대표 밥 미첼Bob Michel—자기 세대의 리더십을 전형적으로 보여주었던—은 라디오 토크쇼에 거의 출연하지 않았다. 라디오 토크쇼는 그가 속한 세상의 한 부분이 아니었다. 그는 라디오쇼를 듣지도 않았고 전화 참여를 하는 일은 더욱 없었다. 전 하원 다수당 대표 딕 아미Dick Armey에 따르면 미첼은 림보를 싫어했고 새로운 흐름을 별로 중요시하지 않았다.[5] 그럼에도 불구하고 미첼의 임기 말년에 라디오 토크쇼 청취는 확산됐고, 공화당 하원의원들의 메시지를 전달하는 보조 수단으로 발전했다.[6]

미첼처럼 조지 H. W. 부시 대통령○의 백악관도 라디오 토크쇼를 제대로 이해하거나 이용하지 못했다. 백악관 대변인 말린 피츠워터Marlin Fitzwater는 "라디오 토크쇼를 도구로 생각하지 못했다… 우리는 무슨 일이 일어나고 있는지 몰랐다."라고 후회했다.[7] 백악관 언론홍보팀의 라디오 담당자 폴 루스링거Paul Luthringer는 라디오 토크쇼가 부시 대통령에 대해 언급하는 것을 모니터링하지 않았고, 진행자들에게 정책 사안의 요점을 전달하거나 출연자를 주선하지도 않았다고 인정했다.[8] 부시 대통령의 언론 보좌관을 지낸 도런스 스미스는 한

○ 미국 41대 대통령이다. 그의 아들인 43대 대통령은 조지 W. 부시다. 아버지는 조지 부시 대통령으로, 아들은 조지 W. 부시 대통령으로 표기되고 불린다.

인터뷰에서 매주 토요일 진행한 라디오 연설 외에 라디오에 특화된 전략은 없었다고 회고했다.[9]

기술적인 제약도 있었다. 부시 대통령이 재임하던 시절 라디오 토크쇼에 대한 모니터링은, 방송국들이 온라인 스트리밍을 시작한 이후보다 훨씬 어려웠다. 부시의 보좌관들은 워싱턴에서 방송되는 프로그램을 듣는 정도에 만족해야 했다. 백악관의 기술 역량은 매우 제한적이었기 때문에, 1990년 언론 담당 부서가 방송 스튜디오를 새로 짓고 난 후에야 대통령이 원격으로 라디오에 출연할 수 있었다.[10]

하지만 기술보다는 사고방식이 결정적이었다. 부시의 보좌관들은 라디오를 정치적 메시지를 전파하는 잠재적 도구가 아니라 단순히 뉴스를 전달하는 매체로 간주했다.[11] 루스링거는 백악관 기자단을 우회하기 위해 라디오를 이용하긴 했다. 그가 대통령 인터뷰를 위해 백악관에 초청한 이들에는 보수 라디오쇼 진행자들뿐만 아니라 뉴스 앵커, 디제이, 그리고 흑인 라디오와 라틴계 라디오의 유력인사들도 포함되어 있었다.[12] 더 크게 보면 스미스는 메시지가 텔레비전에 잘 전달되면 라디오에도 방송될 것이기 때문에, 라디오에 특별한 관심을 가질 필요는 없다고 생각했다.[13] 예를 들어 백악관이 〈데이비드 브링클리와 함께 This Week with David Brinkley〉○에 누군가를 출연시키면 ABC 첫 번째 헤드라인 뉴스에 인터뷰 일부가 포함될 것이고 당연히 라디오에도 보도될 것이라고 예상했다.[14]

○ 뉴스 앵커인 데이비드 브링클리가 진행한 ABC 방송의 일요 시사 프로그램이다.

라디오 토크쇼는 이후 공화당의 도구이자 보수 매체로 발전했지만, 1992년 당시에는 그렇지 않았다. 라디오 토크쇼의 정치적 잠재력을 파악하고 활용한 최초의 지도부급 정치인은 빌 클린턴이었다. 클린턴은 아칸소 주지사로서 라디오에 출연해 그 현장성을 즐겼다.[15] 그는 라디오 토크쇼가 당시에는 흔치 않았던, 언론을 거치지 않고 유권자들에게 직접 접근할 수 있는 기회라는 걸 알았다. 그리고 각개전투에 능숙한 정치

인이었던 클린턴은 라디오를 이용할 준비도 돼 있었다.[16]

1992년 1월 민주당의 뉴햄프셔 경선○이 시작되자 전직 뉴스 라디오 기자였던 리처드 스트로스Richard Strauss는 클린턴의 대선 캠페인을 위해 라디오 홍보전을 시범적으로 운영했다. 스트로스와 그의 상관인 제프 엘러는 정치 기술이 뛰어난 클린턴 같은 후보에게 유권자와 직접 접촉하는 일이 얼마나 중요한지 알고 있었기 때문에 라디오 홍보에 상당한 공을 들였다. 스트로스는 매일 아침 뉴햄프셔와 주변 지역 방송국에 클린턴의 발언과 유세 현장 상황 등을 녹음한 자료를 제공했다. 선거 캠페인을 위해 음성 자료를 자체 제작한 게 최초는 아니었지만, 클린턴 캠프는 라디오 부문에 특히 적극적이었다.[17] 스트로스가 목표로 잡은 다수 방송국들은 전국 네트워크 방송의 뉴스를 이용하기 어려웠기 때문에 클린턴 캠프가 제공하는 음성 자료가 그들에게는 유일한 것이었다. 이 때문에 방송국들이 클린턴을 좋아하게 됐을 뿐 아니라, 클린턴 팀이 라디오 토론도 주도할 수 있었다. 스트로스는 클린턴의 여러 스캔들에 대한 자료 요청은 무시하고 정책 사안에 대한 자료만 방송국에 전달했다.[18]

○ 양당 모두 뉴햄프셔와 아이오와에서 대통령 선거 당내 경선을 시작한다. 당원이 아니어도 투표에 참여할 수 있는 프라이머리로 진행되기 때문에, 그 결과가 다가올 선거를 예측하는 지표가 되고 또 선거에 영향을 미칠 수도 있다. 그런 이유로 뉴햄프셔는 배정돼 있는 선거인단 수에 비해 전략적 중요성이 크다.

뉴햄프셔 경선 이후 스트로스는 사우스다코타로 이동해 클린턴이 출연할 라디오 토크쇼를 예약했는데, 결과적으로는 대단히 험난한 여정이 됐다. 선거 캠프는 사우스다코타 전역의 방송국들에 클린턴과의 전화 대담을 각각 30분씩 배정했다. 25분 정도는 잘 진행됐다. 그런데 한 청취자가 클린턴에게 그의 연인이라고 주장한 제니퍼 플라워스Gennifer Flowers에 대해 물었는데, 이는 클린턴의 언론홍보팀이 피하고 싶었던 민감한 주제였다. 프로그램이 끝난 후 클린턴은 험악한 표정으로 스튜디오에서 걸어 나와 보좌진에게 누가 방송을 기획했냐고 물었다. 스트로스의 경력이 위기에 처한 순간이었다. 그러나 클린턴은 스트로스를 해고하는 대신 환상적인 경험이었다고 선언했다. 유권자들과의 직접 접촉은 예측 불가능한 일이었지만, 클린턴은 그걸 즐겼고 더 자주 라디오 방송에 출연하기를 원했다.

몇 달 동안 클린턴을 공격했던 까다롭고 심술궂은 진행자 돈 아이머스Don Imus의 인기 프로그램 〈아침의 아이머스Imus in the Morning〉에 출연해 유권자들의 호감을 사는 데 성공함으로써, 클린턴은 매우 중요했던 뉴욕 경선에서 승리할 수 있었다.[19] 클린턴이 색소폰을 연주했던 심야 프로그램 〈아세니오 홀 쇼Arsenio Hall Show〉 같은 텔레비전 대중문화 프로그램과 라디오 토크쇼를 통해 클린턴 캠프는 1992년 봄, 자신들의 메시지를 널리 전파할 수 있었다. 끔찍한 순간이 될 수도 있었다. 선거 캠프는 클린턴의 감동적인 인생사를 말하고 싶었지만 주류 언론은 이미 클린턴의 일생을 다 알고 있었고 소재는 사실상 고갈된 상태였다. 대다수 언론인에게 그 이야기는 오래된 뉴스였다.[20] 비록 민주당의 대선 후보로 거의 확정되고 있었음에도 불구하고, 보수파 공화당 하원의원들처럼 더 좋은 대안이 없었기 때문에 클린턴은 라디오 토크쇼에 집착했다.

총선 기간에 스트로스는 부시 대통령의 연설을 아칸소 리틀록의 클린턴 선거운동본부에서 들을 수 있는 체계를 구축했다. 부시 대통령의 연설이 끝나자마자 스트로스는 대통령의 발언을 반박하고 논평하기 위해 클린턴이나 부통령 후보인 테네시 상원의원 앨 고어와 통화했다. 스트로스는 클린턴과 고어의 반응을 녹음해서 부시 대통령의 연설을 내보낸 방송국들에 전달했다.[21] 라디오 토크쇼가 대선 캠페인에는 그다지 유용하지 않았음에도 불구하고 클린턴과 고어는 하루에 각각 다섯 개 도시 정도씩 꽤 많은 라디오 진행자들과 대화를 나누었다.[22] 그리고 클린턴 캠프는 후보들이 지역 행사에 참석하지 않을 때는 그 지역 텔레비전이나 라디오와의 인터뷰를 주선하는 새로운 전략을 도입했는데, 다른 후보들은 주로 해당 도시를 방문했을 때 지역 매체와 인터뷰했다. 클린턴의 전술은 뉴스를 통제하기 위한 또 다른 영리한 책략이었다. 클린턴과 고어가 행사에 참석할 경우, 지역 언론과 인터뷰를 하지 않았기 때문에 그들은 행사를 직접 취재해야만 했다. 그런 후에야 클린턴 캠프는 비로소 지역 언론이 간절히 원하는 단독 인터뷰에 응해줬는데, 이렇게 해서 다시 한 번 헤드라인을 장식할 수 있었다.[23]

1992년 부시 대통령의 재선 캠프 또한 1988년 선거 캠프나 백악관 팀에 비해 라디오 토크쇼에 더 적극적으로 다가갔다. 클린턴과 마찬가지로 부시는 라디오에 음성 자료를 제공하고 대리인의 라디오 출연을 주선했다.[24] 그러나 부시 캠프는 굼떴고 라디오 토크쇼의 엄청난 잠재력에 대해 제대로 이해하지도 못했다. 민주당 캠프가 경선 초기부터 라디오 토크쇼에 구애의 손길을 내민 반면, 부시와 그의 팀은 사태의 심각성을 깨달은 후에야 허둥지둥 움직이기 시작했다.

뉴햄프셔 경선에서 림보는 부시 대신 팻 뷰캐넌을 지지했고, 그 덕분에 뷰캐넌은 득표율 37.5퍼센트라는 깜짝 놀랄 만한 결과를 얻었다. 부시에게는 미덥지 못한 이유가 있었다. 1968년 민주당 뉴햄프셔 경선에서 유진 매카시Eugene McCarthy 상원의원이 42퍼센트를 득표한 뒤, 현직 대통령이었던 린든 존슨이 후보에서 사퇴한 적이 있었기 때문이다.[25] 상황을 파악한 부시와 보좌관들은 몇 달 후인 6월 3일, 림보를 워싱턴으로 초대했다. 워싱턴에 소재한 케네디 센터에 들른 후 백악관에서 하룻밤을 보내는 일정이었다. 부시 대통령은 백악관 엘리베이터에서 링컨 베드룸까지 림보의 가방을 손수 들어줬다.[26] 림보는 경외감을 느꼈다. 그는 〈투데이 쇼〉와의 인터뷰에서 그 경험을 다음과 같이 묘사했다. "새벽 한 시쯤이었고 나는 링컨 대통령이 게티즈버그 연설문을 썼던 그 책상에 앉아 있었다. 그곳에는 액자에 넣은 연설문 복사본이 있었다."[27] 그 방문을 계기로 림보와 부시 대통령 사이에 서신 왕래가 시작됐다. 8월에 쓴 친필 편지에서 부시 대통령은 림보의 프로그램에서 "몇 가지 멋진 논평"을 듣고 림보에게 자신이 선거 캠페인 상황을 어떻게 느끼고 있는지 알려줬다. 부시 대통령은 "우리의 긍정적 메시지를 알리고 대선에서 승리하려는 마음이 얼마나 굳건한지 당신이 알아주길 원한다", "내가 왜 재선에 성공해야 하는지, 왜 다른 후보는 재앙일 뿐인지 분명히 보여줄 것이다. 우리는 최근에 많은 공격을 받았다. 내가 보기에는 대부분 매우 불공정했는데, 당신으로부터는 긍정적인 말을 듣게 되어 기쁘다. 백악관으로 다시 한 번 오라"라고 썼다. 그는 림보가 곧 시작할 텔레비전 프로그램을 언급하며 "가을에 행운을 빈다"로 편지를 마무리했다.[28]

부시의 예전 홍보 전략가였던 로저 에일스Roger Ailes가 부시와 림보의 관계를 진전시켰다. 에일스는 두 사람과 친구였고 6월에 림보가 백악관을 방문했을 때에도 동행했다. 그는 가끔 비공식적으로 대통령을 도우면서 림보의 텔레비전 프로그램도 제작하고 있었다. 부시의 보좌진은 방송 일주일을 기념한다는 장난 방송에 대통령의 축하 영상을 보내 달라는 에일스의 요청은 거절했지만 방송 시작 일주일 전에 대통령의 축하 편지는 보냈다.[29]

림보는 휴스턴에서 열린 공화당 전당대회를 방문해 대통령과 부통령 전용 구역에서 시간을 보냈는데, 이는 전당대회에서 라디오 토크쇼가 친공화당으로 커밍아웃하는 여러 가지 방식들 중 하나였다. 예를 들어 전당대회를 주관하는 '공화당 전국위원회the Republican National Committee'는 진행자 여덟 명의 현장 중계 요청을 받아주기도 했다.

그해 가을 내내 부시에 대한 림보의 지지는 확고했다. 9월 〈내셔널 저널National Journal〉 기사에 따르면, 림보의 프로그램은 "종종 부시의 선거 광고처럼" 들렸다.[30] 많은 사람이 부시의 지지부진한 선거운동에 실망하고 있을 때도, 림보는 명확하고 강력하게 대통령을 옹호하며 싸웠다.[31] 림보의 팬이었던 선거 캠페인 매니저 메리 마탈린Mary Matalin은 그와 긴밀히 연락하며 캠페인 메시지의 요점을 미리 검토해 전달했다. 캠페인 홍보 책임자인 윌 펠터스Will Feltus는 림보의 프로그램을 모니터링한 뒤, 대선 캠페인 마지막 몇 달 동안 부시 대통령과 퀘일 부통령을 림보의 프로그램에 출연시켰다. 캠프에 대한 일종의 특혜였는데, 왜냐하면 그 기간 동안 림보는 다른 사람을 출연시키지 않았기 때문이다.[32]

그럼에도 불구하고 1992년 가을까지도 공화당원들의 반응은 미지근했다. 마탈린은 그 당시 기준으로는 가장 효과적으로 라디오 토크쇼를 활용했다고 생각했지만, 부시 캠프가 "라디오를 수평적 소통이나 지지율을 확대하기 위한 전략으로 생각하거나 지렛대로 활용할" 기술적 역량이 부족했다는 점도 시인했다.[33] 달리 말하면 부시 캠프에는 라디오 토크쇼의 영향력을 이용할 수 있는 수단이나 노하우, 비전이 없었던 것이다.

하지만 기술이나 경험의 부족이 전부는 아니었다. 기술적 측면에서는 클린턴 캠프도 다를 바 없었고 라디오에 대한 전문 지식을 더 많이 가지고 있었던 것도 아니었다. 중요한 차이는 다른 곳에 있었다. 라디오 토크쇼는 워싱턴의 정치 엘리트, 특히 엘리트 중의 엘리트인 대통령이 아니라 정치적 아웃사이더의 매체였다. 부시 대통령은 원하기만 하면 모든 언론인의 관심을 끌 수 있었다. 라디오 토크쇼가 그다지 필요하지 않았고 그래서 별로 주목하지도 않았다. 라디오 영역에 들어서긴 했지만, 라디오 토크쇼를 마뜩잖게 생각하기도 했다.

라디오 토크쇼를 수용하긴 했지만 그다지 내켜 하지 않았던 것은 부시 대통령의 성격 탓이기도 했다. 클린턴과는 달리 유명 사립 고등학교인 앤도버Andover와 예일대에서 대대로 교육받는 가문의 후손이자 냉철하고 귀족적인 부시는 인터뷰를 좋아하지 않았다. 특히 그는 품위를 유지하기 위해 대통령직 수준에 맞지 않는다고 생각하는 언론에 출연하는 걸 회피했다. 클린턴이 아세니오 홀 곁에서 색소폰을 연주했던 반면,

부시는 부인과 함께 텔레비전 아침 프로그램에 출연해 말 많은 진행자 레지스 필빈Regis Philbin, 케이시 리 기포드Kathie Lee Gifford와 잡담을 나누라는 펠터스의 제안을 거절했다.[34] 부시 선거 캠프는 매체 출연이 대통령의 빠듯한 일정을 방해하지 않는다고 백악관 일정 관리자들도 설득해야 했는데, 이는 또 다른 장애물이었다.

부시의 패배 이후에도 공화당 지도자들은 한동안 라디오 친화적인 언론 전략을 받아들이지 않았다. 상원 공화당 대표였던 밥 돌Bob Dole이 대표적 사례다. 언론에 적극적이었던 전형적인 인사이더 밥 돌은 같은 세대인 미첼과 부시처럼 라디오 토크쇼를 빨리 받아들이지 못했다. 클린턴이 당선되기 전, 림보가 전국 방송을 시작한 지 한참이 지난 후에도 돌의 라디오 출연은 지역 라디오쇼나 래리 킹의 비정파적 전국 방송에 한정돼 있었다.[35] 클린턴이 취임한 후에야 비로소 돌은 림보와 헤지콕, 그랜트 같은 라디오 토크쇼 진행자들과 더 자주 대화하기 시작했다.[36] 하지만 그때도 그는 여기저기 산만하게 출연했다. 그는 우익 언론 생태계에 적합한 사람이 아니었다. 예를 들어 돌은 정기적으로 아이머스의 프로그램에 출연했는데, 아이머스는 양당 정치인 모두를 공격하는 사람이었다. 부시와 마찬가지로 돌은 다른 정치인들 사이에서 돋보이기 위해 기성 언론을 우선시했다. 1년 동안 돌은 거의 매주 저명 주말 토크 프로그램 중 하나에는 출연했다. 한때 그는 CNN의 〈래리 킹 라이브〉 최다 출연 기록 보유자이기도 했다.[37] 주류 언론의 관심을 받았기 때문에 돌은 라디오 토크쇼를 통해 자신의 메시지를 전파할 필요가 없었다. 그리고 래리 킹이나 주말 프로그램 등에 집중했기 때문에, 영향력 있는 언론에 상원 공화당의 메시지를 전달할 수는 있었으나 소규모 언론에 출연하는 일은 자신보다 급이 낮은 동료들에게 미뤘다.

부시와 미첼, 돌의 사례는 세대 차이를 보여준다. 세 사람은 모두 1923년이나 1924년에 태어나 2차 세계대전에 참전했었고 1960년대 중반 이전 정계에 입문했다. 반면 라디오를 자주 활용했던 1990년대 중반 하원 공화당 지도부 의원들은 모두 1940~50년대생이었고 1970년대 말 1980년대 초에 의회에 진출했다. 또 다른 예로 1946년에 태어난 부시의 아들이자 미래의 대통령 조지 W. 부시는 라디오 출연에 더 열심이었다. 그는 한때 아버지에게 연방 정부의 균형 예산을 요구하는 헌법 개정안에 대해 림보와 인터뷰해야 한다고 주장하기도 했다.[38]

라디오 토크쇼가 정치 무대에 진출할 당시 상황은 오늘날 대부분 잊혀져 있다. 대다수 전문가들은 라디오 토크쇼가 항상 공화당의 정치 도구였고 대단히 보수적인 세력이었다고 가정한다. 하지만 사실이 아닌 것은 물론이고, 라디오 토크쇼가 결국 우파로 기울게 된 구조적 요인이 있었다고 하더라도 보수화가 진행된 것은 아니었다. 역설적이게도 라디오 토크쇼의 도움을 받았던 클린턴이 1992년 대통령으로 당선되자 라디오 토크쇼의 보수화가 본격화됐다.

라디오 토크쇼의 우경화가 시작되다 Talk Radio's Rightward Drift Begins

자신의 프로그램이 전국에 방송된 첫해에 림보가 보여준 것은 AM 방송을 구원해 줄 정치 라디오의 힘이었지 보수 라디오쇼의 힘은 아니었다. 1993년 말까지 라디오 토크쇼는 이념적으로 거의 동등하게 나뉘어져 있었다. 그 해 '라디오-텔레비전 뉴스 연출자 협회the Radio-Television News Directors Association' 회장이었던 데이비드 바틀릿David Bartlett은 비록 보수 진행자 대다수가 인기를 누리긴 했지만 그 수는 전체 진행자의 절반 미만이라고 추정했다.[39] 112명의 라디오 토크쇼 진행자를 조사한 1993년 '타임스 미러 서베이Times Mirror survey' 결과도 바틀릿의 주장과 일치했다. 진보 진행자와 보수 진행자의 분포는 비교적 균등했는데 민주당 쪽으로 기운 진행자가 조금 더 많았다. 또한 1992년의 대선에서 진행자의 39퍼센트가 클린턴, 23퍼센트가 부시, 18퍼센트가 로스 페로Henry Ross Perot○에게 투표했다고 응답했다.[40]

○ 기업가 출신 정치인으로 1992년 미국 대선에 무소속으로 출마하여 18.9퍼센트를 득표, 공화당 후보이자 현직 대통령인 조지 부시의 표를 잠식해 빌 클린턴의 당선에 기여했다. 1996년 대선에서는 개혁당으로 출마해 8.4퍼센트를 득표했다.

하지만 그때도 균형은 흔들리고 있었다. 라디오 제작자들은 림보, 리디, 그리고 다른 초기 보수 진행자들이 만들어 낸 청취율에 감동했다(리디의 프로그램은 1993년 전국적으로 방송되기 시작했다).[41] 보수 정치 토크가 고정 청취자들을 더 많이 확보한 것처럼 보였기 때문에 방송국은 정파적 논점을 잘 뽑아내는 교조적 보수주의자들을 꾸준히 고용했다.[42] 그러나 이는 10년 후 보수 일색 방송국들로 전환되는 혁명의 시작에 불과했다.

1991년은 보수 일색 라디오 토크쇼로 가는 변곡점이었다. 걸프전과 클래런스 토마스의 대법관 지명을 둘러싼 정쟁□을 실시간으로 경험하면서 많은 보수층은 언론의 편향을 알게 됐다. 시청자들은 걸프전 사령관 노먼 슈와르츠코프 장군의 브리핑, CNN의 실시간 전쟁 장면 혹은 애니타 힐과 클라렌스 토마스 청문회의 생중계를 지켜봤다. 그 시청자들은 나중에 저녁 뉴스의 종합과 분석을 보면서 중요한 내용은 다 생략되고 진보에게 유리하도록 보도된다는 걸 깨닫게 됐다. 2006년 텍사스의 전화 참여자 필립은 리디와 '미디어 리소스 센터Media Resource Center'의 리치 노이스Rich Noyes에게 자신이 퇴근길에 걸프전 관련 국방부의 브리핑을 듣고 난 후 저녁 뉴스를 보면 매번 당황했다고 회상했다. 그는 뉴스 진행자들이 도대체 어디서 정보를 얻는지 궁금해했다.[43] 이런 불일치로 인해 많은 보수층이 대안을 갈망하게 되면서 라디오 토크쇼의 잠재적 청취자들도 늘어났다.

□ 클래런스 토마스는 사상 두 번째 아프리카계 미국인 대법관이다. 주요 사안에 대해 대단히 보수적인 성향의 법관으로서 인준 청문회에서 성폭력 문제가 논란이 됐으나 결국 인준이 가결됐다.

사람들이 걸프전 때문에 뉴스를 전체적으로 많이 보게 되면서 의도치 않게 림보를 발견했다. 그 당시 림보의 프로그램은 다수의 토크 전문 방송국에서 방송되고 있었는데 뉴스를 기다리던 청취자들은 우연히 림보를 듣곤 했다.[44] 그들 중 일부는 림보를 좋아했고 프로그램을 고정해서 청취하기 시작했다.[45]

1991년 10월 여러 건의 청문회와 다가오던 대통령 선거를 계기로 시애틀의 KVI 방송국은 당시 보수 라디오쇼의 가능성을 보여주는 중요한 결정을 내렸는데, 프로그램 감독 브라이언 제닝스Brian Jennings를 고용해 1960년대 로큰롤 방송국에서 토크 전문 방송국으로 전환시킨다는 것이었다. 그리고 1992년까지는 진보와 보수가 뒤섞인 토크 프로그램을 방송했으나 림보의 제휴 방송국 관리자인 밴든 헨델은 방송국 사장 섀넌 스웨트Shannon Sweatte에게 다음과 같이 물었다. "KVI는 왜 청취자들이 듣고 싶어 하지도 않는 진보 토크 프로그램을 방송하는가?"

스웨트와 제닝스는 밴든 핸들의 주장이 사실인지 알고 싶었다. 그래서 시청률과 청취자의 전화 참여를 조사했다. 제닝스는 시험 삼아 진보 진행자 한 명을 보수 진행자로 교체했는데 시청률이 높아졌다. 그 시험 결과와 다른 조사 결과들 때문에 KVI 경영진은 확신을 가지게 됐다. 방송국 제작자들이 갑자기 자신들의 보수 성향을 깨달은 것도 아니고 공화당을 책임져야 한다고 믿게 된 것도 아니었다. 그들은 돈을 벌 가능성을 본 것이다. 제닝스의 주도하에 1992년 말에 이르러 KVI는 자칭 미국 최초의 보수 일색 라디오쇼 방송국이 됐다. 다른 방송국들도 전체적으로 보수 토크 프로그램 중심으로 편성했지만 KVI는 최초로 완전 우파라고 광고한 방송국이었다.

2년도 되지 않아 KVI는 지역 시장 23위에서 1위로 급상승했다. 당당한 보수 일색 프로그램의 성공에 스웨트뿐 아니라 광고주들도 깜짝 놀랐다. 청취자들은 전혀 줄어들지 않았고 일부 광고주들은 주당 20회 이상이었던 광고를 3회로 줄였지만 같은 광고 효과를 누릴 수 있었다. 광고주들이 몰려들자

방송국의 광고단가도 급상승했다. 시애틀의 기적은 전국 라디오 제작자들의 관심을 사로잡았다.[46]

KVI와 그 계승자들이 투자 대비 높은 수익을 누린 건 일정 정도 클린턴 덕분이었다. 그가 대선에서 승리하자 보수 진행자들에게 힘이 실렸다. 여성 편력이나 선거자금 문제 등 파란만장했던 도덕적 논란과 이전 12년간 공화당 집권기에는 볼 수 없었던 민주당 정책들로 유권자들을 심대하게 양극화시킨 아칸소 주지사 출신 클린턴 대통령은, 라디오 토크쇼 진행자들에게 물어뜯기 좋은 먹잇감을 수없이 던져주었다.[47] 조롱에 뛰어났던 림보와 다른 보수 진행자들에게 클린턴 대통령은 일종의 선물이었다. 라디오 산업 전문 기자인 테일러는 이에 대해 "내 집보다 남의 집 유리창에 돌을 던지는 것이 훨씬 더 재미있었다."라고 말했다.[48] 림보 스스로도 1993년 〈플레이보이〉와의 인터뷰에서 클린턴이 대통령이 돼서 자신의 일이 더 쉬워졌다고 인정했다.[49]

이 시기에 보수 라디오 혁명이 진행 중이었던 건 확실하다. 하지만 많은 사람이 생각하는 바와 달리, 라디오 제작자들이 공화당의 꼭두각시나 보수 이데올로그는 아니었기 때문에 라디오 토크쇼가 보수 일색으로 전환하는 데는 몇 년이 더 걸렸다. 정치보다 이윤에 좌우되던 방송국 경영진은 정파 메시지를 홍보하는 데는 관심이 없었다. 그들은 위기의식으로 절박해진 정치 활동가가 아니라, 숫자를 중요시하는 사업가로서 신중하게 움직였다. 클린턴 시절에 와서야 보수 라디오쇼의 이념적 힘이 전면에 보이기 시작했다.

공화당의 새로운 지배자

The New Republican King

부시 대통령의 패배로 인해 공화당은 광야로 내몰렸고 12년 만에 상하원과 백악관을 장악한 민주당의 통치에 대응해야 했다. 또한 당내 권력에도 공백이 생겨났다. 〈내셔널 리뷰National Review〉○는 누가 그 공백을 채워야 하는지 알고 있었는데, 바로 러시 림보였다. 보수주의 운동의 정신적 본류는 라디오 진행자인 림보를 야당 지도자로 임명했다.[1]

○ 보수 정치 및 문화에 중점을 둔 월간지로 1955년 윌리엄 버클리 주니어에 의해 설립됐다. 미국 보수주의와 공화당의 주요 이념을 대표하는 매체 중 하나로 인정받고 있다.

림보의 등극은 특이하지만 자연스러운 선택이었다. 그는 정치인은 아니었지만 정치적 록스타였다. 클린턴이 백악관에 입성할 때 림보의 경력에는 텔레비전 프로그램까지 추가됐고 수백만 명이 림보의 프로그램을 보고 들었다. 1990년대 초반 주류 언론을 능가하는 꾸준한 성과를 내자 그의 위상은 더욱 높아졌다. 부시가 전당대회에서 대선 후보로 지명되기는 했지만, 참석자들에게 가장 인기 있는 아이템은 림보의 차기 대선 출마를 의미하는 '림보 96'이라고 새겨진 단추였다.[2] 1992년 9월 〈프로비던스 저널Providence Journal-Bulletin〉의 만평은 림보가 얼마나 강력해졌는가를 잘 보여준다. 만평에서 부시가 교실에 앉아 있는 와중에 선생님이 학생들에게 묻는다. "얘들아, 오늘 아주 특별한 손님이 왔어. 그가 누군지 말해볼 사람? 그는 공화당이고… 매우 영향력이 있고… 정치 전문가야." 학생들은 일제히 "러시 림보?"라고 되묻는다.[3] 여론 전문가들은 1996년 공화당 대선후보 여론조사에 림보를 포함할 정도로 그의 리더십을 진지하게 받아들이고 있었다.[4]

보수 정치에서 가장 중요한 축복을 받자 림보의 우위는 더욱 확고해졌다. 1992년 선거 후 림보 청취자들 사이에서 '위대한 로널드Ronaldus Magnus'로 불리던 레이건 전 대통령은 다음과 같이 썼다:

> 러시, 공화당과 보수주의의 원칙을 알리기 위해 노력해 줘서 고마워요. 내가 정계를 떠난 지금, 당신이 우리나라에서 보수의 일인자가 된 것에 대해 개의치 않습니다. 진보층이 당신을 미국에서 가장 위험한 사람이라고 부르는 건 알고 있지만, 신경 쓰지 마세요. 그들은 나에 대해서도 같은 말을 하곤 했습니다. 계속 수고해 주세요. 미국은 '제대로 된 방식the way things ought to be'○에 대해 들어야 할 필요가 있습니다. 진심을 담아, 론.[5]

클린턴 시대가 계속되면서 많은 진행자들이 림보와 함께 연단에 섰다. 처음에 그의 동료들은 주로 지역 정치를 다루는 주변부 라디오 진행자들이었다. 1996년 통신법 개정□으로 라디오 산업이 변화하고 1997년 이후 신디케이트 프로그램이 증가하면서 이 진행자들도 림보의 뒤를 이어 전국 무대에 등장했다.[6]

전문가들은 라디오 진행자들의 경력이 유력 정치인의 전통적 경력과는 달랐기 때문에 그들의 영향력을 종종 무시했다. 하지만 보수 진행자들은 정당 지도자들이 하는 일과 같은 일을 했다.[7] 그들은 당의 운영, 정책 사안, 공천 과정에 영향을 미쳤고, 선거와 정부 운

○ 1992년에 출간된 러시 림보의 베스트셀러 저서 제목이다. 보수주의적인 시각에서 다양한 사회, 정치, 문화적 사안들을 다루고 있다.

□ 방송 통신 분야에서 규제를 철폐하고 경쟁을 도입하려는 법 개정이었다. 핵심 내용 중 하나는 소유규제를 없애 신문이나 방송, 디지털 매체 간 장벽을 없애고 교차소유를 허용하는 것이었는데, 이로 인해 방송 통신 사업자 간 인수합병이 활발해져 거대 미디어기업이 탄생했다.

영을 지원했다.[8] 진행자들은 프로그램의 청취율과 인지도를 이용해 선거 자금을 모으고 투표율을 올리며 후보들에 대한 지지를 조직하고 당의 메시지를 전파했다. 청취자 전화를 받는 진행자들은 지지층의 의견을 파악해 다른 정당 지도자들과 공유할 수 있는 특별한 위치에 있기도 했다.

1992년 림보는 하원 소수당 부대표였던 뉴트 깅그리치를 위한 선거 자금 모금 행사를 주최했는데, 그는 1990년 선거에서 근소한 차이로 재선에 성공했었다.[9] 선거운동 마지막 주에 림보의 WABC 방송국 동료 밥 그랜트는 부시 대통령이 참석한 행사에서 군중들에게 활력을 불어넣었다.[10] 그리고 마지막으로 뉴저지에서 열린 대선 투표일 직전 유세에서 림보는 부시를 소개했다. 부시 대통령은 "어젯밤 클린턴 주지사는 리처드 기어와 다른 할리우드의 진보 유명 인사들과 함께 메도우랜즈에 있었다. 자, 여기 여러분이 좋아할 사람이 있다. 클린턴 주지사는 리처드 기어랑 있으라고 하자. 나는 언제든 러시 림보와 함께할 것이다."라고 말하며 그 기회를 최대한 활용했다.[11] 라디오 제작자들이 림보의 성공을 따라 하려고 했듯이, 많은 진행자가 림보처럼 공화당 후보들을 공개적으로 지지하고 선거운동을 하며 선거 자금을 모으려고 했다.

전통적인 당 지도부 역할 외에도, 진행자들은 지금의 디지털 시대에는 흔해진 일종의 표적 리더십targeted leadership의 선구자였다. 수년이 지나고 공화당의 집권이 쉽지 않았음에도 불구하고, 그들은 전국 차원의 보수 정서를 지역 선거운동에 연결해서 불만에 찬 보수층을 공화당 진영에 계속 붙잡아 두는 데 특별한 능력을 발휘했다. 요즘에는 온라인과 케이블 뉴스에서 24시간 연중무휴로 정치 토크를 하고 지리적 장벽 없이 쉽게 정보를 배포할 수 있기 때문에, 후보를 포함해 많은 선거 관련자들은 전체 보수층이 주요 선거에 관심을 갖게 만들 수 있다. 그러나 1990년대 초중반에 이런 능력을 발휘할 수 있었다는 점에서 진행자들은 대단히 특별한 존재였다.

비록 정당의 주변부 출신이었지만 보수 진행자들은 단순히 정치 엘리트 대열에 합류한 정도가 아니었다. 그들은 새로운 유형의 정당 리더십을 구현했다.[12] 이전의 무뚝뚝한 당 지도자들과 달리 그들은 상향식으로 당을 이끌었다. 정치인들은 익히 알려진 것처럼 담배 연기 자욱한 밀실에서 거래를 하고 자신들의 선거 승리나 집권에 도움이 되는 정치적 선택이나 의견을 유권자들에게 주입시켰다. 라디오 토크쇼 진행자들의 영향력은 일부 평론가들이 주장하는 것처럼 유권자들에게 무엇을 생각해야 하는지 알려주는 데서 생기지 않았다. 난해한 정책 사안이나 낯선 후보들을 유권자 자신의 원칙에 따라 판단할 수 있게 도우면서, 그들의 진실한 신념을 모아냈기 때문에 생겨났다. 무엇보다 진행자들은 정치인들에게 지지층이 무엇을 생각하는지 말해주고 그걸 지키라고 요구했다. 선거, 특히 당내 경선에서 유권자들을 동원할 수 있는 능력이 있었기 때문에 정치인들은 라디오쇼 진행자들의 생각을 무시할 수 없었다.

결정적으로 진행자들은 전형적인 미국 정치 지도자들과 기본 전제부터가 달랐다. 진행자들에게 가장 중요한 것은 정당이 아니었다. 공화당전국위원회 의장이나 공화당 의원들과 달리 진행자들은, 공화당의 선거나 정책 의제를 앞세우지 않았다. 그들의 최우선 과제는 가능한 한 많은 청취자를 모으고 유지하는 것이었다. 그것은 곧 감정적 반응을 유발하는 재미있고 열정적인 라디오 프로그램을 만들어야 한다는 것을 의미했다. 그 목표가 때로는 공화당의 선거 및 정책 목표와 일치했지만, 청취율을 높이기 위해 해야 할 일과 공화당의 정책 사안이 충돌할 때 진행자들은 당의 필요를 무시했다.

그 결과 진행자들이 청취자들은 기쁘게 하지만 총선에서는 이길 수 없는 경선 후보를 지지하는 상황이 생겨났다. 혹은 공화당 대통령이 제안한 법안에 반대하도록 청취자들을 결집하거나 민주당과 타협하려는 공화당 지도부를 비난할 수도 있었다. 진행자들이 공화당을 지지했을 때에도 그들은 공화당이 아니라 보수의 이름을 내걸었다.[13] 몇 해가 지나 공화당이 협치를 위한 타협안을 만들기 위해 노력하자, 진행자들과 전통적인 공화당 지도부의 관계는 정책 사안에 대한 의견 격차 때문에 상당히 경색됐다.

하지만 진행자들은 개의치 않았다. 진행자 대부분은 자신들이 보수 이전에 연예인이라고 생각했다. 정당은 한참 뒷전이었다. 하지만 미래의 스타 션 해니티와 휴 휴잇 같은 예외도 있었다. 해니티는 때때로 공화당으로부터 독립을 선언하곤 했지만, 대체로 충실한 팀 플레이어였다. 그는 공화당 지도부가 필요로 할 때 인터뷰를 해줬고 선거운동을 어떻게 도울 수 있는지 문의했다. 그는 늘 공화당 후보들을 홍보했다.[14] 반면 자유지상주의 성향의 부어츠는 더 파괴적이고 반항적이었다. 그는 투표 독려 집회에서 연설하는 등 정당 지도부의 역할을 수행했지만 임신중지와 성소수자 문제 같은 정책 사안에 대해서는 불만을 표하기도 했다.[15]

1992년 선거에서 림보와 그의 동료들이 공화당의 메시지를 전달할 새로운 기회를 만들고 심지어 그 내용까지 관리했다는 점을 보면 당시 라디오 토크쇼의 정치적 영향력이 얼마나 커지고 있었는가를 잘 알 수 있다. 요즘만큼은 아니지만 당시 라디오 토크쇼 청취자들은 오른쪽으로 기울어 있었기 때문에, 라디오 전파는 보수 정치인들이 오직 지지층에게만 이야기할 수 있는 공간이 됐다(물론 권력의 정점에 있는 정치인들은 예외였다. 그들이 하는 인터뷰는 발언의 맥락과 상관없이 일반 대중에게 전달될 수 있었다). 이 때문에 정치인들은 전체 유권자들보다는 핵심 지지층의 관심사를 다루고 그들을 선동했다. 또한 후보들과 공직자들은 주류 언론은 신뢰하지 않을, 출처가 불분명한 정보로 지지층을 자극하기 위해 이 새로운 공간을 이용할 수 있었다.

라디오 토크쇼가 정치 현장에 등장하기 이전에는 주류 언론이 깐깐한 게이트키퍼의 역할을 했다. 뉴스 가치가 있고 충분히 검증됐는지 판단한 후에 공중에 뉴스를 전달했던 것이다. 라디오 토크쇼는 그 게이트를 허물어뜨렸고, 보수층이 원한다면 그 어떤 메시지도 공유할 수 있도록 했다.[16] 림보는 "나는 당신이 스스로 알아낼 수 있는 것들을 찾아내려고 여기에 있다. 하지만 주류 언론은 그렇게 하려고 하지 않을 것이다."라고 설명했다.[17]

림보가 부시 대통령을 인터뷰한 것은 공화당의 메시지를 전달하는 새로운 가능성을 보여준 명확한 사례라고 할 수 있다. 인터뷰 도중 림보는 클린턴의 베트남전 병역 기피라는 논쟁적 사안을 끄집어냈다. 부시 자신은 역풍을 우려해 선거운동 내내 그 문제를 조심스럽게 회피하던 차였다. 하지만 림보는 그 사안을 끄집어내 부시가 기존 태도를 바꿀 수 있는 기회를 줬다. 림보의 프로그램에서 부시는 "그가 병역 기록을 미국 국민들에게 명쾌하게 밝히지 못하는 건 완전히 잘못된 일"이라며 마음 편히 클린턴을 공격할 수 있었다. 몇몇 사람들이 클린턴에 대한 공격에 분노하자 림보는 홍보 담당자 역할까지 해가며 부시 대통령 편에서 서서 논쟁을 끌고 갔다. 림보는 부시가 아무도 공격하지 않았고 단지 질문에 답했을 뿐이라고 주장했다.[18]

이는 새로운 시대를 위한 당의 리더십이었다. 림보는 대통령의 메시지를 전략적으로 활용한 게 아니라 만들어 내고 있었다. 라디오 토크쇼의 주도하에 언론의 게이트키핑은 전혀 다른 모습으로 변했고, 자신의 신념에 대해 어조를 누그러뜨리거나 타협할 필요가 거의 없어졌다. 하지만 모든 이점은 정반대로 작동하기도 한다. 특히 라디오 토크쇼의 초창기에 그랬는데, 대통령이 출연했을 때를 제외하고는 진보층이 진행자들과 청취자들이 하는 말에 신경 쓰지 않았을 만큼 라디오 내용은 진지하게 받아들여지지 않았다.

선거 후 림보는 부시에 대한 지지를 후회했는데, 이는 라디오 토크쇼와 기존 공화당 정치인들의 미래 관계에 대한 예고였다. 부시가 패배하자 림보는 다음과 같이 예측했다. "공화당의 영혼을 위한 거대한 전투가 벌어질 것이다. 그리고 나는 이렇게 주장할 것이다. 공화당의 온건 귀족 정치인들은 왜 우리가 그들에게 더 이상 당 운영을 맡기지 않으려고 하는지 보여줬다. 보수층이 당에 들어와 당을 인수할 것이다."[19] 이 선언은 라디오 토크쇼 진행자들이 어떻게 당을 이끌어 가려고 하는가에 대한 분명한 신호였다. 다음 세대 귀족인 조지 W. 부시는 카우보이 부츠를 신어야만 했다.

라디오 토크쇼의 혁신가 빌 클린턴

6

Bill Clinton, Talk Radio Innovator

1992년부터 1994년까지는 라디오 토크쇼의 과도기였다. 보수 라디오쇼는 강력한 우파 정치 세력으로 부상하고 있었지만, 여전히 가장 충실한 이용자는 빌 클린턴이었다. 스트로스나 엘러 같은 클린턴 캠프의 핵심 인물들은 백악관 홍보팀에 합류했고, 클린턴 행정부 내에서 계속 라디오에 관심을 쏟았다. 클린턴이 라디오 토크쇼를 적극적으로 포섭하려 했다는 사실에서, 당시 라디오쇼가 2000년대나 2010년대와는 달리 보수 일색의 편파적인 언론이 아니었다는 점을 다시 확인할 수 있다.

클린턴 행정부는 라디오 토크쇼가 선거 승리의 중요한 도구일 뿐만 아니라 클린턴 대통령의 명운을 결정짓는 데 도움이 된다는 걸 이해했다. 클린턴은 험난했던 취임 첫날부터 이를 뼈저리게 깨달았다. 라디오 토크쇼는 조 베어드Zoe Baird 법무장관 지명자를 낙마시키는 데 중요한 역할을 했다. 베어드는 두 명의 불법체류자를 보모와 운전사로 고용했다. 베어드는 1년에 50만 7,000달러를 벌어들였지만, 그들에게는 최저 임금 이하를 지불했고 임금에 대한 세금도 내지 않았다.

처음에는 공화당 의원이나 민주당 의원, 언론인 등등 대다수 워싱턴 사람들이 스캔들을 축소했다. 상원 법사위원회 내에서도 대단히 보수적인 오린 해치Orrin Hatch도 베어드의 위반 행위를 "초기술적 위반hypertechnical violation"이라고 말했다. 하지만 라디오 청취자들은 분노했다. 법을 준수하는 시민들은 박봉으로 아이를 돌보기 위해 분주하게 사는 반면, 하는 일에 비해 과도한 급여를 받는 위선적 워싱턴 엘리트들은 예상한 대로 불법 이민자를 가사노동자로 고용했던 것이다.

라디오쇼로 분노의 전화가 폭주했고 라디오 토크쇼에서 시작된 분노는 백악관과 상원의원 사무실로 확산됐다. 라디오 토크쇼는 사태를 집중 조명하고 여론을 주도해서 공직자들과 주류 언론이 후보 지명을 재고하도록 만들었다. 하지만 철회가 아닌 재고로 인해 감정은 더 악화됐고, 결국 베어드는 사임했다.[1] 클린턴은 언론이 후순위 법무장관 후보자였던 킴바 우드Kimba Wood 판사가 1986년 불법 이민자를 보모로 고용했다는 사실을 알아내자 다시 한 번 지명을 철회했다. 베어드와 달리 우드는 모든 세금 문제와 등록 요건을 충족시켰지만 라디오 토크쇼, 특히 림보는 그를 고려하지도 못하게 했다. 만약 클린턴이 우드를 지명했다면 진행자들은 또다시 젊은 클린턴 행정부를 두드려 팼을 터였다. 클린턴은 더 이상 패배를 견뎌낼 여유가 없었다.[2]

클린턴 홍보팀의 전략은 라디오 토크쇼의 제물이 되기보다는 길들이는 것이었다. 라디오 토크쇼의 영향력은 백악관에 해가 될 수 있었지만, 효과적으로 활용할 경우 대통령의 정책 의제를 진전시키는 기회가 될 수도 있었다. 백악관 홍보팀은 라디오 토크쇼에 대해 두 가지 주요 목표를 가지고 있었다. 첫째는 라디오 토크쇼의 이념적 다양성을 확장하는 것이었다. 그들은 우호적이거나 덜 적대적인 진행자들을 지원했고, 라디오 토크쇼에 림보와 그의 동료들만 있는 건 아니라는 점을 언론과 공중에 알리려고 노력했다.[3] 1994년 라디오 토크쇼 전문 잡지와의 인터뷰에서 대통령의 고문 조지 스테퍼노펄러스

George Stephanopoulos는 라디오쇼에 대한 행정부의 신뢰를 확인하면서도 방송 내용의 균형과 다양성을 요청했다.[4] 둘째로 백악관은 기자단을 거치지 않고 공중에 직접 말하기 위해 라디오 토크쇼를 이용하고 싶었다.

클린턴의 보좌진은 백악관 최초로 라디오 토크쇼 전담 체계를 구축했다. 최초의 백악관 라디오 전담자 스트로스는 개별 진행자의 관심에 맞게 적극적으로 출연자와 토론 주제를 선정하고 설계했다. 예를 들어, 그는 정부의 마약 정책 책임자 리 브라운Lee Brown이 올리버 노스와 함께 출연하도록 권유했다. 노스는 대부분의 사안에서 클린턴 행정부와 의견이 달랐지만, 마약 정책에 대해서는 브라운과 생각이 같았다.[5] 스트로스는 진행자가 공정하고 행정부 공직자에게 발언 기회만 준다면, 보수 진행자의 출연 섭외를 마다하지 않았다. 출연자를 심문하겠다고 공언한 더 전투적 진행자들에게는 클린턴의 정치 고문 제임스 카빌James Carville이나 다른 싸움꾼을 출연시키면 됐다.[6] 백악관은 또한 많은 청취자에도 불구하고 이전 정부에서는 대부분 무시됐던 지역의 아침 프로그램을 목표로 삼았다.[7]

스트로스는 대통령의 호감을 보여주기 위해 친숙함을 강조할 수 있는 라디오 프로그램을 이용하도록 했다. 클린턴의 라디오 출연은 아이머스의 프로그램에서부터 ESPN 라디오에까지 이어졌는데, ESPN 라디오와의 인터뷰에서는 자신이 좋아하는 아칸소대학교 농구팀이 전미대학농구대회 준결승에 진출한 이야기를 했다. 출연하는 동안 정치 주제를 언급할 수도 있었지만, 클린턴의 목적은 청취자들이 자신과 맥주 한잔 마시고 싶게 만드는 것이었다. 라디오에 출연하면서 자신에게 매력을 느끼는 청취자들이 늘어났고, 자신을 싫어하거나 정치에 무관심한 미국인들과도 접촉했다.[8] 1994년 아이머스와의 대화에서 클린턴은 여러 정책과 화이트워터 스캔들○에 대한 질문에 대응하기도 했지만, 자신의 콜레스테롤 수치에

○ 빌 클린턴이 아칸소 주지사 시절 부인 힐러리의 친구 부부와 함께 설립한 화이트워터 부동산개발 회사의 지역 토지개발을 둘러싼 사기 사건 의혹을 말한다. 해당 의혹은 2000년 9월 20일 클린턴 부부에게 '무혐의 처분'이 내려지며 종결되었다.

대해 수다를 떨고 백악관이 "미국에서 가장 아름다운 공공 주택인지 아니면 가장 중요한 유배지인지"를 놓고 농담을 주고받기도 했다.[9] 이런 인간적인 인터뷰에 관심을 기울인 청취자들은 미래에 발생한 의혹에서 클린턴 편을 들 수도 있었을 것이다.[10]

진행자들을 달래기 위해 클린턴은 그들 전체를 직접 언급하기도 했다. 1994년 라디오 토크쇼에 대한 공격적 논평과 함께 비난을 시작한 후 클린턴은 〈토커스 매거진〉의 발행인 마이클 해리슨과 인터뷰하기 위해 마주 앉았다. 클린턴은 전화 참여 프로그램이 "민주주의를 위해 매우 긍정적인 것"이라고 강조했다.[11] 그 연장선에서 1996년 전미 라디오 토크 프로그램 진행자 협회의 오찬에서 스테퍼노펄러스는 자신이 아는 한 클린턴은 '라디오가 유권자들에게 다가가고 생각을 널리 전파할 수 있는 가장 확실한 방법'이라고 말해왔다고 전했다.[12]

백악관은 뉴스를 생산하고 정책 의제를 진전시키기 위해 라디오 토크쇼를 능숙하게 활용했다. 1993년 9월 클린턴의 의료보장 계획을 공개하면서 홍보팀은 백악관에서 수일에 걸친 라디오 토크 제전을 개최했다. 대통령과 영부인, 부통령 그리고 보좌관들은 200명의 진행자에게 의료보장 계획을 세세하게 설명했다. 60명의 진행자들은 백악관 잔디밭에서 생방송을 했고 행정부 고위 공직자들은 인터뷰를 위해 테이블 사이를 날아다녔다.[13]

클린턴의 홍보팀은 최우선 정책에 진행자들이 품는 회의적 시선을 극복하기 위해서는 효과적인 공세가 필요하다는 걸 이해했다. 진행자들은 분명 만만치 않았다. 베어드 지명을 박살 내는 데 중요한 역할을 했을 뿐만 아니라, 커밍한 성소수자들이 군에 복무할 수 있게 하려는 계획에 반대 여론을 조성해 '묻지 않고 말하지도 않는다don't-ask-don't-tell'○ 정책으로 후퇴하게 만들었다. 의료보장 계획도 비슷한

○ 군대 내에서 성소수자의 성 정체성에 대해서 묻고 답하는 것을 금지하는 정책을 말한다. 1994년 클린턴 정부 시절 국방부에 의해 도입됐고 2011년 폐지됐다.

역풍에 직면할 가능성이 컸다. 하지만 다수 진행자의 전폭적 지지를 얻지는 못하더라도, 그들의 반대를 누그러뜨리거나 자신들의 견해를 방송에 내보낼 수는 있었다. 그랜드래피즈 WOOD 방송국의 필 타워는 백악관의 노력을 인정했다. 타워는 클린턴 백악관은 "이미지란 것이 중요하고, 우리가 그 이미지를 미국 전역으로 전달하는 통로"라는 것을 전임자들에 비해 잘 알고 있다고 평가했다.[14]

클린턴의 홍보팀은 림보를 포함해 가장 강경한 방송 비평가들을 브리핑에 초대했다. 클린턴 취임 후 이란 인질 사태에 대한 ABC 심야 뉴스 프로그램 〈나이트라인〉의 보도를 패러디해, 미국이 '부당한 대우the Raw Deal'에 인질로 잡혀 있는 날을 집계하는 것으로 프로그램의 시작을 알리고 있던 바로 그 림보였다.○[15] 그러나 림보는 백악관 홍보 행사에 참여하지 않았다. 대신 그는 행사를 취재하기 위해 촬영진 한 명을 보냈다. 어느 시점에 백악관 직원이 촬영 중단을 요구했고, 림보 측이 요청을 무시하자 카메라를 압수했다. 공화당 하원의원들은 격분해서 질의서를 보냈는데, 이는 당시에 림보가 얼마나 강력해졌는지 상기시키는 사건이었다.[16]

○ 림보는 클린턴의 임기를 이란에 인질이 억류된 것에 비유했다. 〈나이트라인〉이 이란에 인질이 억류된 기간을 하루하루 집계했듯이, 림보도 클린턴의 임기 하루하루를 미국이 인질로 잡힌 날로 집계했다.

이런 종류의 관심을 예상하지는 않았지만, 어쨌거나 클린턴 정부의 백안관은 라디오 토크쇼 소동으로 인해 언론에 대서특필됐다. 라디오 진행자들이 백악관에서 방송한다는 것 자체가 뉴스거리였고, AP에서 NBC에 이르는 주류 언론들이 이를 보도하면서 의료보장 계획에 대해서도 관심이 높아졌다.[17] 이런 유형의 보도 확산은 라디오 토크쇼에 적극적으로 구애한 결과로 얻은 또 다른 이득이었다.[18]

1996년 6월까지 클린턴 대통령은 100개 이상, 힐러리 클린턴은 200개 이상의 라디오 프로그램에 출연했다.[19] 클린턴 임기 중 2년간 백악관 홍보국장을 지낸 마크 기어런Mark Gearan은 법안 통과를 위해 노력할 때 라디오는 항상 "소통 방안의 기본값"이었다고 말했다.[20] 라디오 토크쇼는 민주당의 정치적 노력에서도 필수 요소였으며 클린턴 자신도 1994년 중간선거를 앞두고 라디오에 집중 출연했다. 제작자들은 클린턴이 출연하고 싶어 한다는 말을 듣고 깜짝 놀랐다. 스트로스는 인터뷰를 위해 방송국에 접촉했을 때 장난으로 생각한 제작자들이 제안을 거절했던 일화를 떠올렸다. 스트로스는 장난이 아니라고 확인시키면서, 깜짝 효과를 내기 위해 백악관에 직접 전화하라고 하기도 했다. 중간선거를 위해 라디오에 출연하는 동안 클린턴 대통령은 네거티브 정치 광고를 한탄하면서, 민주당 후보들을 위해 유세하고 범죄 관련 법안을 홍보했으며 공화당 선거공약의 실체를 폭로하고 그들이 의료보장이나 다른 정책 사안에 협력하지 않는다고 비판했다.[21]

법안 가로막기

Stopping Legislation in Its Tracks

클린턴 대통령의 첫 번째 임기 동안 진행자들과 청취자들 사이의 깊은 유대가 공공 정책에 심대한 영향을 미치기 시작했다. 라디오 토크쇼는 입법 과정의 도구, 무엇보다도 장애물의 하나로 성장했다.

진행자들은 광고주의 제품을 진열하듯 보수적인 생각을 내놓았다. 그들은 청취자들의 행동을 자극하는 방식으로 정책 사안을 정의하고 해석했다. 중요 정책을 자기들끼리 결정하는 데 익숙했던 의원들은, 어느 날 갑자기 입법 과정의 가장 중요한 순간에 보수 유권자들의 압박을 받았다. 보통 그 유권자들이 한 말은 "노 땡스no thanks"였다. 청취자들이 관여하게 되자 까다로운 공화당 의원들은 타협을 거부하고 법안 표결을 보류하거나 막아섰다. 때때로 라디오 토크쇼는 민주당 의원들에게도 비슷한 영향을 미쳤으나, 1995년 라디오쇼의 보수화가 강화되고 1994년 선거 이후 민주당 내 보수 성향 의원들이 사실상 멸종되면서 그 영향력도 사라졌다.

라디오 토크쇼가 법안을 무산시킬 정도로 엄청난 영향력을 가지게 된 이유는 역사적 환경과 구조적 조건에 뿌리를 두고 있다. 현실적으로 클린턴의 첫 임기에는 라디오 토크쇼를 입법의 원동력으로 볼 수 없었다. 무엇보다도 민주당은 행정부와 의회를 완전히 통제할 수 있었다. 라디오 토크쇼가 가진 영향력이 무엇이었든 간에, 진행자와 청취자의 이익을 지키기 위해 진보 법안의 통과를 가로막고 현상을 유지하는 방어적 차원에 머물렀다.

구조적으로 라디오 토크쇼는 야당 편에 있을 때 가장 강력했다. 그 이유는 라디오 토크쇼가 상대적으로 소수인 유권자들에게서 거대한 열정을 불러일으키는 데 효과적이었기 때문이다. 그래서 라디오 토크쇼는 법안의 통과보다 폐기가 더 쉬운 미국 입법 방식의 소수주의minoritarian○ 특성을 이용했다. 구체적으로 상원이 법안 통과에 필요한 최소 기준을 60표로 높여 놓은 상황에서 라디오 토크쇼의 영향력은 점점 커지고 있었다.[1] 그 문턱이 설치되면 더 적은 수의 상원의원들만으로도 입법을 방해할 수 있었다.

○ 소수주의는 소수집단이 사회 내에서 불균형하게 많은 권력과 영향력 또는 통제력을 가지는 정치·사회·문화적 상황을 말한다. 정치 영역에서 소수주의는 소수파 정당이 연립 정부, 거부권, 필리버스터 등을 통해 입법 및 정책 결정에 상당한 영향을 미치는 경우를 의미한다.

하원의원들은 낙선을 두려워했기 때문에 법안에 대한 유권자들의 의견에 극도로 민감했다.[2] 특히 지도부는 자신의 선거뿐만 아니라 그 이상의 위험도 생각하고 있었다. 그들은 한 법안을 강하게 밀어붙일 경우, 부수적인 피해가 발생하고 당내 전쟁이 불붙을 것을 우려했다. 혹은 한 법안을 추진하다가 귀중한 정치적 자산을 고갈시켜 버리면 더 중요한 법안이 위험해질 수도 있었다. 한 법안에 몰두하면 다른 세 가지 법안이 쉽게 죽어버릴 수 있었기 때문에, 한두 번은 포기하라고 의원들을 설득하는 것은 비교적 쉬웠다.

라디오 토크쇼는 행동하지 않으려는 편향을 활용하기에 적합했다. 진행자는 지지기반이 취약한 의원들이 위험을 인식할 수 있도록 청취자의 관심을 집중시켰다. 프로그램은 어떤 사안에 대해 청취자들이 전화, 팩스, 편지, 그리고 이메일을 보내도록 독려할 수 있었다.[3] 라디오 토크쇼가 그 모든 메시지를 만들어 낸다는 것을 의원들도 알아차렸을 수 있지만, 그렇다고 해서 영향이 무뎌지는 것은 아니었다. 왜 유권자의 역습이 위험한가? 그에 상응하는 법안 지지자들의 압력이 없을 때는, 굳이 찬성표를 던져 얻을 수 있는 정치적 이익이 별로 없어 보였다.

진행자들은 또한 법안이 가장 취약한 상태인 입법 과정 초기에 청취자들을 몰입시키고 적극적인 행동을 유도하기 위해 청취자들과 일상적으로 접촉했다. 미국인과 주류 언론은 평범한 팬들이 축구 경기를 지켜보듯이 정치를 바라보는 경향이 있었다. 큰 승리가 걸려 있는 마지막 2분에만 관심을 뒀다. 그래서 일반적으로 입법 과정이 마지막 단계에 이르렀을 때 방송 전파를 탔다. 따라서 라디오 토크쇼가 주류 언론에 앞서 법안을 보도할 수 있는 여지가 있었다. 진행자들과 청취자들이 입법 과정을 면밀히 살펴보고 비판하는 동안 대부분의 미국인은 자신들에게 긍정적일 수 있는 법안이 존재하는지조차도 모르고 있었다.[4] 중요한 공동 발의자와 상임위원회의 지지 의원이 추가되고 큰 위험이 뒤따르지 않는다는 것을 입증하는 등 법안이 추진력을 얻을 수 있는가가 달려 있는 이 단계에서는, 대표성 없는 유권자의 일부라도 큰 영향을 미칠 수 있었다.

몇몇 경우 라디오 토크쇼에서 조명한 정책 사안을 정작 주류 언론은 보도하지 않기도 했는데, 이럴 때는 균형을 잡아주는 다른 정보가 없어서 진행자가 여론에 더 큰 영향을 미칠 수 있었다. 예를 들어 림보는 1992년 선거 당일 방송에서 자신이 이전에 경고했지만 다른 언론에서는 중요하게 다루지 않았던 가증스러운 "숨겨진 법안"을 청취자들에게 다시 한 번 상기시켰다. 하원 상임위원회는 재산세 대상의 기준을 낮추는 'HR 4848' 법안을 토론도 없이 비밀리에 통과시켰다.[5] 림보는 법안에 포함된 소득 재분배 의도를 비판하면서, 새 기준이 되는 20만 달러 초과 자산이 쉽게 파악될 것이라고 청취자들에게 경고했다. 당시 'HR 4848'이 코앞에 닥친 일은 아니었지만 민주당이 백악관을 차지하고 있는 상황에서 초과 자산이 노출될 가능성은 상당히 높았다. 이 법안은 클린턴이 중간선거에서 패배할 수밖에 없었던 또 다른 이유였다.

라디오 토크쇼가 입법 초기에 집중하는 데는 또 다른 이점이 있었다. 양당 의원들이 입법 주도자와 법안에 수반되는 비용을 숨기기 위해 오랫동안 의지해 왔던 비밀 준수의 장막을 걷어낼 수 있었던 것이다.[6] 비밀 준수 관행은 입법 책임에 대한 의원들의 부담을 덜게 했을 뿐 아니라, 상당한 실행 비용이 드는 복잡한 타협도 진행할 수 있도록 했다. 진행자들은 법안에 대한 세간의 주목이 협상 타결 가능성을 없애버릴 수도 있는 미묘한 단계에서 법안의 세부 사항을 폭로하는 방송에 능통했다. 진행자들은 종종 비밀리에 작성된 법안을 공개하고 비용이나 재정 등을 숨기려는 시도나 입법적 기술을 폭로했다. 불만을 가진 의원들이나 보좌관들은 영향력 있는 라디오 토크쇼 진행자들에게 관련 정보를 주면 법안을 폐기할 수도 있다는 것을 알게 됐는데, 이들 라디오 진행자들은 폭로 방송을 한 후 국회의사당 안팎에서 동맹을 규합하고 법안을 둘러싼 정치적 상황을 악화시켰다.[7]

본질적으로 라디오 토크쇼는 주류 언론의 의제설정 효과 Agenda Setting Effect○를 따라 하고 있었다. 봄가트너와 존스는 기성 언론이 소수 취재원을 참고하기 때문에 동일한 사안을 강조하고 사안을 둘러싼 논란의 의미도 비슷하게 해석한다는 점을 보여줬다.[8] 라디오 토크쇼와 그 후손이라고 할 수 있는 케이블 뉴스, 보수 디지털 매체 등은 주류 언론과는 다른 취재원과 사안을 찾거나 주류 언론이 가볍게 다룬 사안을 깊이 파고들었다. 진행자들이 주류 언론과 동일한 사안에 집중할 때도 논란의 다른 측면에 초점을 맞추고 자신들의 입장에 도움이 되는 방향으로 청취자들의 관심을 유도했다.[9] 법안을 막지는 못하더라도, 마음에 안 드는 조항 한두 개는 날려버릴 힘이 있었다.[10] 1994년 하원의원들이 받을 수 있는 선물을 제한하는 법안을 발의할 때 일어

○ 언론이 크게, 자주 보도한 사안을 독자나 시청자도 중요하게 생각하게 되는 현상을 말한다.

난 일이 바로 그런 사례였다.

선물 금지법
The Gift Ban

입법과 관련해서 진행자들이 첫 번째 승리를 거둔 때는 1989년이었는데, 그때 그들은 의회의 세비 인상을 막는 데 일조했다.[11] 그러나 라디오 토크쇼의 진정한 힘은 중간선거 전날인 1994년 가을에 발휘됐다. 라디오 토크쇼의 정치적 역량을 몰랐던 의원들에게 1994년 '로비 공개법the Lobbying Disclosure Act'의 실패는 극적인 경고였다. 벌집을 들쑤신 듯한, 소규모지만 맹렬한 반대 여론을 불러일으켰기 때문에 의원들은 예전 같으면 논란 없이 통과됐을 법안에 많은 정치적 역량을 소모해야만 했다.

'로비 공개법' 또는 대중에게 '선물 금지법'으로 알려진 법안에 의원들이 반대하기는 어려웠다. 이 법안은 로비스트들이 의원들을 위해 선물, 식사, 향응 또는 여행경비를 지원하는 행위를 금지했고 로비스트들이 재정 정보를 등록하고 공개할 것을 요구했다. 사적인 차원에서 그 법안은 골프장 출입을 좋아하는 의원들인 '하원 골프 모임congressional golf caucus'을 화나게 했다. 하지만 의원들은 특권을 지키려는 사람으로 비쳐서는 안 됐기 때문에 그 법안을 지지해야만 했다. 일부 의원들은 샌드위치나 입장권으로 매수될 수 있다는 모욕을 당하기도 했지만, 그들 역시 법안을 지지했다.[12] 선거 전략이 이 법안에 반대해야 할 이유였을 수는 있다. 1994년 중간선거가 다가오면서 입법 과정은 선거일 한 달 전에 결국 중단됐는데, 공화당 입장에서는 민주당이 '로비 공개법'을 선거 성과로 내세우는 건 막아야 했다.[13] 마지막으로 로비스트를 규제하는 최선의 방법에 대해서 정책적 이견도 존재했다.[14] 하지만 그 모든 것에도 불구하고 법안이 의회를 휩쓸고 있었다. 1993년 상원은 찬성 95표, 반대 15표로 법안을 승인했다.[15] 하원도 그 이듬해 315표 대 110표로 법안을 승인한 후 회의위원회conference committee○로 보내 사소한 이견을 조정하도록 했다.[16] 협의회에 출석한 법안 지지자들은 "우리는 법을 제정할 명쾌한 방도가 있다고 생각했다."라고 말했다.[17]

○ 입법 절차에 필수적인 특별 위원회로 상원과 하원에서 통과된 법안이 일관성 있고 양원의 다양한 의견을 반영할 수 있도록 조정하는 역할을 한다.

적어도 하원 소수당 부대표 뉴트 깅그리치와 그의 동료인 톰 딜레이Tom DeLay, 어니스트 이스툭Ernest Istook이 법안을 파기하려고 막판에 문제를 제기하기 전까지는 그랬을 수 있다. 깅그리치와 딜레이, 이스툭은 이 법이 자신들의 로비활동을 제약할까 봐 걱정하던 '기독교연합the Christian Coalition'이나 '전미총기협회the National Rifle Association' 같은 보수 단체에 도움을 요청했다.[18] 또한 깅그리치와 그의 동맹군에게는 보수 언론, 구체적으로 라디오 토크쇼라는 새로운 파트너도 있었다. 주류 언론은 복잡할 뿐만 아니라 너무 기술적이어서 골치 아팠던 이 법안에 대해 큰 관심을 두지 않았다.[19] 라디오 토크쇼는 그 공백을 파고들었다.

딜레이는 법안에 반대하는 내용의 팩스를 500명의 보수 라디오 진행자들에게 보냈다. 깅그리치는 자신이 반대하는 이유를 요약해 림보에게 팩스로 보냈다. 이스툭은 자신의 텔레비전 프로그램과 레이건 대통령의 아들 마이클 레이건Michael Reagan의 라디오 프로그램에서 이 법안을 맹비난했던 보수 활동가 폴 웨이리치Paul Weyrich에게도 신호를 보냈다. 제임스 돕슨James Dobson 목사와 팻 로버트슨Pat Robertson 목사는 신도들에게 상원의원들의 반대를 촉구해 달라고 요청했다.[20]

회의위원회 보고서는 결국 하원을 통과했지만 상당한 어려움을 겪어야 했다. 이 법안의 주요 발의자였던 텍사스 민주당 하원의원 존 브라이언트John Bryant는 싸움이 심상치 않음을 직감하고 공화당이 풀뿌리 단체의 언론 자유를 침해한다는 허위 주장을 내세워 이 법안에 반대한다고 비난했다. 브라이언트는 공화당 하원 부대표 대리 밥 워커에게 "풀뿌리 재갈 같은 건 없다. 계속 공짜 골프를 치고 싶다면 그렇다고 인정해

라."라고 말했다.[21] 하원은 찬성 306표, 반대 112표로 협의회 보고서를 승인했지만, 깅그리치와 그의 동료들은 여러 면에서 그들이 원하던 것을 얻었다. 그들은 당연히 통과되어야 할 법안을 흔들었고 민주당을 괴롭혔다. 논쟁이 너무 치열해서 공화당은 오하이오 공화당 하원의원 마이클 옥슬리Michael Oxley를 과도하게 공격했다며 민주당 브라이언트 하원의원을 윤리위원회에 제소했다. 결국 브라이언트는 법안 토론 당일 남은 시간 동안 발언을 금지당하는 가혹한 징계를 받아들여야만 했다.[22] 그리고 여러 절차적 투표에서 공화당 의원 대다수가 반대했기 때문에 법안 발의자들은 216표 대 205표, 215표 대 202표의 대단히 근소한 차이로 승리할 수 있었다.[23]

림보는 협의회 보고서가 하원을 통과한 날이자 상원이 법안을 논의하기 8일 전부터 법안을 공격하기 시작했다. 깅그리치의 요점을 전달받은 후, 림보는 자신의 텔레비전 시청자들에게 "반미국적anti-American"이고 "위헌적unconstitutional"인 법안이라며 오명을 씌우고는 다음과 같이 말했다.

> 여러분, 미국 하원은 오늘 목요일 오후 늦게, 한 하원의원이 '힐러리의 복수Hillary's revenge'라고 부른 법안을 실제로 통과시켰습니다. 이것이 이른바 1994년 로비 공개법인데, 이 법안이 전면적으로 시행된다면 어떤 시민이나 풀뿌리 단체 회원이라도 입법에 영향을 미치려고 워싱턴에 전화하는 데 일정 시간 이상을 쓴다면 로비스트로 간주될 수 있습니다. 그리고 연방 정부는 여러분과 조직 구성원의 이름, 입법에 영향을 미치려고 노력하는 시간 등등 여러분의 실체를 보고하라고 요구할 것입니다. 만약 정보를 제대로 보고하지 않은 사실이 적발된다면 20만 달러의 벌금을 물게 됩니다.[24]

림보는 종교 단체와 종교 지도자들을 보호하기 위한 세심한 조항도 모호하다고 비판했는데, 이는 초안 작성에 관여한 하

원의원 보좌관들을 아연실색케 했다.[25]

림보의 분석 이후 그 법안에 대한 이상한 주장들이 쏟아졌다. 상원의 한 보좌관은 "교회가 신자들의 명부를 어떻게 만들고 얼마를 헌금했는지, 헌금 내역과 방식을 공개하는 형식에 대해 떠돌던 루머를 기억하고 있다."라고 말했다. 루머는 빠르게 퍼졌고, 격렬한 저항을 불러일으켰다.[26]

법안의 공동 발의자인 메인 공화당 상원의원 윌리엄 코헨William Cohen의 보좌관 폴 브루베이커Paul Brubaker는 림보가 이 문제에 대해 이야기한 후 상원에 경고등이 켜졌던 것으로 기억하고 있다. 또한 림보가 잉태시킨 공화당 내 불화도 떠올렸다. 반대 목소리가 커져서 법안을 지지하는 게 의원들에게 너무 위험해졌다는 보좌진들의 말이 들리기 시작했다. 공화당 상원의원들이 정례 오찬회동에서 이 문제를 논의한 후, 한 상원의원은 회의장 밖에서 브루베이커에게 다가가 "이 문제에 대해 책임을 져야 할 놈은 바로 너야."라고 말하기도 했다.[27]

법안 발의를 주도했던 미시간 민주당 상원의원 칼 레빈Carl Levin은 허위 정보의 흐름을 막기 위해 과감한 조치를 취했다. 림보의 프로그램에 출연한 것인데, 그렇게 해서 30년 방송 역사의 림보 프로그램에 유일하게 출연한 민주당의 거물급 의원이 됐다.[28] 아무것도 잃을 게 없다고 생각했던 레빈은 방송에 나가 반대자들의 말처럼 그렇게 법안이 위험하지는 않다고 주장했다. 하지만 그에게는 다음 출연자에게 반박할 기회가 없었다. 레빈이 법안에 대해 거짓말을 해왔다고 비난한 이스툭이 바로 다음 출연자였다.[29]

논란이 달아오른 가운데 중간선거가 한 달 앞으로 다가오면서 레빈과 코헨은 법안의 불편한 조항을 삭제하자고 제안하기도 했다. 하지만 반대파는 이미 피 냄새를 맡았다. 상원의원들은 다른 이유를 들어 수정을 막았고 10월 초 초당적 필리버스터에 의해 법안은 폐기됐다.[30]

보수 라디오 토크쇼의 캠페인이 1994년의 로비 공개 법안을 폐기하는 데 중요한 역할을 한 것은 분명하다. 웨스트버지니아 민주당 상원의원 로버트 버드Robert Byrd 역시 그렇게 믿었는데, 그는 언론 인터뷰에서 고의적으로 허위 정보가 퍼져나가 유권자들 사이에서는 부당하지만 실질적인 공포가 유발됐다고 말했다. 재선을 준비하고 있던 버드 상원의원은 비록 오도된 결과라 하더라도 유권자들이 진정으로 우려했기 때문에 반대표를 던져야 했다.[31] 법안에 관여했던 한 하원의원 보좌관은 익명 인터뷰에서 림보의 영향력이 없었다면 1994년에 로비 개혁 방안이 제도화됐을 것으로 확신한다고 말했다. 그 영향력을 보여주기라도 하듯 공화당이 주도했던 104기 하원은 라디오 토크쇼에서 가장 큰 논란이 됐던 조항을 수정한 새로운 로비 공개법을 만장일치로 통과시켰다.[32]

깅그리치, 딜레이, 이스툭의 사례에서 볼 수 있듯이, 라디오 토크쇼 초창기에도 진행자들이 단지 입법에만 관여한 것은 아니었다. 공화당 정치인들은 점점 조직화되고 제도화된 방식으로 진행자들에게 접근했다. 공화당전국위원회의 스콧 호겐슨Scott Hogenson은 1993년부터 매일 팩스로 제작자, 진행자, 출연 예정자에게 프로그램 아이디어를 보냈다. 그는 출연자와 취재원을 제안하는 등 프로그램 제작에 필요한 모든 것을 제공했다. 법에 따르면 공화당전국위는 특정 후보나 입법 과정에 대한 찬반을 표명할 수 없었지만, 진행자들에게 공화당의 입장을 옹호할 수단을 제공하는 편법을 썼다.[33] 깅그리치의 정치행동위원회PAC인 GOPAC은 매주 중점 메시지를 개발하는 회의에 라디오 토크쇼 진행자를 포함시키기도 했다.[34] 이런 방식은 이후 급격하게 확산됐는데, 진행자들은 사안의 논점과 출연 제안, 이야기 소재를 이스툭 같은 개별 의원들뿐만 아니라 무수한 공화당 유관기관에게서 제공받았다.

이러한 홍보 활동은 라디오 토크쇼와 정치, 정치인의 관계에 중요한 변화가 발생했음을 보여주는 것이었다. 라디오 토크쇼는 어느 정당과도 제휴하지 않은 상업적 사업으로 시작했지만, 클린턴 시대에 이르러 많은 사람이 늘 그래왔다고 생각하는 것처럼 공화당의 대리인이 됐다. 하지만 진행자의 목적에 부합할 때만 그랬다. 입법 전쟁에서 종종 공화당을 도와주긴 했지만, 치열하게 독립성을 유지하면서 공화당의 지시를 받지도 않았다.

작은 사안을 확대/전환하기 Elevating and Transforming Small Issues

라디오 토크쇼가 정책 과정에 영향을 미칠 수 있었던 가장 큰 동력 중 하나는 복잡하고 기술적인 사안들을 이해하기 쉬우면서도 뭔가 불길한 것으로 전환시키는 진행자들의 탁월한 능력이었다. 라디오 토크쇼는 정말 난해한 법안도 근본 원칙을 논의하는 수준의 국민 투표 대상으로 바꿔버렸다. 진행자들이 충분한 방송 시간을 이용해 법안의 세부 사항을 파헤치는 동안, 다른 언론들은 그 문제를 무시하거나 라디오 토크쇼가 일으킨 논란을 해설하는 데 그쳤다.

1973년부터 1997년까지 콜로라도 민주당 하원의원을 역임한 팻 슈뢰더Pat Schroeder는 대규모 공적 논쟁을 촉발시킨 1990년대 특허 법안을 그 사례로 들었다. 통상적으로 이 법안은 지적재산권 문제에 대해 이야기할 수 있는 극소수 의원들의 영역이었다. 하지만 우연히 라디오 토크쇼가 특허 법안에 관심을 두게 됐다. 해당 법안이 국제조약을 준수하려고 했기 때문인데, 라디오 토크쇼 진행자들은 그 법안을 글로벌 거버넌스 혹은 미국 주권 침해에 반대하는 일반적 주장과 연결했다. 라디오 토크쇼는 사안을 왜곡하거나 초점을 바꿔서 히스테리를 유발하고 법안 통과를 어렵게 만들었다.[35]

주류 언론은 이 문제들을 여전히 워싱턴 내부자들에 맡겨뒀지만, 라디오 토크쇼는 그렇지 않았다. 라디오 토크쇼가 사안을 왜곡해 청취자들을 격분시킨 또 다른 사례는 '선구자

우선권pioneer preferences'을 둘러싼 정책 논쟁이었다. 연방통신위원회는 휴대전화 시스템의 발달을 장려하고 혁신을 보상하며 우연한 발견에 따른 급격한 변화를 피하기 위해, 혁신적인 통신 기술을 개발할 경우 무료 면허를 포함한 우선권을 부여했다. 연방통신위원회가 세 개 회사에 우선권을 부여하는 과정에서 하원은 최고가격 입찰자에게 면허를 판매하도록 하는 법령을 제정했다. 1994년 권한이 막강한 하원 에너지·상무 위원회 존 딩겔John Dingell 위원장은 세 개의 선구적 면허 소지자들이 면허 시장 가격의 약 90퍼센트를 지불하도록 의무화하는 초당적 법안을 제안했다. 연방통신위원회가 자체적으로 100퍼센트 지불을 요구하자 그 회사들은 연방통신위원회에 그런 권한이 없다며 소송을 제기했다.[36]

딩겔은 만약 회사들이 승소하게 되면 무료로 면허를 받을 게 걱정돼서 소송 결과와 상관없이 그 회사들이 비용을 지불하도록 하는 법안을 계속 밀어붙였다.[37] 그러나 여전히 선구자 우선권으로 면허권을 획득한 세 회사들이 10퍼센트 정도 감면을 받기 때문에 그런 혜택을 받지 못하는 경쟁자들에 대해서 우위를 유지할 수 있었다. 경쟁사 중 하나인 퍼시픽 텔레시스는 〈워싱턴포스트〉가 '관세 및 무역에 관한 일반 협정GATT'을 확대하는 법안에 찬성하는 사설을 게재한 후 갑자기 달려들었는데, 딩겔이 90퍼센트 가격을 명시한 법안과는 무관한 것이었다. 퍼시픽 텔레시스는 해당 사설이 법안 통과에 〈워싱턴포스트〉의 이해관계가 걸려 있다는 사실을 알리지 않았다고 비난하는 광고를 〈워싱턴포스트〉와 〈워싱턴타임스〉에 게재했다. 왜냐하면 〈워싱턴포스트〉의 모회사가 면허를 받은 세 회사 중 하나인 '어메리칸 퍼스널 커뮤니케이션스'의 지분 70퍼센트를 소유하고 있었기 때문이다.

라디오 토크쇼는 이 복잡한 미로를 단순화해 자극적인 이야기로 재창조했다. 진행자들과 청취자들은 〈워싱턴포스트〉가 정부 지원을 받기 위해 속임수를 쓴다고 분노했다. 이 주장은 민주당과 진보 언론이 야합한다는 라디오 토크쇼의 일상적 주장에 잘 들어맞았다.[38] 선구자 우선권의 세부 사항은 지루할 수 있는 반면, 정실주의○와 언론의 편향은 청취자들이 쉽게 이해할 수 있었다.

○ 정실주의는 사람이나 사물을 평가할 때 객관적이고 합리적인 기준보다는 사적 관계나 감정을 우선시하는 태도나 경향을 말한다. 주로 정치 사회적 맥락에서 나타나며 특정 개인이나 집단이 개인적인 친분, 인연, 관계 또는 다른 비합리적인 요인에 의해 우대되거나 차별받는 결과를 초래한다.

논쟁이 불붙은 후 딩겔의 보좌관 데이비드 리치David Leach는 깅그리치에게 이 법안이 〈워싱턴포스트〉에 선물이 아니라, 모회사가 무료로 받을 수도 있는 라이선스에 대해 비용을 지불하게 만든다는 점을 설명해야만 했다.[39] 에너지·상무 위원회의 보좌진은 나머지 하원의원들의 이익을 위해 사실관계 확인서를 준비했고 하원 소위원회가 개최한 긴급 청문회에서 양당 의원들은 퍼시픽 텔레시스 임원들을 질책했다.[40]

결론만 말하자면 라디오 토크쇼는 원하던 것을 얻지는 못했다. 그 소동 때문에 하원이 법안에 대한 조치를 1994년 선거 이후로 연기해야 했지만 결국, 이 법안은 마지막 회기에 통과되었다. 하지만 진행자들은 〈워싱턴포스트〉가 자기 이익을 위해 나라를 이용하고 있다는 자신들의 불만을 암묵적으로 인정받을 수 있었다. 이 법안은 클린턴 대통령이 정부가 '공정한 보상'을 받지 못했다고 결론 내릴 경우, 선구자 면허 소지자들이 추가 비용을 소급해 지불하도록 협력하겠다고 약속한 후에야 통과됐다.[41] 라디오 토크쇼는 법안의 목적을 뒤집어 청취자들의 분노를 촉발했고 결국 법안 통과를 지연시키고 양당이 추가 사항을 합의하도록 만들었다.[42]

적어도 일부 의원과 보좌관에게는 라디오 토크쇼의 영향력이 불가사의한 것은 아니었다. 버지니아 공화당 하원의원 톰 데이비스Tom Davis가 설명했듯이, 라디오 토크쇼는 복잡한 정책을 "공중의 열정을 불러일으켜 이념 노선에 따라 정당을 양극화하는 민감한 사안"으로 전환했다. 이는 법안의 장점을 지지했던 공화당 의원들을 정치적으로 옴짝달싹도 할 수 없는 처지로 몰아갔다. 분노한 라디오 토크쇼와 그 청취자의 의견을 따르지 않을 경우, 정치적 대가를 치러야 했다.[43] 공화당 보좌관 브렛 쇼그렌Brett Shogren은 확고한 견해를 갖고 있지 않은 사안들일 경우, 의원들이 이런 단순화 효과에 취약해질 수밖에 없다는 점을 잘 이해하고 있었다. 자신들의 핵심 철학과 관련된 정책을 놓고 중요한 투표를 해야 할 때 의원들은 본능을 따랐다. 하지만 그렇지 않은 경우, 라디오 토크쇼는 청취자를 움직여 사소한 법안들을 선명성 시험대에 올릴 수 있었다.[44]

로비 개혁, 특허 법안, 선구자 우선권 등등의 사례는 앞으로 발생할 일의 징후였다. 라디오 토크쇼는 자신들의 정책 사안을 밀어붙이기 위해 공화당 지도부에 협력하면서도 보수 원칙에 대한 자신들의 주장을 고수하고 있었다. 그들은 상대적으로 중요하지 않은 타협들도 보수 가치에 대한 배신이라고 거부하면서 많은 공화당 의원과 갈등을 빚었다. 진행자들은 의원들의 소소한 투표도 라디오 토크쇼의 기준에 따라 평가받게 될 것이라고 은근히 경고했다.

정치적 격변

The Political Earthquake

1994년은 라디오 토크쇼가 전파를 지배하는 교조적 언론이 되어가는 10년의 대장정에서 가장 중요한 두 가지 발걸음을 내딛은 해다. 당시 라디오 토크쇼는 들불처럼 번지고 있었다. 라디오 토크쇼 방송국의 수는 1989년 약 300개에서 800개였으나 1994년 1,031개로 증가했다. 계산하는 사람에 따라 다르지만 매달 약 20개씩 늘어났다.[1] 그러나 보수 일색인 것도 아니었고 공화당과의 관계도 매우 유동적이었다.

첫 번째 발걸음은 미키 러코프Mickey Luckoff가 샌프란시스코에서 흔치 않은 기회를 잡은 것이었다. 러코프는 다양한 관점, 뉴스, 그리고 비정치 프로그램을 방송하던 샌프란시스코 최고의 토크 전문 방송국인 KGO의 사장이었다. 그는 매물로 나온 지역 방송국 KSFO를 다른 회사가 인수해 KGO의 경쟁자가 되지 않을까 걱정했다. 그래서 '캐피털 시티즈'○와 ABC의 상사들에게 KSFO를 인수하자고 설득했다. 하지만 이 인수로 인해 러코프는 프로그램이 필요한 방송국을 떠안게 됐다. 그는 몇 가지 방법을 시도해 봤지만 신통치 않았다. 그래서 그는 시애틀의 보수 일색 라디오 토크쇼를 떠올렸다.

○ 1946년에 설립된 미국의 미디어 기업이다. 1985년 ABC 방송을 인수해 'Capital Cities/ABC'가 됐으며 1996년 디즈니에 의해 합병됐다.

러코프는 KVI 모델이 지극히 진보적인 샌프란시스코 지역에서도 통할지 알고 싶어서 당시 시애틀에서 일하고 있던 전직 동료 프로듀서 잭 스완슨Jack Swanson에게 문의했다. 공공연한 진보주의자인 스완슨은 샌프란시스코 지역의 정치 지형 때문에 보수 일색 라디오 토크쇼의 성공을 미심쩍어했다. 샌프란시스코 사람들은 관용을 중요시했지만, 딱 하나 그럴 수 없는 대상이 있었다. 모든 유형의 사람들을 받아들일 수 있어도, 자신들이 경멸하고 배척하는 보수층은 예외였다. 하지만 이는 오히려 샌프란시스코가 라디오 토크쇼에 이상적인 곳이라는 걸 의미했다. 대도시 샌프란시스코에서 소외된 보수층 소수자들은 자신들의 의견을 확인받고 싶어서 같은 생각을 하는 사람들의 공동체를 찾고 있었다. 스완슨은 KGO와 KSFO의 프로그램을 제작하기 위해 샌프란시스코로 돌아왔다.

KSFO는 금세 준비를 마쳤고 곧 보수 일색 토크 방송국으로 급부상했다. 전체 '캐피털 시티즈/ABC' 네트워크의 방송국장들도 KSFO의 성공에 주목했고, 진보적이거나 비정치적인 프로그램을 대체해서 보수 토크 프로그램을 급조하기 시작했다. 청취율이 상승했다.[2] KVI와 KSFO는 보수 토크 프로그램이 미국에서 가장 진보적인 도시에서도 번성할 수 있다는 것을 증명했는데 샌프란시스코에서 성공했다면 다른 모든 곳에서 통할 수 있다는 의미이기도 했다.[3] 얼핏 보면 놀랄 만한 일이었지만, 이는 당시 라디오 산업 내부의 경제 논리가 반영된 결과였다. KSFO와 같은 대형 시장의 방송국들은 지역 청취자의 3~5퍼센트만 끌어들여도 수익을 내기에 충분했다. 아무리 진보적인 지역에서도 그 정도 청취율은 만들어 낼 수 있었다.[4]

KSFO의 성공은 라디오 토크쇼가 사업 모델로서 검증되기도 전에 보수 일색 방송국의 가능성을 보여줬다는 점에서 또 하나의 전환점이 됐다. 1994년까지만 해도 재정적인 면에서 보수 일색 라디오 토크쇼의 미래를 의심할 이유는 충분했다. 우선 청취자들이 우편향이라고 하지만 예상보다는 이념적으로 다양했다. 같은 해 '벤치마크 컴퍼니'의 조사에서 청취자의 35퍼센트가 보수, 29퍼센트가 중도, 24퍼센트가 진보, 그리고 11퍼센트가 '기타'라고 밝혔다.[5] 따라서 보수 청취자에게만 영합하는 것은 많은 잠재적 청취자를 배제할 위험이 있었다. 그렇지만 KVI, KSFO, 그리고 그들을 뒤따른 방송국들은 그런 위험을 감수해도 될 만큼 보수 일색 라디오 토크쇼의 수익이 충분하다는 걸 보여줬다.

1994년의 두 번째 발전이자 정치적 이변 또한 라디오 토크쇼를 오른쪽으로 밀고 갔다. 중간선거에서 공화당이 40년 만에 하원을 장악하는, 상상도 하지 못했던 일을 해낸 것이었다. 선거 시기에 접어들었을 때 공화당이 하원을 탈환할 수 있다는 생각은 비웃음을 살 정도였다. 하원을 되찾기 위해 선봉에 섰던 '전국공화당의회 위원회National Republican Congressional Committee'의 빌 팩슨 의장조차도 과반을 얻는 것은 "4년 과정이 될 것이다. 1996년이 기회"라고 인정했었다.[6]

하지만 공화당은 라디오 토크쇼라는 새로운 비밀 무기를 가지고 있었다.[7] 밥 미첼은 1993년 은퇴를 선언했고, 깅그리치, 아미, 그리고 딜레이 같은 사람들이 하원 공화당 지도부를 구성했다.[8] 세 사람 모두 라디오 토크쇼의 잠재력을 파악한 라디오 토크쇼의 팬들이었다. 깅그리치와 아미 자신이 라디오 토크쇼의 활용을 선거와 그 이후의 전투 계획에 통합시켰고 깅그리치와 뜻을 같이하는 정치행동위원회 GOPAC은 후보들에게 라디오 토크쇼 활용에 대한 교육 자료를 배포했다.[9]

라디오 토크쇼는 캠페인 초기부터 선거 당일까지 공화당 후보자들을 지지했으며, 선거운동이 시작되기 전부터 공화당 지지자들의 참여를 독려했다. 팩슨은 보수 라디오가 공화당이 승리할 수 있고 후보들에게 승리할 수 있다는 희망을 주었다고 역설했다.[10] 캠페인이 시작된 후 지역의 보수 라디오쇼 진행자들은 전통적인 당 지도부 역할을 해냈다. 예를 들어 공화당 상원의원 두 명이 참석한 스티브 섀벗Steve Chabot 후보 지지 오찬에서 "공격 수위는 WLWR 방송국 라디오 토크쇼 진행자이자 민주당 공격 전문으로 알려진 빌 커닝햄이 정했다." 〈신시내티포스트〉 보도에 따르면 커닝햄은 새벗을 "진정으로 위대한 미국인"이라고 칭찬하고 그의 적수인 데이비드 만 하원의원은 "미국적 방식에 대한 위협"이라고 경고하면서 참석자들의 열기를 고조시켰다.[11]

라디오 토크쇼는 또한 민주당 후보들이 현직이나 다수당 구성원으로서 언론에 더 쉽게 접근할 수 있다는 우위를 상쇄시킬 수 있도록, 공화당 후보들이 메시지를 전달하는 수단이 됐다. 지역 라디오에서 선거전을 언급하는 정도만으로도 공화당 후보에게는 힘이 됐다. 밥 그랜트가 뉴욕 하원의원 조지 브루에크너George Hochbrueckner에게 도전하는 마이클 포브스의 캠페인을 언급하자, 포브스의 선거 사무실 전화는 불이 났다. 포브스는 결국 선거에서 이겼다. 시애틀의 진행자인 커비 윌버Kirby Wilber는 공화당의 도전자 랜디 테이트Randy Tate를 지원했는데, 그를 위해 유세했고 모금 행사를 진행했으며 테이트를 프로그램에 자주 출연시켰다. 윌버는 분노한 청취자들을 테이트의 경쟁자인 마이크 크라이들러 하원의원의 캠페인 행사로 보내 방해하기도 했다.[12] 테이트도 승리했다.

가장 큰 관심을 끌었던 선거에서 민주당 톰 폴리Tom Foley 하원의장을 누르고 당선된 조지 네더컷George Nethercutt은 라디오 토크쇼 덕분에 모두가 불가능하다고 말했던 선거에서 승리했다고 말했다. 그들이 경쟁한 동부 워싱턴 지역이 오른쪽으로 기울어 있었음에도 불구하고 폴리는 하원의장이라는 지위 때문에 안정적으로 보였다. 현직 하원의장에게 도전해 승리한 후보는 단 두 명뿐이었는데 그마저도 1862년 이후에는 없었다. 폴리는 재정적으로도 우위에 있었다. 도전자인 네더컷이 107만 달러를 지출한 반면, 그는 210만 달러를 지출했다.[13] 그리고 지역의 대다수 기성 언론은 하원의장인 폴리에게 우호적이었다.

네더컷은 무슨 수를 써서라도 언론에 보도돼야 했다. 그는 지역 진행자인 리처드 클리어Richard Clear와 정기적으로 대화를 나누었는데 라디오가 자신의 지지자들을 움직인다고 느꼈고 그 증거도 있었다.[14] 예를 들어 네더컷의 이야기를 라디오에서 들은 청취자들이 전화를 걸어와 선거 사무실은 하루 종일 통화 중이었다.[15] 지역 라디오 토크쇼는 모든 것을 걸었다. 주요 진행자 중 폴리를 지지한 사람은 아무도 없었다. 실제로는 적극적으로 적대적이었는데, 한 진행자는 인터뷰 도중 하원의장에게 그가 동성애자라는 소문에 대해 물었고 또 다른 진행자는 그를 쓰레기 법안을 쏟아낸다는 의미에서 '하원의 괄약근'이라는 모욕적 별명으로 부르기도 했다.[16]

마크 사우더Mark Souder도 네더컷과 비슷한 경험을 했다. 인디애나의 도전자였던 사우더는 하원의장 정도는 아니지만 인기 있는 민주당 현역 의원인 질 롱Jill Long을 상대했다. 그는 선거자금도 훨씬 많았고 이전 두 번의 선거에서 낙승한 전력이 있었다. 하지만 라디오 토크쇼는 사우더가 경쟁을 계속할 수 있도록 도왔다. 사우더는 폴 필립스Paul Phillips의 지역 아침 프로그램에서 선거 캠페인을 처음 시작했는데, 필립스는 투표 당일까지 사우더를 밀어줬다. 매일 라디오와 케이블 TV에 출연함으로써 사우더는 조용히 경쟁력을 키울 수 있었다. 사우더의 선거운동은 보수 진행자들의 도움을 받았고 많은 자금을 써서 토크 프로그램과 기독교, 컨트리 음악 방송국에 정치 광고를 내보내 목표 청취자들에게 적극적으로 다가갔다. 그는 정치 광고에서 제기된 의혹이나 비판에 대해 직접 대응해 유권자들을 사로잡았다.[17] 롱 의원은 선거자금 우위를 바탕으로 사우더를 초기에 저지할 수도 있었지만, 그의 선거 캠프는 보수 라디오쇼 청취자들에게 관심을 기울이지 않았다. 그가 도전자의 급부상을 감지했을 때, 이미 사우더는 억누르기에는 너무 잘 조직된 상태로, 선거자금도 넉넉했다. 사우더는 이후 15년간 하원의원을 지냈다.

1994년에 선출된 또 다른 초선의원 색스비 챔블리스Saxby Chambliss는 그해 가을의 역동성을 다음과 같이 요약했다. "우리 모두는 지극히 공화당 쪽으로 기운 '라디오 토크쇼'를 이용했다." 챔블리스는 진행자들과 후보들이 서로 도움이 되는 관계를 맺고 있다고 말했다. 라디오 토크쇼 덕분에 자신 같은 정치 신인들은 자금과 지지를 모을 기회를 잡을 수 있었고, 진행자들은 후보들을 출연시켜 자신들의 기반을 다졌다.[18] 당시는 많은 토크 프로그램이 막 시작하는 시기였기 때문에 진행자들은 공신력을 키울 필요가 있었다.

림보는 더 큰 무대에서 공화당의 대의명분을 강조하기 위해 자신의 인기를 이용했다. 선거 이듬해 공개된 다큐멘터리는 그를 "보수 운동과 공화당을 위한 전국구 대장"이라고 불렀다.[19] 그는 청취자와 시청자에게 정치적 활력을 불어넣었고, 공화당 후보들에게 타격을 주는 언론 보도를 반박하려고 노력했다. 또한 거물급 민주당 정치인들의 이미지를 훼손하는 이야기에 집중했다. 강력한 현직 의원들이라도 유권자에게 오만하고 특권을 누리며 위선적이고 정직하지 않다고 보이는 순간, 공격 대상이 될 수 있었다.

정치 거물을 사냥한 대표적인 사례를 보자. 림보는 상원 다수당 대표 조지 미첼이 은퇴한 자리를 승계할 예정이었던 테네시의 민주당 상원의원 짐 새서Jim Sasser에게 총구를 겨눴다. 새서는 영리하게도 학교 내 기도와 학교 선택○을 지지한다는 점을 홍보하기 위해 림보의 라디오 프로그램에 광고를 내보냈지만, 림보는 새서의 노력을 무위로 돌려버렸다. 림보는 자신의 텔레비전 프로그램에서 새서가 지킬 마음도 없는 약속으로 유권자들에게 영합한다고 비난하면서, 그의 정치광고에 진정성이 있는지 의문을 제기했다. 림보는 선거 캠페인이 아니라면, 그 어떤 민주당 의원도 이 같은 사안들에 결코 보수적 입장을 취하지 않을 것이라고 주장

○ 민주당은 종교의 자유를 인정한다는 의미에서 학교 내에서 특정 종교(기독교)의 기도를 금지하는 정책을 지지한다. 공화당은 학교 내 기도를 허용하라고 요구할 뿐만 아니라, 부모들이 자녀가 교육받을 학교를 스스로 선택할 자유를 인정하라고 요구해 왔다.

했다. 림보는 투표 나흘 전, 새서가 선거 기간 동안에만 보수로 위장하는 진보라고 비난했다.[20]

림보는 새서나 하원의장 폴리 같은 거창한 전리품에만 몰두하지 않았다. 그는 자신이 영향을 미칠 수 있는 다양한 격전지들을 유심히 지켜보고 있었다. 한 텔레비전 프로그램에서 림보는 민주당 상원의원들이 클린턴 대통령의 정책에 반대했었다는 내용의 정치 광고 세 편을 방영하면서 그들이 틀림없이 곤경에 처했을 것이라고 암시했다. 또한 그 광고들 중 하나를 팩트체크하고 민주당이 거짓말을 하고 있다고 주장했다.[21] 클린턴의 유해성은 림보가 취재하는 주요 주제이자 경량급 후보들을 공격하는 수단이었다. 림보는 민주당 후보들을 향해 "빌 클린턴에 대해 들어본 적도 없고 그를 지지한 적도 없으며 그의 주변에 있었던 적도 없었음을 확신시키려고 무슨 일이든 하고 있다."라고 조롱했다.○[22]

○ 1994년 선거에서는 각종 스캔들로 인해 클린턴 대통령의 인기가 바닥을 치고 있었다. 따라서 민주당 후보들은 선거 캠페인에서 대통령과 거리를 두려고 했다.

민주당 후보들을 사냥하지 않을 때 림보는 공화당 후보들을 치켜세우고 그들의 잠재적 약점을 방어하기 위해 최선을 다했다. 예를 들어 조지 W. 부시와 경쟁하던 텍사스 주지사 앤 리처즈Ann Richards를 로스 페로가 지지했을 때, 림보는 페로의 지지를 "부시 가문에게는 계륵에 불과하다."라고 평했다.[23] 림보는 플로리다 주지사 후보로 선출된 젭 부시Jeb Bush를 축하하기도 했다. 림보와 그의 청취자들은 41대 대통령이었던 아버지 부시가 너무 온건했다고 생각했지만, 아들 부시는 '정통 보수주의자'로 인정했다.[24]

림보의 말을 들으면 공화당은 공정하고 상식적이다. 그는 하원 공화당 하원의원 후보들의 공약인 '미국과의 약속Contract with America'에 포함된 정책 사안들을 찬양하고 공화당이 다수당이 되면 "공화당 의원들이 최초로 이런 사안들에 대해 논쟁하게 될 것이다. 왜냐하면 민주당 의원들은… 투표는 말할 것도 없고 논쟁도 회피하려 할 것이기 때문이다."라고 주장했다.[25] 공화당이 제안한 감세는 공공의 이익에서 볼 때 간단하고 합리적으로 계산한 결과를 보여준다. 림보는 "톰 폴리 같은 사람에게 돈을 주고 어떻게 쓸지 결정하게 하는 것보다 당신 마음대로 쓰는 게 경제에 도움이 될 것"이라며 "그리고 그게 바로 지금 우리 모두가 내려야 할 결정이다."라고 말했다.[26]

1990년대 초중반 선거를 통해 보수 후보들을 열심히 지원한 결과, 라디오 토크쇼의 진행자들은 각자의 성공을 맛본 것은 물론, 온건파 공화당 의원과의 긴장 관계도 완화할 수 있었다. 요즘 라디오 토크쇼를 들어보면 버락 오바마, 낸시 펠로시, 힐러리 클린턴 같은 민주당의 유력인사들보다 '이름만 공화당원the Republican in name only, RINO'인 인물들이 더 욕을 먹는다. 보수 진행자들과 청취자들은 이런 배신자들을 멸종 대상으로 보고 있다. RINO는 보수 이념에 충실하지 않고 더욱 엄격해진 선명성 시험도 통과할 수 없다. 하지만 이 끊임없는 적대감은 비교적 새로운 현상이다. 1988년과 2000년대 중반 사이 보수 진행자들은 공화당 내 온건파의 존재를 포용했고 그 유용성을 인정하기까지 했다.

사실 포용했다기보다는 마지못해 받아들인 것에 가까웠다. 림보는 1994년 선거에서 보수성에 따라 지지 후보의 순위를 정했다. 그리고 진행자들은 라디오 토크쇼의 영향력에 대해 불평하는 온건 보수파는 가차 없이 비난했다. 1990년으로 돌아가 보자. 당시 부시 대통령이 여소야대 상황에서 민주당과 협상을 통해 세금 인상이 포함된 예산안을 받아들였을 때, 일부 진행자들은 푸념했고 다른 일부는 비명을 질렀다.[27] 진행자들은 부시가 자신의 유명한 공약 "내 입술을 보라. 새로운 세금은 없을 것이다Read my lips no new taxes."를 위반하는 모습을 받아들일 수 없었다.[28] 같은 해 치러진 행사에서 한 청취자 팬이 민주당으로 보내고 싶은 공화당원 의원 세 명과 공화당으로 받아들이고 싶은 민주당 의원 세 명이 누구냐고 물었을 때, 림보는 보내버릴 세 명은 지명했으나 받아들일 민주당 의원은 언급하지 않았다.[29] 그는 거대한 공화당보다 선명한 보수 공화당을 더 원하는 것 같았다.

그러나 림보를 포함한 진행자들은 온건파라고 하더라도, 당선 가능한 중에 가장 보수적인 후보에게는 관용을 베풀었다. 그런 타협이 가능했던 것은 정당에 대한 충성심이 아니라 전략 때문이었다. 진행자들은 자신들의 정책 목표에 일치하지 않더라도, 결국 공화당을 키워야 그 목표를 추구할 수 있다는 점을 이해하고 있었다. 보수 집권을 향한 첫 번째 단계는 의원 일부가 충분히 보수적이지 못하더라도 공화당이 장악한 의회였다.

림보는 1994년 이런 입장을 전형적으로 보여주었다. 예를 들어 요즘은 상상도 할 수 없는 일이지만, 공화당 뉴욕 시장 루돌프 줄리아니Rudolph Giuliani가 자신의 재선을 위해 진보 성향의 민주당 뉴욕 주지사 마리오 쿠오모Mario Cuomo를 지지했을 때, 림보의 비판 역시 상상할 수 없을 정도로 부드러웠다. 그는 냉정해지려고 노력하며 "줄리아니 시장, 진보에 동참해서는 그들을 이기지 못한다.", "당신은 세금으로, 더 낮은 세금으로 그들을 이길 수 있다. 경제 정책으로 이길 수 있다. 당신은 그들이 반대하는 개인의 자유를 확대하는 정책으로 그들을 물리칠 수 있다. 그들과 함께해서는 그들을 이길 수 없다."라고 말했다.[30] 마찬가지로 림보는 케네디 상원의원을 상대로 출마한 사업가 출신 온건파 미트 롬니Mitt Romney에게 "당신은 '우리 서로 잘 지낼 수 없을까' 하는 정도의 태도만으로 이런 거대하고 중요하고 기념비적인 변화를 만들어 낼 수 있다고 생각한다… 일주일 내에 생각을 바꿔라. 당신을 너무 강하게 비판할 생각은 없다. 하지만 공화당 후보로 출마한 이상, 당신이 대표하는 것들이 당신의 정체성이 돼야 한다."고 조언했다.

이는 림보가 나중에 온건파를 제거할 때 보여줬던 가혹함과는 전혀 다른 가벼운 도발이었다. 이념적 선명성을 요구하지도 않았다. 림보는 자신의 텔레비전 시청자에게 롬니에게 분노하지 말고 반대도 하지 말라고 조언했다. 케네디보다 온건파를 선출하는 것이 우파에게는 거대한 변화가 될 것이었다. 비록 롬니가 "우리가 원하는 궁극의 후보"는 아니더라도, 당선될 경우 그는 "올바른 방향으로, 최소한 롬니가 생각하는 올바른 방향으로" 변화를 이끌어 낼 수 있을 것이라고 말했다.[31] 림보는 단일 사안을 기준으로 투표하는 이념적 선명성도 전술적 오산이라며 거부했다. 단일 사안을 기준으로 투표하는 유권자들은 단 한 번의 선거로 승리할 수 없다는 점을 이해할 필요가 있었다. 정책 목표를 달성하기 위해서는 다섯 번의 승리가 필요했는데, 그것도 유권자들이 첫 번째 단계를 완수했을 때만 가능했다. 이는 때때로 완벽하지 않은 공화당 후보에게도 투표해야 한다는 것을 의미했다. 주의를 환기한다는 의미에서 림보는 새크라멘토 시절의 사례를 떠올렸다. 1986년 캘리포니아 상원의원 선거에서 임신중지에 반대하는 보수 유권자들은, 민주당 후보 앨런 크랜스턴Alan Cransto에 맞서 출마한 공화당 후보 에드 차우Ed Zschau가 임신중지를 지지한다는 이유로 지지하지 않았다. 림보는 공화당이 상원을 장악해야만 레이건 대통령이 지명한 대법관 후보들이 인준받을 수 있고, 그렇게 됐을 때 임신중지를 합법화한 대법원 판결을 뒤집을 기회가 생겼을 것이라며 이런 유권자들은 자신의 발에 총을 쏜 격이라고 한탄했다. 크랜스턴을 차우로 대체하면 진보 성향의 바바라 복서Barbara Boxer◎가 상원의원에 당선되는 걸 막는 데 도움이 될 수도 있었다. 1992년 크랜스턴이 은퇴했을 때 복서는 공화당 현직 상원의원을 이길 필요가 없었다. 림보는 또한 한 전화 참여자에게 태아 세포조직 연구에 찬성하는 네더컷 후보의 입장에 동의하지 않더라도 그를 지지하라고 조언했다. 림보는 투표하지 않으면 민주당이 계속 집권하게 되고, 전화 참여자 같은 사람들은 정치에서 배제될 것이라고 경고했다.[32]

◎ 5선 하원의원(1983~1993)과 4선 상원의원(1993~2017)을 역임한 민주당의 대표적인 여성 정치인이다. 재임 시절 환경 문제와 여권 등에서 강경 진보를 대변했다.

1994년은 여러 면에서 라디오 토크쇼 진행자들의 전통적인 당 지도부 역할이 정점에 달했을 때였다. 공화당이 여당이 아니었기 때문에 라디오 토크쇼는 자신의 권력을 키우고 클린턴 대통령의 정책들을 무력화시키는 데 집중했다. 이는 곧 공화당 온건파를 제거하는 것이 아니라 달래가면서 다양한 이념 성향의 공화당 후보들을 옹호하고 지원하는 대신, 클린턴 대통령과 민주당에 대한 공격에 집중한다는 의미였다. 무엇보다도 진행자들은 공화당 하원의원들에 대해 최소한의 기대치만 가지고 있었는데, 그래서 오히려 진행자들의 목표와 공화당 의원들의 목표가 시너지를 낼 수 있었다. 공화당 의원들에게 힘이 없었기 때문에 진행자들은 그들이 보수 정책을 법제화하거나 클린턴의 정책 전체를 방해할 수 있을 것이라고 기대하지 않았다. 진행자들은 쉽게 해낼 수 있을 정도, 즉 클린턴에 대한 반대만 요구했을 뿐이었다. 역시나 중요한 점은 어쩌다 보니 좋은 사업이 좋은 정치가 돼버렸다는 것인데, 클린턴을 무력화하는 일은 청취자들을 자극하면서도 공화당의 목표를 진전시켰다.

그러나 공화당 의원들이 권력을 잡았을 때, 그에 따라 진행자들의 기대가 커졌을 때에는 그들의 시너지가 발휘되지 못했다. 당시 공화당 지도부의 일원이었던 밥 워커 하원의원이 이야기한 것처럼, 많은 진행자는 1994년 공화당이 다수당이 되면서 필요해진 타협이나 모호함을 지지하지 않았다. 2000년대에도 라디오 토크쇼와 공화당의 관계는 균형 있고 호혜적이었지만, 이런 불만으로 인해 다음 사반세기 동안 점점 더 복잡해졌다.[33]

예정된 변화

Everything Changes

1994년 선거 다음 날, 하원의장으로 선출된 깅그리치는 림보에게 감사 전화를 했다. 그는 미국 최고의 진행자에게 "당신은 우리가 엘리트 언론에 편향된 상황을 극복할 수 있게 도와줬다.", "당신은 사안에 대한 진실로 무장해 수백만의 사람들이 10월과 11월에 성공적으로 싸울 수 있게 도와줬다."라고 추켜세웠다.[1] 공화당 의원들은 림보와 그의 동료들에 대한 찬사를 쏟아냈다. 초선 하원의원들은 림보를 초선모임의 명예회원으로 추대했고 12월 오리엔테이션의 연사로 초청했다. 하원의원들은 림보가 나타났을 때 사진을 찍고 사인을 요청하기 위해 몰려들었다. 깅그리치의 '보수기회협회' 동료였던 빈 웨버 전 하원의원은 스스로 "림보 의회the Limbaugh Congress"로 불렀던 공화당 하원 초선모임에 림보를 소개했다. 림보는 환호하는 이들에게 "이 자리에 있는 모든 사람은 40년 이상 계속될 보수와 공화당의 지배가 시작되었음을 알았을 것이다."라고 자찬했다.[2]

라디오 토크쇼 덕분에 공화당이 선거에서 승리했는지는 명확하지 않지만, 대부분의 공화당 의원과 보좌관은 그렇다고 굳게 믿었다. 이런 확신은 공화당의 미래 정치에 정말 중요한 것이었다. 깜짝 승리 이후에 공화당 지도자들은 갑자기 라디오 토크쇼의 세계에 열정적으로 참여했다. 1990년대 후반, 라디오쇼 출연을 위한 하원 공화당 위원회를 운영했던 카일 다우니Kyle Downey는 "발단은 1994년으로 거슬러 올라간다."라고 말했다. 라디오 토크쇼는 "다수당 지위를 되찾게 한 요인"이었다.[3]

라디오 토크쇼 때문에 선거에서 승리했다고 믿게 되자 라디오 사업도 영향을 받았다. 새로운 하원 다수당이 림보 덕분에 승리했다고 인정하자, 라디오 제작진도 림보의 인기를 오락적 가치보다 보수주의와 연관시켜 생각하게 됐다.[4] 당시로서는 당연한 판단이 아니었다. 보수층이 라디오 토크쇼에 더 열광했던 건 맞지만, 라디오쇼는 이념적으로 다양했다. 1995년 〈필라델피아 인콰이어러Philadelphia Inquirer〉 기사는 전국 라디오 토크쇼 진행자의 60~70퍼센트를 보수가 아닌 중도우파로 분류했다. 지금과 달리 당시 진행자들의 관점은 경직되지 않았고 범위도 넓었다.[5] 그해 〈타임스 미러Times Mirror〉 조사에 따르면 라디오 토크쇼 진행자의 36퍼센트만 자신을 보수적이거나 매우 보수적이라고 진단했다. 청취자들도 뒤섞여 있었다.[6] 1995년 〈토크 데일리Talk Daily〉 조사에서도 공화당원은 청취자의 38퍼센트인 것으로 나타났다. 청취자의 구성도 예상보다 다양했다.[7] 1996년 '애넌버그 연구'에 따르면 림보의 프로그램을 듣지 않는 보수 라디오쇼 청취자의 경우, 47.8퍼센트만 보수였고, 34.1퍼센트는 온건 성향, 18.1퍼센트는 진보였다.[8] 이러한 다양성을 반영해서 많은 방송국은 여러 성향의 프로그램을 유지했다. 편성이 오른쪽으로 살짝 편향되긴 했지만 하루 종일 정치만 토론하는 교조적 보수 라디오쇼는 아니었다.[9]

따라서 라디오 토크쇼는 공화당 정치인들이 전면적으로 수용하고 보수 일색 언론으로 전환을 가속화하긴 했지만 완결된 것은 아니었다. 이 단계에서도 라디오 토크쇼를 보수 매체로 부르는 건 시기상조였다. 라디오 토크쇼의 정치적 페르소나가 부상하고 있었지만, 아직 명확하지는 않았다. 공화당의 새로운 지도자들은 라디오 토크쇼를 무시하는 건 어리석은 일이라고 경험적으로는 확신했으나, 둘 사이의 융합은 시작부터 복잡한 일이었다. 총기에 집착하는 보수 공화당 의원들은 급진적 진행자들의 숭배를 받았던 반면, 온건파와 실용주의자들은 당 지도부가 추파를 던지고 있던 바로 그들의 맹렬한 비난을 견뎌야 했다.

한편 공화당 지도부는 당내 경선에 라디오 토크쇼가 미치는 영향이 자신들의 정치 전략을 제약한다는 것을 알게 됐다. 초선 의원 오리엔테이션 연설에서 림보는 의원들에게 워싱턴 정치는 '좋은 게 좋은 것'이라는 식의 초당주의를 앞세워 당신들을 바꾸려 할 것이라고 경고했다. 그는 "지금은 온건해질 때가 아니다. 지금은 호감을 사려고 할 때가 아니다. 지금은 당신들에게 방금 패배한 민주당원들의 지지를 얻을 때가 아니다."라고 말했다. 그 경고는 암묵적인 위협이기도 했다. 림보가 초선의원들에게 설명할 때 한 기자가 하원의장이 된 깅그리치가 입장을 누그러뜨릴 것인지 물었다. 림보는 "그러지 않는 게 좋을 거다."라고 대답했다.[10] 허니문 시기에도 보수 언론은 이념 전쟁에 눈을 돌려 공화당의 이념적 정화를 시작하고 있었다.

새로운 동맹은 빠르게 발전했고 공화당은 공식적으로 의회 권력이 교체된 1995년 1월 첫 주 동안 진행자들을 초대해 국회의사당에서 생방송을 할 수 있도록 했다.[11] 그런 방송 행사는 공화당이 하원을 장악한 내내 반복됐다. 진행자들은 워싱턴에 몰려들어 의사당이나 하원 의원회관 건물에 자리 잡고 공화당 의원들의 목소리를 계속 들었다. 그런 라디오 토크쇼의 날이면, 진행자들은 공화당 지도부가 부각하고자 했던 주요 사안들에 집중했다.

주도자는 채드 콜튼Chad Kolton이었다. 신선한 얼굴의 스무살 청년은 아메리칸대학교에서 야간 수업을 들으며 하원 공화당위원회의 라디오 토크쇼 출연을 관리하고 있었다. 콜튼은 방송국 규모를 불문하고 공화당 하원의원들의 출연 요청을 거절하지 않았다. 처음에 공화당 의원들은 라디오 출연이 익숙지 않았고 보좌관들이 본능적으로 위험을 회피하려고 했으며 또 콜튼이 어렸기 때문에 출연을 주저했다. 그러나 공화당 홍보 담당자들은 곧 콜튼의 비전과 계획에 공감했다. 어떤 면에서 한때 비주류 의원들에 한정됐던 라디오 출연이, 이제 하원 공화당 지도부의 표준 행동 절차가 됐다. 콜튼은 진행자들에게 보내는 일일 보고서를 제작하고 진행자들과 작가들의 질문에 대답했다. 이런 접촉 때문에 관계는 강화되고 라디오 제작진이 청취자들의 피드백을 공화당에 전달할 기회도 생겼으며, 그 덕분에 공화당 의원들이 예상치 못한 방송 내용이나 청취자들의 항의에 놀라는 일도 없어졌다.[12]

새 지도부는 라디오 토크쇼가 선거 캠페인과 정책 추진 과정 모두에 유용할 수 있다는 점을 이해했다. 콜튼은 1996년 선거에서 강력한 민주당 후보의 도전을 받는 접전 지역 초선 의원들을 위한 지원 시스템을 구축했다.[13] 정책 추진과 관련해서는 공화당 정책에 대한 대중의 지지를 끌어내기 위해 '라디오 토크쇼의 날'을 이용했다. 예를 들어 1995년 세 번째 라디오 토크쇼의 날은 하원이 복지 개혁 입법을 검토하고 있던 시기에 열렸다.[14] 지금은 하원 다수당 대표가 된 딕 아미는 논란이 많은 대형 법안은 의회 안팎에서 동시에 지지를 얻을 때만 통과될 수 있다는 것을 알고 있었다.[15] 당시 림보와 레이건 대통령의 아들 마이클 레이건 같은 사람들이 진행하던 소수의 전국적 보수 토크 프로그램들은 보수 유권자들에게 메시지를 전달하는 데 유용한 수단이었다.[16]

깅그리치는 라디오 토크쇼를 완전히 받아들였다. 대부분의 경우 그는 긴급 사안에 대해 이야기하자고 림보에게 먼저 전화를 걸었다. 깅그리치의 지도부는 림보가 다른 그 누구보다도 지지층에게 더 많은 영향을 미친다고 인식했기 때문에, 그의 마음을 얻으려고 노력했다. 두 사람의 사적 관계도 발전해서 연휴를 함께 보냈다고 보도된 적도 있었다.[17]

공화당에 적대적이었던 대다수 신문들을 비껴가고 싶었던 깅그리치에게 라디오 토크쇼는 완벽한 파트너였다. 하원의장은 매일 〈워싱턴포스트〉 기사의 한두 줄 때문에 싸우기도 했지만, 지역 라디오에 출연하는 데에는 아무런 어려움이 없었다. 진행자들은 그의 출연에 감격했다.[18] 그리고 그는 좋은 출연자였다. 대담하고 때로는 선동적인 스타일인 데다가 미확인 루머를 거리낌 없이 말하고 빈정거리는 데 능숙해서 라디오 토크쇼와 잘 맞았다. 그는 림보와 비슷했다. 그가 NBC 방송의 시사 대담 프로그램 〈미트 더 프레스Meet the Press〉에서 "백악관 직원의 최대 4분의 1이" 정권에 합류하기 전 4~5년 동안 마약을 했다는 의혹을 제기하자, 백악관 비서실장 리언 패네타Leon Panetta는 격노해서 "통제 불능의 라디오 토크쇼 진행자처럼 계속 행동한다면" 깅그리치와의 협력을 거부할 것이라고 경고하기도 했다.[19] 1994년 12월 오리엔테이션 연설 중 림보는 백악관 직원들의 약물 검사를 "다중응답 검사Multiple-choice test"라고 비아냥댔다.[20]

공화당 의원들이 듣게 시작하면서 라디오 토크쇼는 그들의 활동을 좌우했다. 1994년의 한 사례를 살펴보자. 림보는 육군이 예산 삭감 때문에 아이티로 가는 병사들에게 15회 분량의 탄약만 지급했다고 주장하는 공수부대원의 전화를 받았다. 콜로라도 상원의원 행크 브라운Hank Brown이 방송을 듣고 있었다. 그는 국방부에 해당 주장의 진실 여부와 사유를 물었다. 브라운에 더해 오클라호마 상원의원 돈 니클스Don Nickles도 이 문제에 대해 클린턴 대통령에게 편지를 썼다. 이후 브라운은 림보의 텔레비전 프로그램에 출연해 문제를 해결하기 위해 자신이 어떻게 노력했는지 이야기했다.[21]

1997년의 또 다른 사례를 보자. 깅그리치는 딸에게 방문하려고 림보의 방송을 들으며 95번 고속도로를 타고 남쪽으로 운전하던 중, 국세청이 의료보험 부담을 제휴사업자에게까지 확대 부과하려 한다는 보수 출판업자 스티브 포브스Steve Forbes의 주장을 읽는 것을 들었다. 깅그리치는 차를 세운 후 의회 직원들에게 전화해 몇 달 전에 발표했던 법안을 취소하라고 지시했다. 그런 후 깅그리치는 그 주에만 두 번째, 그리고 16일 동안 세 번째로 림보와 전화 통화를 했다. 하원의장은 림보와 청취자들에게 자신이 그 문제를 해결할 것이라고 공언했다. 세 번의 통화는 모두 공화당 하원의원들에 대한 몇몇 보수 논평가들의 비판에 대응하는 방식으로, 림보와 그의 청취자들을 달래기 위한 것이었다.[22]

이는 단지 두 가지 대표적 사례일 뿐이다. 림보는 브라운, 깅그리치 및 다른 많은 공화당 의원에게 유용한 정보, 지지층과 소통할 수 있는 플랫폼, 그리고 자신들이 지지층의 관심사에 신경을 쓰고 있다는 점을 보여줄 기회를 제공했다. 보수 비평가들을 침묵시키기에 림보의 라디오 토크쇼보다 더 좋은 연단은 없었다.

림보는 그 대가로 많은 보상을 받았다. 그는 정치평론가 지위를 얻었고 정계 인맥이 넓고 정치적으로 유력한 인사가 됐다. 이런 이유들 때문에 그의 청취자들은 그에게 매료됐고, 그의 프로그램은 매일 반드시 들어야 하는 방송이 됐다. 16일 연속 계속된 전화의 첫 번째 통화에서 깅그리치는 림보에게 "나는 더 많은 미국인이 다른 어떤 언론보다 훨씬 더 당신의 프로그램을 자주 듣고 또 들은 것에 대해 이야기한다는 걸 알고 있다. 러시, 그래서 내가 당신과 논의할 수 있도록 직접 전화해서 이야기하고 싶었다."라고 말했다.[23] 깅그리치는 자신이 감세를 추진하는 걸 포기했다는 비난에 대해 반박하려고 전화했던 것이었는데, 그게 바로 림보의 정치적 중요성을 부각시키는 순간이었다. 그는 정말 인맥이 넓었고 정치적 영향력이 있어서 쉽게 무시될 수 없었다. 공화당 전략가 키스 다우니Keith Downey는 공화당의 입장에서 볼 때 림보는 "슈퍼볼, 성배… 비틀즈였다. 그는 (다른 진행자와는 달리 차별화된) 그 자신만의 범주에 속했다."라고 말했다.[24]

공화당 의원들의 관심에 자주 호응하기는 했지만 림보는 자신의 독립성이 의심받지 않도록 거리를 유지하는 데에도 주의를 기울였다. 그는 협치의 필요성 때문에 공직자들이 자신과 청취자가 싫어할 입장을 취할 수 있다는 점을 이해하고 있었고, 그런 일에 연관되고 싶어 하지도 않았다. 그래서 1995년 1월 공화당이 공식적으로 하원을 인수할 때 많은 진행자들이 의사당으로 몰려갔으나 림보는 예정된 휴가를 떠났다. 그는 "나는 정치인들과 엮이지 않는다."라고 설명했다.[25]

림보는 그 후 수년 동안 그 입장을 고수했다. 그는 당 최고위층의 권력과 영향력을 가지고 있었지만 선출직 혹은 임명직 지도자들처럼 당의 대의명분에 완전히 헌신하지는 않았다. 가장 중요한 것은 자기 프로그램의 품질과 청취자들과의 관계였다. 다른 진행자들의 우선순위도 비슷했다.

1999년 일리노이 하원의원 데니스 해스터트Dennis Hastert가 깅그리치의 뒤를 이어 하원의장이 됐다. 앞에 나서던 깅그리치와 달리 새 하원의장은 입법 승리를 위해 막후에서 일하는 것을 더 좋아했다. 그는 주로 다수당 부대표 톰 딜레이와 당 협의회 의장 줄리어스 와츠Julius Watts 등 지도부의 다른 구성원들에게 라디오 토크쇼를 맡겼다. 그러나 라디오 토크쇼가 하원 공화당의 우선순위 목록에서 사라졌다는 의미는 아니었다. 해스터트도 다른 의원들의 지역에서 지원 유세를 할 때 자주 라디오를 활용했다. 지역 의원의 식사 모임을 보도하지 않는 진행자들은 해스터트와 인터뷰를 하고 싶어 했고, 그는 기꺼이 응했다.[26]

지도부뿐 아니라 의원들도 여전히 지지층에게 메시지를

전달하기 위해 지역의 진행자들과 대화를 나누고 싶어 했다. 질 룽과의 선거전에서 라디오 토크쇼의 큰 도움을 받았던 사우더는 하원의원 초창기에 프로그램을 공동 진행하기도 했다.[27] 조지아의 존 린더John Linder 같은 다른 공화당 의원들은 휴가 중인 진행자를 대체하는 기회를 잡기도 했다. 라디오 토크쇼에서 "지옥을 즐겼다"던 린더는 부어츠를 대신해 방송을 진행했던 시간을 "내 인생에서 가장 빨랐던 세 시간"이라고 묘사했다. 린더의 조지아 동료 의원인 잭 킹스턴Jack Kingston은 인지도를 높이기 위해 지역 라디오 토크쇼와의 관계를 이용했다. 그는 논쟁적인 법안에 대한 정치 공방에서 우위를 점하고 중앙 언론의 비판을 무디게 만들기 위해 지역 라디오에 출연하려고 했다. 그리고 어떤 사안에 대해 진행자들과 대립할 경우에도 그는 그들과의 신뢰관계 덕분에 통제 불가능한 상황을 막을 수 있었다. 킹스턴이 언급한 것처럼, 자주 출연하는 프로그램의 진행자는 서로 입장이 불일치할 때도 여전히 의원들을 책임 있는 사람일 뿐만 아니라 "해결방안의 일부"로 간주하려 했다.[28]

킹스턴과 린더는 라디오 토크쇼의 홍보 성과에 놀랐다. 유권자들은 킹스턴이 한 말은 기억하지 못해도 방송에서 들은 적이 있다고 말했다. 2002년 경선 기간, 린더는 부어츠가 자신의 가장 중요한 지지자 중 하나라는 사실을 깨달았다. 린더의 말에 따르면 자신의 경쟁자는 애틀랜타의 유력 진행자에게 싸움을 거는 "바보 같은 실수"를 저질렀다. 린더는 매일같이 사람들이 자신에게 다가와 "나에 관한 것이든 다른 어떤 것이든" 부어츠의 논평을 공유했다고 말했다. 린더가 선거 캠페인에서 돈을 얼마나 썼든 간에 린더의 정치광고보다 부어츠의 방송에 더 많은 유권자들이 노출된 것 같았다.[29]

공화당 상원의원들의 접근 방식은 하원의원들보다 덜 조직적이고 덜 중앙집권적이었다. 특히 상원의원들은 라디오 출연에 그다지 적극적이지 않았다. 라디오 토크쇼의 단골 출연자인 유타 공화당 상원의원 밥 베넷Bob Bennett에 따르면 상원은 라디오 토크쇼의 이점을 절대 이해하지 못하는 곳이었다.[30]

상원이 라디오 토크쇼를 수용하는 데 있어 하원보다 뒤처진 데에는 이유가 있었다. 우선 대부분의 상원의원들은 굳이 언론에 출연하기 위해 라디오 토크쇼를 찾을 필요가 없었다. 상원이라는 100인 클럽의 한 명으로서, 각 상원의원은 하원의원보다 평균적으로 더 잘 알려져 있다. 상원의원들은 하원의원들보다 더 큰 권한을 가지고 있기 때문에, 인지도가 높고 입법 과정에 미치는 영향력도 더 컸다. 이런 이유들 때문에 경력이 짧은 상원의원도 주류 언론의 관심을 기대할 수 있었다. 게다가 1990년대 중반에는 많은 상원의원이 하원의원보다 나이가 많았고 오랫동안 국가 운영에 참여해 왔기 때문에 라디오 토크쇼의 위험성에 대한 인식 수준도 높았다. 수십 년간 재임한 제시 헬름스와 스트롬 서먼드Strom Thurmond 같은 베테랑들이 왜 새로운 매체에 눈을 돌리겠는가? 한 번 선거 캠페인을 마무리하면 임기 6년 동안 워싱턴에 눌러앉는 상원의원들에게 라디오 토크쇼의 이점은 크지 않았다.

상원 공화당은 진행자의 환심을 사고 의원들의 인터뷰를 예약하며 논점을 공유하기보다는, 기술적 전문성을 제공하는 데 초점을 맞췄다. 상원 협의회는 라디오 스튜디오를 가지고 있었기 때문에 상원의원들은 그곳에서 자신들의 지역에 있는 방송국과 이야기하고 자료를 배포하거나 자신들의 프로그램을 직접 진행하곤 했다. 이 정도면 상원의원들의 홍보 전략을 지원하는 데 충분했다.[31]

하지만 일부 공화당 상원의원들은 거기서 멈추지 않았다. 1994년에 처음 당선된 애리조나 상원의원 존 킬Jon Kyl은 많은 지역 진행자들과 좋은 관계를 유지했고, 피닉스의 KFYI 방송국에 정기적으로 출연해 이야기를 나눴다. 라디오 토크쇼는 킬에게 "일반적으로 지지해 주긴 하지만 워싱턴에서 실제 사안들이 어떻게 처리되는가에 대한 배경과 정보, 교육이 필요한 청취자들에게 내 이야기할 수 있는" 통로를 제공했다. 이런 프로그램에 출연하면서 킬은 "약간의 지지"도 얻었다.[32]

여러 상원의원을 위해 일했던 크리스 폴리츠Chris Paulitz가 설명했듯이, 다른 상원의원들은 "한 번에 모든 곳을 방문할 수 없을 때 여러 지역에 메시지를 전달하기 위해" 라디오 토크쇼를 이용했다. 라디오 토크쇼는 수많은 매체 시장으로 나눠진 넓은 지역 출신 상원의원들에게 큰 자산이었다. 평균 크기의 하원 지역을 누비는 일은 쉬웠지만 상원의원들이 출신 지역에 머무는 3~4일 정도 기간에 전체 지역을 둘러보는 일은 어려웠다. 폴리츠의 설명처럼 지역 라디오 출연 전에 상원의원의 홍보 담당 보좌관들과 정책 담당 보좌관들은 함께 모여 "최근 우리가 '우리의 유권자들'을 위해 무엇을 했고, 그들에게 무엇을 약속할 것이며, 그들이 관심을 갖는 상원의원으로서 중앙 차원에서 어떤 문제들을 다루고 있는가?"하는 세 가지 핵심 질문에 대한 대답을 만들기 위해 의논했다. 그런 다음 보좌관들은 지역 사회에 중요한 사항의 목록을 상원의원에게 전달하고 상원의원들은 그것을 방송에 활용했다.[33]

다선 상원의원들은 일반적으로 라디오 토크쇼를 기피했지만, 1996년 다수당 대표로 취임한 미시시피 상원의원 트렌트 롯Trent Lott은 자신의 홍보 프로그램에 주요 라디오 토크쇼를 포함시켰다. 롯은 해니티와 다른 진행자들의 인터뷰 요청을 흔쾌히 받아들였다.[34] 재임 초기부터 롯은 라디오가 주는 기회를 잡았다. 한 정치 고문이 라디오 출연을 만류했을 때 롯은 중요한 유권자들인 미시시피 조선소 노동자들에게 출근길 메시지를 전달하기 위해서는 아침 라디오에 출연해야 한다고 답했다. 1988년 상원의원에 당선된 후 그는 미시시피에 기반을 둔 라디오 뉴스 네트워크와 미시시피 유권자들도 듣는 앨라배마의 방송국에 정기적으로 등장했다. 전국 차원에서 롯은 라디오 토크쇼가 복지 개혁과 균형 예산에 대한 관심을 이

끌어 내고 클린턴 대통령과의 협상 지렛대를 만드는 데 유용하다는 것을 알게 됐다.[35]

공화당 지도부가 라디오 토크쇼를 받아들였을 때도 불화의 조짐은 나타나고 있었는데, 이는 더욱 시끄러워질 예정이었다. 그때도 이미 지도부가 라디오 토크쇼의 정치적 개입을 통제할 수 없다는 것은 명백했다. 진행자들은 자신들의 본능을 따랐는데, 이는 라디오 토크쇼가 여전히 지도부가 아니라 일반 의원들의 무기라는 의미였다. 아미가 언급했듯이 라디오는 지도부의 의사와 상관없이 의원들에게 대중의 지지를 받을 수 있는 기회를 주었다. 거기에서 시작해 그들은 영향력 있는 동료 의원들의 협조를 얻어내 하원 내에 정치 연합을 구축할 수 있었다.[36] 한 사례로 1995년 테네시 초선 하원의원 반 힐리리Van Hilleary는 지도부를 피해 임기 제한 법안 수정안을 추진하기 위해 라디오 토크쇼를 활용했다. 지도부는 힐리리의 수정안을 무시하거나 반대했다. 하지만 힐리리는 몇 주 동안 라디오 토크쇼에 출연해 청취자들을 자극했고, 청취자들은 수정안을 지지하도록 동료 의원들을 압박했다.[37] 비록 힐리리의 노력은 실패했지만, 그 전체 과정은 신참 의원들이 지도부의 도움 없이도 라디오 토크쇼를 이용해 대중과 계속 소통할 수 있다는 점을 잘 보여줬다.[38]

지도부에 대한 도전은 진행자들이 군침을 흘릴 만큼 매력적이고 논쟁적이며 투쟁적인 콘텐츠를 만들어 냈다. 논쟁을 듣기 위해 청취자들이 라디오를 끄지 못했기 때문에 진행자들도 공격적 발언과 음모론을 계속 팔았다. 그들이 자주 상기시켰듯이 진행자들은 언론인이 아닌 연예인이었는데, 그들은 출처가 의심스러운 터무니없는 '스캔들'을 보도함으로써 그 점을 증명했다. 예를 들어 1994년 림보와 다른 진행자들은 청취자들에게 백악관 보좌관 빈스 포스터Vince Foster가 영부인 힐러리 클린턴 소유의 아파트에서 살해됐다고 말했는데 실제로는 자살한 것이었다.[39] 이후 림보는 "워터게이트와 화이트워터의 유일한 차이점은 화이트워터에는 죽은 사람이 있다는 것"°이라고 주장하기까지 했다.[40] 그 여파로 클린턴 부부가 포스터의 죽음에 책임이 있다는 소문이 2016년 대선 캠페인 내내 지속됐다.

° 화이트워터 스캔들과 관련해 몇몇 주요 인물들이 사망한 사건이 있었다. 그중 가장 주목받은 사례는 백악관 부고문이었던 빈센트 포스터의 죽음이었다. 그는 1993년 워싱턴 D.C. 인근 공원에서 사망한 상태로 발견되었다. 그의 죽음은 다양한 음모 이론을 불러일으켰지만 공식 조사 결과는 자살이었다.

그러나 이처럼 휘발성 있고 재미있는 라디오는 때때로 나쁜 정치로 이어졌다. 공화당 의원들은 클린턴 대통령을 십자가에 못 박으려고 거품을 무는 핵심 지지층과 라디오 토크쇼의 스캔들 팔이가 터무니없고 옹졸하며 독설일 뿐이라고 생각하는 중도층 사이에 갇혀 있다고 느꼈다. 그러나 일단 진행자들이 이러한 주제에 대해 강렬한 관심을 불러일으켰기 때문에 공화당 의원들은 공식 청문회를 개최하거나 해서 그 문제를 해결해야 했다. 이는 한정된 위원회와 의정활동 시간을 잡아먹고 정책 추진력을 분산시키며 중도층 미국인들의 공감을 얻지 못하게 해 결국 공화당의 정책과제를 잠식할 수 있었다. 게다가 라디오 토크쇼에서 떠도는 소문과 의혹 때문에 클린턴에 대한 공화당 지지층의 반감은 더욱 커졌고, 하원 공화당 의원들이 백악관과 함께 협치하고 타협하는 것을 훨씬 더 어렵게 만들었다. 공화당 의원들이 그런 과도한 정치적 발언들을 받아들이자 클린턴 대통령도 자신의 지지층만 바라보게 됐고, 그의 타협 의지도 약해졌다. 예를 들어 스티븐 길론Steven Gillon이 2008년 저서 《더 팩트The Pact》에서 상세히 설명했듯이, 라디오 토크쇼가 열성적으로 추진한 탄핵 논의가 시작되자 복지 개혁을 위한 클린턴과 깅그리치의 비밀 협상은 결렬됐다. 탄핵 투쟁을 위해 클린턴과 깅그리치는 지지층의 지원이 필요했는데, 복지 개혁안은 양쪽 지지층 모두를 화나게 할 게 분명했기 때문이다.[41]

라디오 토크쇼의 악성 가십, 풍문, 노골적인 음모론이 온건파 공화당 의원들을 괴롭힌 만큼 온건파들도 라디오 토크쇼를 괴롭혔다. 이 시대에도 둘 사이의 관계는 데탕트였지만 그 관계는 불안정했고 쉽게 갈등이 불거졌다. 왜냐하면 공화당이 의회를 장악하고 있는 상황, 특히 소수당이 법안을 중지시킬 수 없는 하원에서 보수적 법안을 가로막는 주요 장애물은 당내 온건파였기 때문이다. 보수가 지배하는 하원이 어디까지 갈 수 있는지 결정하는 것은 그들이었다.

교조적인 진행자들은 온건파들이 선호하는 초당적 협상을 전혀 원하지 않았고, 자신들의 정책을 방해하거나 반대하는 모든 온건파들을 공격했다.[42] 1995년의 사례를 보면 오리건 출신 상원 세출위원회 위원장 마크 햇필드Mark Hatfield가 균형 예산 수정안 통과에 필요한 최종 투표를 거부하자 림보는 "민주당이 마크 햇필드에 대해 뭔가 쥐고 있나? 햇필드는 공화당보다 민주당에 빚을 졌나?… 그냥 위원장 자리를 박탈해라. 이건 전쟁이다… 햇필드는 분명 우리 편이 아니다."라며 격노했다.[43]

메릴랜드 하원의원 코니 모렐라Connie Morella와 뉴욕 하원의원 아모 호턴Amo Houghton 같은 다른 온건파 공화당 의원들도 이런 독설과 그에 따른 반향에 직면했다. 그들은 1994년 공격무기 금지, 1995년 정부 기능 정지, 그리고 이후 2차 이라크 전쟁에 대한 입장 때문에 라디오 토크쇼 청취자들의 비난을 받았다. 분노한 유권자들의 편지와 엽서를 받은 모렐라와 보좌관들은 림보가 정보를 제공했다는 걸 알아냈다.[44]

그러나 1990년대 중반에 진행자들은 모렐라 같은 이들을 지금처럼 경멸하지는 않았다. 매사추세츠 하원의원 피터 블루트Peter Blute가 인식한 것처럼 실용적 관용은 여전히 가능했다. 뉴잉글랜드의 진행자들은 블루트를 별로 비난하지 않았는데, 그는 진행자들이 자신을 매사추세츠에서 뽑을 수 있는 최선이라는 점을 이해했기 때문이라고 생각했다.[45] 블루트 자신은 나중에 보수 진행자가 됐다.

온건파들은 또한 라디오 토크쇼의 압력을 항상 압도적이

라고 느끼지도 않았다. 더 보수적인 동료 의원들과는 달리 그들은 라디오 토크쇼를 정기적으로 듣지 않았고, 라디오 토크쇼가 그들에 대해 뭐라고 말하는지도 거의 알지 못했다.[46] 한 사례로 뉴욕 하원의원 잭 퀸Jack Quinn은 라디오 토크쇼를 전혀 듣지 않았기 때문에, 1993년 자신이 추진했던 면책 청원의 익명 서명자를 공개하자는 법안의 핵심 지지자가 림보였다는 사실조차도 알지 못했다.[47] 퀸 같은 많은 온건파들은 라디오 토크쇼의 비판을 알게 됐을 때 무시해 버리기도 했다.[48] 햇필드 상원의원의 비서실장이었던 스티브 누센Steve Nousen은 햇필드가 균형 예산 수정안 투표를 앞두고 림보나 다른 언론인들이 어떻게 생각하는지는 신경 쓰지 않았다고 회상했다.[49] 그러나 시간이 지나면서 이런 태도는 점점 위태롭게 됐다.

펜실베이니아 상원의원 알린 스펙터Arlen Specter는 온건파 중에서는 독특하게 보수 라디오쇼에 적극적으로 참여했는데, 자신의 지역이 북동부의 다른 지역에 비해 훨씬 더 오른쪽으로 치우쳐 있었기 때문이었다.[50] 스펙터는 언제든 지역의 보수 진행자들과 지역 문제를 논의할 준비가 되어 있었다. 그는 자신에 대한 비판을 반박하기 위해 지역이든 전국이든 보수 라디오쇼에 뛰어들 준비가 되어 있는 것으로도 유명했다. 그렇게 하지 않는 것은 자신에 대한 잘못된 평가를 수긍하는 것과 같다고 믿었다. 스펙터와 그의 보좌진은 단지 방어를 위해서가 아니라 보수 청취자들에게 호소하기 위해서라도 라디오 토크쇼를 이용했다. 스펙터 상원의원은 법관 임명과 같은 주요 사안에서 보수적 입장에 동의할 때 방송에 출연하곤 했다. 가끔씩 진행자들과 말다툼을 했지만, 이런 그의 노력 때문에 진행자들의 독설을 면하기도 했다.[51]

스펙터와 블루트의 경험에서 보듯 휴전으로 인해 1990년대 공화당-라디오 토크쇼 관계는 호혜적이었다. 긴장이 있었지만, 이익보다는 작았다. 그러나 수평선 너머로 불길한 구름이 몰려오고 있었다. 스펙터같이 적극적으로 나서더라도 보수 라디오쇼에 의해 이단으로 낙인찍힌 공화당 의원들은 제대로 보호받지 못했다.

예를 들어, 1996년 한 텔레비전 프로그램에서 림보는 뉴욕 상원의원 알폰스 다마토Alfonse D'Amato, 뉴저지 주지사 크리스틴 토드 휘트먼Christine Todd Whitman, 캘리포니아 주지사 피트 윌슨Pete Wilson 등 다수의 공화당 정치인이 보수 정책에 반대하거나 민주당에 동의한다고 비난했다. 직후 림보는 롱아일랜드 하원의원 피터 킹Peter King에 초점을 맞췄다. 킹은 하원 공화당 지도부가 "부흥회에서 시골 사람들의 정신세계에 호소하는 남부의 반노조적 태도"를 보인다고 비판했었다. 그날 자신의 라디오 프로그램에서 림보는 킹 의원을 북동부 엘리트주의자라고 비난했다. 킹은 스펙터의 지침서를 참고해 보수의 언어로 자신을 방어하는 내용을 림보에게 보내 반박했다. 킹은 지도부가 공화당에 투표할 가능성이 있는, 레이건을 지지했던 민주당 블루칼라 노동자들을 공격해서 화가 났다고 말했는데, 그들은 킹을 지지하는 핵심 유권자들이기도 했다. 림보는 그런 사실을 몰랐었다. 그는 텔레비전에서 "삭감하지도 않은 의료보장과 교육 예산의 목록을 만들고 3,500만 달러의 조합비를 쓰면서 보수층에 대해 거짓말을 하는 노조 우두머리들"이 블루칼라 보수층을 공격했다고 주장하면서 킹의 반박을 무시하고 넘어갔다. 그는 "현재 워싱턴을 운영하고 있는 빌 클린턴과 진보주의자들에게 모든 역량을 집중해야 할 때 공화당은 자해를 계속하고 있다."고 한탄하며 프로그램을 마무리했다.[52]

라디오 토크쇼와 공화당 온건파 혹은 한두 사안에서 당론에 반대할 수 있는 공화당 의원들 간의 휴전은 분명 팽팽했다. 하지만 그 긴장관계는 정치적, 재정적 이유로 몇 년 안에 끝장날 예정이었다. 라디오 토크쇼의 부상이 공화당의 무게중심을 오른쪽으로 끌고 와 마침내 온건파의 정치적 생존을 위협하게 될 것이었다.

민주당의 각성

The Democrats Wake Up

1995년 라디오 토크쇼라는 기차에 올라탄 건 공화당 하원의원들만은 아니었다. 라디오 토크쇼는 언론이 진정으로 필요했던 소외된 정치인들에게 다가갔는데, 1994년 선거 패배 이후 하원 민주당 의원들이 그러했다. 그들은 40년 동안 다수당이었기 때문에, 지도부 의원들은 늘 텔레비전 뉴스의 헤드라인과 신문의 주요 지면에 등장했다. 하지만 소수당이 되자, 예전 공화당이 그랬던 것처럼 그들은 언론 보도에 굶주리게 됐다. 전국 차원의 뉴스는 클린턴 대통령과 깅그리치 하원의장, 공화당 지도부 사이의 거대한 충돌이었는데, 결국 1995~96년 가을과 겨울에 몇 번의 정부 기능 정지를 초래하기도 했다. 이런 상황에서 민주당 의원들은 클린턴 대통령과 불화를 일으키는 경우가 아니라면 방관자에 지나지 않았다. 그들이 권력을 되찾으려면 유권자들에게 다가가 그들의 관심을 흔들 새로운 방법이 필요했다.

하원 민주당을 부활시키는 과제는 미주리 하원의원 딕 게파트가 이끄는 지도부의 몫이었다. 세인트루이스 출신으로 금발에 온화한 태도를 갖춘 게파트는 톰 폴리 하원의장 아래에서 다수당 대표였지만, 폴리가 1994년 선거의 거센 파도에 희생되면서 부관의 위치에서 민주당 하원을 책임지는 자리로 올라서게 됐다.

게파트와 그의 보좌관들은 다수당 자리를 되찾기 위해서는 한때 주변부 비주류로 여겼던 언론에 더 많이 노출될 필요가 있다고 결론지었다. 거기에는 라디오 토크쇼도 포함됐다. 자신의 지역 외에서는 라디오 토크쇼에 출연한 적이 없었던 민주당 의원들은 그 결론에 동의하고 라디오 토크쇼를 받아들였다. 라디오 토크쇼는 하나의 숙제였고, 텍사스 하원의원 존 브라이언트가 내린 결론은 "우리는 지난 선거에서 우파가 자유롭게 휘젓고 다니도록 내버려 두었고 그래서 엄청난 대가를 치렀다."는 것이었다.[1]

게파트는 이전에도 토크 프로그램에 출연한 적이 있었지만, 라디오 토크쇼가 그의 주요 언론은 아니었다. 하지만 선거 결과 때문에 민주당은 노력을 강화했다. 새 임기가 시작되기도 전에 게파트는 동료 의원들을 위해 상호작용적(대화형) 언론의 중요성에 대한 설명 자료를 준비했다. 민주당 의원들은 라디오에 출연할 때 이미지를 관리하는 방법도 알게 됐다.[2] 그리고 게파트의 보좌진은 사상 최초로 민주당 하원의원들의 라디오 출연을 전담하는 보좌관을 고용해 실무진의 공백도 메웠다.[3] 고용된 사람은 전국 라디오 토크쇼 진행자 진 번스 Gene Burns의 프로듀서였던 프레드 클라크였는데, 원래 그 일을 맡고 싶었던 것은 아니었다. 단지 번스의 프로그램에 민주당 의원들을 출연시키고 싶었기 때문에 게파트 보좌관과의 인터뷰에 동의했을 뿐이었다.[4]

클라크는 인터뷰 이전에 이미 민주당의 문제가 진행자와의 이념 성향 차이 이상이라는 것을 예리하게 인식하고 있었다. 민주당 정치인들은 라디오 토크쇼를 활용하기 위해 공화당 경쟁자들만큼 열심히 노력하지 않았다. 클라크는 게파트와 그의 비서실장 톰 오도넬 Tom O'Donnell, 홍보책임자 로라 니컬스 Laura Nichols, 언론 보좌관 댄 샐릭 Dan Sallick에게 공화당이 매일 자신에게 보내주는 엄청난 양의 정보를 보여줬다. 그는 공화당 전국위원회가 매일 주요 사안과 토론 가능한 출연진을 열거한 한 페이지짜리 문서를 팩스로 보내줘 자신의 일을 도와준다고 말했다. 일반적으로 민주당 전국위원회는 클라크가 요청할 때만 정보를 보냈다. 민주당 의원들은 종종 연락이 닿지 않았을 뿐만 아니라 진행자들이 사용할 수 없는 자료, 즉 언어, 방법 및 주제 등에서 라디오 토크쇼 형식에 맞지 않는 장문의 정책 메모를 보내줬다. 클라크의 결론은 출연 가능한 민주당 의원들에게 우선순위가 무엇인지 명확히 해서, 라디오 토크쇼 친화적인 메시지를 만들어야 한다는 것이었다.[5]

이는 라디오 토크쇼에 익숙하지 않은 민주당 하원의원들의 문화를 바꿔야 한다는 말이었다. 그리고 클라크가 라디오 토크쇼 동료들의 일을 더 쉽게 만들어 준다는 것을 의미했다. 그는 민주당 하원의원들의 발언을 방송국에 제공하기 위해 라디오 전용회선을 마련했다. 또 국회의사당의 한 공간에 전송망을 설치해 라디오 토크쇼 카페로 만들었고 커피와 쿠키까지 비치했다. 주요 법안에 대한 투표가 진행되는 동안 진행자들을 카페로 초대해 민주당 의원들과의 인터뷰를 방송하도록 했다.

클라크는 진행자가 예의를 지킬 의사만 밝히면 게파트와 지도부 의원들의 보수 라디오 프로그램 출연도 주선했다. 클라크는 언론 보좌관들이 게파트의 출연을 준비하는 것을 돕기 위해 배경 자료도 준비했다. 그리고 장비나 기술자를 들이지 않고도 의사당에서 방송할 수 있도록 이동식 라디오 스튜디오를 만들어도 된다는 니컬스의 승인을 끝내 받아냈다. 공화당도 의사당에 그런 시설을 가지고 있지 않았다. 때때로 보수 진행자들이 민주당 장비를 이용해 공화당 하원의원들과 대화하기도 했지만, 클라크는 가장 우편향인 프로그램에도 민주당 측 출연자를 내보내 일종의 균형을 잡으려고 했다.[6]

점점 더 많은 민주당 의원들이 방송에 나가면서 성과도

뒤따랐다. 이전에 라디오 토크쇼에 출연한 적이 없거나 빈도가 낮았던 사람들이 자신의 능력을 보여주면서 횟수를 높여나갔다. 1995년 이전에 자신의 지역 밖에서는 한 달에 두 번 정도였던 게파트의 라디오 인터뷰가 1995년과 1996년에는 일주일에 여섯 번에서 열두 번 정도로 늘어났다. 그의 출연에 고무된 다른 의원들도 뒤따르는 분위기가 조성됐다.[7]

민주당 의원들이 고무된 훨씬 더 중요한 이유는 따로 있었는데, 바로 유권자들이었다. 의원들이 라디오 토크쇼의 유권자 장악력을 무시할 수 없었기 때문에, 클라크에게도 당내에 적지 않은 우군이 생겼다. 의원들은 유권자들이 림보의 발언을 앵무새처럼 따라 하는 것을 듣곤 했다.[8] 하원 소수당 부대표 데이비드 보니어David Bonior는 그런 사례를 하나 떠올렸다. 깅그리치의 윤리 문제를 공격했던 민주당의 핵심 인물인 그는 림보의 레이더에 포착돼 좋지 않은 별명을 얻었다. 보니어가 전혀 위협적이지 않다고 장난스럽게 말하면서 림보는 그를 사나운 핏불과 작고 귀여운 요크셔테리어의 교배종인 '피트 요키Pit Yorkie'라고 부르기 시작했다. 한번은 일리노이 디케이터에서 열린 하계 노동자 집회를 마친 후 목이 말라 지역 술집에 들렀을 때, 보니어는 그곳에서 한 블루칼라 지지자가 다른 사람에게 "저 사람이 피트 요키"라고 말하는 걸 들었다. 어떤 경우에는 사람들이 그를 멈춰 세워 "당신이 피트 요키 맞죠?" 하고 묻기도 했다.[9]

클라크가 민주당 하원의원들의 방송 출연을 섭외하는 동안 의원들은 게파트가 1988년 대선에서 실패한 후 얻었던 교훈○에 따라 자신들의 메시지를 더 호소력 있게 만들고자 노력했다.[10] 새로운 메시지 전달 계획의 공동 책임자였던 하원의원 로사 델라우로Rosa DeLauro는 동료 의원들이 의회에서 1분짜리 연설을 하고 언론의 관심을 끌 만한 특별 행사를 열라고 독려했는데, 라디오 토크쇼는 이 전략에 딱 들어

○ 게파트는 1988년 대선에서 민주당 경선에 출마해 매사추세츠 주지사였던 마이클 듀카키스에게 패배했다. 경선 초반 앞서나갔으나 한국과 일본의 무역 장벽을 비판하는 주장이 자동차 공업 중심 지역 외의 다른 지역에서 큰 호응을 받지 못하면서 저조한 득표율을 기록하자 결국 경선을 포기했다.

맞았다.[11] 1995년 민주당이 학교급식 예산 삭감안에 항의할 때 의원들은 유명 인사들의 지지, 의회에서의 일일 연설, '세이브 더 칠드런' 넥타이와 스카프, 그리고 라디오 토크쇼 대거 출연을 포함한 언론 홍보 행사를 열었다. 그리고 그해 공화당이 제안한 의료보장과 기타 예산의 삭감을 저지하기 위해 또 다른 작전을 준비했다.[12]

그러나 민주당 의원들의 라디오 토크쇼 출연이 최고조에 이르렀을 때도 표면 아래에는 긴장감이 도사리고 있었다. 샐릭의 기억에 따르면 클라크는 항상 라디오 토크쇼에 더 많이 참여하라고 요청했지만, 보좌관들은 그렇게 열정적이지 않았다. 그들에게 중요한 일은 라디오 토크쇼에서 메시지의 균형을 잡아주는 게 아니라, 민주당의 메시지를 방송에 내보낼 수 있는 대항적인 프로그램을 만드는 것이었다.[13] 라디오 토크쇼가 교조적인 극우 언론으로 완전히 진화하지는 않았더라도, 민주당 보좌진은 청취자들이 보수로 기울어 있다는 걸 누구보다 잘 알고 있었다. 민주당이 가장 접촉하고 싶었던 유권자들에게 다가서기 위해서는 더 효과적인 방법들이 있었다.

클라크와 그의 후임자들, 그리고 핵심 의원들의 노력에도 불구하고 라디오 토크쇼에서 민주당은 공화당 우위를 극복하는 데 어려움을 겪었다. 클라크의 뒤를 이어 라디오 책임자를 맡은 줄리앤 코벳 월드론Julianne Corbett Waldron은 민주당 의원들이 공화당 의원들 못지않게 라디오에 자주 출연할 수 있다고 생각했다. 그러나 진행자들은 공화당 의원들이 접근하기 더 쉽다고 생각하는 것 같았다.[14] 진행자들은 공화당 의원들에게서는 사전 녹음이 아니라 생방송 출연을 약속받았다. 진보 진행자 톰 레이키스는 "민주당 의원들에게 전화를 걸면 그들은 '누가 그 프로그램에 출연하는가? 주제는 무엇인가? 당신이 전화를 받을 건가? 음, 잘 모르겠다.'라고 말한다. 그런 후에 보좌관들이 '의원이 이륙하기 전에 휴대전화로 몇 분 동안 출연할 수 있다.'라고 전했다가, 정작 전화는 하지도 않고 이후 현안인 교통 법안에 대해 이야기하고 싶어 한다."라며 민주당 의원들이 너무 조심스럽고 까다로웠다고 설명했다.[15]

좌절감은 상호적인 것이었다. 게파트를 비롯한 민주당 의원들은 라디오 토크쇼가 공정하지 않다고 느꼈다. 합리적으로 대화하려고 노력했지만 그럴 만한 가치가 없어 보였고 시간이 지남에 따라 의원들을 설득해 출연시키기가 점점 어려워졌다.[16] 윌드런과 그의 후임자 킴벌린 러브Kimberlin Love는 많은 의원이 보수 진행자들과 함께하기 꺼린다는 걸 알게 됐다.[17] 델라우로 의원에 따르면 라디오 토크쇼에 출연하려면 '싸움닭 정신'이 필요했지만, 의원들은 진흙탕 싸움에 뛰어들려고 출마한 것은 아니었다. 그는 또한 1996년과 1998년 선거에서 하원을 탈환하는 데 실패하자 많은 의원이 낙담했고, 새로운 메시지 전달 전략에 대한 의구심을 가지게 됐다고 말했다. 라디오 토크쇼에 집중적으로 출연하는 일은 아무런 효과가 없어 보였다.[18]

그럼에도 소통해야 한다고 동조하는 의원들은, 다른 의원들이 권력과 메시지 전달 사이의 연관성을 이해하지 못했다고 말했다.[19] 팻 슈뢰더 의원은 1997년에 은퇴했는데, 동료 의원들이 메시지 전달에 집중하지 않기 때문에 민주당이 다시 다수당이 못될 것이라고 판단한 것도 은퇴 이유 중 하나였다.[20] 메시지 전달 실패가 유일한 원인은 아니었지만 실제로 민주당은 1994년부터 2018년까지 24년 중 단 4년 동안만 하원 다수당을 차지했으니, 그의 예측이 적중한 셈이다.

상원 민주당과 라디오 토크쇼의 관계도 비슷하게 전개됐다. 사우스다코타의 중서부 포퓰리스트이자 상원 기준으로는 어린아이에 지나지 않는 47세의 톰 대슐Tom Daschle이 1995년 상원 민주당 대표가 됐을 때, 그와 그의 보좌관들은 라디오를 활용하는 데 있어 공화당에 한두 박자 뒤처져 있다는 것을 깨달았다. 그들은 또한 상원의원들이 녹음이나 녹화로 유권자들과 소통하는 것은 더 이상 충분치 않다는 점도 이해하고 있었다. 이제 라디오는 매시 정각에 방송되는 뉴스 정도가 아니라 쌍방향 미디어였다. 대슐과 그의 보좌진은 라디오 스튜디오를 만들고 상원의원들이 유권자들과 실시간으로 대화하는 능력을 향상하기 위해 몇 가지를 개선하기 시작했다.[21]

하지만 기술적인 문제만은 아니었다. 대슐은 동료 의원들이 라디오 토크쇼에 전적으로 참여하기 전에, 성공 가능성을 확인하고 싶어 한다는 것을 알았다. 보좌관 로라 퀸Laura Quinn이 기억하는 것처럼 상원의원 대부분은 라디오 토크쇼가 "중요하지만 적대적"이라고 생각했다. 상원 민주당 기술통신위원회가 새로 고용한 라디오 프로듀서 로저 로츠Roger Lotz는 초기에 보수 토크 프로그램에 출연해야 한다고 상원의원들과 언론 담당 보좌관들을 설득하는 데 큰 어려움을 겪었다.[22]

퀸과 로츠는 대다수 진행자들이 비록 의견은 달라도 인터뷰 대상자들을 존중하고 예의를 지킬 것이라며 상원의원들을 설득해야 했다. 1997년이 되자 그들의 독려는 성과를 내기 시작했다. 다양하게 참여한 상원의원 중 일부는 라디오 토크쇼에 익숙해져서, 다양한 이념적 스펙트럼의 진행자들과 즉각적으로 논쟁할 수 있을 정도였다. 노스다코타 상원의원 바이런 도건Byron Dorgan 같은 다부진 사람은 대안 의견을 찾는 보수 프로그램에 정례적으로 출연했다.[23] 다른 상원의원들도 기꺼이 라디오에 출연하고 철저하게 준비하긴 했지만 방송 기회를 찾는 데 있어서는 여전히 능동적이라기보다 수동적이었다.[24]

조 리버먼Joe Lieberman이 상원 민주당의 진정한 토크 라디오 챔피언 중 한 명이었다는 게 놀라울 수도 있다. 이 코네티컷 상원의원은 2000년과 2004년 대선 민주당 경선에서는 건조하고 단조로운 연설 스타일을 보여줬지만, 라디오에는 능숙했다. 그는 매주 라디오 토크쇼에 출연했고 전미 라디오 컨벤션에서 연설하기도 했다. 그는 최소한 1982년 주 법무장관 선거에서 당선된 이후부터 토크 프로그램에 출연해 오고 있었다. 리버먼은 진행자들과의 대화를 즐겼고, 진행자들은 라디오 토크쇼의 리듬을 아는 출연자를 좋아했다. 그는 유머 감각이 재빨랐고, 그의 홍보팀장이었던 짐 케네디Jim Kennedy에 따르면 "뒤섞을" 수 있었고 "너무 딱딱하거나" 말하는 요점에만 의존하려고 하지 않았다. 리버먼은 유권자들과 소통하기 위한 도구로서 라디오 토크쇼를 높이 평가했다.[25] 시청자 의견을 배제하고 모든 것을 짤막한 발췌로 편집해 버리는 텔레비전보다는, 라디오가 리버먼의 성격에 더 잘 맞았다. 리버먼이 "짧은, 발췌 편집의 환경"이나 정파적 논쟁이 오가는 케이블 텔레비전에 출연할 수도 있었지만, 케네디는 자신의 상사가 〈크로스파이어Crossfire〉 유형○은 아니라고 생각했다. 반면 라디오 토크쇼가 그의 특성에 더 잘 맞았는데, 리버먼 의원은 대화 형식으로 대규모 청취자들에게 사안들에 대해 폭넓게 말할 수 있었다. 리버먼 자신도 라디오 토크쇼에 대한 토론에서 "라디오 토크쇼를 통해 개성을 드러낼 수 있다."라고 말했다.[26]

○ 〈크로스파이어〉는 1982년부터 2014년까지 방영된 CNN의 대표 정치 토론 프로그램이다. 좌파와 우파의 정치 평론가들이 출연해 주요 정치 및 사회 현안에 대해 치열한 논쟁을 벌이는 형식이었다. 많은 후속 정치 토크 프로그램에 영향을 미쳤다. 크로스파이어 유형의 사람은 논쟁에 적극적인 사람을 의미한다.

리버먼은 얼버무리지 않고 라디오 토크쇼의 도전을 받아들였으며 이념적 스펙트럼을 불문하고 진행자들을 매료시켰다. 예를 들어 그는 기회 평등을 비판하는 돈 아이머스가 좋아하는 사람 중 하나로 밝혀졌다. 리버먼의 상원의원 임기 시작 한 달 후 아이머스의 제작진이 그를 섭외하려고 했지만, 보좌진 중 한 명인 케이시 스카라Kathie Scarrah가 요청을 거절했다. 스카라는 아이머스가 누구인지 몰랐고 제작자의 까다로운 질의에 당황했다. 그러나 그가 인터뷰를 거절하는 전화를 하고 있을 때 아이머스를 잘 아는 리버먼의 비서실장이 다가와 스카라의 말을 끊으려고 했다. 스카라에 따르면 비서실장은 당황한 표정으로 "아 이런, 당신이 말하는 걸 다 녹음하고 있을 거예요."라고 말했다.

아니나 다를까, 다음 날 아이머스는 방송에서 "내 프로그램에 출연하기에는 너무 훌륭하다고 생각하는 리버먼을 위해 일하는 케이시인지 뭔지에 대한 발작"을 시작했다. 리버먼의 사무실로 전화가 쇄도했다. 아이머스의 날 선 비판이 상원의원에게 전해졌고, 그는 버럭 화를 내며 방송에 출연하겠다고 고집을 피웠는데, 결과적으로는 옳은 조치였다. 리버먼은 아이머스의 방송에 출연했을 뿐만 아니라 아이머스와 친밀해졌고 단골 출연자가 됐다. 이후 리버먼은 아이머스가 워싱턴에서 방송할 때 그를 비공식적으로 환대했다. 리버먼의 보좌진은 아이머스와 그의 측근들에게 의사당을 소개해 주고 상원의원 식당에서 점심을 먹게 해주었다. 그때 이후로 리버먼은 아이머스가 워싱턴을 방문할 때마다 계속 그를 접대했다.[27]

리버먼은 또한 해니티를 비롯한 많은 보수 진행자들과 이야기를 나눴다. 코네티컷 뉴헤이븐에서 글렌 벡Glenn Beck의 프로그램에 출연하는 동안 리버먼은 선거 캠페인을 중단하고 훈제연어 베이글을 입에 물었다.○ 그런 모습은 보수 라디오로부터 받은 대우, 라디오에 대해 자신이 느끼는 편안함, 그리고 보수와 무당파 지지자들에 대한 그의 존중을 반영한 것이었다. 그것은 또한 다른 유형의 민주당 의원인 리버먼의 입장을 보여줬다. 진보 성향의 의정활동 기록을 쌓아왔지만, 그는 교조주의와는 한참 거리를 뒀고 외교나 문화적 사안과 관련해서는 보수 입장에 동의했다.[28]

○ 리버먼은 훈제연어 베이글을 좋아하는 것으로 알려져 있다. 베이글을 입에 문 모습이 특별한 정치적 의미를 지니고 있는 것은 아니었지만, 그의 인간적인 면모를 보여줘 친밀감을 느끼게 만들었다.

모든 상원의원이 리버먼이나 도건처럼 험악한 보수 프로그램에 출연하려고 하지는 않았지만, 퀸은 출연하지 않는 것보다는 낫다고 생각했다. 그는 의원들과 그들의 보좌진에게 진행자들이 출연자를 예의 있게 대할 뿐만 아니라 출연 요청을 거절하는 의원들은 가혹하게 대한다는 점을 알려주려고 했다. 라디오 토크쇼를 멀리했던 의원들은, 직접 출연해서 맞서 싸운 동료 의원들보다 훨씬 더 나쁜 상황에 빠지곤 했다. 그는 보수 진행자들의 블랙리스트를 만드는 일도 하지 않았는데, 특정 프로그램에 출연하지 않는 것은 민주당의 메시지가 없는 방송으로 방치한다는 의미였기 때문이었다. 만약 의원들이 출연하지 않으려고 하면 그는 대체자를 찾아냈다. 퀸은 진행자에게 주제와 출연자를 전달하는 일들을 많이 했는데, 그가 중요 사안에 대해 해박하고 신뢰할 만한 출연자를 제안하면, 대부분의 진행자들은 받아들였다.[29]

많은 우려와 의구심을 뒤로 하고 민주당 하원의원들이 라디오 토크쇼에 가장 열정적이었던 바로 그때, 클린턴 대통령이 라디오에 쏟은 노력은 실패하고 있었다. 클린턴의 첫 번째 임기 후반에 클린턴의 라디오 전략의 범위와 비전은 좁아졌고 진행자들과의 긴장은 계속 고조되고 있었다.

백악관이 라디오 토크쇼와 소통하는 방식은 대체로 동일하게 유지됐고 라디오 책임자 리처드 스트로스와 그 후임자인 리카 로드먼Rica Rodman, 메건 멀로니Megan Moloney는 라디오를 전략적으로 이용했다. 그들은 필요할 때면 여전히 대통령의 시간을 확보할 수 있었는데, 예를 들어 클린턴은 도시와 농촌 지역의 라디오와 라운드테이블을 계속했다.[30]

하지만 더 이상 라디오 토크쇼에 방점을 두지는 않았다. 중도 진행자인 래리 킹과 함께 라디오 토크쇼 타운홀 프로그램을 해야 할 것인지를 두고 보좌진 사이의 논쟁이 일어난 것이 그 전형적인 사례였다. 타운홀 프로그램을 제안한 사람은 1995년 민주당 전국위원회 의장 돈 파울러Don Fowler와 클린턴 대통령을 만나 민주당이 라디오 토크쇼를 좀 더 이념적으로 균형 있게 활용할 수 있는 방법을 논의했던, 거대 신디케이트 기업 '웨스트우드 원Westwood One'의 이사회 의장인 라디오 제작자 놈 패티즈Norm Pattiz였다. 처음에 백악관은 그 행사에 동의했지만, 보좌진 사이에서 이견이 불거지자 타운홀 프로그램은 지연됐고 화가 난 패티즈는 행사를 취소할 경우 뒤따를 대가에 대해 경고하는 메모를 보냈다.[31] 1995년 백악관에 합류한 언론 보좌관 마이크 맥커리Mike McCurry는 패티즈를 화나게 한 주요 원인 중 하나였다. 내부 메모에서 맥커리는 자신이 "1996년까지 (타운홀 프로그램을) 연기하려고 여러 번 시도했다."라고 언급했다. 그는 자신의 무관심을 확실히 밝히면서 "우리에게는 지금 다른 중요한 일이 있고 대통령 휴가 기간이나 1995년 내에 그걸 해야 할 이유가 마땅히 없다.", "만약 타운홀 프로그램에 집중해야 할 정치적인 이유나 다른 여러 가지 이유가 있다면 나도 이해할 것이다. 하지만 현재로서는 언론이 우선이다."라며 "이유가 없다"는 걸 두 번이나 강조했다.[32]

맥커리의 태도는 첫 번째 임기 후반부 클린턴 백악관에 합류한 보좌진들의 전형이었다. 가장 큰 과제는 백악관이 어떻게 뉴스 사이클을 주도할 수 있느냐는 것이었는데, 그들은 라디오 토크쇼가 큰 비중을 차지하지 않는다고 봤다. 초기 보좌관들은 1992년 선거 캠페인에서 클린턴이 라디오 토크쇼를 얼마나 강조했는지 직접 목격한 사람들이었다. 하지만 이런 선거 캠페인 경험이 없는 새로운 보좌관들은 라디오 토크쇼를 다루기 힘들고 적대적이며 서열이 한참 낮은 언론으로 보는 경향이 있었다. 라디오 토크쇼를 통해 메시지를 성공적으로 내보내더라도 잡담거리조차 되지 못한다고 생각했다. 클린턴 대통령을 둘러싼 스캔들이 번져나가고 백악관의 필요와 라디오 트크쇼의 관심사가 더욱 엇갈리면서, 보좌관들의 견해는 점점 더 굳어질 뿐이었다.[33]

클린턴 대통령 자신도 라디오 토크쇼의 보수 성향과 자신의 정책을 방해하려는 진행자들 때문에 점점 더 좌절하고 있었다. 1994년 6월 라디오 인터뷰에서 그는 라디오 토크쇼와 보수 기독교 논평가들이 허위 정보와 인신공격을 이용해 협치를 어렵게 만드는 냉소주의 문화를 만들어 낸다고 비난했다. 그는 많은 라디오 토크쇼가 "변함없고 끊임없는 부정적 북소리"라고 안타까워했다. 대통령은 자신의 방송 시간이 끝나면 림보가 같은 방송에서 세 시간 동안 반박이나 어떤 종류의 "진실 탐지기"도 없이 자기 하고 싶은 말만 할 것이라고 한탄했다. 이런 발언들은 림보를 기쁘게 했다. 그는 실제로 대통령을 괴롭히고 싶었던 것이다.[34]

1995년 오클라호마시티 폭탄 테러○ 이후 클린턴은 언론 종사자들의 증오에 찬 언어가 폭력을 부추겼다고 비난했다.[35] 대통령이 라디오 토크쇼를 특정해서 언급하지는 않았고 보좌관들도 넓은 범위에서 언론을 지칭한 것이라고 주장했다. 그러나 이 문제를 보도하는 기자들이나 진행자들 스스로 이해하고 있었듯이, 대통령이 진짜 무엇을 겨냥했는가에 대해서는 의심의 여지가 없었다. 당시 보도는 대통령이 분노한 대상으로 라디오 토크쇼를 지목했다. 최소한 AM 라디오에서는 클린턴이 비난했던 "시끄럽고 화난 목소리"를 들을 수 있었다. 여전히 라디오 토크쇼는 클린턴의 재능과 정치 스타일에 잘 어울렸고, 대통령은 유권자들에게 다가가 대화를 이끌어 내는 라디오 토크쇼의 특별한 능력을 존중했다. 하지만 재선을 위한 캠페인에 나섰을 때, 라디오 토크쇼에서의 대화는 확실히 그에게 불리하게 흘러가고 있었다.

○ 미국 오클라호마의 오클라호마시티에 위치한 연방 건물을 대상으로 한 폭탄 공격으로 168명이 사망하고 600명 이상이 부상당했다. 연방 정부에 불만을 가진 두 명의 백인 남성에 의해 기획, 실행됐으며 미국 역사상 가장 치명적인 국내 테러 공격 중 하나로 기억되고 있다.

보수 매체는 이제 막 시작된 것이었다. 클린턴의 두 번째 임기에는 폭스뉴스라는 새로운 적대자가 등장할 예정이었다. 라디오 토크쇼의 내용, 스타일, 그리고 열정이 케이블 텔레비전으로 넘어와 수십 년에 걸쳐 공화당을 변화시킨 우파 언론의 새로운 장을 열었다.

텔레비전을 접수한 라디오와 대통령 탄핵 시도

11

Talk Radio Takes Over Television — and Tries to Impeach a President

1996년 10월 라디오 토크쇼를 흥행시키고 있던 프로그램 모델이 미국의 텔레비전 화면에도 등장했다. 폭스뉴스는 라디오 토크쇼의 팬들에게 그들이 가장 좋아하는 라디오 프로그램을 눈으로 볼 수 있는 기회였다. 시간이 지남에 따라 폭스는 라디오 토크쇼와 함께 보수 반향실의 핵심 구성 요소가 됐다.

폭스는 정파성이 과열된 시기에 방송국으로서 기반을 다졌다. 클린턴의 두 번째 임기에는 그를 둘러싼 여러 스캔들과 수사가 탄핵으로 수렴됐기 때문에 그의 첫 번째 임기 때보다 훨씬 더 양극화됐다. 라디오 토크쇼에 있어 클린턴의 모든 고통이 기쁨이었다. 진행자들과 청취자들은 탄핵을 강력하게 밀어붙였고 주저하던 몇몇 공화당 의원들도 함께 끌려들었다. 클린턴이 맹공격을 헤쳐 나갈 때 백악관은 라디오 토크쇼를 멀리하고 진행자들을 비판하면서 라디오의 토크쇼라는 강경 보수에 맞서 싸웠다. 라디오 토크쇼에서 철수하기로 한 결정은 의도치 않은 결과도 초래했는데, 정부 쪽에서 투입되는 정보가 사라지면서 라디오 토크쇼는 훨씬 더 보수적인 목소리로 가득 차게 됐다.

폭스뉴스는 정파성의 불꽃을 더 높이 들었다. 미디어 거물 루퍼트 머독Rupert Murdoch과 노련한 공화당 정치 전략가이자 텔레비전 제작자인 로저 에일스Roger Ailes의 아이디어로 만든 폭스는 보수 매체라고 명시하지는 않았으나, 주류 언론에서 소외돼 라디오 토크쇼로 몰려들던 바로 그 사람들을 목표 시청자로 삼았다. 정치 전략가 에드 롤린스Ed Rollins는 에일스가 "수백만 명의 보수층이 잠재적 시청자라는 것을 알았고 그들에게 다가가려고 폭스를 만들었다."라고 설명했다.[1] ABC를 떠나 폭스의 앵커와 워싱턴 지국장이 된 브릿 흄은 한 기자에게 "우리는 언론을 볼 때마다 마음에 상처를 받는 소외된 사람들을 시청자로 선택할 자격이 있다."라고 말했다.[2]

폭스의 경영진은 목표 시청자들에게 다가가는 가장 좋은 방법을 알고 있었다. 바로 림보였다. 폭스는 라디오 토크쇼에서 폭스뉴스의 공정성을 홍보하는 광고 문구를 읽어달라고 림보에게 돈을 지불했다. 림보는 청취자들에게 폭스는 다른 뉴스 방송국들과 달리 "단지 진보적 관점이나 기자 자신의 편견" 이상의 것을 보여주고 "독립적으로 생각하는 사람들을 위한 텔레비전 뉴스"가 될 것이라고 말했다. 폭스 시청자들은 "드디어 공정하고 균형 잡힌 대안 방송국을 갖게 되어 흥분"했다. 림보가 거의 10년 동안 언론의 편향을 극복하기 위해 노력한 끝에, 청취자들은 마침내 숨을 내쉴 수 있었다. 림보는 "폭스뉴스는 공정한 뉴스라는 걸 기억하라."고 조언했다.[3]

에일스와 머독이 의도적으로 라디오 토크쇼 기반의 방송 콘텐츠를 만들었다고 말할 수는 없지만, 그들은 확실히 라디오 토크쇼를 잘 알고 있었다. 에일스는 1992년부터 1996년까지 림보의 텔레비전 프로그램을 제작했던, 라디오 토크쇼에서 텔레비전으로 가는 완벽한 가교였다. 그와 림보는 친구였다. 머독 또한 폭스뉴스가 "화면이 있는 뉴스 라디오 토크쇼"가 돼야 한다는 권고를 받았음에 틀림없다.[4]

의도와 상관없이 폭스는 라디오 토크쇼를 청사진으로 삼아 AM 라디오의 스타일과 텔레비전에 맞게 전환한 내용으로 상품을 만들었다. 많은 방송 시간대에서 폭스는 무미건조하고 냉정하며 사실에 기초한 보도보다는 라디오 토크쇼를 참고해 진행자의 호감이 명확하게 드러나는 해설을 선호했다. 토론에서는 비정치적인 주제를 많이 다루었지만 보수의 문화적 세계관이 대화를 이끌었다.

라디오 토크쇼와 폭스는 주류 언론에 대해서는 모두 부정적인 인식을 지니고 있었다. 둘 다 보수층에게 중요하지만 다른 언론은 무시해 버렸던 문제들을 다루었다. 그리고 둘 다 언론인을 포함한 '진보 기득권층'을 헐뜯고 믿지 않았으며, 또 그들에게 도전했다. 이로써 폭스는 라디오 토크쇼와 함께 좌파 언론의 편향을 겨냥한 우익의 십자군 전쟁에서 기수 자리를 차지했다.[5]

방송 첫날부터 폭스는 보수 목소리를 키우면서 보수 시청자들의 가치를 존중하고 진작시키는 방식으로 뉴스를 전달했다. 폭스의 첫 번째 토론 프로그램인 〈해니티 앤드 콤스Hannity and Colmes〉에는 보수의 전사 해니티와 온화한 태도의 뉴욕 출신 진보주의자 앨런 콤스Alan Colmes가 출연해 '좋은 사람들'이 반대파를 두들길 수 있게 보장해 줬다. 이는 라디오 토크쇼 스타일의 핵심이기도 했다. 좋은 방송으로 보이기 위해 진보도 토론자에 포함했지만, 보수 토론자는 프로그램에 내장된 이점을 누렸다.

폭스의 성향은 분명했지만, 보수층이 주류 언론의 보도에 만연해 있다고 여기는 문화적 편견을 바로잡기 위해 더 섬세한 기술들을 사용하기도 했다. 폭스의 뉴스 담당 부사장 존 무디John Moody는 폭스의 사형 집행 보도를 사례로 지목했는데, 기사는 "그 사람의 유죄 내용을 명시하는 문장으로" 시작된다. 반대로 다른 언론들은 "밖에서 수천 명이 울부짖다가 갑자기 조용해졌다."와 같은 문장을 사용하곤 했다. 무디와 폭스 시청자들이 보기에 "주관적 의견 표명"의 잘못을 저지른 것은 주류 언론이었다.[6] 폭스가 출범하기 전 무디는 신입사원들을 위한 세미나를 열었는데, 여기서 그는 진보의 편견이 드러나는 부분에 강조 표시를 한 〈뉴욕타임스〉 기사 모음집을 배포했다.[7]

비록 최소한 보수에게는 편견 없이 느껴지도록 보도하려 했지만, 폭스의 의견 프로그램은 뉴스와 오락을 융합한 라디오 토크쇼의 '인포테인먼트infortainment' 스타일을 전격적으로 채택했다. 뉴스와는 달리 이런 종류의 프로그램은 사실관계에 대해 정확할 필요가 없었고, 심지어 그러려고 하지도 않았다. 또한 반드시 정치적으로 중요한 이야기에 초점을 맞출 필요도 없었다. 보수층의 인식체계에 맞거나 보수층이 중요하게 생각하는 사안에 집중하면서 재미있어 보이는 이야기를 골라내는 게 핵심이었다. 사실이 아닌 걸 공유한다거나 사건의 중요성을 지나치게 과장한다는 지적을 받으면 진행자들은 재빨리 청취자들에게 자신들은 언론인이 아니라 연예인이나 토크 프로그램 진행자일 뿐이라는 점을 상기시켰다. 최근 해니티가 트럼프 대통령과의 인터뷰에 대한 비판을 반박하면서, 자신은 "언론인이 아니"라고 설명한 것이 정확히 그런 사례다.[8] 폭스에서 의견 프로그램이 인포테인먼트를 노골적으로 도입하자 기자들과의 관계에서는 긴장이 생겨났다. 때때로 기자들은 의견 프로그램 진행자들의 부정확함과 음모론이 불편하다고 말하면서 그로 인해 방송국의 평판이 훼손당하지 않을까 걱정했다.[9]

폭스의 인포테인먼트 프로그램은 라디오 토크쇼가 유발한 언론의 변화를 가속화했다. 라디오 토크쇼는 청취자들이 원하고 또 그들의 참여를 자극하는 적나라한red-meat 이야기를 보도해 언론의 게이트키핑 역할을 이미 바꿔놓고 있었다. 라디오 토크쇼 진행자가 어떤 사안과 관련해 벌집을 쑤셔놓으면, 비록 뉴스 가치가 작다고 생각했더라도 언론사들은 그 이야기를 보도해야만 한다고 느꼈다. 그렇지 않으면 그런 시시콜콜한 이야기에서 배제될 수밖에 없었다. 라디오 토크쇼가 만들어 내는 소란은 그 자체가 이야기가 되기도 했다. 워싱턴 사람들이 그 이야기를 언급하면 언론이 관련 이야기를 보도해야 할 이유는 더 많아졌다. 폭스의 인기가 커지면서 언론계 전반에 걸쳐 보도 우선순위에 대한 폭스의 영향력도 커졌고 파급 효과도 증폭됐다.

폭스가 출범한 지 한 달 후에 미국인들은 클린턴을 다시 대통령으로 선출했다. 라디오 토크쇼에 대한 백악관의 열정이 시들해지면서 1992년 캠페인에 비해 재선 캠페인에서는 라디오 토크쇼에 대한 관심이 훨씬 적어졌다. 한 인터뷰에서 대선 캠프 언론 보좌관 조 록하트Joe Lockhart는 자신이 라디오 토크쇼 전략에 대해 오랜 시간 고민한 적이 없었다고 인정했다. 캠프에서는 라디오 토크쇼를 통해 설득 가능한 저소득층과 중산층, 백인, 기혼자들에게 다가갈 수 있기 때문에 라디오 토크쇼가 중요하다고 생각했다. 그래서 록하트는 라디오 인터뷰를 하고 보수 토크 프로그램에도 출연했다. 하지만 그는 그래봤자 얻은 게 거의 없다고 느꼈다. 기껏해야 수세에 몰렸을 때 라디오 토크쇼 청취자의 10퍼센트 정도에 호소할 수 있기를 바라는 정도였다. 클린턴은 공세를 펼칠 때는 다른 매체로 눈을 돌렸다.[10]

이런 태도는 두 번째 임기에도 지속됐고 백악관은 라디오 활동을 계속 하향 조정했다. 첫 번째 임기 초반 리처드 스트로스와 그의 팀은 대통령이 중요한 국내 정책을 공개할 때 라디오 진행자들을 백악관으로 초청했지만, 두 번째 임기에는 올해의 교사상 수상자들과 함께 지역 라디오 인터뷰에 나서는 것 같은 소소한 문제들에 초점을 맞추었다. 새로운 계획은 거물급 진행자들과의 인터뷰를 주선하기보다는 중소규모 방송국에 오디오 뉴스 자료를 제공하는 것 정도까지만 포함하고 있었다. 라디오 토크쇼 부문을 관장했던 메건 멀로니는 라디오가 뒷전으로 밀려났음을 확인해 줬다.[11] 1998년 록하트가 맥커리를 대신해 행정부 언론 담당관이 됐을 무렵, 백악관에서 라디오 토크쇼는 거의 무의미한 존재였다. 록하트와 그의 동료들은 라디오 토크쇼가 공정하게 방송할 가능성은 없다고 믿었다. 클린턴에 대한 과도한 비난은 라디오 토크쇼가 청취자를 모으고 유지하는 가장 좋은 방법임이 분명했다. 백악관은 건실한 경제에 대해 이야기하고 싶었지만, 라디오 토크쇼는 그날그날의 사소한 이야기와 음모론을 다룰 뿐이었다.[12]

행정부가 라디오 토크쇼에서 철수하면서 클린턴 백악관이 조금 편해졌을 수도 있다. 관료들은 민감한 인터뷰에 참여하거나 대통령의 성생활에 관한 거북한 질문들에 대응할 필요가 없어졌을 것이다. 동시에 탄핵소추 요구에 반격하기 위해 민주당 전국위원회가 다수의 대리인들을 방송에 내보내면서 어느 정도 역할을 떠맡았다.[13]

그러나 민주당 전국위원회가 라디오 토크쇼 대응에 전력을 다했음에도 불구하고 행정부가 퇴각하면서 라디오 토크쇼의 메시지는 더욱 일방적으로 흘렀다. 라디오 토크쇼의 반클린턴 관점에 비해 균형추는 훨씬 더 가벼워졌다. 이는 라디오 토크쇼가 우파 반향실이 되게 만든 또 다른 초석이었다.

탄핵 Impeachment

라디오 토크쇼와 새롭게 등장한 폭스뉴스에서 클린턴 대통령의 탄핵을 둘러싼 드라마는 대단한 오락이었다. 물론 탄핵은 백악관과 보수 언론 간에 긴장이 유발된 주요 이유였다. 그러나 라디오 토크쇼가 클린턴의 스캔들에 집착하는 것을 공화당 의원들 모두가 좋아하지는 않았다. 탄핵 과정 내내 라디오 토크쇼는 독립적이었기 때문에 공화당의 꼭두각시라는 관점은 더욱 약화됐다.

보수 진행자들은 정열적으로 탄핵을 부채질했다. 또한 탄핵에 반대하거나 줄타기를 하는 공화당 의원들은 온건파와 보수파를 불문하고 맹렬히 공격했다. 확고한 온건파인 뉴욕 하원의원 아모 호턴은 지역과 전국의 라디오 토크쇼로부터 위협을 받았다. 보수파지만 탄핵이 나쁜 선례를 남길까 봐 걱정했던 사우더 의원도 비슷한 압력을 느꼈다. 포트웨인 지역의 진행자 데이브 메이시Dave Macy는 사우더를 "법치에 대한 반역자"라고 선언했고 광고주를 잃고 프로그램에서 퇴출당할 정도로 그를 공격했다.[14]

림보는 청취자들에게 네 개의 탄핵 조항 모두에 반대표를 던진 네 명의 공화당 의원들 중 한 명이었던 코네티컷 하원의원 크리스 셰이스Chris Shays에게 항의전화를 해 달라고 요청했다. 그는 또한 셰이스가 탄핵과 관련해 개최하는 공청회 일정을 공개했다. 1,200명의 사람들이 행사장을 가득 메웠고 6,000명은 들어가지 못했다. 참석하려던 사람들은 뉴잉글랜드 고속도로에서 800미터 정도 교통체증을 겪어야 했다. 라디오 토크쇼의 공격으로 셰이스는 계속 피해를 입었다. 박빙 지역의 공화당 의원으로서 셰이스는 가능한 한 모든 지지자가 필요했다. 하지만 셰이스는 방송에서 난타당한 이후 일부 공화당원들이 자신에게 완전히 등을 돌렸고, 탄핵에 반대했던 또 다른 공화당 의원인 코니 모렐라도 비슷한 이유로 결국 메릴랜드에서 낙선했다고 믿었다.[15]

탄핵 과정에서 라디오 토크쇼는 공화당이 다른 모든 걸 희생하면서 보수층에게만 영합하도록 몰아갔다. 미국인 전체는 그런 열망을 느끼지 못했다. 하원이 클린턴을 탄핵했던 1998년 12월 중순 갤럽 여론조사에 따르면, 미국인의 36퍼센트만 자신의 지역 의원들이 탄핵에 찬성하기를 바라고 있었다. ABC뉴스와 〈워싱턴포스트〉의 공동 여론조사에서도 결론은 대체로 비슷했다. 응답자의 38퍼센트만 클린턴이 탄핵돼 물러나는 것을 보고 싶어 했다. 다른 여론조사에서도 대다수가 공화당 하원의원들은 지나치게 정파적이고 대중의 관점과는 동떨어져 있다고 생각하는 것으로 나타났다.[16] 이처럼 미국인들이 전반적으로 탄핵에 반대했음에도 불구하고, 라디오 토크쇼에 의한 아래로부터의 압력 때문에 하원 공화당은 탄핵을 결정할 수밖에 없었다.

공화당은 우익의 대의명분을 수용한 정치적 대가를 치렀다. 12월에 하원이 클린턴 탄핵안에 투표하기도 전에 공화당은 야당으로는 드물게, 특히 대통령의 두 번째 임기 중인데도 중간선거에서 패배했다.○ 민주당은 하원에서 4석을 더 얻었고 상원에는 변화가 없었다.[17]

일부 진행자들은 원하는 말을 듣기 위해서라면 의견이 다른 공화당 의원이나 후보를 끌어내리는 걸 주저하지 않았다. 예를 들어 밀워키 지역의 진행자 마크 벨링Mark Belling은 공화당 후보 조지핀 머서Josephine Musser의 '부분 출산partial-birth 낙태'□에 대한 입장이 달랐기 때문에 아무런 거리낌도 없이 진보적인 민주당 후보 태미 볼드윈Tammy Baldwin을 지지했다. 벨링은 "공화당 후보들이 이렇다면 민주당이 왜 필요할까" 하고 물으며 "태미 볼드윈은 정직한 좌익 미치광이다. 조지핀 머서는 이중적인 좌익 미치광이다. 나는 정직한 사람과 함께할 것"이라고 말했다.[18]

하지만 이 시기에 벨링은 다소 예외적이었다. 많은 진행자가 여전히 실용적인 차원에서 온건파들을 용인했고 그들을 격퇴하기 위한 전면전은 몇 년 후에나 벌어질 일이었다. 1992년 선거 이후 림보는 공화당의 "귀족적 온건파"에 맞서는 강경 우파를 지원하겠다고 다짐했지만 1996년 대선에서 극우 후보인 팻 뷰캐넌을 또다시 지지할 수는 없었다.[19] 진행자들은 공화당이 승리하면 보수가 의회를 장악해 법안을 통과시킬 기회를 얻는다는 것을 알고 있었고 온건파 공화당 의원들이라도 민주당 의원들보다는 훨씬 더 많은 사안에 대해 의견이 비슷했다. 예를 들어, 클린턴 탄핵에 동의하지

○ 미국 정치에서 대통령의 두 번째 임기의 중간선거에서는 6년이라는 대통령 재임 기간에 따른 실망감과 피로감, 정권 교체에 대한 기대감으로 야당이 승리하는 경우가 일반적이다.

□ 임신 말기에 수행되는 특정 임신중지 절차를 지칭하는 정치적, 법적 용어다. 대부분의 보수층과 공화당 정치인들은 '부분 출산 낙태'뿐 아니라 그 어떤 시기의 임신중지에도 반대한다. 극우파는 종종 임신중지 시술자(의사)뿐만 아니라 임신중지를 한 여성까지 처벌해야 한다고 주장해 물의를 일으키곤 한다.

않는 의원들을 포함해 대다수 온건파들도 일부 탄핵 조항에 대해서는 찬성했다.[20] 만약 민주당이 다수당이었으면 탄핵은 선택 사항도 되지 못했을 것이다. 게다가 온건파 공화당 의원들은 당에 대한 충성심이나 지도부의 압력 때문에라도 절차에 대해서는 찬성할 수 있었다.[21]

전반적으로 1990년대 후반은 양당 정치인들이 정치 행위자로 바뀐 보수 매체에 익숙해지는 일종의 조정기였다. 라디오 토크쇼는 공화당이 보수 가치에 부합하는 정책을 야심차게 추진할 때는 그들을 도왔지만, 민주당은 최소한 처음 시기에는 협조하지 못했다. 한동안 그들은 공화당과 비슷한 체계를 구축했다. 그러나 정파성이 강화되고 있던 시기였음에도 불구하고, 라디오 진행자들은 공화당의 대변인 역시 아니었다. 그들은 자신들의 기대에 부응하지 못하는 공화당 의원들을 가차 없이 비난했고, 1995~1996년 겨울 정부 기능 정지와 같은 이길 수 없는 싸움 속으로 공화당 의원들을 몰아넣었다.

탄핵도 이길 수 없는 싸움이었지만, 라디오 토크쇼의 우경화가 계속되면서 진행자와 청취자 역시 완강해졌다. 여기서 우경화의 주된 원인을 놓쳐서는 안 된다. 바로 돈이다. 1998년에 이르게 되자 새로운 상업적 요구가 생겨났다. 다음 장에서 보겠지만 1996년의 한 법안에 의해 의도와 무관하게 라디오 토크쇼가 더 획일적이고 적나라한 보수주의로 흘러갈 수밖에 없도록 라디오 산업의 구조가 변화했다.

돈을 따라간 라디오 토크쇼의 우경화

Money Propels Talk Radio to the Right

사실 클린턴 시대에 라디오 토크쇼가 더 보수화된 가장 중요한 이유는 대통령에 대한 라디오 토크쇼의 증오나 정파 정치와는 아무 관련이 없다. 의도치 않은 초정파적 법안 하나가 지금 우리가 알고 있는 라디오 토크쇼, 즉 모든 지역에서 항상 보수 일색인 프로그램을 제공하는 그런 매체로 굳어지게 만들었다.

1996년의 '통신법the Telecommunications Act'은 대형 상장 기업들이 수백 개의 방송국과 신디케이트 회사들을 소유하는, 수직적·수평적으로 통합○된 라디오 산업으로 가는 길을 열어주었다.[1] 이 법안은 하원에서 535표 중 507표를 얻어 어떤 회사도 40개 이상의 방송국을 소유할 수 없도록 했던 규제를 너무 쉽게 폐지했다. 이 법은 지역 내 소유 한도도 늘렸다.[2] 이런 변화에 따라 이전 1984년, 1992년 및 1994년의 규제 완화로 이미 진행되고 있던 인수합병이 더 가속화됐다.[3] 1996년 통신법이 통과된 지 5년 만에 가장 큰 3대 라디오 복합기업인 '아이하트미디어iHeartMedia(구 클리어 채널)', '인피니티브로드캐스

○ 수직적 통합은 기획과 투자, 제작, 유통배급 등 미디어 산업의 밸류 체인에서 다른 단계에 위치하는 기업들 간의 인수합병을 말한다. 영화 제작사와 영화관 운영기업이 인수합병하는 경우가 여기에 해당한다. 수평적 통합은 서로 다른 미디어 분야의 기업들 간의 인수합병이다. 텔레비전 방송 네트워크가 라디오 방송국을 인수하는 경우가 수평적 통합이다.

팅Infinity Broadcasting' 및 '큐물러스미디어Cumulus Media'가 1,700여 개의 방송국을 소유하게 됐다.[4] 2002년에 이르면 40개 이상의 방송국을 소유한 회사가 21개에 달하고 상위 10개 기업의 매출이 라디오 산업 전체 매출의 67퍼센트를 차지하게 됐다.[5]

이런 거대 미디어 복합기업들은 보수 메시지를 전파해야 할 정치적 이해관계가 없었다. 그러나 경영난에 빠진 방송국들을 인수했을 때는 납득할 만한 사업적 결정을 내려야 했다. 그들은 당시에 수익을 낼 수 있는 프로그램을 방송하도록 프로그램을 재편성했는데, 1990년대 후반에는 그게 바로 보수 토크 프로그램이었다.[6] 경영진은 림보와 KVI, KSFO와 같은 보수 일색 방송국들의 성공 사례를 보고 보수 토크 프로그램이 최고 수익률을 보장할 것이라고 판단했다. 게다가 수요를 충족시키기 위해 신디케이션이 더 많은 보수 프로그램을 제작하게 되면서, 프로그램 교환 방식과 수직적 통합을 결합할 경우 보수 프로그램이 확실히 더 경제적이었다. 신디케이션은 방송국들이 비용을 들이지 않고 프로그램을 방송할 수 있게 해주었다. 방송국들은 프로그램 편성을 위해 현금을 지불하는 대신 신디케이션 회사들에게 일정 분량의 광고 시간을 넘겨줬다.[7] 그리고 수직적 통합 덕분에 신디케이션 계열사가 제작한 프로그램을 방송하면 비용을 더 절감할 수 있었기 때문에, 방송국 소유주들은 청취자들에게 훨씬 더 많은 보수 토크 프로그램을 제공하도록 했다.

신디케이션이 보수 토크 프로그램을 더 확대하자, 진행자들 또한 보수 정치에 더 많은 방송 시간을 할애하게 됐다. 해니티와 리디를 포함한 다수의 진행자들은 자신들의 프로그램이 신디케이션에 포함된 이후 정치 이야기를 더 많이 하게 됐다. 신디케이션에서 그들은 방송국이 청취자들에게 팔고 있는 주제와 프로그램, 즉 보수 토크 프로그램을 계속하라는 압력을 받았다. 그리고 진행자들은 전국의 청취자들을 만족시켜야 했는데, 이는 지역 청취자들에게는 통하지만 전국에서는 통하지 않는 비정치적이거나 덜 정파적인 소재를 버려야 한다는 의미였다.

진행자들은 또한 전국 단위의 청취자들을 새로 확보하고 성장시키려면 훨씬 더 오른쪽으로 기울어져야 한다는 걸 알게 됐다. 로스앤젤레스의 스타 진행자 존 코빌트John Kobylt는 자신과 파트너 켄 치암푸Ken Chiampou가 1990년대 말 전국 프로그램을 맡았을 때는 다양한 청취자들을 모두 만족시킬 수 없었다고 회상했다. 클린턴 대통령에게 독설을 쏟아내던 다른 진행자들과 달리 코빌트와 치암푸는 덜 교조적이었기 때문에 청취자들에게는 충분히 극우적이지 못한 포퓰리스트로 인식됐다.[8]

대기업 소유주들도 대체로 안전하다고 생각했기 때문에 보수 매체로 밀고 갔다. 보수 진행자들이 가끔 문제를 일으키곤 했지만, 청취자들을 상대로는 그렇지 않았다. 결정적으로 방송 내용 때문에 가장 상처받는 사람들은 청취자들이 아니었고, 정말 터무니없는 큰 실수가 아니라면 라디오 토크쇼 팬이 아닌 사람들의 귀에는 방송 내용이 흘러들어 가지도 않았다. 어떤 경우라도 보수 라디오쇼의 익살은 '핫 토크hot talk'나 '남성 토크guy talk' 프로그램처럼 추잡하거나 무례하거나 충격적이지 않았다. 예를 들어, 보수 라디오쇼의 그 누구도 남성 토크 프로그램 진행자인 그레그 '오피' 휴스Greg 'Opie' Hughes와 앤서니 쿠미아Anthony Cumia가 2002년에 했던 것처럼 청취자들의 관심을 끌기 위해 기괴한 짓을 하지는 않았다. 인기 있던 전국 프로그램의 듀오는 맨해튼 중심부에 위치한 성 패트릭 대성당에서 한 커플이 성관계를 가졌다고 주장하며 보조 진행자에게 상세하게 묘사하라고 지시했다는 이유로 방송국 모회사인 바이어컴에 의해 해고됐다.[9]

소유주 입장에서는 지역 방송에서 종종 들리는 이런 아슬아슬한 대화가 위험할 수밖에 없었다. 정치 프로그램에는 그런 위험이 없었기 때문에 기업 소유주들에게는 좋은 일이었다. 괜한 논란으로 라디오와 무관한 이익까지 훼손될 수 있는 디즈니나 바이어컴 같은 거대 미디어 기업들에도 좋은 일이었다. 보수 진행자들은 소유주에게 벌금을 물게 하고 방송 면허를 위태롭게 하거나 파급효과를 걱정하게 할 가능성이 적었다.[10]

한편 라디오가 주력인 회사들과 개인 소유주들은 단 하나의 대형 사고로도, 특히 광고 규모가 더 작은 시장에서는 사업 자체가 뒤흔들릴 수 있었음에도 불구하고 논란에 관대했다. 대도시에서 라디오를 주력 사업으로 하는 소유주들은 그런 콘텐츠를 감당할 수 있는 융통성이 있었다. 그들은 다른 사업에 대해 걱정할 필요가 없었고 비록 몇몇 사람들이 기분 나빠 하더라도 오락적인 요소가 시장 경쟁에서 청취자들을 계속 끌어모을 수 있다는 걸 알고 있었다.[11] 1980년대 논란과 추문이 많았던 톰 레이키스가 마이애미 지역에서 방송했을 때 방송국 경영진은 그에게 광고주 문제는 걱정할 필요가 없다고 분명히 말했다. 더 많은 광고주들이 대기하고 있었다. 방송국이 면허를 잃지 않을 정도면 괜찮았다.[12]

1995년 WABC 방송국의 진행자 밥 그랜트가 해고된 일은 대기업 소유주들의 섬세한 감수성을 볼 수 있는 사례다. 디즈니가 '캐피털 시티즈/ABC'를 매입하고 방송국을 막 인수했을 때 그랜트는 인종차별 발언 때문에 해고당했다. 흑인인 론 브라운 상무장관이 비행기 사고를 당했다는 뉴스가 알려지자 그랜트는 매우 노골적인 농담을 했다. 그랜트는 스스로를 '비관론자'라며 흑인인 브라운 혼자 살아남았을 것 같다는 느낌이 온다고 말했다.○ 수십 년간 다른 소유주들은 그랜트의 무분별하고 도발적인 폭탄 발언을 묵인해 왔다. 두 건의 사례를 들자면 그는 흑인들을 '미개인'이라고 말했고 뉴욕의 흑인 시장인 데이비드 딘킨스 David Dinkins를 '화장실 청소부'로 묘사했었다. 하지만 시위와 불매운동의 위협에 직면하자 디즈니는

○ 크로아티아에서 발생한 이 사고로 탑승자 35명 중 브라운 장관을 포함한 33명이 사망했다. 사고 원인과 관련해서 음모론이 난무했으나, 조사 결과에 따르면 악천후와 조종사 오류가 원인이었다.

그를 해고했다. 해고당한 지 2주도 지나지 않아 그랜트는 WABC의 경쟁사인 가족 소유 라디오 기업 '버클리브로드캐스팅코퍼레이션'의 WOR 방송국에 복귀했다.[13]

시간이 흐르면서 보수 라디오의 위험성도 증가했다. 2000년대 들어 경쟁이 치열해지자, 진행자들은 튀기 위해 더 터무니없고 선동적인 논평을 쏟아낼 수밖에 없었다. 동시에 인터넷 스트리밍과 '미디어매터스' 같은 감시 단체들 때문에 진행자들의 말은 이념적·정치적 성향이 다른 청취자들에게도 알려졌는데, 이들은 광고주들에게 압력을 넣을 준비가 돼 있었다. 하지만 1990년대 후반 라디오 토크쇼가 강화되는 시기에 보수 진행자들은 비교적 안전한 선택이었다. 규모의 경제에 적합한 프로그램이 필요한 때에, 보수 진행자들은 그걸 제공했다. 라디오 토크쇼는 전국의 청취자들을 만족시켰고 우익의 반향실 내에 밀봉됐기 때문에 민폐를 끼치지도 않았으며 광고주들이나 다른 사업 파트너들을 화나게 하지도 않았다.

다시 한 번 말하는데, 라디오 토크쇼는 확산되고 더 강경해지고 있었지만, 이는 방송국들이 정치 지형을 바꾸고 싶었기 때문이 아니라 라디오 토크쇼가 다른 대안보다 더 괜찮은 사업이었기 때문이었다.

2000년대 라디오 토크쇼와 정치의 거대한 변화

13

Talk Radio in the 2000s: Big Changes for the Medium and for Politics

보수 라디오쇼는 뉴밀레니엄에 극적으로 팽창했다. 방송국들은 편성표에 남아 있던 다양한 프로그램을 모조리 우파 프로그램으로 대체하면서 보수 일색으로 변했다. 2002년 폭스뉴스는 CNN을 넘어서서 케이블에서 가장 시청률이 높은 뉴스 방송사로 등극했다.[1] 2000년대 후반과 2010년대 초에는 보수 디지털 매체가 번창했다. 케이블에도 폭스의 경쟁자들이 등장했다.

경쟁은 일종의 군비 경쟁을 초래했다. 허를 찔리는 게 두려웠던 진행자들은 이념적으로나 말하는 방식에서 더욱 극단화됐다. 점점 더 큰 말폭탄을 더 자주 던지면서 라디오 토크쇼는 공화당, 특히 당내 온건파와 실용주의자들에 대한 보수층의 커져만 가는 혐오를 반영하고 또 자극했다.

라디오 토크쇼와 공화당의 관계는 순차적으로 바뀌었다. 대다수 라디오 토크쇼는 2001년 1월부터 5월까지, 그리고 2003년부터 2007년까지 의회와 행정부를 모두 장악했던 때에는 공화당을 지지했다. 하지만 2003년 부시 대통령과 공화당 하원이 의료보장 혜택을 확대하자, 진행자들은 들끓었다. 그리고 부시 대통령의 두 번째 임기 동안 핵심 정책과 대법관 지명을 좌초시키는 데 일조했다. 그들은 중요한 사안이 걸렸을 때, 그리고 부시 대통령이 자신들의 기대에 부응하지 못할 때는 정파의 전투원이 되려고 하지 않았다.

공화당과 라디오 토크쇼의 동맹은 민주당이 의회까지 장악했던 버락 오바마 대통령의 임기 전반부에 다시 공고해졌는데, 이는 클린턴 대통령의 첫 번째 임기 전반부에 공화당 의원들을 대거 당선시켰던 정치 역학이 반복된 것이었다. 하지만 이번 협력은 공화당이 2010년 하원을 되찾자마자 바로 사라져 버렸다. 공화당 지도부가 오바마의 요구에 굴복했다는 독설을 쏟아내면서, 진행자들은 다시 한 번 자신들이 비타협적이라는 점을 입증했다. 라디오 토크쇼는 여소야대의 기본적인 정치 현실을 무시한 채, 공화당 의원들은 더 열심히 싸우면 공약을 이행할 수 있는데도 징징대기만 하는 겁쟁이라는 인식을 부추겼다.

진행자들의 전술에 따른 영향이 라디오 토크쇼에는 양면적이었지만, 공화당에게는 확실히 부정적이었고 협치는 더욱 어려워졌다. 백악관과 상원을 장악하고 있던 민주당과 어떤 형태의 타협도 거부함으로써, 라디오 토크쇼는 오히려 더 진보적인 법안들이 통과되는 걸 도와주기도 했다. 예를 들어 부채 상한선을 높이거나 정부 운영에 필수적인 법안들을 통과시켜야 했던 경우, 진행자들이 타협안을 수용하지 않으려고 했기 때문에 공화당 지도부는 민주당의 지지를 대가로 더 진보적 법안들에 찬성할 수밖에 없었다. 많은 공화당 의원이 진행자들을 화나게 할 엄두도 내지 못했기 때문에, 공화당 지도부는 다른 곳에서 표를 얻어야 했던 것이다.

하지만, 보수 진행자들에게 이런 일들은 대부분 소소하고 중요하지 않은 문제였다. 21세기 들어 10여 년 동안 라디오 토크쇼는 대단히 성공적으로 공화당을 재편하고 있었다. 공화당은 진행자들과 그 청취자들을 따라 우경화되었고, 극단적 태도를 수용하고 타협 의사는 상실해 버렸다. 공화당의 깃

발은 온정적 보수주의compassionate conservatism○의 전도사인 부시에게서 백악관보다는 AM 라디오에 더 어울릴 것 같은 도널드 트럼프에게로 넘어갔다. 이 기간 동안 공화당은 라디오 토크쇼의 정당이 됐다.

○ 온정적 보수주의는 기존 보수주의와는 달리 사회적 약자에 대한 배려, 분배와 성장의 균형을 강조한다. 조지 W. 부시 대통령은 2000년 대선 당시 온정적 보수주의 노선으로 따뜻한 국가건설을 내세워 당선됐다.

보수의 차세대 스타 The Next Conservative Star

21세기 정치에 큰 영향을 미친, 지금 우리가 알고 있는 모습의 라디오 토크쇼는 2001년에 구체적으로 드러났다. 그해 션 해니티가 보수 라디오 토크쇼의 차세대 스타 진행자로 등장했다. 해니티는 뉴욕의 WABC 방송국에서는 특별히 높은 청취율을 기록한 적이 없었다. 하지만 ABC라디오의 편성 담당 수석 부사장인 존 매코널을 비롯한 제작진은, 해니티가 전국적으로 성공할 수 있는 진행자라는 것을 경험을 통해 알았다. 폭스뉴스 프로그램 〈해니티 앤드 콤스〉와 림보의 휴가 기간 대체 진행자 역할은 그의 인지도를 확실히 높여줬다. 무엇보다 해니티는 최고 진행자의 자질을 모두 갖추고 있었다. 그는 청취자들이 공감할 수 있는 평범한 유형의 사람이었다. 매코널은 방송에서 아내에게 사주려던 루이비통 핸드백 가격에 충격받았다고 말하던 해니티의 매력을 떠올렸다. 해니티는 그 즈음 제대로 돈을 벌기 시작해서 아직 상류사회에 익숙하지 않았고, 여전히 청취자들과 같은 사람 중 한 명이었다. 해니티는 불손하고 반PC적인 라디오 토크쇼의 세계에서 필수라고 할 수 있는 다른 사람 놀리기에 능숙했지만, 잘 웃었고 다른 진행자들은 하지 않던 자기 조롱도 했다.[2]

해니티는 순풍을 타고 전국 라디오에 진출했다. 인수합병 덕분에, 전국에 데뷔하는 그에게 전례 없는 배급망이 제공됐다. 해니티의 프로그램을 배급했던 ABC는 전국 상위 7개 지역의 방송국에 방송 시간을 배정했다. 해니티에게 운도 따랐는데, 그의 전국 데뷔일은 2001년 9월 10일이었다.[3] 다음 날 일어난 테러 공격은 미국 전역에 충격파를 일으켰고 라디오 토크쇼를 포함한 모든 매체의 뉴스 수요를 증가시켰다. 걸프전 때문에 사람들이 림보의 라디오를 들었던 것처럼, 9·11 테러는 청취자들을 해니티에게 이끌었고 많은 사람이 그의 방송을 듣고 좋아했다. 마지막으로 해니티는 림보의 후광효과도 누릴 수 있었다. 청취율의 가장 든든한 버팀목이었던 림보는 방송국 전체 프로그램의 청취율도 높였는데 해니티는 림보 프로그램 바로 뒤에 편성돼 있었다. 여섯 시간 계속되는 보수 정치 프로그램 구역은 청취자들의 몰입을 유지했고 림보의 청취자들은 새로운 진행자인 해니티에게로 넘어갔다.

림보와 해니티 프로그램의 연속 배치는 편성의 변화를 의미했다. 두 진행자가 방송국 청취자를 규정할 수 있었다. 보수 일색 편성이라는 아이디어에 반대했던 제작진들도 이제는 시도해 볼 이유가 더 많아졌다. 다른 보수 진행자를 추가해 림보와 해니티를 보완하면 자신들의 정치 브랜드만을 찾는 일관된 청취자들을 하루 종일 붙들고 있는 데 도움이 될 것이었다.[4]

해니티와 림보를 중심으로 보수 일색 라인업을 구축하고자 하는 제작자는 다양한 선택지를 가지게 됐다. 림보가 유일한 보수 슈퍼스타였던 1990년대 이후로 많은 것이 바뀌었다. 실제로 림보 정도의 위상을 가진 신디케이트 진행자는 하워드 스턴과 로라 슐레진저 박사뿐이었다. 스턴은 보수 선동가와는 상반됐고 슐레진저는 매우 보수적이었지만 주로 라이프스타일 관련 주제들을 이야기했다. 그러나 1997년과 2002년 사이에 신디케이트 프로그램의 진행자들은 방송국이 더 많은 보수 선택지를 고를 수 있도록 해주었다. 잉그레이엄, 부어츠, 마이클 메드베드, 글렌 벡, 마이크 갤러거, 마이클 새비지Michael Savage, 데니스 프레이저, 빌 오라일리Bill O'Reilly는 모두 이 기간에 신디케이트에 영입되거나 신디케이트 프로그램을 시작했다.[5]

다른 이들도 곧 그 뒤를 이었다. 이 프로그램들이 인기를 끌면서, 청취자들은 인기 있는 전국 프로그램을 하루 종일을 즐길 수 있었다.

이런 점에서 15년 전 공정성 원칙을 폐지한 것이 라디오 토크쇼의 발전에 가장 큰 역할을 했다고 할 수 있다. 획일적인 보수 토크 방송국들이 생길 수 있었던 것은 균형을 요구하는 원칙이 없어졌기 때문이었다. 공정성 원칙은 라디오 방송국들이 "공동체의 모든 책임 있는 구성요소들이 다양한 문제들에 대해 상반된 견해를 표현하기 위해 방송 시설들을 이용할 수 있도록" 해서 "전반적으로 공정성에 기초해" 운영할 것을 의무화했다.[6] 보수 일색 방송국이 돼서는 안 된다는, 보수 프로그램을 편성할 수는 있지만 진보 프로그램으로 균형을 맞춰야 한다는 의미였다. 공정성 원칙의 부활에 대한 논의가 떠오를 때마다, 진행자들은 그 원칙이 자신들의 과업과 울분을 가로막았던 장애물이었다고 잘못 해석한다. 하지만 이 원칙은 림보의 프로그램이 방송될 수 없도록 막지는 않는다. 다만 의무사항이 남아 있었다면 보수 일색 방송국들이 연방통신위원회 규정 위반으로 제재를 받을 수 있었다는 점도 무시할 수는 없다.[7] 사업적 이점이 보수 일색 라디오 혁명의 주요 원인이었지만 '전반적인 공정성'이 유지되었다면 그 영향은 제한적이었을 것이다. 그렇지 않았기 때문에 2007년 기준 평일 라디오 토크쇼의 91퍼센트가 보수적이었던 것이다.[8]

프로그램의 선명성
Format Purity

림보와 해니티로 약 여섯 시간 동안 보수 일색 라인업을 구성하는 것은 라디오 토크쇼의 선명성을 성공의 비결로 판단하는 많은 라디오 제작자에게는 설득력이 있었다.[9] 청취자들은 신뢰할 수 있고 일관된 편성을 원한다는 게 이론적 가정이었다. 록 음악 방송국은 컨트리 음악을 틀지 않았고, 컨트리 방송국은 그 반대였다. 스포츠 방송국은 모차르트를 틀지 않았다. 전 CBS 라디오 간부 스콧 허먼Scott Herman은 "사람들은 햄버거를 먹으러 도미노 피자에 가지 않는다."라고 말했다.[10]

성공을 위한 다른 경로도 분명 있었다. 하루 종일 여러 주제에 대해 다양한 목소리를 방송했던 샌프란시스코의 KGO 방송국은 2009년 말 최고의 자리에서 내려올 때까지 무려 31년 연속으로 지역 시청률 1위를 차지하고 있었다. 그러나 그런 콘텐츠를 만드는 건 쉽지 않았다. 창의성과 재능, 홍보를 위한 상당한 투자, 그리고 지역사회와의 연대가 필요했다. 이념적 다양성을 강점으로 삼으려면 종종 많은 비용을 들여 브랜드 광고 캠페인을 해야 했다. 그리고 이런 지역 토크 방송국 중 일부는 뉴스 허브 역할을 했는데, 그 역할에 따른 운영비가 많이 들었다.[11]

이와 대조적으로 2000년대에는 보수 라디오쇼같이 순수한 형태의 틈새시장 매체를 사서 브랜드화 하기는 쉬웠다. 또한 신디케이션이 제공하는 기성품 콘텐츠를 편성해 비용을 줄일 수 있었고, 청취자의 충성도에 따라 높은 광고 단가를 보장받았기 때문에 수익을 극대화할 수 있었다.[12] 필 보이스Phil Boyce가 1995년 WABC 방송국 사장에 취임했을 때 이런 이점, 특히 청취자의 높은 충성도를 염두에 두고 있었을 것이다. 보이스는 방송국들이 생존하려면 "그냥 무색무취할 수는 없다. 약간 보수적이고 약간 진보적일 수는 없다. 중간에서 줏대 없이 굴어서는 안 된다."라고 믿었다. 그는 보수 일색 라인업을 구축했고 성공했다. 보이스는 림보 프로그램 앞뒤로 보수 진행자 해니티와 마크 레빈의 프로그램을 배치해 방송국의 평균 청취 시간을 확대했다. 2009년 보이스가 떠날 때 WABC 방송국은 미국 전체 뉴스·토크 방송국 중 가장 긴 평균 청취 시간을 기록하고 있었다. 어마어마한 평균 청취 시간 덕분에 지역의 뉴스 전문 방송국인 1010WINS가 청취자 수에서 100만 명이 더 많았음에도 불구하고 청취율에서는 WABC가 앞섰다. 청취자

들은 일주일에 평균 약 일곱 시간 동안 WABC에 주파수를 맞췄다.[13]

일관성은 편성 담당자들에게도 매력적이었는데, 그 이유는 스스로 인정하듯이 자신들이 그다지 창의적이지 않았기 때문이다. 많은 편성 담당자가 인터뷰에서 자신과 동료들을 레밍, 추종자와 비슷하다고 말했다. 그들은 다른 곳에서 잘되는 건 무엇이든 따라 하는 경향이 있었다.[14] 이는 경영진이 원했던 것이기도 하다. 제작진이 프로그램을 제안했을 때 경영진으로부터 첫 번째로 받았던 질문은 대부분 "어디에서 잘되고 있나?"였다.[15] 보수 토크 프로그램으로 방송국들이 성공하자 더 많은 제작진이 그 공식을 따르려고 했다. 증명되지 않은 새로운 걸 하는 것보다는 위험이 적었다.

이렇게 해서 청취자들의 예측이 형성되고 또 강화됐다. 방송국들이 이념적 일관성을 추구하자, 청취자들도 그렇게 예측하게 된 것이다. 이전의 방송국들은 이념적으로 이질적인 프로그램들을 통해 교차 청취자를 기대할 수 있었다. 예를 들어 1980년대와 1990년대 초 로스앤젤레스의 KFI 방송국은, 같은 청취자들이 좌파였던 레이키스와 림보의 프로그램을 모두 들었기 때문에 번창했다. 그러나 2000년대가 되면 대부분의 보수 청취자들은 진보 진행자를 원하지 않았고, 대부분의 진보 청취자들은 AM 라디오를 떠났다. 이념적으로 혼합된 토크 프로그램을 새로 만드는 건 매우 위험해 보였다. 실제로 그런 시도가 실패하자, 제작진들은 다시 한 번 이념적 일관성이 성공의 열쇠라고 생각하게 됐다.

물론 진보 일색의 방송이 없었던 건 아니지만 진보 라디오는 전혀 성공하지 못했다. 어느 정도는 보수 일색 편성의 선점효과와 그에 따른 청취자들의 기대 때문이었다. 보수 라디오쇼는 도달 범위가 가장 넓은 대규모 방송국들을 장악해 진행자들의 목소리가 수백 마일에 걸쳐 정확하고 분명하게 들릴 수 있도록 했다. 보수 토크 프로그램이 성공하고 인수합병이 산업을 휩쓸면서, 방송국들은 수익성 좋은 자회사들을 우대하는 모회사들로부터 많은 예산을 확보할 수 있었다. 유리한 위치를 선점하고 있던 림보 자신은 정치 라디오쇼의 첫 번째 스타로서 라디오 토크쇼를 듣는 보수층을 위한 선구자가 됐다. 진보는 림보처럼 라디오 토크쇼에서 빛나는 스타를 개발하지 못했다.

그런데 교조적인 보수 방송국들이 선점효과를 누렸다고 하더라도 어째서 그들에게 도전할 진보 라디오쇼가 등장하지 못했을까? 비록 가장 큰 방송국들을 빼앗겼더라도 정치 성향에 따라 분열된 나라에서 기회는 있었다. 림보는 1980년대 후반 작은 방송국에서 시작해 결국 혁명을 일으켰다. 일부 진보 진행자들이 스스로 틈새를 개척하긴 했지만, 보수 유명 진행자들의 청취자 규모에 비하면 초라한 수준이었다.

진보 진행자들이 보수 진행자들만큼 성공하지 못한 데는 여러 이유가 있다. 진보 진행자들의 고전이나 부진에 대한 논의는 이 책의 범위를 넘어서지만, 진보 라디오의 파란만장했던 역사의 배경이 되는 몇몇 요인들을 소개할 가치는 있다. 왜냐하면 경쟁에서의 패배가 정치에 거대한 영향을 미쳤기 때문이다.[16]

진보 진행자들의 스타일과 목표는 종종 좋은 라디오에 도움이 되지 못했다. 좌파 진행자들은 오락에 초점을 맞추지 않았다. 대신 자신들의 정책 의제를 앞세웠다. 마리오 쿠오모 전 뉴욕 주지사 같은 대다수 진보 진행자는, 정계 출신이었기 때문에 정책과 연합을 강조했다. 결과적으로 내용은 종종 건조하고 지루했으며 때로는 강의에 가까웠다. 심지어 저닌 거로펄로Janeane Garofalo 와 알 프랑켄Al Franken같이 연예계에서 선발된 좌파 진행자들도 매일매일 가장 재미있는 프로그램을 하겠다는 생각보다, 정치적 목표를 마음에 품고 라디오 토크쇼에 합류했다. 림보와 보수 진행자들도 정치와 정책에 관심이 있었지만, 그들은 청취자들을 즐겁게 하는 방법을 알고 있었고 청취자들을 라디오에 붙들어 매는 게 최우선이라는 점을 인식하고 있었다.

방송국들은 또한 진보 라디오를 유지해야 할 이유가 적었다. 제작진은 진보 청취자가 보수 청취자만큼 목소리가 크고 직접 대면하는 정치 라디오를 원하지 않는다는 점을 알고 있었다. 진보 청취자들은 AM 정치 라디오 토크쇼가 아닌 곳에서도 자신들의 생각과 같은 목소리를 들을 수 있었기 때문이다. 그들에게는 이미 전국공공라디오National Public Radio, NPR, 흑인 라디오 토크쇼, 도시 및 라틴계 라디오 토크쇼, 하워드 스턴이나 FM 아침 프로그램 및 남성 토크 프로그램같이 진보적인 오락 프로그램이 있었기 때문에 자신들의 림보를 필요로 하지 않았다.[17] 필라델피아의 프레스턴 엘리엇Preston Elliot과 스티브 모리슨Steve Morrison, 전국적으로는 톰 그리즈월드Tom Griswold와 밥 케보이언Bob Kevoian 같은 출근길 라디오 스타 진행자들은 비정치적인 토론으로 재미를 줬는데, 대체로 진보 청취자들이 그들의 주제와 유머에 호응했다. 상업적인 관점에서 볼 때, 이런 진행자들의 프로그램을 진보 토크 프로그램으로 간주해도 문제는 없었다. 하지만 그들은 많은 진보 청취자의 요구를 충족시켰으나, 오히려 그들이 성공했기 때문에 림보와 경쟁할 수 있는 진보 정치 라디오의 잠재적 청취자들은 분산될 수밖에 없었다.[18]

사업적 측면에서는 이런 프로그램들을 진보 라디오로 부르는 것이 타당할 수 있지만, 그런 프로그램들은 정치적 주장의 불균형을 바로잡는 데 별다른 도움이 되지 못했다. 진보 청취자들은 NPR과 하워드 스턴을 좋아했을지 모르지만, 주류 언론을 포함해 진보층에 호소하는 대다수 매체들은 정파 정치를 회피하거나 그날그날의 뉴스에 대해 중립적 시각을 제시하려고 했다. 물론 보수층의 기준으로 보면 전혀 중립적이지 못했지만 말이다.

아무리 보수 진행자들이 주류 언론인들을 민주당의 치어

리더라고 비난했더라도, 그들은 라디오 토크쇼와는 근본적으로 다른 목표를 가지고 있었다. 물론 진보층만의 생각일 수 있지만 보수 라디오쇼가 정치과정에서 주류 언론과는 매우 다른 역할을 했다는 의미다. 보수 언론과 주류 언론 모두 미국인들이 확연히 다른 뉴스를 보도록 만들어 왔지만, 그들이 선거와 정책 경쟁에 미치는 영향은 천지 차이다. 보수 라디오 토크쇼와 폭스뉴스에 대한 진보적 균형추가 없다면 보수의 노골적인 정치적 주장만 찾아볼 수 있을 것이다. 그리고 양당 정책입안자들에 따르면 언론의 정치적 주장은 결과에 영향을 미쳤다. MSNBC가 왼쪽으로 돌아서고 진보가 급성장하는 블로그를 접수했던 2000년대 중반까지, 좌파에게는 림보나 해니티 같은 사람들이 없었다. MSNBC와 디지털 매체가 진보의 주요 매체가 된 이후에도 그들은 여전히 보수 라디오 토크쇼의 정치적 영향력에 필적할 정도로는 유권자들에 다가서지 못했다.

자기 길을 가는 정당들

14

The Parties Go Their Own Ways

뉴밀레니엄의 정치 현실은 라디오 토크쇼 초창기에 비해 많이 달라져 있었는데, 차이는 바로 대통령이 공화당 출신이었다는 점이다. 게다가 조지 W. 부시 대통령 임기 중 몇 년 동안은 공화당이 상하원을 모두 장악하기도 했다. 그리고 그 당시 라디오 토크쇼는 하나의 정치권력이었다.

부시 대통령 시절에도 라디오 토크쇼와 공화당은 여전히 긴밀하고 확고하며 호혜적인 관계를 유지했다. 라디오 토크쇼는 선거에서 계속 공화당을 지지하고 지원했다. 공화당의 스캔들은 비껴가고 보수적인 정책 아이디어를 내놓으며 청취자들이 민주당과 주류 언론의 약점에 집중하도록 해주는 진행자들과 좋은 관계를 유지하기 위해, 공화당 의원들은 그들 나름대로 최선을 다했다.

하지만 방송에서 공화당 의원들에 대한 비판은 갈수록 거칠어지고 일상화됐다. 부시 대통령 임기가 끝나갈 무렵 진행자들은 공화당 온건파들에 대해 더욱 공격적으로 변했다. 권력을 잡은 공화당이 노선을 확장하려고 하자, 진행자들과 청취자들은 분노했다. 집권 다수당으로서 공화당에는 법안을 막는 것이 아닌, 통과시킬 기회가 있었다. 하지만 중대 법안을 통과시키기 위해서는 초당파적 합의가 필요했는데, 라디오 토크쇼는 그걸 증오했다. 지지층은 공화당이 보수의 원칙을 고수하겠다고 해서 투표했으나, 당선되고 나면 처방약 급여나 이민 등의 사안에서 타협하려고 했다.

치열했던 2000년 대선에서 공화당은 라디오 토크쇼에 이중적인 접근법을 취했다. 한쪽에서는 공화당 전국위원회가 민주당 앨 고어 후보를 격렬히 비판하며 자객 역할을 했다. 라디오 담당 크리스 폴리츠는 라디오 토크쇼 맞춤형 대본을 작성하기 시작했고, 전국위원회 실무진은 이를 적용해 진행자들에게 배포했다. 라디오 토크쇼를 위해 만든 대본에서는 통상적인 보도자료에서 찾아볼 수 없는 선동적인 비난을 쏟아냈다. 어떤 진행자들은 방송에서 대본을 읽었고 다른 진행자들은 자신들의 스타일에 맞게 각색했다. 이는 폴리츠의 동료 마크 파이플Mark Pfeifle의 전략을 따른 것이었다. 라디오 토크쇼 진행자였던 파이플은 고어의 혼동과 오류들을 CD에 모아 라디오에 배포했다. 그는 그 자료에 '앨 코어 베스트The Best of Al Gore: Hits of the 80's, 90's and Today!'라는 이름을 붙였다. 전국위원회는 진행자가 5분 내에 출연자를 예약할 수 있는 핫라인도 가지고 있었다.[1]

라디오 토크쇼에 대한 공화당의 또 다른 접근 방식은 조지 W. 부시 주지사의 대선 캠페인 그 자체였다. 공화당 전국위가 궂은일을 맡아주자 선거 캠프는 라디오 토크쇼에서 부시를 홍보하는 데에만 집중할 수 있었다. 초기 전략은 부시를 출연시키는 것이었다. 그는 텔레비전 인터뷰처럼 4분 이내라는 제약 없이 자기를 소개했다. 시간을 더 쓸 수 있게 되자 부시는 자신의 개성을 드러내며 말할 수 있었다. 대선 캠프의 라디오 책임자인 수전 팔렌Susan Phalen은 후보가 유세할 지역의 아침저녁 출퇴근길 프로그램에 출연하는 것을 목표로 삼았다. 팔렌은 부시의 라디오 출연 조건을 엄격히 관리했다. 기습 공격을 하지 않는다고 약속하는 경우와 보수 라디오쇼에만 출연했다. 제작자들은 후보가 원치 않는 깜짝 이벤트로 청취율을 높일 수는 있지만 대선 캠프와의 동행에 악영향을 끼칠 것이라는 점을 이해하고 있었다.[2]

부시는 라디오 토크쇼 연례 총회에서 연설을 하고 순서대로 인터뷰를 할 정도로 캠페인 초기에 라디오 토크쇼에 호의적이었다. 시간이 지나면서 후보 자신뿐만 아니라 부시의 성격과 자질 그리고 열정을 칭찬하는 대리인들까지 그 기획에 포함됐다.

부시가 역사상 가장 박빙이었던 대선에서 당선된 후, 그는 자신의 승리를 견인했던 라디오 전략을 백악관에도 도입했다. 정부는 대통령의 정책을 추진하기 위해 대대적인 라디오 출연 작전을 진행했다. 매체 출연, 특히 라디오 인터뷰를 딱히 좋아하지 않았던 대통령은 드물게 출연했던 반면, 딕 체니 부통령은 라디오 토크쇼에 정기적으로 출연했다.[3] 부시의 정책에 대해 진행자들의 불만이 쌓이면, 백악관은 부통령을 보내 라디오 토크쇼를 진정시키곤 했다. 체니 부통령은 보수층에게 인기가 있었고, 그의 고문 메리 마탈린은 라디오의 중요성을 이해하고 있었다. 그는 1990년대에 라디오 진행자였고, 1992년 대선에서 림보의 영향력을 확인했다.[4]

부시 대통령 측은 진행자와 어울리는 출연자를 선정해 방송 지역에 적합한 맞춤형 정보를 활용하는 등 진행자들의 편의를 위해 최대한 노력했다. 매일 아침 홍보 담당자들이 모여 그날그날의 메시지를 결정했다. 그런 다음 라디오 책임자—첫 번째는 테일러 그로스Taylor Gross, 그다음은 트레이 본Trey Bohn, 마지막은 닉 피아텍Nick Piate—가 진행자들에게 일일이 전화를 걸어 메시지를 숙지시켰다. 라디오 책임자로 있는 동안 본은, 진행자들의 모든 요구를 충족시키려고 노력했다. 백악관도 사실관계를 정리해 배포하고 진행자들에게 사안을 정확히 설명하기 위해 적극적으로 다가갔다. 모든 일을 순조롭게 진행하기 위해 언론 실무진은 최소한의 규칙을 정한다는 캠페인 원칙을 따랐는데, 부시나 체니의 출연을 예약하려는 진행자들에게는 특히 그랬다.

정파적 전투와 정책 전쟁 사이를 민첩하게 오갈 수 있었던, 능수능란한 라디오 작전이 바로 그것이었다. 그날의 지배적인 뉴스가 국가안보에 관한 것이라면 본은 요점을 들고 진행자들을 찾아가기 전에 당시 국가안보보좌관이었던 콘돌리자 라이스에게 20분간 만나자고 요청했다. 만약 상원 민주당 대표였던 해리 리드Harry Reid 네바다 상원의원의 공격에 대응할 필요가 있다면, 본은 리드의 출신 지역인 네바다의 핵심 라디오 진행자들인 하이디 해리스Heidi Harris나 앨런 스톡Alan Stock에게 출연자를 배정했다.

인터넷 덕분에 백악관 보좌진은 노력의 성과를 더 용이하게 확인할 수 있었고, 문제를 실시간으로 포착하는 조기 경보 시스템도 운영할 수 있었다. 방송국들이 프로그램을 온라인으로 스트리밍하기 시작하자, 본은 이전에는 들을 수 없었던 주요 프로그램을 추적해 그 내용을 상부에 보고했다. 그러나 노하우, 집념, 그리고 열정은 새로운 기술만큼이나 중요했다. 후임자인 피아텍은 두세 개의 프로그램을 동시에 들을 수 있는 역량을 구축했다.[5]

백악관의 관심은 좋은 관계를 유지하는 데 도움이 됐지만 라디오 토크쇼가 항상 행정부의 문제를 해결하는 데 도움이 되지는 않았다. 라디오 토크쇼의 한계, 즉 보수성으로 인해 영향력이 줄어든다는 게 알려지면서 부시 대통령 임기 중 처음으로 삐걱거리기 시작했다. 진행자들의 발언은 너무나 예측 가능했고 청취자 역시 너무나 외골수였기 때문에, 반대파는 움직일 수 없는 장애물로 보고 아무런 관심도 주지 않았다. 버몬트 상원의원 짐 제퍼즈Jim Jeffords가 그런 경향을 단적으로 보여줬다.

2001년 제퍼즈는 부시 대통령의 대표 정책인 감세에 대해 부동층 상원의원 중 한 명으로서 결정적인 위치에 있었다.

백악관의 라디오 담당부서는 진행자나 전화 참여자들이 제퍼즈에게 압력을 넣을 것이라고 판단하고, 버몬트의 라디오 프로그램에 대리인을 출연시켜 상원의원을 자극하려고 했다.[6] 하지만 제퍼즈 의원은 감세에 찬성하는 조건으로 특별 교육기금을 증액하고 소규모로 감세할 것을 고집했다.

제퍼즈는 라디오 토크쇼의 이야기를 무시했거나 심지어 모르고 있었다. 그는 오래전부터 보수 토크 프로그램 진행자들과 그 청취자 팬들이 자신을 지지하지 않을 것이라는 사실을 인정했다. 심지어 한 보수 진행자는 경선에서 그에게 도전하기도 했다. 제퍼즈는 공화당원임에도 불구하고 오른쪽으로 기울지 않은 성향으로 진보적인 버몬트에서 당선됐기 때문에, 라디오 토크쇼의 도움이 필요 없었다. 그의 전 비서실장인 수전 러스Susan Russ에 따르면 라디오 토크쇼는 그의 관심 밖에 있어서 2001년 5월 그가 당을 옮기기로 결정했을 때도 아무런 영향을 미치지 못했다.[7] 그 이적으로 인해 선거 4개월 만에 상원의 통제권이 다시 민주당으로 넘어갔다.[8]

제퍼즈의 이적 때문에 2002년 중간선거가 훨씬 더 중요해졌다. 민주당이 상원 다수당을 유지한다면 부시 대통령의 정책 중 대다수는 민주당에 상당히 양보해야만 통과될 수 있을 것이었다. 공화당 전국위원회는 라디오 토크쇼를 중간선거의 핵심 자산으로 보고 격전지에 있는 주요 방송국들을 목표로 삼았다.[9] 투표 6일 전 백악관은 라디오 토크쇼의 날을 정해 13시간 반 동안 50명의 진행자를 맞이했다.[10]

2002년 공화당은 선거에서 승리하기 위해 라디오 토크쇼에 의지할 수밖에 없었다. 라디오 토크쇼가 특별한 노력을 들일 필요도 없었다. 진행자들은 그저 자신의 일을 하면서 거의 매일 지지율을 끌어올렸다. 예를 들어 조지아의 라디오 토크쇼는 인기 있는 민주당 상원의원 맥스 클리랜드Max Cleland에 도전한 색스비 챔블리스를 위해 특별히 무언가를 하지는 않았다. 하지만 라디오 토크쇼는 챔블리스가 승리하는 과정에서 일반적인 도움을 줬다. 조지아의 의석은 그해 상원 선거에서 뒤집힌 4석 중 하나였다.

정기적으로 라디오 토크쇼에 출연했기 때문에 챔블리스는 동시에 여러 도시에 '존재'하면서 교통 체증에 시달리는 청취자들에게 다가갈 수 있었다. 챔블리스 캠프의 홍보 담당자 미셸 그래소Michelle Grasso는 사람들이 운전하는 동안에는 한 방송국에 주파수를 맞춰 머무르는 경향이 있다고 설명했다. 운전자들은 마샤 졸러Marsha Zoller가 진행하는 프로그램을 좋아했는데, 챔블리스는 그 프로그램에 출연해 지지층에 호소할 수 있었다.[11]

선거는 챔블리스에게 힘겨운 싸움이었다. 그는 자신의 하원의원 선거구를 포함한 조지아 중부 지역에서는 호감을 얻었지만 그것만으로는 승리할 수 없었다. 그는 애틀랜타 교외 지역의 지지가 필요했다. 교외 지역 주민들은 보통 공화당 후보를 지지했지만 초기 여론조사에서는 클리랜드에게 크게 뒤지고 있었다. 가장 큰 문제는 교외 지역 주민들이 챔블리스를 모른다는 것이었다.

해답은 라디오 토크쇼 출연이었다. 챔블리스가 보수층 핵심 유권자에게 자신을 소개할 수 있게 기회를 준 라디오 토크쇼는 역전승의 원동력이었다.[12] 인터뷰들과 15초짜리 공격적인 광고를 통해, 챔블리스는 조지아 사람들이 거의 알지 못했던 상대방의 의정활동 기록을 비판했다.[13] 조지아 상원 선거의 중요성이 커지면서 챔블리스는 전국 프로그램 진행자들, 특히 해니티와 휴 휴잇의 프로그램에도 정기적으로 출연했다. 이런 출연 덕분에 그의 선거 캠프에는 온라인 기부금이 넘쳐났다.[14] 그는 투표 당일 투표를 촉구하기 위해 애틀랜타 지역에 방송되는 부어츠의 프로그램에 출연하기도 했다. 라디오 토크쇼가 챔블리스에게 승리를 안겨주었다거나 결정적 역할을 했다고까지는 주장하지 못할 것이다. 하지만 라디오 토크쇼는 선거 과정 내내 그를 돕는 도구였다.

중간선거에서 승리해 공화당은 상하원에 대한 지배력을 회복했다. 의회가 시작되기 전 공화당은 휴지 기간에 다음 회기를 위한 계획을 세우고자 했다. 하지만 한 생일파티에서 큰 말실수가 터져 나오면서 모든 일이 틀어져 버렸다. 라디오 토크쇼는 공화당을 돕기 위해 달려들었다.

문제는 상원 다수당 대표 내정자인 트렌트 롯이 100번째 생일을 맞은 사우스캐롤라이나의 동료 스트롬 서먼드에게 경의를 표하면서 시작됐다. 롯은 농담 삼아 1948년 서먼드가 대선에 나섰을 때 더 많은 지역이 그를 지지했었다면 나라에 문제가 더 적어졌을 것이라고 말했다. 의회 이양 기간에 뉴스거리가 없었던 언론들이 갑자기 덤벼들었다. 정당이나 그 지도자들은 노골적으로 분리주의를 표방했던 서먼드의 1948년 대선 캠페인을 칭송하지 말았어야 했다.

라디오 진행자들은 공화당이 입을 타격을 줄이기 위해 행동했다. 진행자들은 자신들이 롯의 발언을 방어할 수 없다는 걸 알았기 때문에, 언론의 불공정성을 강조했다. 림보는 시민권 입법에 공화당이 기여했다는 점을 부각시키고 저명한 민주당 의원들은 반대했다는 점을 청취자들에게 상기시켰다. 그는 위선적인 민주당과 언론들이 민주당원들의 무절제한 발언들은 수년 동안 비난하지 않았다고 공격했다. 그는 민주당 지도자이자 1940년대 KKK단원이었던 웨스트버지니아 상원의원 로버트 버드에 초점을 맞췄다. 같은 맥락에서 해니티는 진보층이 '널리 알려진 분리주의자'인 윌리엄 풀브라이트William Fulbright 상원의원에게 대통령 자유 메달을 수여한 클린턴은 비난하지 않았다는 점을 지적했다. 결국 두 진행자는 롯이 다수당 대표에서 사임하라고 제안하면서 공화당의 이미지를 보호하려고 했다.[15]

이중 잣대와 위선을 언급하는 건 롯을 옹호하는 것보다 쉬울 뿐만 아니라 검증된 전략이기도 했다. 청취자들은 민주당과 언론이 버드 상원의원에게 사면 카드를 줬다는 비판에 익숙했다. 미국 의회방송인 C-SPAN2의 애청자들은 버드의 말쑥한 옷차림과 열정적인 연설을 기억하고 있을지 몰랐다. 그는 양복 주머니에 조그마한 헌법 복사본을 넣어 두고 고대로부터의 역사적 교훈이 가득한 의정연설을 하며 2000년대를 보냈다.[16] 하지만 라디오 토크쇼의 세계에서 버드는 60년 전의 KKK단원에서 벗어나지 못했다. 해니티는 그를 로버트 'KKK' 버드라고 불렀다. 림보는 종이로 만든 가짜 돈을 의미하는 '시츠Sheets'를 별명으로 선택했다.

롯의 사례는 라디오 토크쇼에 시금석이 됐다. 롯의 이야기가 뉴스에서 사라진 지 한참 후 진행자들은 언론의 편향을 비난하기 위해 이를 다시 꺼내들었다. 2005년 해니티는 만약 공화당 의원이나 보수주의자 중에 KKK단 경력이 있거나 버드가 몇 년 전에 그랬던 것처럼 인터뷰에서 '흑인 비하 단어N-word, Nigger 즉 깜둥이를 의미'를 말한 적이 있다면 그 누구도 공화당 지도부가 될 수 없을 것이라고 주장했다. 해니티는 청취자들에게 "비록 댄 래더Dan Rather가 떠났지만, 이런 제도 언론의 편견은 여전히 존재한다."라고 말했다(CBS를 대표하는 시사 프로그램 '60분60 Minutes'을 진행하던 래더는, 부시 대통령의 군복무에 의문을 제기한 자신의 보도가 위조문서에 근거했다는 사실이 밝혀진 후 CBS를 사임했다. CBS와 래더는 모두 그가 떠날 계획이었고 징계를 받은 건 아니라고 주장했지만, 그 보도가 그의 사임에 영향을 미쳤을 것이다).[17] 이후 해니티는 버드가 자신이 과거 KKK단원이었고 이에 대해 사과했다고 밝히는 동영상을 재생했다. 해니티는 "트렌트 롯이 사면을 받았나?"라고 물으며 "트렌트 롯은 스트롬 서먼드에게 했던 농담에 대해 다섯 번이나 사과했다. 한 사람에게 농담한 것에 대해… 그의 목을 내놓으라고 했던 바로 그 사람들이 이 남자, 전 KKK단원은 사면해 준다. 이러니 내가 미치는 거다."라고 말했다.[18]

그로부터 꼬박 10년이 지난 2015년 찰스턴의 한 교회에서 발생한 끔찍한 총기난사 사건으로 인해 남북전쟁 당시 남군의 상징인 남부연합기를 게양하는 게 적절한가에 대한 논란이 촉발되자, 보수 진행자 마크 레빈은 림보와 해니티가 효과적으로 사용했던 오래된 전술을 다시 꺼내들었다. 레빈은 풀브라이트 상원의원에 대한 클린턴의 찬사를 인용한 후 1956년 풀브라이트가 서명한 '인종분리 철폐에 저항하는 남부지역 선언문'을 읽어 내려갔다. 레빈은 또한 사망한 지 이미 5년이 지난 버드를 "미국 상원에서 20년 동안 민주당을 이끌었던 KKK단원"으로 묘사했다(실제로는 12년 동안 상원 민주당 대표였다). 레빈의 분석은 진행자들과 청취자들의 사고방식에 자리 잡고 있는 이중 잣대 서사의 힘을 보여줬다. 이 서사는 인종차별과 총기규제라는 정치적 문제들을 해결하기보다는, 청취자의 눈과 귀에 위선이라 여겨지는 민주당과 언론인들의 이력에 집중하게 만들었다.

진행자들이 활용하는 정치적 프레임의 일관성은 캐슬린 홀 제이미슨과 조지프 카펠라가 말하는 보수 언론 기득권의 응집성과 편협성을 반영하고 있었다. 2008년 두 사람은 림보, 폭스뉴스, 〈월스트리트저널〉 사설이 기득권의 핵심을 형성한다고 주장했는데, 오늘날 보수 언론 기득권은 더 광범위하다. 이는 사악한 음모가 아니었다. 보수 언론의 유력인사들은 정치 전략을 짜기 위해 지휘통제실 같은 곳에서 만난 것이 아니었다. 그보다는 서로의 결과물을 써먹었다. 라디오 토크쇼 진행자들은 프로그램 대기 시간이나 광고 시간에 보수 웹사이트와 출판물을 읽었다. 폭스뉴스 진행자들은 출퇴근하는 동안 보수 라디오쇼를 들었다. 림보, 해니티, 부어츠, 레빈 등을 포함한 최상위 보수 토크 진행자들은 정기적으로 소통하는 친구들이었으며 이따금 방송을 통해 서로에게 메시지를 보내기도 했다.[19]

보수 언론 기득권의 반향실에서 다양한 언론이 민주당이나 주류 언론의 반박을 차단하면서 동일 메시지를 강화하고 증폭시켰다.[20] 특히 이런 메시지는 경제 노선에 따라 유권자들을 나누려는 민주당의 노력을 무력화하고, 보수적 가치와 상식을 위협하는 무신론적이고 후견주의적인 자유주의 문화 엘리트들과 보수주의자 간의 투쟁으로 정치를 규정했다. 이런 방식으로 보수 언론의 유력인사들은 청취자들에게 공통의 적을 제시했고, 그 공통의 적은 다시 보수의 집단 정체성을 확립하고 유지하는 데 중요한 역할을 했다.[21]

제이미슨과 카펠라가 논의한 바와 같이 보수 진행자들은 청취자들을 결속하고 적과 멀어지게 만들기 위해 감정도 활용했다.[22] 림보와 리디, 그리고 초기 진행자들이 방송에서 남성 호르몬이 가득 찬 허세로 방송을 시작한 지 10년이 지난 후에도 진행자들은 여전히 같은 기술에 의존하고 있었다. 2002년 말 림보는 매사추세츠 상원의원이자 대통령 후보인 존 케리John Kerry가 뻣뻣하고 로봇 같으며 아내인 케첩회사 상속녀 테레사 하인즈Teresa Heinz에게 지배당한다고 암시하면서 '뒤뚱거리는 케리-하인즈', '미스터 빅 케첩'이라는 별명으로 불렀다. 그런 식으로 남성성을 거세했던 목표 중 하나는 민주당이 범죄와 국가 안보에 취약하다는 공화당의 메시지를 익살스럽게 전달하는 것이었다.[23] 진행자들은 정반대로 민주당의 강력한 진보적 여성 정치인들에 대해서는 성가시다고 묘사했다. 2005년 한 프로그램에서 해니티는 당시 상원의원이었던 힐러리 클린턴에 대해 논평하면서 헬렌 레디Helen Reddy○가 첫 구절 "나는 여자야, 내가 으르렁거리는 걸 들어." 부분을 노래하는 데에 클린턴의 비명을 덧씌워 소개하기도 했다.[24]

○ 유명한 호주 출신 가수, 배우, 활동가로 1970년대 페미니스트 운동의 상징이 된 히트곡 〈I Am Woman〉으로 잘 알려져 있다.

보수 진행자들은 청취자들이 공화당의 대의명분과 후보들을 지지하도록 독려하기 위해 점화priming, 틀짓기framing, 예방접종inoculation이라는 세 가지 중요한 무기를 휘둘렀다.[25] 점화는 한 가지 판단 기준을 다른 기준보다 더 중요하게 만드는 것을 의미한다. 예를 들어, 어떤 후보자를 깎아내리려는 진행자는 해당 후보의 인기 있는 의료보장에 대한 입장보다는, 인기 없는 임신중지에 대한 입장을 부각시킬 수 있다. 아니면 진행자는 법안에서 가장 인기 있는 조항 대신 자신이 가장 화나는 부분에 대해서만 이야기할 수도 있다.

제이미슨과 카펠라의 정의에 따르면 언론의 '해석적 틀frame'은 수용자들에게 "선택, 강조, 배제 및 정교화를 이용해 사안이 무엇에 관한 것인지"를 이해하는 사고 구조를 조직화한다. 언론의 프레임은 "특정한 방법이 채택될 가능성에 영향을 미친다." 진행자들은 보수의 주장을 뒷받침하는 정보를 공유하는 반면, 민주당의 주장과 정책 제안에 대해서는 문제를 제기하는 방식으로 사안에 대한 해석적 틀을 규정했다. 기본적으로 그들은 유권자들의 의사 결정에 중요한 것은 보수적 관점들뿐이라고 주장했다. 일례로 림보는 언제나 보수에게 해가 될 수 있는 주장들을 먼저 제시한 다음 반박하는 방식을 썼다.[26]

롯의 사례가 보여주듯이, 진행자들의 진정한 무기는 편향된 주류 언론에 대해 경악하는 방식으로 계속해서 예방접종을 놓는 방식이었다. 진행자들은 언론인들에 대한 불신을 불러일으켜서 보도로 인해 생길 수 있는 청취자들의 의구심을 예방할 수 있었다.

이는 물론 오래된 방식이었다. 1940년대까지 거슬러 올라가는 보수 언론 운동가들은, 진보 편향을 이유로 언론인들을 늘 비난해 왔다. 보수 정치인들, 특히 1960년대 말과 1970년대 초 부통령 스피로 애그뉴Spiro Agnew는 비난의 대열에 자주 합류했다.[27] 라디오 토크쇼 진행자들은 그들만의 재미난 방식, 즉 주류이자 진보라는 언론과 언론인들에게 우스꽝스러운 별명을 붙이면서 이런 비난을 반복했다. 림보가 MSNBC를 'PMSNBC Premenstrual syndrome, 생리 전 증후군'라고 부르자 보수주의에 반대하는 사람들은 예민하고 화난 여성이 돼버렸다. 이에 뒤지지 않게 레빈은 MSNBC를 망상에 사로잡힌 'MSLSD Lysergic acid diethylamide, 합성 향정신성 약품의 일종'라고 덧칠했다. 그는 〈워싱턴포스트〉에도 '워싱턴 콤포스트compost, 퇴비, 거름'라는 별명을 붙였다. 림보는 그의 청취자들에게 주류 언론은 지루하고 정확하지 않다는 점을 상기시켰다. 〈US뉴스 앤드 월드 리포트〉는 'U.S. Snooze snooze, 졸다', 〈미트 더 프레스〉는 'Meet the Dress', 그리고 ABC뉴스의 〈샘 도널드슨〉은 'Sam the sham sham, 엉터리, 사기꾼'으로 불렸다.[28]

라디오 토크쇼가 퍼뜨린 불신은 청취자들이 주류 언론의 내용을 참고하려는 의지마저 약화시켰다.[29] 진행자들이 수십 년에 걸쳐 제4부(the fourth estate, 언론)를 공격했기 때문에 우파 진영 내에 가짜뉴스 개념이 급격히 대두할 수 있게 된 기초도 만들어졌다. 가짜뉴스라는 용어가 만들어지고 도널드 트럼프가 그 용어를 끌어다 쓰기 훨씬 이전부터 미국 보수층이 보기에 라디오 토크쇼는 주류 언론과 가짜뉴스를 동일시하고 있었다.

편향된 언론이라는 프레임은 선거운동 시기에 특히 중요하게 작용했다. 민주당과 공화당이 끊임없는 주장과 반론을 쏟아낼수록 유권자에게는 진실을 밝혀낼 중립적인 중재자가 필요했다. 라디오 토크쇼 진행자들은 주류 언론이 불공정하다고 무시하면서, 스스로 중재자를 자임했다. 1994년 9월 5일부터 11월 1일 사이 림보는 자신의 텔레비전 프로그램 7회 분량에서 어떤 식으로든 언론의 편향에 대해 논의했다. 림보의 라디오 방송 시간이 텔레비전 방송 시간보다 여섯 배나 많다는 점을 감안할 때 그는 이 주제에 대해 라디오 청취자들과 훨씬 많이 논의했을 것이다. 1996년 대통령 선거를 앞두고도 똑같은 일이 일어났다. 제이미슨과 카펠라에 따르면 그해 9월 3일부터 11월 11일 사이 림보가 주류 언론을 52회 공격했고 주류 언론의 보도를 재해석하는 경우도 58회나 됐다.[30]

점화, 틀짓기, 예방접종이라는 무기들은 라디오 토크쇼 청취자들을 공화당 아래 결집시켜 공화당이 아이디어 전쟁에서 승리할 수 있도록 도왔다. 제이미슨과 카펠라는 2004년 애넌버그 재단의 전국 선거 조사the National Annenberg Election Survey 자료를 분석해 "폭스와 림보의 시청자, 청취자들은 다른 매체 이용자들보다 공화당의 주장을 받아들이고 민주당의 주장을 거부할 가능성이 더 크다"는 점을 밝혀냈다.[31] 간단히 말해 부시 대통령 시절에 라디오 토크쇼는 공화당을 위해 일하고 있었던 것이다.

라디오 토크쇼가 싫어진 민주당 Democrats Sour on Talk Radio

공화당 라디오 토크쇼의 정치적 영향력을 활용하며 협업하게 되자 민주당은 등을 돌렸다. 전부는 아니지만 민주당 의원 대부분은 점차 라디오 토크쇼를 포기했다. 대신 자신들의 핵심 지지층에게 다가갈 가능성이 더 높은, 보수 진행자의 적대적 질문에 의해 왜곡되지 않고 의도한 대로 메시지를 전파해 줄 매체에 초점을 맞췄다.

분노한 민주당은 잠시 동안이기는 했지만 보수 라디오쇼와 균형을 맞출 진보 라디오를 지지하려고 했다. 조지 W. 부시 대통령의 첫 번째 임기 후반부에 몇몇 민간 기업들은 대대적으로 진보 라디오를 지원했다. 그들은 경쟁에서 훨씬 뒤쳐진 진보 매체의 기반을 시급히 개선하길 원했다. 진보는 자신들을 헌신적으로 지지해 줄 언론이 부족했고, 싱크탱크나 언론 감시 기구와 같은 분야에서도 보수에 뒤져 있었다. 민주당이 워싱턴에서 완전히 권력을 잃어 소외감을 느끼게 되자, 진보에 있어 더 시급한 문제가 되었기 때문에 우파가 라디오 사업으로 증명한 것을 좌파도 그대로 육성하려고 했다.

진보는 또한 주류 언론으로부터도 제대로 된 지원을 받지 못한다고 느꼈다. 그들이 보기에 언론이 감시하고 있는데도 선거를 도둑맞았고◎ 불필요한 이라크 전쟁을 시작했다. 진보층은 자신들의 좌절감을 있는 그대로 방송해 줄 매체를 찾

◎ 2000년 대통령 선거에서 민주당 후보였던 앨 고어는 공화당 후보 조지 W. 부시보다 더 많은 표를 얻었다. 하지만 당락을 결정했던 플로리다에서는 부시 후보에게 540여 표 뒤졌고, 그 결과 선거인단 271명 대 270명으로 부시 후보가 대통령에 당선됐다. 가장 큰 문제는 플로리다주 대법원이 개표 부정 논란이 있었음에도 불구하고 재검표를 불허했고, 당시 플로리다 주지사는 부시 후보의 동생인 젭 부시였다는 점이다.

고 있었다. 가장 성공한 진보 진행자 중 한 명인 랜디 로즈Randi Rhodes는 2004년 5월 4일 자신의 프로그램에서 주류 언론을 "매수", "대가" 그리고 "백악관의 완전한 자회사"라는 말로 비난하면서 이런 감성을 단적으로 보여줬다. 그는 "언론에서 나 같은 목소리를 내는 사람은 보이지 않는다."라며 한탄했다.[32] 1980년대 말 낙담하고 소외된 보수의 요구가 림보에게 기회가 됐던 것처럼, 이런 분노는 진보 매체를 위한 비옥한 환경이 돼주었다.

톰 대슐 상원 민주당 대표와 바이런 도건 의원은 진보 성향 라디오의 지지자가 됐다. 그들은 라디오 토크쇼를 통해 자신들의 목소리를 전달하기 위해 수년간 노력했는데, 자신들이 만든 플랫폼을 통해 민주당의 메시지를 전파하는 데에는 성공적이었지만 영리적 측면에서 결과는 반반이었다. 그래서 신생 기업들의 새로운 전략을 지지했고 지역 단위 진보 진행자들의 지명도를 높여 전국 단위 신디케이트로 키우기 위해 노력했다. 심지어 상원 민주당은 새로운 진보 라디오를 위해 모금도 했다.[33]

하지만 대슐과 도건의 노력에 동조한 민주당 지도부 인사가 거의 없었기 때문에 결과는 잘해봐야 중간 정도였다. 민주당 후원자들과 정치 지도자들은 이런 노력을 우선시하지 않았는데, 그 이유 중 하나는 그들이 라디오의 내용을 혐오했기 때문이었다. 대슐이 민주당의 유력 기부자들에게 진보 라디오쇼에 투자하라고 독려했지만, 그들은 라디오 토크쇼가 공허하고 유해하다며 거절했다.[34] 진보 라디오 사업가들도 재정적 지원을 받으려고 할 때 비슷한 벽에 부딪혔다.[35] 진보 라디오가 직면한 구조적 장애물을 극복하기 위해서는 투자가 결정적이었기 때문에, 그 타격은 무척이나 컸다. 보수 라디오가 한참 먼저 시작했기 때문에 진보 라디오에는 저출력 방송국만 남아 있었고 예산이 적어서 제대로 된 홍보도 할 수 없었다. 물론 림보도 초기에는 그런 불이익들을 겪었으나 멈추지 않았듯이, 민주당 엘리트들의 회의적 반응에도 불구하고 랜디 로즈, 에드 슐츠Ed Schult, 스테파니 밀러Stephanie Miller 등 몇몇 진보 진행자들은 어느 정도 전국적 성공을 거두기도 했다.

하지만 2000년대 초반의 담대했던 진보 라디오 시도는 재앙 수준으로 실패했고, 라디오 토크쇼는 영원히 우리 편이 될 수 없다는 좌파의 관점이 더욱 심해졌다. 2004년 〈에어 아메리카〉 라디오 방송은 대대적인 축하와 유명인들의 참여 속에 야심차게 첫선을 보였으나, 이 방송은 이념과는 무관한 이유로 급속히 좌초하고 말았다. 무능하고 일관성 없는 경영진, 막대한 운영비를 감당하지 못하는 부족한 자원, 계속 변하는 편성, 그리고 경험 없는 진행자들이 그 이유였다. 진행자들은 서로 호흡을 맞추거나 불화를 해소하기도 전에 같은 팀으로 엮였다.[36]

이념이 실패의 이유는 아니었지만 진보는 〈에어 아메리카〉가 어려움을 겪자 새로운 라디오 전략을 수립하는 대신 자원과 에너지를 다른 매체로 이동시켰다. 특히 디지털 세계에 손을 뻗쳤다. 정치인들과 다른 민주당 지도자들은 진보 라디오쇼보다 '넷루츠 네이션(이전 YearlyKos)' 같은 정치 블로그에 출연할 때 반응이 더 좋다는 걸 알게 됐다.[37] 일정한 시간이 흐른 후 민주당 보좌진과 전략가들은 진보 라디오쇼에 비해 케이블 텔레비전과 소셜 미디어의 수용자가 더 많다는 결론을 내렸다.[38]

인터넷과 케이블 방송이 라디오 토크쇼를 대체할 필요까지는 없었다. 사실 2000년대 초중반 대부분의 민주당 보좌진과 전략가들에게 라디오 토크쇼와 인터넷에 출연하는 건 상호 배제적이지 않았다. 2004년 하워드 딘Howard Dean의 대선 캠페인이 민주당의 온라인 기반과 소통에 대한 관심을 촉발시킨 후에도 상하원 모두 몇 년 동안은 상당히 높은 수준으로 라디오 토크쇼와의 접촉을 지속했다.[39] 예를 들어 2006년 중간선거 직전 민주당 하원의원들은 라디오의 날을 주최해 여러

방송국과 80회 이상 인터뷰를 진행했다.[40]

그럼에도 불구하고 온라인이라는 선택지가 등장하자 라디오 토크쇼에 시간과 에너지를 투자할 필요성은 줄어들었다. 1990년대 라디오 토크쇼는 두 가지 이유로 민주당에 중요한 의미를 지녔다. 첫째, 지역 청취자들에게 메시지를 전달할 수 있는 기회를 제공했고 둘째, 주류 언론을 우회해 미국인들과 직접적이고 상호작용적으로 대화할 수 있는 기회가 되기도 했다. 하지만 시간이 흐르면서 디지털 소통이 둘 다, 특히 직접적 상호작용이라는 두 번째 기능을 잘 해냈다.

사실 인터넷은 적어도 좌파들에게는 라디오 토크쇼보다 훨씬 좋은 소통 수단이었다. 인터넷은 라디오 토크쇼가 시작했던 바로 그 일, 즉 새로운 매체를 통해 정치인의 메시지를 유권자들에게 있는 그대로 여과 없이 전달하는 과업을 완수했다. 전국 단위 신디케이션으로 인해 이런 목표를 달성하는 데 있어 라디오 토크쇼의 유용성이 심각하게 줄어들고 있던 시기에 인터넷은 도약하고 있었다. 전국 단위 프로그램은 지역 청취자들에게 좋은 통로가 아니었음에도 불구하고, 많은 지역에서 전국 단위 신디케이션 프로그램이 편성표의 다수를 차지했다. 비록 라디오 토크쇼가 본질적으로 보수 매체라는 진보의 믿음은 틀렸을 수도 있지만, 신디케이션의 시대에 목표 유권자와 소통하는 데 있어서는 인터넷이 더 큰 잠재력을 가지고 걸 알아차렸다는 점에서는 진보가 옳았다.

민주당은 1990년대에 그 잠재력을 감지했다. 클린턴 대통령은 마지막 국정연설을 끝낸 후 온라인에서 국민들의 질문을 받고 대답했다. 또한 클린턴은 인터넷 생중계로 타운홀 미팅을 했고 온라인으로 크리스마스 쇼핑을 한 최초의 대통령이었다.[41] 1996년 대통령의 홍보담당자였던 돈 베어Don Baer는 MSNBC의 개국에 맞춰 백악관에서 인터넷 채팅을 했다.[42] 민주당 정치인과 시민들 간의 이런 접촉에는 라디오 토크쇼 진행자가 끼어들지 못한다는 것이 묘미였다.

인터넷에는 게이트키퍼들이 없었을 뿐만 아니라, 디지털 메시지 전달은 라디오 토크쇼보다 훨씬 더 정교하게 진화해 나갔다. 온라인 서비스는 목표 유권자들을 정확하게 설정하고 구체적인 응답률 수치를 만들어 낼 수 있었다. 다섯 개 하원 선거구의 일부에서 청취되는 라디오 프로그램은 각 지역구별로 목표 사용자를 설정할 수 있는 온라인 시스템보다 유용성이 떨어졌다. 2000년대 후반에 이르면 그게 가능해졌다. 그리고 보좌진은 유튜브, 페이스북, 그리고 다른 온라인 도구들을 이용해 실제 데이터를 이용해 캠페인 효과를 추적하고 메시지를 접한 유권자들에 대한 세부사항들을 알 수 있었다. 반면 한 의원이 위험을 무릅쓰고 라디오 토크쇼에 출연하더라도, 참모들이 얻을 수 있는 건 의원의 출연에 따른 청취자, 통화, 편지의 수에 대한 개략적인 추정치뿐이었다.[43]

인터넷의 매력 때문에 민주당과 라디오 토크쇼와의 관계가 악화된 측면도 있겠지만, 자칫 그 역할을 과장할 위험도 있다.[44] 라디오에서 일방적으로 두들겨 맞고 공화당 우위를 바꿀 수 없다는 데 신물이 나긴 했지만, 민주당이 새롭게 부상하고 있는 인터넷의 잠재력을 재빨리 인식하고 파악했던 것은 아니었다. 민주당은 상당한 시간이 지나고 나서야 인터넷이 자신들의 라디오 토크쇼가 될 수 있다는 사실을 이해하게 됐다. 많은 민주당 의원들은 발버둥치고 비명을 지르며 온라인 세상에 억지로 끌려들어 갔다.[45] 2006년과 2012년에 하원 소수당 대표와 하원의장을 역임한 낸시 펠로시의 뉴미디어 책임자였던 카리나 뉴턴Karina Newton의 회고에 따르면, 1990년대 중반 프레드 클라크와 로저 로츠 그리고 로라 퀸이 라디오 토크쇼의 작동 방식과 이점을 교육했던 것처럼 그 역시 의원들에게 인터넷의 잠재력을 가르쳐야만 했다.

대부분의 정치인, 보좌진, 정치 활동가들이 인터넷을 시험하는 데에만 긴 시간을 썼고, 웹을 소통 업무에 통합하기까지는 더 많은 시간이 필요했다. 정치 활동은 위험을 회피하는 경향이 있기 때문에, 재빨리 새로운 매체로 뛰어드는 경우는 드물다. 예를 들어 2004년 민주당 경선 기간 하워드 딘이 온라인에서 상당한 규모의 풀뿌리 지지를 이끌어 낸 후에도 최종적으로 대통령 후보가 된 존 케리는 대선 기간에 웹을 참여 유도나 투표 독려의 수단이 아니라 주로 선거 자금 모금의 수단으로만 생각했다.[46] 온라인 정치에 대한 진보 진영의 초창기 열정은 정치인들이 아니라 풀뿌리 단체들과 블로거들 사이에서 생겨났다. 보수 라디오쇼와 마찬가지로, 진보 블로그 세계는 정치권의 개입 없이 자체적으로 발전했다.[47]

라디오 토크쇼에서 철수하고 인터넷을 받아들이는 게 민주당 입장에서는 합리적이었지만, 몇 가지 부정적 결과도 있었다. 일단 메시지를 알리고 반대자들을 흔들 기회를 포기하게 됐다. 민주당이 라디오 토크쇼에 출연하면 안 된다는 규정은 없었다. 사실은 그 반대였다. 진행자들은 호랑이굴에 들어오는 민주당 정치인들을 높이 평가했다. 진행자 마크 데이비스Marc Davis는 〈내셔널 저널〉에 1990년대 민주당 전략가 제임스 카빌이 출연했을 때 자신들이 "서로 심하게 치고받았다. 그리고… 그걸 좋아했다."라고 고백했다. 대부분의 보수 진행자들은 민주당 출연자들을 정중하게 대했고, 때로는 사나운 청취자들의 전화로부터 그들을 보호하기도 했다. 전 뉴멕시코 주지사 빌 리처드슨Bill Richardson은 올리버 노스를 포함한 진행자들이 무례한 전화 참여자들을 꾸짖었던 일을 기억하고 있었다. 대화가 과열되더라도 민주당이 라디오 토크쇼에 출연해 이득을 볼 기회는 있었다.

리처드슨의 경험이 그랬다. 하원의원, 에너지부 장관, 유엔 주재 대사 등등 탁월한 경력을 가진 리처드슨 주지사는, 라디오 토크쇼가 자신의 고향 뉴멕시코의 시골 지역에서 인기였기 때문에 그 영향력을 잘 이해하고 있었다. 민주당 전략가들은 민주당 정치인이 라디오 토크쇼에 출연하면 비판자들을 자극할 뿐이라고 생각했지만, 리처드슨은 대화가 늘어나면 반대자들 일부에게나마 존중받을 수 있다고 생각했다. 이는 민주당에게 이익이 될 수 있는데, 이런 존중 때문에 공화당에 대한 지지에 의구심이 생길 수 있기 때문이다.[48] 또 다른 시골 지역인 네브래스카 민주당 상원의원 벤 넬슨Ben Nelson은 보수 라디오 프로그램에 자주 출연했고, 진행자들이 넬슨의 말에 동의하지 않더라도 자신 또한 괜찮은 사람이라고 인정하도록 만들었다.[49]

농촌이나 보수 성향 지역을 대표하는 민주당 의원들에게 그런 노력은 생존을 위해 대단히 중요했다. 하지만 안전한 진보 지역을 선거구로 가진 몇몇 민주당 의원들도 당에 이익이 될 것이라는 기대를 갖고 라디오 토크쇼와 계속해서 협력했다. 뉴헤이븐을 포함하는 코네티컷이 선거구인 하원의원 로사 데라우로는 라디오 토크쇼 출연을 대단히 중요하게 여겼다. 민주당 의원들은 정치적 프레임뿐만 아니라 사실관계를 이용해 진행자들이 자신들에게 퍼붓는 비난을 반박할 수 있었다. 민주당의 주요 인사들은 청취자들이 절대 들을 수 없었던 대안적인 시각을 제시할 수도 있었다.[50]

라디오 토크쇼의 오랜 출연자였던 상원의원 조 리버먼은 2004년 대선 캠페인 기간에 라디오 토크쇼의 환대를 받았다. 리버먼이 출연하는 거의 모든 프로그램에서 진행자들은 많은 사안 의견을 달리했지만, 리버먼이 당을 뛰어넘어 상식적인 생각에 귀 기울이는 사람이라고 소개했다.[51] 리버먼은 확실히 보수가 아니었음에도 불구하고 이런 환영을 받았다. 2003년과 2004년 '미국보수연맹the American Conservative Union'은 그에게 0점을 주었고 그의 누적 점수는 17점이었다. -1(가장 진보적)부터 1(가장 보수적)까지로 측정한 DW-NOMINATE○ 누적 점수는 0.205였다. 그는 49명의 민주당 상원의원 중—무소속이었다가 민주당에 입당한 제퍼즈 의원을 포함하여— 아홉 번째로 보수적이었다.[52]

○ Dynamic Weighted NOMINAl Three-step Estimation의 약자로 입법 기관 구성원, 즉 의원들의 투표 기록을 이용해 이념적으로 정렬된 두 차원의 척도에 배치하는 통계적 기술이다. 다양한 법안에 대한 투표 행태를 기반으로 점수를 할당하며, 한 차원은 좌우 스펙트럼을 나타내고 다른 차원은 정책 취향을 나타낸다. 정치학 연구에서 입법 행동과 이념적 편향을 연구하는 데 널리 사용된다.

2년 후 경선에서 반전 운동가 네드 러몬트Ned Lamont가 리버먼에게 강력하게 도전했을 때, 해니티조차 리버먼이 좋은 사람이라고 말했지만 자신의 칭찬이 오히려 그에게 상처가 될 것이라고 한탄했다. 오만이 지나쳤던 해니티는 진행자들과 리버먼의 상호 존중과 리버먼의 해니티 프로그램 출연이 그에게 가장 큰 위협이 되는 요인들 중 하나라고 생각했다.[53] 해니티는 "그는 예의와 품위를 보여준다. 그는 마지막 남은 존 F. 케네디 세대 민주당 정치인이다. 이 사람들은 안보의 필요성을 이해한다."라며 리버먼을 좋아하는 이유를 설명했다. 해니티는 주요 사안의 90퍼센트에 대해 리버먼과 의견을 달리한다는 점을 분명히 했지만, 그는 명예롭고 진솔한 사람으로서 리버먼을 존경한다고 말했다.[54] 러몬트는 민주당 경선에서 승리했지만 리버먼은 무소속으로 출마해 총선에서 러몬트를 눌렀다.

뉴욕 민주당 하원의원 게리 애커먼Gary Ackerman도 2002년 만남에서 해니티로부터 비슷한 찬사를 받았다. 애커먼은 리버먼과 비슷했다. 둘 다 이스라엘, 이라크 및 국가 안보와 관련된 사안에서 해니티와 의견이 같았다. 미국보수연맹이 부여한 애커먼의 누적 점수는 4점, DW-NOMINATE 점수는 -0.429, 법안 투표 성향은 리버먼보다 더 진보적이었고, 215명의 민주당과 민주당 성향 무소속 하원의원 중 일흔여덟 번째로 진보적이었다.[55] 하지만 해니티는 라디오에서 논쟁을 마무리하면서 "우리는 세금과 민주당 정책에 대해 격론을 벌였다. 하지만 게리, 당신은 이스라엘, 경찰관, 이라크 전쟁에 관한 한 해니티다워졌다Hannitized. 솔직히 당신은 지적으로 정직하고 성실한 사람이다. 나는 그 사실을 높게 평가한다."라고 극찬했다. 해니티는 "내가 당신을 더 지지할 경우 민주당 경선에서 '심지어 해니티도 그를 좋아한다.'라고 말하는 경쟁자에게 패배할 것이다."라고 장난스럽고 과장되게 경고하기도 했다. 애커먼과의 방송을 끝내기 전에 해니티는 그가 민주당 의원이면서 동

시에 훌륭한 사람이라고 반복해서 말했다.[56]

이와는 대조적으로 진행자들은 출연 요청을 거부한 민주당 의원들을 비난했다. 해니티는 애커먼에 대한 칭찬과 당시 상원의원이었던 힐러리 클린턴에 대한 비판을 비교하면서 "많은 진보적 민주당 정치인들과 의원들이 이 프로그램에 출연하기를 거부한다. 힐러리 클린턴은 자신의 신념에 대한 용기가 없는 사람이기 때문에 절대 출연하지 않을 것이다… 그는 오직 자신을 좋아하는 사람들과 미리 정해진 질문에 동의할 때에만 인터뷰를 할 것이다."라고 말했다. 해니티의 말에는 팻 슈뢰더가 관찰했던 현실이 반영돼 있었다. 진행자들은 라디오 토크쇼에 출연해 자신의 신념을 옹호하려고 하지 않는 민주당 의원들을 존중하지 않았다.[57]

하지만 슈뢰더 자신을 포함해 민주당의 재능 있는 홍보 담당자들은 단지 도전을 회피하겠다는 것과는 다른 이유로 라디오 토크쇼 출연을 주저했다. 슈뢰더는 라디오 토크쇼가 정치에서 시민적 예의범절을 타락시키는 중요한 원인이라고 생각했기 때문에 진행자들과 스튜디오에 함께 출연하는 경우를 선호했다. 전화로 연결된 상태에서 진행자들은, 마치 길거리에서는 하지 않을 끔찍한 말도 차 안에서는 아무렇지 않게 내지르는 사람들처럼 무례하게 행동하는 듯했다. 하지만 그는 자신이 '국기에 대한 맹세'를 모른다고 허위로 비난했다는 이유와 과거의 복잡한 악연을 이유로 유명한 보수 진행자인 마이클 레이건과 리디의 출연 요청은 거절하기도 했다. 그는 올리버 노스에 대해서도 비슷한 거부감을 갖고 있어서, 그와 방송에서 대화를 나누려면 자신의 호감을 얻어야 한다고 압박했다. 노스는 꽃과 초콜릿을 보내는 것으로 화답했다.[58]

도건은 라디오 토크쇼의 정치적 중요성을 이해하면서도 출연을 주저했던 또 다른 민주당 정치인이었다. 경력 초창기에 그는 인기가 많았던 스콧 헨넨의 프로그램을 포함해 그의 고향 노스다코타의 보수 방송 프로그램에 정기적으로 출연했다. 그러나 시간이 지남에 따라 도건은 라디오 토크쇼 내용 중 상당수가 분별없고 사실관계가 결여돼 있다는 걸 알고 출연을 자제하게 됐다.[59]

이런 원칙적 입장은 도덕적으로 존경받았을 수는 있지만 전략적으로는 근시안적이었는데, 왜냐하면 라디오 토크쇼에 출연하는 민주당 의원의 수가 줄어들면 더 많은 청취자가 보수 일색의 메시지만 듣게 된다는 걸 의미했기 때문이다. 그리고 민주당 의원들이 라디오 토크쇼에서 제기되는 의혹에 대응하지 않았을 때, 의혹은 고착되고 기이해졌다. 데라우로 의원과 다른 이들이 지적한 것처럼, 민주당이 라디오 토크쇼를 거부하자 일부 유권자들은 민주당의 입장이 무엇인지도 모른 채 민주당에 대한 최악의 비난을 사실로 믿게 돼버렸다.[60] 그 결과로 민주당이 남부와 중서부, 애팔래치아산맥 서쪽에서 계속 쇠퇴해 온 것일 수도 있다. 상원 민주당 대표였던 대슐은 2004년 사우스다코타에서 상원 의석을 잃었고 민주당은 플로리다, 루이지애나, 사우스캐롤라이나, 노스캐롤라이나 그리고 조지아에서 상원 의석을 한 석도 얻지 못했다. 2019년에 이르러 버지니아 이남에서 민주당 상원의원은 단 한 명으로 줄어들었고, 대슐이 패배하기 전 여섯 석 중 다섯 석을 차지하고 있었던 노스다코타, 사우스다코다, 네브래스카의 상원 의석도 단 한 석이 돼버렸다. 라디오 토크쇼에서 철수한다는 것은 어느 정도 사상의 자유시장과 선거 경쟁에서 철수한다는 것을 의미했다.

온건파만 아니면 불만이라도 지지

Disgruntled but Still Loyal — Unless You're a Moderate

부시 대통령의 재선 캠프가 라디오 토크쇼 작전을 개시했을 때, 공화당은 상하원을 모두 장악하고 있었다. 재선 투표일까지는 1년 넘게 남겨둔 2003년 8월이었는데, 전임 대통령들보다 캠페인을 위한 시간은 훨씬 더 많이 남아 있었다.

선거 캠프의 라디오 텔레비전 담당자였던 브라이언 월턴 Brian Walton은 초기에는 지역 라디오와 일부 전국 단위 보수 프로그램에 초점을 맞추었다. 월턴의 팀은 점잖은 질문을 하는 주요 진행자들과 관계를 구축했다. 그는 선거 캠프의 요청에 따라 철강 관세 철폐같이 곤란하면서도 지역 민심에 중요한 사안에 답할 수 있는 대리인들의 출연을 확정지었다. 많은 언론이 민주당 경선에 초점을 맞춘 반면, 라디오 토크쇼는 선거 캠프의 메시지를 공유하고 지지자들에게 동기를 부여하는 수단이 돼주었다.[1] 내슈빌의 보수 진행자 필 밸런타인 Phil Valentine은 부시 재선 캠프와의 상호 호혜적 이익을 다음과 같이 요약했다. "그들은 그들의 목소리를 전달하기를 원했고, 나는 (부시 대통령의 핵심 참모인) 칼 로브 Karl Rove와 앤드 카드 Andy Card를 인터뷰해야만 했다."[2]

출연 범위는 넓었다. 선거 캠프의 지역 대변인 다섯 명 중

한 명이었던 케빈 매든Kevin Madden은 자신들이 아침 여섯 시부터 일곱 시까지 다양한 방송국에 출연했기 때문에 마치 아침 디제이 같았다고 농담했다. 매든 밑에서 일하는 지역 언론 보좌진은 지역 프로그램에 보도자료를 배포하고 출연자를 배정하는 데 대부분의 시간을 보냈다. 선거 캠프는 특히 인쇄매체 기자들과 텔레비전 기자들이 적대적인 지역에 자신의 메시지를 전달하기 위해 라디오 토크쇼에 의존했다. 매든은 부시 대통령이 승리해야만 했던 웨스트버지니아에 지목했다. 웨스트버지니아는 대통령 선거에서 오랫동안 민주당을 지지해 왔고, 부시 대통령은 2000년 선거에서 선거인단 표를 거의 얻지 못했다.[3]

하지만 부시 캠프가 대통령의 재선을 위해 라디오 토크쇼를 효과적으로 이용하고 있을 때도 다른 공화당원들 사이에서는 변화의 바람이 불고 있었다.

커지는 적개심 Growing Hostility

단 한 가지 이유만으로 진행자들과 공화당 온건파 사이의 평화가 깨진 건 아니었다. 그보다는 사업적 요인과 정치적 요인이 복합적으로 작용해 라디오 토크쇼가 더 공격적으로 변했다고 볼 수 있다. 몇몇 진행자들은 '구매자의 후회buyer's remorse'를 느껴 공화당 온건파를 용인하거나 지지할 것인지 다시 생각하게 됐을 수도 있다. 게다가 진행자들은 돈을 막 써대는 부시 행정부를 보고 경악을 금치 못했다. 더군다나 1990년대와 2000년대 초반에 걸쳐 누적돼 온 정치적 승리로 공화당이 행정부와 의회를 장악하게 되자, 많은 이들이 비타협적 보수주의를 향한 마지막 걸음을 내딛을 때가 왔다고 말했다. 1994년에 림보는 정치적 목표를 달성하는 것은 몇 번의 선거를 거쳐야 하는 다단계 과정이라고 주장했다. 10년이 지나자 보수층은 그 목표를 실현하고 싶어졌다. 실제로 그들은 그동안 공화당 행정부와 의회가 자신들이 원했던 정책성과를 달성하지 못하자 혐오를 느끼고 있었다.

2000년대 후반에 접어들어, 진행자들이 더 보수적이고 덜 실용적이며 비타협적으로 변했을 수도 있다. 아니라면 청취자들의 변화에 편승했던 것일 수도 있다.[4] 시간이 지날수록 진행자들은 보수 라디오쇼의 폭발적 증가에 대응해야 했는데, 이는 진행자들을 더 완고한 우익 쪽으로 몰아갔다. 스스로를 차별화하고 청취율 경쟁에서 앞서기 위해 진행자들은 훨씬 더 극단적인 이념과 정치적 어법을 받아들였다. 그리고 1990년대 중반 라디오 토크쇼가 전국적으로 두각을 나타낸 후 처음으로 2006년에 민주당이 의회를 장악하자, 더 이상 공화당이 다수당 위치를 잃을까 봐 걱정할 필요가 없어졌고, 그래서 보수 진행자들은 공화당의 배신자들과 자유롭게 대결할 수 있다고 느꼈을 것이다.

그들의 생각이 무엇이었든지 간에, 2000년대에 들어서면서 진행자들은 공화당 온건파를 향해 더 전투적인 자세를 취하게 됐다. 진행자들은 자신들이 완고할 정도로 일관되게 신념을 대표하는 사람이라고 자부한다. 하지만 그들의 신념이 변하지 않았더라도 행동은 확실히 달라졌다.

2000년대 중반까지 전국 프로그램의 진행자들은 청취자들의 흥미를 끄는 대결 구도를 만들기 위해 민주당 의원들과 온건파 공화당 의원들의 출연을 원했다. 이제 민주당 의원들은 물론이고 온건파 공화당 의원들도 방송에 초대되지 않았기 때문에, 차라리 청취자를 설득할 수 있는 좋은 기회를 얻었다. 이제 원하는 것은 두드려 팰 대상과 말 잘하는 전투원들이었다. 온건파이자 전 하원 공화당 대표였던 버지니아 하원의원 톰 데이비스는 잉그레이엄의 프로그램에 출연해서 많은 것을 배웠다. 몇 차례 방송에 나간 후, 그는 잉그레이엄이 자신을 본보기로 만들려고 한다는 걸 알게 됐다.[5] 코네티컷 공화당 하원의원 크리스 셰이스도 해니티의 프로그램에 출연했을 때 그런 경험을 했다. 셰이스가 방송을 끝낸 후, 해니티는 그가 하원에서 발의한 선거자금 개혁 법안을 왜곡해서 전달했다. 셰이스는 다시 전화를 걸어 방송에 끼어들어 분명히 말하게 해달라고 요구했다. 해니티는 그렇게 해주긴 했지만 다시는 그를 출연시키지 않았다.[6]

온건파에 대한 라디오 토크쇼의 변화된 생각은 진행자들이 알린 스펙터의 2004년 선거 캠페인을 다루는 방식에서 그대로 드러났다. 펜실베이니아 상원의원의 DW-NOMINATE 점수 0.068은 공화당 상원의원 중 두 번째로 온건한 것이었다.[7] 스펙터는 휴 스콧Hugh Scott, 리처드 슈베이커Richard Schweiker, 윌리엄 스크랜턴, 존 하인즈John Hein, 톰 리지Tom Ridge 같은 온건파 공화당 의원을 선출하는 지역의 오랜 전통에 적합한 정치인이었다. 1980년 간신히 당선된 후 스펙터는 1986년과 1998년 선거에서 민주당 도전자들을 쉽게 물리쳤다(클래런스 토마스 청문회에서 그가 애니타 힐을 심문해 좌파를 격분시킨 후에 치러진 1992년 선거에서는 훨씬 더 치열하고 지저분한 경쟁을 벌이긴 했다). 스펙터는 또한 모든 당내 경선에서 우파 도전자들을 꺾었다.[8]

2004년 스펙터는 인기 있는 4선 상원의원이었다. 그 정도의 신임을 얻었다면 죽기 전에는 자리에서 내려올 걱정이 없었어야 했다. 하지만 스펙터는 당내 경선에서 우파 후보의 위협적인 도전에 직면했다.[9] 스펙터는 부시 대통령을 포함한 공화당 주류의 지원을 계속 받고 있었지만 보수 성향의 '성장을 위한 클럽Club for Growth'은 팻 투미Pat Toomey 하원의원을 지지했다. 당 지도부 인사들은 대통령 선거에서 민주당 후보가 세 번 연속 승리한 지역에서 투미로는 이기지 못할 것이라고 초조해했다. 충분한 근거가 있는 걱정이었다. 스펙터는 59만 954표 차이로 이겼지만, 부시 대통령은 14만 4,248표 차이로 졌는데, 이는 펜실베이니아 선거에서 온건 노선이 매우 중요하다는 사실을 분명히 보여주는 것이었다.[10]

림보는 보수 라디오쇼의 오래된 방식으로 선거전을 다루었다. 그는 스펙터에 열광하지는 않았지만 그를 밀어내려고 하지도 않았다. 림보는 가끔씩 경선에 대해 논의했고 투표일이 다가오자 청취자들에게 대이변이 가능하다는 정도만 언급했다.[11] 림보가 스펙터를 맹렬히 공격하지 않았던 데에는 실용적인 동기가 있을 수 있다. 게다가 스펙터는 언제라도 림보의 프로그램에 출연하려고 했기 때문에, 그런 스펙터를 존중했을지도 모른다.[12]

림보는 진보 성향의 억만장자 조지 소로스가 부시 대통령을 무너뜨리려고 수백만 달러를 쏟아붓고 있음에도 불구하고 '공화당주류연합the Republican Mainstream Partnership'에 5만 달러를 기부했고, 스펙터가 그 혜택을 입었다는 사실을 청취자들에게 알려주기도 했다. 하지만 림보는 투미를 지지하거나 스펙터를 비난하기보다 방송에서 자신을 방어할 기회를 줬다. 스펙터는 청취자에게 소로스가 기부한 사실을 전혀 몰랐고, 자신과는 아무 관련 없는 일이라고 말했다. 림보는 스펙터가 "자신은 주류 연합과 관련이 없다."라고 주장하는 것까지도 허용했지만, 〈내셔널 리뷰〉가 지적했듯이 스펙터는 엄연히 주류 연합의 회원이었다.[13] 림보는 소로스의 기부가 스펙터의 평판을 훼손하기 위한 음모일 수 있다고 추정했다. 그는 "이번 사건 이전에는 소로스가 당신을 지지한다는 그 어떤 징후도 없었다. 따라서 이건 좀 냄새가 난다."라고 말했다. 사실 스펙터가 그 당시에 인정한 것처럼 소로스는 1996년에 기부한 적이 있다. 하지만 스펙터는 그 기부를 중요하게 생각하지 않았다. 마지막으로 림보는 여러 현안을 놓고 추궁할 때도 스펙터가 편하게 느끼는 것들만 다루었다. 스펙터는 정통 보수에서 벗어난 입장을 해명하기보다는 일치하는 입장을 홍보할 수 있었다.[14] 인터뷰가 끝난 후 림보는 동등한 기회를 달라는 투미 선거 캠프의 요청을 거절했다.[15]

림보가 스펙터를 지지하지는 않았지만 보호했던 반면 라

르스 라슨 같은 다른 전국 프로그램 진행자들은 스펙터가 너무 온건하다며 제거하길 원했다. 경쟁이 치열해지자 스펙터에 대해 비판적인 진행자들은 방송 시간을 늘리고 투미에 대한 지지도 강화했다. 라디오 방송은 투미 선거 캠프와 '성장을 위한 클럽'에 자금을 몰아줬다.[16] 펜실베이니아 지역의 주요 진행자 대부분은 스펙터가 당선될 경우 반감을 사지 않으려고 조심스럽게 투미를 지지했다.[17] 한 가지 예외는 필라델피아의 유명 진행자 마이클 스머코니시였는데, 그는 스펙터의 승리 연설에서 첫 번째 감사 인사를 받을 정도로 그를 열렬히 옹호했다.[18] 스펙터는 51퍼센트 대 49퍼센트로 투미를 돌려세웠다.

스펙터가 라디오 토크쇼의 오랜 친구였다는 점을 감안할 때, 다수의 라디오 토크쇼가 그의 재선에 반대한 것은 특별한 일이었다. 스펙터는 수년간 라디오 토크쇼 진행자들을 지원했고, 방송국에 광고비를 뿌렸다. 모든 진행자가 그를 좋아했다는 뜻은 아니지만 비판하는 경우에도 그를 공정하게 대하는 경향이 있었다. 하지만 그 모든 선의가 2004년 경선에서는 스펙터에게 별 도움이 되지 않았는데, 이는 앞으로 일어날 일들의 전조이기도 했다. 2009년 스펙터는 자신이 공화당 후보로 지명될 수 없다고 결론짓고 소속 정당을 바꿨다.[19]

라디오 토크쇼의 이념적 동기와 실용적 동기가 충돌했던 걸 보여주는 또 다른 사례는 스펙터가 투미에게 극적으로 승리한 지 1년 후에 발생했다. 2005년 11월 림보는 방송에서 '북극 야생동물 보호구역the Arctic National Wildlife Refuge, ANWR'에서의 석유 시추에 반대하는 공화당 의원들 명단을 읽어 내려갔다. 다시 한번 림보는 이들이 소로스가 자금을 지원하는 공화당주류연합의 칭송을 듣고 있다면서 이 불쾌한 하원의원들을 마피아 배신자에 비유했다.

> 의회에 있는 공화당 의원들 중 작은, 아주 작은 일부라도 민주당에 합류해 정책을 무산시키는 일은 용납할 수 없습니다. 여러분

의 가족은 여러분의 가족이고, 여러분이 다른 가족들과 싸우러 갈 때, 여러분은 당신의 가족이 길 건너에서 당신에게 총을 쏘는 게 아니라 여러분 편에 서기를 바라는데, 지금 여기서 그런 일이 벌어지고 있습니다. 왜냐하면 진보가 보수를 증오하고 무서워하기 때문입니다. 나는 그들이 공화당 진보든 민주당 진보든 상관하지 않습니다. 그들은 어쨌거나 진보입니다. 그들은 '온건파'가 아닙니다. 나한테 그런 말 하지 마세요. 온건파 같은 건 없습니다. 온건파는 진보의 위장일 뿐이고, 그들은 보수의 정책을 무산시키기 위해 할 수 있는 모든 일을 하고 있습니다.

많은 온건파 공화당 의원들에게 이런 호통은 정치적으로 불편하게 들렸겠지만, 림보는 그들의 낙선을 요구하지 않았다.[20] 대신 청취자들이 ANWR 반역자들이 누구인지 알고 그들의 향후 의정활동에 압력을 행사하기를 원했다. 그때까지는 공화당 의원들을 평가할 때 실용성과 정파성을 저울질하는 게 흔한 일이었지만, 때는 다가오고 있었다.

온건파에 대해 분노한 이유는 행정부와 의회를 장악한 공화당에 좌절감을 느꼈기 때문이었다. 보수층은 부시 대통령의 재정지출과 이민정책에 분노했고, 많은 사람이 의료보장의 처방전 혜택을 확대하는 데 반대했다. 우파는 또한 2005년 부시 대통령이 백악관 고문인 해리엇 마이어스Harriet Miers를 연방대법관에 지명했을 때, 라디오 토크쇼의 선동에 따라 전면적으로 반발했다.○[21] 잉그레이엄은 자신이 마이어스 지명을 공격한 걸 자랑스럽게 여겼다.[22]

○ 해리엇 마이어스의 대법관 후보 지명은 판사 경력이 전무하다는 점, 부시 대통령과 개인적으로 너무 친하다는 점, 연방대법원의 현안에 대한 지식이 부족하다는 점 등 다양한 이유로 비판받았는데, 보수 진행자들이 그를 지명하는 데 반대한 근본적인 이유는 그가 충분히 보수적이지 않았기 때문이었다.

2006년 가을이 되자 공화당-라디오 토크쇼 연합의 균열이 분명해졌고 진행자들은 선택해야 했다. 중간선거에서 공화당의 지원군으로 나설 것인가, 아니면 좌절한 유권자들의 반란 투표를 의식해 물러나 있을 것인가? 공화당 의원들은 가능한 모든 도움이 필요하다는 것을 알고 있었다. 전통적으로 여당은 대통령의 두 번째 임기 중간선거에서 패배해 온 데다가, 이라크 전쟁에선 잡음이 끊이지 않았고, 허리케인 카트리나에 서툴게 대응한 것 역시 별 도움이 되지 않았다.[23] 공화당 의원들을 괴롭히는 여러 스캔들까지 겹치게 되자 2006년 선거는 암울해 보였다. 의회 다수당을 유지할 수 있는 희망은 핵심 지지층의 높은 투표율뿐이었다.

부시 행정부는 라디오 토크쇼에 두 배의 노력을 들였다. 9월 중순 부시 대통령은 해니티, 잉그레이엄, 부어츠, 메드베드, 그리고 갤러거를 백악관에 초청해 비공개 사적 모임을 가졌다. 진행자들은 자신들의 프로그램에서 대통령의 말을 직접 인용할 수는 없었지만, 청취자에게 대통령의 어조, 태도, 그리고 전반적인 감성과 인상을 전달할 수는 있었을 것이다.

90분에 걸친 모임에서 부시는 진행자들에게 자신의 입장을 제시했다. 진행자들은 부시의 이야기를 좋아했다. 갤러거는 대통령의 따스함과 유머, 열정에 놀랐다. 부어츠는 부시의 진정성을 확신하게 됐다. 부어츠는 부시 대통령이 신을 믿는 사람이라면 누구나 자유를 열망한다고 진심으로 믿는 독실한 신자라고 묘사했고, 이라크에 대한 그의 의사 결정도 그런 이상에 따른 것이라고 말했다. 부어츠는 또한 대통령이 이라크 전쟁과 테러와의 전쟁에서 승리할 것이라고 "절대적으로 확신"한다는 점을 이해하게 됐다. 두 진행자는 자신들이 지켜본 바를 청취자들에게 말했다. 메드베드 역시 다가오는 선거와 정책에 대한 부시의 생각을 청취자들에게 들려주었다.

그 모임은 진행자들에게 부시의 최선, 즉 사적인 면모를 볼 수 있는 기회를 제공했다. 부시 대통령은 자신의 모든 말을 전 세계로 내보내는 카메라와 위성들 앞에서는 신중했다. 하지만 공개되지 않는 자리에서는 적극적이고 솔직했는데, 이로 인해 진행자들은 감동받고 안심하게 됐다.[24] 부시 대통령은 그 기회를 이용해 진행자들에게 핵심 정책에 대한 청취자들의 생

각을 물어보기도 했다.[25]

한 달 후, 투표일이 몇 주 앞으로 다가오자 부시 대통령의 보좌진은 분노한 보수층을 진정시키고 핵심 지지자들의 관심을 유지하기 위해 다시 라디오 토크쇼로 방향을 돌렸다. 마흔두 명의 진행자들이 백악관에 몰려와 텐트를 치고 앉아 고위급 출연자들과의 인터뷰를 계속 방송했다. 최고 스타로 참여한 해니티는 딕 체니 부통령과 콘돌리자 라이스 국무장관, 도널드 럼스펠드 국방장관을 인터뷰했다.[26]

라디오 토크쇼의 날이나 그 외 다양한 지원활동은 확실히 라디오 토크쇼와 함께한다는 공화당의 명분에 도움이 됐다. 많은 진행자가 청취자들만큼이나 부시의 정책에 불만을 품고 있었지만, 2006년 중간선거에서 공화당 후보들을 지지하고 선거가 끝날 때까지 비판을 자제하면서 다시 한번 당 지도부의 전통적인 역할을 수행했다. 진행자들은 공화당 후보들을 교수형 당하도록 내버려 두거나 심지어 보수층의 분노에 불을 붙일 수도 있었다. 하지만 진행자들은 불만이 터져 나오는 것을 진정시키거나 연기시켰다. 그게 라디오 토크쇼에 잘 맞는 일이었다.

선거 캠페인 기간에 해니티는 공화당을 위해 어디에나 있는 것처럼 보였다. 그는 애리조나 하원의원 존 헤이워스John Hayworth와 위스콘신, 오하이오, 미시간의 주지사 후보 마크 그린Mark Green, 켄 블랙웰Ken Blackwell, 딕 디보스Dick Devos, 펜실베이니아 상원의원 릭 샌토럼Rick Santorum, 메릴랜드 상원의원 후보 마이클 스틸Michael Steele을 위한 행사에서 주역을 맡았다. 해니티는 방송에서 스틸과 다른 여러 후보자의 출마를 홍보했다. 해니티는 또한 플로리다 상원의원 후보 캐서린 해리스Katherine Harris의 버스 투어에 동행했고 샌토럼과 버지니아 상원의원 조지 앨런George Allen을 위한 모금 행사를 개최했다.[27] 해니티의 지원은 인지도가 낮은 공화당 후보들에게까지 확대됐다. 그는 펜실베이니아의 베테랑 민주당 하원의원 존 머사John Murtha에 도전하는 무명의 다이애나 아이리Diana Irey를 자신의 프로그램에 초대했다. 해니티는 청취자들에게 그의 웹사이트를 통해 선거 자금을 기부하고 자원봉사를 해달라고 간청했다.[28] 별로 주목받지 못하던 공화당 후보들은 이런 출연을 통해 재정적 횡재를 얻을 수 있었다. 인기 있는 프로그램에서 10초만 언급돼도, 라디오 토크쇼를 열심히 듣고 있는 기부자들의 전국 네트워크에 연결될 수 있었다.

이 시점까지 인터넷은 기부의 진입 장벽을 낮춤으로써 공화당의 기금 모금에서 진행자의 역할을 강화했다. 번거롭고 비교적 시간이 많이 걸리는 우편 기부와는 대조적으로, 웹은 '충동' 기부를 가능케 했다. 진행자와 후보의 대화를 듣다가 기부 의사가 생겼을 때 온라인 도구는 청취자가 마음을 바꾸기 전에 기부할 수 있도록 했다.[29]

진행자들은 공화당의 재정을 지원했을 뿐만 아니라 공화당 대신 선거 프레임을 짜기 위해 자신들의 도구상자를 능숙하게 이용했다. 진행자들은 공화당의 결점을 최소화하고 민주당의 주장을 경시하거나 반박해서 청취자들이 공화당의 장점에 집중하도록 유도했다.[30] 메드베드는 공화당과 민주당 사이에 별 차이가 없다고 불평하는 흔들리는 지지층에게 민주당은 클린턴 대통령 재임 기간 동안 여러 차례 세금을 인상했고 또다시 인상하려고 하는 반면, 공화당은 부시 대통령 취임 이후 매년 세금을 낮춰왔다는 점을 지적했다. 메드베드는 공화당이 정부의 규모와 능력을 줄이는 정도까지 나아가지 못했다는 걸 인정하면서도 민주당이 집권하면 그 목표를 달성할 기회는 완전히 사라질 것이라고 경고했다. 메드베드의 표현에 따르면, 한 정당은 진전을 이뤄낼 수 있고 다른 정당은 그럴 수 없다. 공화당을 괴롭히고 부끄럽게 만들어 보수 가치에 부응하도록 만들 수 있는 때가 올 것이다. 하지만 선거 캠페인 기간은 너무나 중요하기 때문에, 적절한 때가 아니다. 메드베드는 청취자들의 좌절을 알고 있었지만, 이전에 림보가 그랬던 것

처럼 부족하더라도 공화당 후보들을 선출해야 한다고 주장했다.[31]

진행자들은 동요하는 청취자를 붙잡아 두기 위해 겁박하면서, 민주당이 불안해 보이도록 만드는 데도 최선을 다했다. 해니티는 민주당이 하원을 장악할 경우, 법사위원장을 맡게 될 미시간 하원의원 존 코니어스John Conyers가 부시 대통령 탄핵을 준비하는 중이라고 경고했다. 해니티는 민주당이 하원에서 가까스로 과반만 확보해도 부시 대통령을 탄핵할 수 있을 것이라고 예상했다. 그는 "부시를 싫어하는 이 사람들이 그렇게 하지 않을 거라고 생각하지 말라."라고 경고했다.[32] 며칠 후 그는 "모든 것이 걸려 있다."라며 "그런 일이 일어날 수 없다고 생각하지 말라. 그럴 수 있다."라고 다시 한 번 경고했다.[33]

그해 가을 라디오 토크쇼의 입장을 가장 잘 요약한 사람은 아마 내슈빌의 진행자 스티브 길Steve Gill일 것이다. 그는 백악관 라디오 토크쇼의 날 행사 기간에 〈워싱턴포스트〉의 하워드 커츠에게 "공화당은 확실히 엉덩이를 맞을 만하"지만, "문제는 만약 여러분이 힐러리 클린턴과 테드 케네디에게 상원을 넘기고 낸시 펠로시에게 하원을 넘긴다면, 엉덩이를 맞게 되는 것은 미국이 될 것이다."라고 경고했다.[34]

마지못해 지지하기는 했지만, 진행자들은 최선을 다했고 공화당은 그 도움을 고마워했다. 여러 스캔들이 터져 나오면서 2006년 중간선거는 공화당 위기의 순간이자 라디오 토크쇼가 가장 필요한 상황이었다. 1990년대에 뉴트 깅그리치는 비난 공세에 직면할 때마다 러시 림보의 프로그램에 불쑥 나타나 이야기를 나누곤 했다.[35] 2006년에는 공화당의 선택지도 많아졌고 라디오 토크쇼가 더 절박하게 필요하기도 했다. 이미 드러난 문제들이 많고 또 계속 새로운 문제들이 발생하는 상황에서 공화당은 물불을 가리지 말아야 했다. 그래서 진행자들이 대형 사안에 대해 주요 인물들과 단독 인터뷰를 하는 데에 어려움이 없었다.[36]

그해 가을 공화당에 가장 치명적인 스캔들 중 하나가 불거졌을 때 구원의 손길을 보낸 건 보수 라디오쇼였다. 플로리다 하원의원 마크 폴리가 하원의 십 대 인턴들과 부적절한 관계를 가졌다는 의혹이 퍼지자, 언론은 물론 보수 평론가들조차 해스터트 하원의장의 조치에 의문을 제기하고 있었다. 해스터트는 뉴스 기사를 통해 폴리의 행위를 알게 됐다고 주장했지만, 의혹이 터져 나오기 몇 달 전부터 알고 있었으면서도 아무런 조치를 취하지 않았다는 게 명백했다. 10년이 흐른 후 해스터트가 고등학교 레슬링 코치 시절 청소년들을 성추행한 사실이 세상에 알려지자 그의 당시 행동은 훨씬 더 사악해 보였다.[37] 하지만 2006년에 해스터트는 여전히 보수 라디오에 의지할 수 있었다. 비난과 사임 요구가 빗발치는 가운데 해스터트는 최소 9명의 전국 프로그램 진행자들과 이야기를 나눴다. 림보가 민주당과 진보 언론이 보수층의 투표율을 낮추려고 그 스캔들에 대한 소동을 벌였을 것이라고 넌지시 말하자 해스터트는 한 치의 주저함도 없이 즉각적으로 동의했다.[38]

당시 해스터트의 홍보 책임자였던 론 본진Ron Bonjean은 라디오 토크쇼가 거친 바다 위 생명줄이었다는 점을 인정했다. 궁지에 몰린 공화당 지도자는 호의적인 진행자들과 단독으로 이야기를 나누면서 자신의 메시지를 내보내는 동시에 기자들의 질문은 회피할 수 있었다. 해스터트의 말을 인용할 필요가 있었던 기자들은 어쩔 수 없이 그의 라디오 토크쇼 발언 내용을 반복해서 전달할 수밖에 없었다.[39]

투표일이 다가오면서 라디오 토크쇼는 자신이 가장 잘하는 일을 할 수 있는 기회를 얻었다. 바로 별 중요치 않은 이야기로 민주당을 나쁘게 보이도록 해서 공화당을 부각시키는 일이었다. 공화당 의원들은 종종 라디오 토크쇼를 이용해 검증되지 않은, 때로는 추잡한 이야기들을 지지층에 전달하고 주류 언론의 보도에 끼워 넣기도 했다. 어떤 때는 라디오 토크쇼 스스로 그런 이야기들을 만들어내서 정치권과 언론이 그 문제들을 다루도록 만들었다.

중간선거 투표일 전날 상원의원 존 케리가 대학에 가서 대본에 쓰인 농담을 하려 했던 때가 바로 그런 사례다. 유머에는 별 재주가 없던 케리는 결정적인 부분에서 실수를 저질렀다. 그는 "교육을 최대한 활용한다면, 즉 열심히 공부하고 과제를 하고 똑똑해지려고 노력한다면, 당신은 잘할 수 있을 것이다."라고 계획대로 말했으나 "그리고 그렇게 하지 않는다면 당신은 이라크에 갇히게 된다you get stuck in Iraq."라고 말하는 실수를 저지르고 말았다.[40] 이는 부시 대통령을 겨냥한 말이었지만, 케리는 준비된 대본이었던 "당신은 우리를 이라크에 가두게 된다you get *us* stuck in Iraq."에서 중요한 한 단어를 빠뜨린 것이다. 그가 한 말은 마치 미군 병사들의 뺨을 때리는 것처럼 들렸다.

처음에 그 실수는 거의 주목을 받지 못했지만, 로스앤젤레스의 진행자 존 치글러가 우연히 그 발언을 언급한 지역 뉴스를 보게 되면서 상황이 바뀌었다. 치글러는 자신의 세 시간짜리 프로그램에서 그 동영상을 열 번이나 재생했다. 블로거들은 그 영상을 치글러의 웹사이트에서 얻어 보수적 뉴스 큐레이터인 맷 드러지의 사이트인 '드러지 리포트Drudge Report'에 크게 돋보이도록 게시했다. 드러지의 사이트는 인터넷에서 전체 매체를 모아 놓은 게시판에 해당했는데, 거기서부터 이 이야기는 입소문을 타기 시작했다. 다음 날 아침 훈장을 받은 참전 용사이자 케리의 친구인 공화당 상원의원 존 매케인은 케리의 사과를 요구했다. 그 이야기는 그날의 가장 중요한 뉴스였다. 민주당은 케리의 말을 부정해야 했고, 일부 후보들은 그와 함께하기로 했던 행사를 취소했다.[42]

라디오 토크쇼는 이 이야기가 관심에서 벗어나지 않도록 계속 파고들었다. 며칠 후, 밀워키의 스타 진행자 찰리 사이크스Charlie Sykes는 자신의 웹사이트에 의도적으로 오탈자를 낸 플래카드—"HALP US JON CARRY, WER STUCK HEAR

NIRAK"○—를 들고 있는 미군들의 사진을 올렸다.[43] 그 이미지는 사이크스의 서버가 다운될 정도로 엄청난 트래픽을 발생시켰다.[44] 다시 한번 주류 언론도 보도하기 시작했다. 마지막으로 림보는 부시 대통령에게 케리의 빈정대는 말에 대한 의견을 물었고, 언론인들은 부시의 반응을 충실하게 보도했다.[45]

○ "Help us, John Kerry. We're stuck here in Iraq (우리를 도와주세요, 케리. 우리는 이라크에 갇혀 있어요)"의 의도적 오타. 미군들이 공부를 안 해서 이라크에 갇혔다고 해석될 수 있는 케리의 말실수를 비꼬는 표현이다.

라디오 토크쇼의 집념과 창의력 탓에 케리는 오탈자에 불과한 말실수 하나로 주류 언론에서 세 번의 굴욕을 당했고, 투표일 직전 민주당의 메시지는 갈피를 잃고 말았다. 상원이었던 케리는 그해 선거에 나선 후보도 아니었기 때문에 라디오 토크쇼가 그 이야기를 대대적으로 다루지 않았다면 다른 언론도 전혀 주목하지 않았을 것이었다. 하지만 진행자들은 민주당 유력 정치인의 신뢰를 떨어뜨린 후 모든 민주당 후보가 국방에 취약하고 군대에 비우호적이라는 덧칠을 할 수 있는 기회, 평범한 미국인들을 무시하는 거만한 엘리트주의자들이라고 덮어씌울 수 있는 기회라고 생각했다. 그게 바로 멋진 라디오이자 좋은 정치였다.

선거 캠페인 마지막 주에 진행자들은 투표를 촉구하면서 프로그램을 마무리했다. 투표일 전날 해니티는 취약한 공화당 후보 여러 명을 출연시켜 청취자들에게 격차가 1~3퍼센트 이내인 초박빙 선거구가 다섯 곳이라고 알려줬다. 그는 "희망이 있다."며 "기회가 있다는 뜻이다. 여러분이 내일 투표소에 갈 때 엄청난 책임감이 있다는 말이다. 내일은 게으름을 피워도 되는 날이 아니다. 낸시 펠로시가 대통령직 승계 서열 2위□가 되는 걸 보고 싶지 않다면… 여러분의 운명과 힘이 내일 결정된다."라고 말했다. 몇 분 후 그는 "라디오 토크쇼를 듣는 사람들이 더 많다. 만약 모든 사람이 투표하고, 결연하게 언론과 진보 편향의

□ 서열 1위는 상원의장을 겸직하는 부통령, 2위는 하원의장이다. 실제로 낸시 펠로시는 2007~2011년, 2019~2023년 두 차례 하원의장을 역임했다.

여론조사를 거부한다면 여러분은 이 선거구들에 결정적인 영향을 미칠 수 있다. 대부분의 여론조사는 신뢰할 수 없다. 솔직히 선거 결과가 어떻게 될지 모르겠다. 그들도 모른다."라고 충고했다.[46] 림보도 여론조사에 의문을 제기했다. 그는 여론조사가 민주당을 돕기 위해 "언론이 주도해" 가짜 뉴스를 보도하는 새로운 방법이라고 주장했다.

보통에 출연자를 스튜디오에 직접 초대하지 않지만, 림보는 투표일 전날 미치 매코넬 상원 공화당 대표 내정자와 토니 스노우 백악관 대변인을 맞이했다. 림보와 매코넬은 한목소리로 청취자들의 투표 참여를 촉구했다. 프로그램 후반에 한 전화 참여자는 자신이 공화당에 투표하도록 독려하고 민주당이 승리할 경우 벌어질 일을 경고하는 림보의 자동 메시지를 받았다고 말하기도 했다.[47]

그런 방식으로, 진행자들은 비록 공화당의 행태에 불만이 있었지만 당의 이익을 보호했다. 그들은 민주당의 위협을 완전히 극복할 때까지 공화당의 방향성을 바꾸려는 시도는 일단 미뤄둔 채, 청취자들이 공화당 후보를 지지하게 만드는 프레임을 개발했다.

하지만 2006년 라디오 토크쇼의 선의 추정the benefit of the doubt○의 혜택을 받지 못한 공화당의 한 부류가 있었는데, 바로 온건파였다. 그해 선거 캠페인은 평화에서 전면전으로 나아가야 하는 과정의 한 단계였다. 2006년 온건파와 치른 전투에서 최전선은 온건파 현역 의원 링컨 체이피Lincoln Chafee와 프로비던스 교외 지역의 보수파 시장 스티븐 래피Stephen Laffey가 맞붙은 로드아일랜드 상원의원 경선이었다. 라디오 토크쇼가 체이피를 대하는 방식을 보면 진행자들의 우선순위가 실용주의를 벗어나 선명성으로 기울고 있다는 걸 분명히 알 수 있었다.

○ 두 가지 가능성이 있을 때 일단 좋은 방향으로 추정하는 원칙이나 태도를 말한다.

체이피는 DW-NOMINATE 점수 0.003으로 중도층의 지지를 받았다. 그는 민주당이 지난 다섯 번의 대통령 선거에서 각각 21, 29, 33, 18, 11.5퍼센트 차이로 승리했던 진보적인 지역인 로드아일랜드에서 상원의원으로 당선될 수 있는 유일한 공화당 의원으로 알려져 있었다.[48] 체이피는 지역 명문가 출신이기도 했다. 그의 아버지는 1960년대에 주지사로 일했고, 1976년부터 1999년 현직으로 사망할 때까지 그의 아들이 나중에 차지하게 되는 상원 의석에 앉아 있었다. 아들 체이피는 아버지를 승계했고 2000년 선거에서는 직접 출마해 당선됐다.

전국공화당상원위원회를 포함한 공화당 기득권층은 체이피를 적극 지지했다. 기득권층은 래피가 총선에서 패배해 상원 다수당 지위가 흔들릴 것을 우려했다. 그러나 라디오 진행자들은 결과와 상관없이 체이피의 재선에 격렬히 반대했다. 2006년 7월 체이피가 이스라엘과 레바논의 휴전을 옹호하자, 화가 난 림보는 "그는 패배해야 한다. 여러분이 체이피를 어떤 인물로 생각하고 싶어 하든지 간에, 이들을 상원에서 제거해야 할 때가 됐다."며 저주를 퍼부었다.[49] 2주 후 림보는 체이피와 온건파에 대한 자신의 일반적인 입장을 다음과 같이 요약했다. "민주당 의원이나 다를 바 없다."[50]

보수 진행자 중 가장 애당심이 확고했던 휴 휴잇조차 체이피의 재선에 공개적으로 반대했다. 15년 만에 처음으로 휴잇은 방송에서 공화당 의원의 반대편에 섰다. 2004년에 휴잇은 스펙터를 포함해 다른 온건파들을 지지했다. 하지만 체이피는 이라크 침공과 새뮤얼 얼리토Samuel Alito 대법관 인준 등 몇 가지 핵심 사안에 대해 반대표를 던져 선을 넘어버렸다. 체이피는 심지어 부시 대통령의 재선에도 찬성하지 않았다. 휴잇이 보기에 체이피는 공화당원이 아니었다.[51] 체이피가 경선에서 승리한 후 휴잇은 그의 승리를 "불행한 전개"라고 부르며 체이피가 패배하는 것이 공화당에 최선이라는 견해를 재확인했다. 원칙적 입장의 연장선에서 휴잇은 체이피를 지지하는 전국공화당상원위원회에 대해서는 기부도 거절했다.[52]

라디오 토크쇼의 엄포에도 불구하고 선거 결과는 별로 달라지지 않았다. 체이피는 경선에서 승리했지만, 라디오 토크쇼가 중요하지 않은 총선에서는 패배했다. 하지만 라디오 토크쇼는 어쨌거나 약간의 힘을 써서 지역 외부에서는 래피의 선거자금을 모으는 데 기여했다. 래피의 개인 기부금 중 로드 아일랜드 내에서 온 것은 16퍼센트에 지나지 않았다.[53]

8월 4일 해니티와 전화 참여자 켄이 주고받은 대화에는 진행자들의 실용적 동기와 체이피 같은 RINO에 대한 혐오 사이의 긴장이 적나라하게 드러나 있었다. 켄은 몇몇 RINO들을 비난하면서 만약 공화당 의원들이 11월에 낙선한다면 그건 그들의 잘못이라고 주장했다. 그는 RINO들이 유권자들의 기대에 부응하지 못하면 대가를 치를 것이라고 경고했다. 해니티는 그의 말에 동의한 후 켄의 RINO 명단에 독자적으로 행동하는 애리조나 상원의원 존 매케인, 네브래스카 상원의원 척 헤이글, 사우스캐롤라이나 상원의원 린지 그레이엄을 추가했다. 세 사람 모두 법안 투표 기록에서는 스펙터나 체이피보다 훨씬 더 보수적이었다. 하지만 그들은 보수 지역 출신이면서도 이민문제 같은 몇 가지 중요 사안들에 대해서는 공화당이나 보수 진행자들과 견해를 달리해 왔었다.

그들이 해니티의 악당 갤러리에 포함됐다는 건 진행자들이 온건파를 더 용인하지 않게 됐을 뿐만 아니라 그 범위를 확대하고 있다는 걸 의미했다. 매케인이 온건파라는 건 그의 동창인 뉴욕 하원의원 셔우드 볼러트Sherwood Boehlert에게는 말도 안 되는 소리였다. 볼러트는 "내가 공산주의가 아닌 것처럼 그도 온건파가 아니다."라며 "그는 온건하지 않고 매우 보수적이다."라고 비꼬았다.[54] 볼러트는 당시 은퇴할 예정이었는데, 이념적 온건파 집단은 확 줄어들어서 당내에서는 그 어떤 반대 의견, 심지어 보수파 정치인의 이견도 도드라져 보일 정도가 됐다.[55] 해니티는 공화당 의원들이 매케인, 헤이글, 그레이엄 같은 위장 진보가 "더 좌파적인 책략을 펼치도록" 방치했기 때문에 지지층이 약화됐다고 주장했다.

중요한 사실은 해니티와 전화 참여자 켄 모두, 여전히 이런 RINO들보다 더 나은 선택이 없다고 결론지었다는 점이다. 해니티가 말했듯이 온건파들의 죄악은 "낸시 펠로시가 하원의장이 돼 대통령 승계서열 2위가 되는" 위험에 비하면 아무것도 아니었다.[56] 이런 결론은 라디오 토크쇼가 계속 경험해온 딜레마를 포함하고 있었다. 진행자들과 청취자들은 공화당 의원들이 보수의 원칙에 따라 행동할 때가 됐다고 생각했다. 하지만 라디오 토크쇼는 림보가 초기에 권고한 대로 점진적인 변화를 통해 앞으로 나아간다는 노선을 여전히 따르고 있었다.

라디오 토크쇼가 최선을 다했음에도 불구하고, 2006년 선거 결과는 온건파나 보수파를 불문하고 공화당에 좋지 못했다. 민주당은 다시 상하원을 장악했다. 누군가는 라디오 토크쇼의 영향력이 줄어들고 있다고 생각했을 수 있지만, 이민 논쟁에 대한 라디오 토크쇼의 적극적인 개입을 봤다면 그런 생각은 곧 사라졌을 것이다. 이민 문제는 부시 대통령 임기 마지막 2년 중 가장 큰 정책 대결이었는데, 그 결과는 대체로 라디오 토크쇼에 의해 결정됐다.

라디오 토크쇼 거물과 초당적 협력의 대립

The Titans of Talk 1 — Bipartisanship 0

공공정책에 관해서라면 라디오 토크쇼는 이민 문제에 절대 지워지지 않을 흔적을 남겼다. 그 사안은 라디오 토크쇼에 딱 들어맞았다. 라디오 토크쇼는 정책의 복잡한 세부사항을 단순 흑백 논리로 치환할 수 있었다. 진행자들은 진보가 범죄에 관대하고 국가 안보에 허약하며 오히려 법을 파괴하는 행위를 보상해 준다고 비난할 수 있었다. 그리고 '미국 문화', 미국 노동자들의 안녕, 그리고 공화당의 정통성 지키기를 외칠 수도 있었다. 양당이 이민 개혁을 계속 추진해 왔기 때문에, 진행자들은 기득권 세력이 지지하는 타협안을 공격할 기회도 여러 번 잡았는데, 라디오 토크쇼의 세계에서 초당적 협력은 본질적으로 의심스러운 것이었다. 진행자와 청취자 모두에게 워싱턴의 내부자들과 협상가들은 모함하기 쉬운 허깨비였다.

2001년부터 의회는 불법이민이라는 골치 아프고 다면적인 문제를 해결하려고 노력했다. 부시 대통령은 불법이민자에게 법적 지위를 부여하는 데 긍정적이었고, 상원의원에서도 보수의 거물 샘 브라운백Sam Brownback과 진보의 총아 테드 케네디가 팀을 이뤄 입법에 힘을 쏟고 있었다. 브라운백은 이민 개혁이 경제성장을 촉진하고 고아나 낯선 이들, 외국인을 돌보

라는 성경의 가르침을 이행하는 것이기 때문에 근본적으로 보수 가치에 부합하는 것이라고 생각했다.[1]

하지만 9·11 테러가 유권자들의 분위기를 바꿔버렸다.[2] 테러 공격이 있기 전에 원주민주의자nativist○들은 유권자들의 공감을 얻을 수 있는 메시지를 찾지 못하고 있었다. 오랜 이민 개혁 운동가 마셜 피츠Marshall Fitz가 말한 것처럼 9·11 테러 이후에는 원주민주의자들의 '타인에 대한 두려움fear of the other'이 국가 안보에 관한 용어로 전환됐다. 반이민개혁 단체들은 비행기 납치범들과 세계무역기구 트윈타워가 등장하는 광고를 게재하면서, 이민자들의 침입과 그 위험성에 대한 본능적 경계심을 이끌어 냈다. 보수 매체도 공포심 유발에 동참해서 워싱턴에서 고려되고 있는 법안들에 대한 반대 여론을 형성하는 데 기여했다. 피츠를 포함한 이민 개혁 옹호자들은 폭스뉴스, 당시 CNN의 보수 진행자 루 돕스Lou Dobbs, 전국 및 지역 라디오 토크쇼 등 보수 매체가 퍼뜨리는 허위 정보에 맞서 싸우기 위해 모든 시간을 바쳤다.[3] 하지만 9·11 테러 이후의 새로운 정치 풍토 때문에 상원의 초당적 이민 개혁 노력은 초기 단계에서 소멸하고 말았다.

○ 자국민 우위 또는 자국민 우선주의를 지지하는 개인이나 정책을 가리키는 말이다. 대부분 부정적 의미로 사용되며 다문화주의를 거부하거나 외국인에 대한 적대적 태도를 나타내는 사람들을 지칭할 때 사용되기도 한다.

부시 대통령은 2004년 재선에 성공한 후 이민 개혁보다 사회보장 개혁을 최우선 정책과제로 선정했다. 그럼에도 불구하고 상원이 이민 개혁을 다시 조금씩 추진하려고 노력했지만, 라디오 토크쇼는 (불법 이민자에 대한) 사면이라고 간주해 맹렬히 비난했다. 2005년 여름, 국경 보안을 옹호하고 국경을 순찰하는 자경단 '미닛멘Minutemen'은 라디오 토크쇼와 케이블 텔레비전의 주인공이 됐다.[4]

진행자들은 청취자들에게 불법이민 반대집회에 참여하라고 독려하고 행사의 사회를 보기 위해 스튜디오를 떠났다. 진행자들은 또한 이 문제에 대해 부시 대통령을 거리낌 없이 비난했다. 로저 헤지콕은 한 걸음 더 나아가 이민 제한주의 단체 '미국이민개혁연맹the Federation for American Immigration Reform, FAIR' 과 협력해 'Hold Their Feet to the Fire(철저히 책임을 추궁하자는 의미의 관용적 표현)'라는 로비 투어를 조직했다. 미국 전역의 진행자들은 미국이민개혁연맹에서 단련된 수백 명의 '청취자 로비스트'들과 함께 워싱턴에 모였다. 진행자들은 임시 라디오 구역에서 생방송을 했고 시민 로비스트들은 의원들과 보좌진을 만났다.[5] 2005년에 이미 이런 로비 투어는 효과를 내고 있었다. 진행자 라르스 라슨은 〈토커스 매거진〉과의 인터뷰에서, 자신이 그해 워싱턴에 도착했을 때 로비스트 방문객들은 '진짜 신분증 법the Real ID Act' 법안이 폐기됐다는 사실을 알고 경악했다고 말했다. 지역 정부가 발급한 운전면허증이나 다른 신분증에 대해 연방정부의 기준을 마련하고 연방정부 기관들이 기준에 맞지 않는 신분증을 인정하지 못하게 하는 법안은, 이민 강경론자들의 최우선 법안 중 하나였다. 방송과 로비 활동 이틀 만에 부시 대통령과 일부 민주당 의원들의 지지까지 받아 법안은 통과됐다.[6]

2005년 12월 공화당이 지배하고 있던 하원은 라디오 토크쇼의 행동주의에서 영감을 받아 불법 체류 같은 이민법 위반 행위를 범죄로 규정하는, 강제집행만 있는 징벌적 법안을 통과시켰다. 이 법안은 국경 보안을 강화하는 데도 예산을 지원하려고 했다. 이 법안의 어떤 조항도 방문 노동자들에게 혜택을 주거나 이미 미국에 체류하고 있는 노동자들을 합법화하는 방법을 제시하지 않았다.[7] 반대자들—일부는 라틴계 라디오에 의해 조직됐다—은 이 법안에 대해 강력하게 반발했고, 거리 행진에 나서기도 했다.

2006년 봄에는 각각 라틴계와 보수 매체의 지지를 받는 진보 개혁파와 이민 강경파 간 대결이 펼쳐졌다. 각 진영은 상원에서 진행 중인 입법 논쟁에 영향을 미치려고 경쟁했다.[8]

보수 라디오의 태도는 단호했다. 리디는 청취자들에게 상원이 사면 법안을 우리 목 앞에 들이대려 한다고 경고하면서 상원의원들에게 항의전화를 하라고 촉구했다. 그는 방문 노동자들이 영원히 체류할 수 있도록 허용하는, 갱신 가능한 영주권 제도를 지지하는 부시 대통령도 맹비난했다. 또한 불법 이민자들이 태어난 아이의 시민권으로 가족 모두의 지위를 합법화하기 위해 '앵커 베이비anchor baby'○를 낳도록 부추긴다고 부시를 저격했다. 한 단체는 리디의 테네시 제휴 방송국 중 한 곳에 테네시 상원의원이자 상원 공화당 대표인 빌 프리스트에게 이민 강제집행 법안을 지지하라고 촉구하는 광고를 냈다. 그 광고는 프리스트에게 물러서면 안 된다고 으스스하게 경고했다.[9]

○ 외국 국적의 부모가 자신의 체류 상태를 유지하거나 개선하기 위해 낳은 자녀를 비난하는 말이다. 주로 미국에서 이민 개혁과 관련한 논쟁에서 사용되며 불법 이민자가 아이를 미국에서 출산하여 그 아이가 미국 시민권을 보유하고, 나중에 그 아이를 이용하여 부모가 미국에 체류할 수 있도록 하는 전략을 의미한다.

림보는 두 달 넘게 상원의 법안과 공화당을 비난했다.

> 내 엉덩이나 개혁하세요! … 방문 노동자 프로그램이 불법 체류자 문제를 다룬다고 하더라도 그것이 어떻게 미래의 불법 체류자들의 유입을 막는 데 도움이 된다는 말입니까? 정반대 효과를 낼 것입니다. 증가시킬 겁니다 …
> 불법 유입은 계속되고 있는데, 여러분은 이따위 정치는 비웃어줘야 합니다. 나는 미치도록 웃었어요. 아마 여러분도 웃었을 겁니다. 그들은 우리가 표를 얻어야 한다고 주장합니다. 알다시피 조지 부시가 텍사스 주지사 선거에 출마했을 때 가장 높았던 히스패닉계 득표율은 약 44퍼센트였습니다. 그래서 우리가 이 나라에서 커져가는 공동체(라틴계 미국인 집단)에서 더 적은 표를 계속 얻으면 선거에서 이길 수 있나요? 우리는 불법 행위를 방조하고 포용하는 게 아니라 인종이나 종교에 관계 없이 모든 사람에게 적용되는 우리의 원칙에 대해 말해야 하고 그런 주장을 통해 선거에서 승리해야 합니다.
> 워싱턴에는 선거 구도에만 신경을 쓰는 몇몇 엘리트들이 있는데, 그들은 불법 이민자들을 추방하는 데 너무 초점을 맞추면 공

> 화당이 장기적으로 소수당이 될 것이라고 우려합니다. 그들은 나 같은 사람들을 '원주민주의자'라고 부릅니다. 그래, 원주민주의자들, 외국인혐오자들, 인종주의자들, 뭐라고 하든 간에. 꽤 재미있습니다. 하지만 권리 의식에 젖어 있는 사람들에게 표 좀 얻겠다고 모든 걸 다 던져버린다면, 공화당이나 보수라는 게 다 뭔 소용입니까?[10]

림보의 주장은 공화당 지도부와 공모한 온건파 협상가들이 법안을 통과시키기 위해 비밀과 속임수를 사용한다, 즉 보수파 의원들과 유권자를 속이고 있다는 뜻이었다.

> 다섯 명의 공화당 상원의원들이 지난밤에 몰래 숨어 체면치레 같은 협상안을 만들기 위해 노력한다고 들었습니다. 그 상원의원들은 매케인, 헤이글, 스펙터, 마르티네즈, 프리스트인데, 다른 공화당 상원의원들은 그들이 뭘 하고 있는지 전혀 알지 못했습니다. 이 위원회에서 나온 최초 법안은 500쪽에 달했는데, 그들은 그 누구에게도 읽어볼 기회를 주지 않고 오늘 법안을 통과시키려고 합니다. 공화당 의원들이 자신들의 법안에 대해 필리버스터를 준비하고 있는 이유입니다. 그렇습니다. 공화당 의원들은 그 법안에 무엇이 들어있는지도 모르고 지난밤 법안을 만든 무리에 끼지도 못했기 때문에 법안이 표결에 부쳐진다면 필리버스터를 할 준비를 하고 있습니다.

그는 "내가 이런 걸 본 적이 있는지 모르겠다."라고 결론지었다. "안전은 부차적이다. 법의 지배도 부차적이다. 이 광대들이 하고 있는 짓은 더 많은 시민을 만들어 내는 방식으로 뻔뻔하게 표를 사는 것이다."[11]

라디오 토크쇼의 반대와 초기의 몇몇 절차적 패배에도 불구하고 2006년 5월 상원은 케네디와 매케인이 발의한 초당적 이민 개혁 법안을 62 대 36으로 통과시켰다.[12] 하지만 이 법안은 하원의 이민 법안과 너무 달랐기 때문에 하원은 이런 모순을 해소하기 위한 회의체 구성 자체를 거부했다. 대신 공화당 하원 지도부는 이 사안을 2006년 중간선거에서 보수를 결집하기 위한 수단으로 이용하려고 했다.[13]

하지만 선거는 공화당의 참패로 끝났고 민주당은 상하원을 장악했다. 따라서 2007년은 이민 개혁의 적기인 것처럼 보였다. 의회 다수파인 민주당과 공화당 대통령 모두 이민 개혁을 지지했다. 그래서 부시 행정부와 함께 상원의 초당적 모임이 수개월에 걸쳐 새 법안을 마련했다.

백악관 비서실 차장 조엘 캐플런Joel Kaplan에 따르면, 라디오 토크쇼의 유령이 뒤에서 맴돌고 있었다. 공화당 의원들은 2006년 법안에 대한 우파의 반대를 해결하려고 노력했는데, 그렇게 하지 못할 경우 라디오 토크쇼의 치명적 반격에 직면할 것이라는 것을 알고 있었기 때문이다.[14] 공화당 지지층의 뜻을 존중해서 매케인은 협상에서 덜 중요한 역할을 맡았다. 이민 개혁이 자신의 2008년 대선 출마를 가로막을 수 있는 문제였다는 의미다.[15] 매케인을 대신한 애리조나의 동료 존 카일Jon Kyl은 2006년 법안이 "사면이라는 측면에서 너무 지나친, 매우 나쁜 법안"이라고 생각했다. 카일은 민주당이 의회를 장악하고 있는 상황에서 자신과 같은 사람이 "가능한 한 무해한" 법안을 만들거나 아니면 공화당의 목표를 달성할 수 있는 법안을 만들어야 한다고 믿었다. 케네디는 계속 민주당 입장에서 주도하고 있었는데 그레이엄은 그 과정에 참여하고 있었다.[16]

부시 대통령과 의회 지도자들은 협상을 낙관했다. 라슨은 대통령이 법안 서명식에서 보자고 자신 있게 말했던 일을 떠올렸다.[17] 그러나 그 법안은 보수 라디오 진행자들과 출연자들, 그리고 토크 프로그램에 광고를 내보냈던 압력 단체들이 시민들의 거센 반대를 부추겨 결국 상원을 통과하지 못했다. 법안 반대자들은 국경 보안을 충분히 보장하지 않은 채 불법 이민자들을 사면한다고 공격했다.[18] 대다수 진행자들을 대신해 림보는 그 법안이 "미국 사회를 근본적으로 그리고 아마도 영구적으로 악화시킬 것"이라고 선언했다. 그는 그 법안에 '2007년 공화당 완전 파괴 법안the Comprehensive Destruction of the Republican Party Act of 2007'이라는 이름을 붙였다. 그는 "이건 완전한 재앙"이라며 "이 법안은 반드시 부결돼야 한다. 여기에는 중립지대가 없다."라고 말했다.[19]

이 과정을 지켜본 공화당 상원의원 보좌관에 따르면 라디오 토크쇼는 협상단의 전술적 실수를 활용했다. 법안의 골자에 합의한 후 상원의원들은 일반적인 수준에서 조항들을 설명하기 위해 기자회견을 개최했다. 하지만 연방법 조항이 어떻게 바뀔 수 있는지 알려주는 내용은 아직 구체화되지 않았다. 라디오 토크쇼는 이 법안이 어떤 일을 하게 될 것인지에 대해 마음대로 해석해서 세부 사항을 채웠다.[20] 아마 진행자들과 청취자들은 내용이 어떠하더라도 이 법안을 사면이라고 조롱했을 것이다. 하지만 또 다른 보좌관이 인정했듯이 초안 작성 과정은 악몽이었고 쉽게 공격당할 수 있을 정도로 결과물은 엉성했다.[21]

상원에서 법안이 논의되기 두 달 전인 3월에 공격이 시작됐다. 카일, 롯, 챔블리스와 다른 공화당 상원의원들은 사무실에 부정적 의견이 쇄도하는 걸 알게 됐다. 롯은 살해 위협을 받았다. 롯과 챔블리스는 직접 전화 받는 것을 좋아했기 때문에 보수층이 격분해 있다는 것을 알았다. 전화를 걸어 화내고 욕하는 사람들에게 챔블리스가 법안에 대해 논의하기 시작했다고 직접 알려주면, 그들의 '거친 숨소리'만 들을 수 있었다. 전화 건 사람들은 보좌관들을 죽일 기세였으나, 상원의원과 통화하게 되리라고는 생각지 못했던 것이다. 유타 상원의원 밥 베넷은 상원이 법안을 논의하는 동안 걸려온 독설전화에 응대해야 했던 보좌진에게 위로금을 지급하기도 했다.[22]

상원 토론이 진행 중이던 5월, 헤지콕은 워싱턴에서 20

07년 'Hold Their Feet to the Fire' 행사를 개최했다. 일주일 동안 진행된 축하행사에서 전국 라디오 시장의 75퍼센트를 점유하고 있던 마흔 명 이상의 진행자들이 참여해 청취자들에게 상원의원들에게 전화를 해달라고 요청했다. 마지막 날에는 의사당 전화교환기를 폐쇄해야 할 정도로 많은 전화가 걸려왔다. 350명의 시민 로비스트들이 직접 의사당을 방문했다. 그들은 또한 대량의 소셜 미디어 메시지로 상원의원들의 혼을 빼놓았다.[23] 퓨리서치센터의 조사에 따르면 5월 중순부터 6월 중순까지 라디오 토크쇼 진행자들은 방송 시간의 23퍼센트를 이민 개혁 법안을 비난하는 데 할애했다.[24]

결정적으로, 토론을 진행하던 의회는 현충일 휴회 기간에 모든 걸 내팽개쳐 버렸다. 휴회 이전에 법안 지지자들은 상원의원 육십 명이 찬성표를 던질 준비가 돼 있다고 믿었는데 그 정도면 필리버스터를 무력화하기에 충분했을 것이다. 하지만 휴회 기간에 풀뿌리 보수단체와 보수 언론은, 유권자들이 얼마나 이 법안을 싫어하는지 상원의원들에게 보여줄 수 있었다(노조 같은 진보 단체들은 다른 이유로 법안에 반대했다. 그래서 그들 또한 휴회 기간에 고향을 방문한 상원의원들에게 자신들의 불쾌감을 전달했다).[25] 휴회 이후 상원이 토론을 재개했을 때, 법안을 지지하는 의원들도 60표를 확보할 수 없다는 걸 알게 될 정도로 통과 전망은 어두웠다.

챔블리스와 조지아 상원의원 조니 아이잭슨Johnny Isakson은 이 법안을 공동 발의했지만, 라디오 토크쇼의 공격과 유권자들의 항의 때문에 반대로 돌아섰다. 챔블리스는 자신과 아이잭슨이 법안에 대해 유권자들과 더 소통했어야 했다는 점을 인정했다. 정보의 공백 때문에 이민 개혁을 무조건 거부했을 사람들과 반대하면 이익을 얻는 사람들이 기회를 잡았다. 그들은 단지 챔블리스가 "마법의 단어"라고 불렀던 '사면'으로 방송을 완전히 접수했다. 상원 토론 중에 챔블리스와 아이잭슨은 조지아 공화당 전당대회를 위해 애틀랜타로 날아갔는데,

법안을 둘러싼 논란이 워낙 심해서 전당대회 장소로 가는 도중 챔블리스의 아내가 전화를 걸어 사람들을 화나게 한 일이 도대체 무엇인지 묻기까지 했다. 전당대회 연설에서 챔블리스는 이 문제를 직접 언급했고, 대회장 뒤쪽에 있던 다섯 명의 참석자들이 그에게 야유를 보냈다. 그 야유 사건은 전국적 헤드라인이 됐다. 야유했던 사람 중 한 명은 나중에 챔블리스에게 전화를 걸어 사과했다.[26]

상원의원들은 라디오 토크쇼의 불만을 잠재우는 데 성공하지 못했다. 챔블리스는 애틀랜타의 진행자 부어츠와 논의했으나 그의 대변인은 부어츠가 "우리를 꽤나 잘 두들겨 팼다."라고 회고했다.[27] 카일이 라디오 토크쇼의 오랜 친구들의 관심을 끌어보려고 했지만, 많은 진행자가 더 이상 그와 말하고 싶어 하지 않았다. 하지만 카일이 정기적으로 출연했던 피닉스의 KFYI 방송국의 진행자들은 의견은 달라도 최소한 그를 "건설적인 대화"에 출연하게 해줄 정도로는 예의를 차렸다. 카일은 휴 휴잇과도 대화를 나눴다. 상원 협상단이 법안을 공개했을 때, 허리 부상에서 회복 중이던 휴잇은 따로 할 일도 없고 해서 법안을 꼼꼼히 읽어봤다. 그는 법안이 '포괄적 사면 blanket amnesty'을 제공한다고 결론짓고 카일에게 변경할 것을 제안했다. 카일은 몇 가지를 수정안으로 소개했다.[28] 하지만 그렇다고 보수 매체의 반대자들이 진정된 것은 아니었다. 마이클 새비지는 상원의원들에게 단도직입적으로 "우리는 당신들을 공직에서 추방할 것이다."라고 경고했다.[29]

진행자들은 부시 행정부의 출연자들도 날카롭게 비판했다. 공화당의 노련한 당직자이자 부시 대통령의 고문이었던 에드 길레스피Ed Gillespie는 혹독한 인터뷰를 견뎌내야 했다. 백악관 부대변인 토니 프래토Tony Fratto는 진행자들을 상대하는 일을 "두더지 잡기whack-a-mole"라고 생각했다. 왜냐하면 "우리보다 훨씬 더 많은 진행자가 있기" 때문이었다. 프래토는 이따금 진행자들이 계획을 설명하거나 설득하려는 출연자에게 관심을 두는 게 아니라 그냥 공격하려는 것 같다며 "원하는 만큼 모두 설명할 수 있지만 그들은 법안을 사면이라고만 부르려고 한다."라고 말했다.[30]

토론이 최고조였을 때 롯의 좌절감도 커졌다. 그는 라디오 토크쇼가 "미국을 운영하고 있다."라고 불평하며 "우리는 이 문제를 해결해야 한다."라고 호소했다.[31] 진행자들과 청취자들은 덤벼들었다. 림보는 롯의 발언을 이용해 '사면법안'을 둘러싼 논쟁을 "워싱턴 정치인들과 국민 간의 싸움"으로 재규정했다. 림보는 보수라는 사람들이 지지층을 팔아넘기고 있으며 "그들은 그걸 알고 있다. 그래서 공화당 의원들도 진보의 방식으로 라디오 토크쇼에 대해 말하고 있는데, 어쨌든 이게 대다수 의원의 진짜 목표가 무엇인지 보여주고 있다. 그들의 목표는 자리를 영원히 유지하며 세금을 써대는 것이다."라고 말했다.[32] 압박의 강도를 끌어올리면서, 림보는 필리버스터 종료에 찬성하는 공화당 상원의원들의 이름을 읽었다.[33]

법안에 대한 최종 투표를 진행하기 전에 양당 지도부는 상원의원 쉰아홉 명에게서 필리버스터 종료에 찬성하겠다는 약속을 받았다. 하지만 최종 투표를 진행하지 않는다는 게 확실해지자 지도부는 의원들의 의무를 해제했다.[34] 마흔여섯 명의 상원의원들만 필리버스터 종료에 찬성했고, 결국 법안은 무산됐다.[35] 이는 법안을 지지하는 의원들까지 포함해 많은 이들이 필리버스터 종료에 연루되고 싶지 않았다는 점을 보여주는 것이었다.

'Hold Their Feet to the Fire'는 라디오 토크쇼를 대신해 공을 차지했다. 그 단체의 웹사이트는 "우리가 매케인-케네디-부시의 2007년 사면 법안을 저지했다. 그 법안은 비밀리에 태어났고 의원들조차 검토할 시간이 없이 마지막 순간에 미국 대중 앞에 불쑥 나타났다. 그 법안은 라디오 토크쇼가 포효하고 활동가들이 의사당 곳곳에 몰려들고 시민들의 전화로 의원실 전화가 먹통이 될 정도가 되자 결국 폐기됐다."라고 선언했다.[36] 이런 평가는 자기중심적이고 과장된 것이다. 그럼에도 불구하고 라디오 토크쇼의 비타협적 입장이 상원에서 더 인기 있었던 것으로 보인다. 숫자가 이를 증명한다. 2006년에는 공화당 상원의원 쉰다섯 명 중 스물세 명이 이민 개혁에 찬성했다. 2007년에는 이 법안이 우경화됐음에도 불구하고 공화당의 지지는 오히려 줄어들었다. 마흔아홉 명의 공화당 상원의원 중 열두 명만 필리버스터 종료에 찬성표를 던졌다.[37] 물론 2006년 법안을 지지했던 공화당 상원의원 중 일부가 2007년 법안을 더 좋아했다고 생각할 수도 있다. 하지만 그들 중 열 명은 입장을 바꿔 2007년 법안에 반대표를 던졌다. 몇몇 의원은 자신들이 투표해서 필리버스터가 종료될 경우 찬성하겠다고 약속한 것이었지만, 결과적으로는 다를 바 없었다. 법안 폐기가 보수 매체 덕분 혹은 탓이라는 점은 명확했다. 라디오 토크쇼는 완전한 반대 이외에는 수용하지 않았고 의원들은 그 노선을 따를 수밖에 없었다.

하원의원 데이비드 드라이어David Dreier도 많은 걸 배웠다. 2004년으로 거슬러 올라가 로스앤젤레스의 스타 진행자 존 코빌트와 켄 치암푸는 그의 이민 정책에 대한 입장을 비판한 적이 있었다. 한 프로그램에서 그들은 리얼리티 프로그램 〈서바이버〉가 했던 것처럼, 진행자들과 청취자들이 한 명씩 지명해 제외해 나가는 방식으로 불법 이민에 대해 '나쁜' 투표를 한 다섯 명의 공화당 하원의원을 선정했다. 상품과 사람의 자유로운 이동을 지지했던 드라이어도 포함됐다. 코빌트와 치암푸가 다섯 명의 의원에게 자신들의 프로그램에 출연해 달라고 요청하자, 드라이어는 방송에서 물러서도록 강요당하거나 비난을 감수하기보다는 출연 거절을 선택했다.[38] 물론 이민 문제가 코빌트와 치암푸에게 중대한 정치적 사안이긴 했지만 드라이어에 대한 그들의 불만은 좀 더 근본적인 것이기도 했다. 그들은 드라이어가 유권자에게 하는 말과 법안 투표 결과가 다르다고 주장했다. 코빌트의 말에 따르면 드라이어는 "정치인으로서 가장 뻔뻔할 정도로 이중적인" 위선자였다. 코빌트와 치암푸는 그해 중간선거에서 드라이어를 낙선시켜야 한다고 주장했고, 그의 사무실 앞에서 진행한 생방송에 경쟁 상대인 민주당 후보 신시아 매슈스Cynthia Matthews를 초청했다.[39] 많은 공화당원들이 매슈스의 자원봉사자로 참여했다.

드라이어가 당선되기는 했지만, 예상보다 더 힘든 싸움이었다. 선거 캠페인이 위기에 처하게 되자, 마지막 2주 동안에는 이민 문제를 다시 생각하겠다고 약속해야만 했다. 심지어 주지사인 아놀드 슈워제네거가 등장해 특유의 유치함과 허세로 드라이어가 불법 이민자들에 대해 "못처럼 강경하다."라고 선언하는 광고와 음성메시지를 내보내기도 했다. 당시 드라이어는 탄탄했던 25년 경력에 비하면 최악의 성적을 기록했다.[40] 그는 부시 대통령이 재선에 성공하고 공화당이 상하원 의석을 추가했던 2004년의 유리한 선거에서 매슈스보다 훨씬 적은 선거자금을 쓰고도 53.6퍼센트 대 42.8퍼센트로 승리했다. 2006년 선거가 2004년 선거에 비해 극명하게 대비됐던 것은 라디오 토크쇼의 힘이었다. 그해 코빌트과 치암푸가 그를 가만히 놔두자, 드라이어는 민주당 돌풍이 불었던 선거였음에도 매슈스와의 재대결에서 57.9퍼센트 대 37.9퍼센트로 낙승했다.[41]

여러 면에서 2007년 이민 법안에 대한 반대는 향후 오바마 대통령—특히 그의 상징과 같은 건강보험 법안과 또 다른 초당적 이민 법안—에 대한 우파의 대응을 예고하는 것이었다.[42] 'Hold Their Feet to the Fire' 회원들과 지지자들처럼 '티파티Tea Party' 활동가들은 자신들의 정치 운동을 미국의 비전을 위협하는 엘리트의 계획에 단호하게 반대하는 대중적 보수혁명으로 부르곤 했다. 라디오 토크쇼는 그들의 열정이 입법 활동으로 이어질 수 있도록 도왔다. 주요 법안의 폐기 같은 성과는 2007년 당시에는 참신했지만, 이후 10년에 걸쳐 당파적이거나 초당적 법안들 모두 우파의 궐기로 인해 좌초하게 되면서 점차 익숙한 일이 됐다. 라디오 토크쇼는 워싱턴의 공화당 최고 권력인 부시 대통령이 가장 소중하게 여겼던 이민 법안을 무너뜨리는 데 큰 역할을 했는데, 이는 라디오 토크쇼가 공화당으로부터 독립된 매체라는 점을 가장 잘 보여주는 증거였다.[43] 라디오 토크쇼는 그 자체로 유력한 행위자로서, 자신들의 정책을 밀어붙이고 선출직 공직자들이 그 노선을 따르지 않으면 고통스러운 대가를 치르게 될 것이라고 다그쳤다.

공화당의 꼭두각시였던 적은 없었다

Never a Republican Puppet

공화당의 노력이 부족하거나 실패해서 라디오 토크쇼가 이민 정책을 붕괴시킨 것은 아니었다. 부시 대통령 시절, 백악관과 공화당 의원들은 라디오 토크쇼를 계속 붙잡아 두기 위해 열심히 노력했다. 부시 대통령이 첫 번째 임기 전반에 진행자들을 처음 만난 이후 몇 차례 더 모임이 있었다. 백악관은 매번 진행자들을 신중하게 선정했는데, 인기가 많고 영향력이 큰 전국 프로그램 진행자들, 특히 대통령이 논의하고 싶어 하는 사안들에 관심이 많은 진행자를 우선시했다.[1] 예를 들어 2007년 부시 대통령은 열 명의 진행자와 만나 한 시간 넘게 외교 정책과 예산에 대해 이야기를 나누면서 이민 법안 폐기 이후 내내 불편했던 라디오 토크쇼와의 분위기를 정리했다. 그 이후에 해니티는 대통령과 따로 시간을 가졌다.[2]

해니티처럼 림보도 집단 모임에는 참석하지 않았다. 하지만 라디오 방송 19년 차가 됐는데도 림보는 여전히 라디오 토크쇼의 제왕이었다. 부시 대통령의 보좌진은 그가 라디오 토크쇼에서 대화를 주도하는 방법에 여전히 감탄했다.[3] 림보가 진행자 모임의 초청 목록에 없었던 이유는, 그가 열 명 중 한 명이 되기에는 정치적으로 너무 중요한 인물이었기 때문이었다. 모임 이틀 후 한 전화 참여자가 왜 백악관 모임에 동참하지 않았냐고 물었을 때 림보는, 자신이 해니티보다 훨씬 더 좋은 시간을 보냈다고 밝혔다. 림보는 백악관 관저에서 대통령과 개인적인 이야기를 나누고 함께 저녁을 먹고 술을 마시며 시가도 피웠다.[4] 1년 후 백악관 보좌진은 부시 대통령과 전직 대통령인 그의 아버지, 그리고 플로리다 주지사인 동생 젭 부시의 깜짝 전화를 연결해 림보의 전국 라디오 방송 20주년을 축하했다.[5] 한 제작진이 림보가 방송하고 있는 중간에 대통령의 전화가 와 있다는 메모를 전달했는데, 그 일은 오랜 방송 경력을 자랑하는 림보가 허둥댔던 몇 안 되는 사례 중 하나였다.

새 지도부가 다수당 탈환을 위해 노력하고 있었지만, 공화당 의원들도 라디오 토크쇼에 계속 정성을 쏟았다. 2007년 13년 만에 공화당이 소수당이 됐을 때, 감정에 솔직하고 줄담배를 피워대는 오만한 존 베이너가 해스터트에 이어 하원 공화당 대표가 됐다. 라디오 토크쇼는 베이너의 홍보 전략의 중심이었다. 그는 의원들의 선거구를 순회할 때마다 라디오 토크쇼에 출연하던 전임자의 관행을 계속 이어갔다. 베이너는 또한 일주일에 한 번씩 지역 또는 전국 라디오 토크쇼에 출연했는데, 대체로 환대를 받았다. 자신의 선거구를 관리하기 위해 신시내티의 스타 진행자 빌 커닝햄의 프로그램에도 정기적으로 출연했다.[6]

상원에서는 정치 감각이 뛰어난 켄터키 상원의원 미치 매코넬이 소수파가 된 공화당을 이끌게 됐다. 매코넬 보좌진의 긴급 진단에 의하면, 공화당 상원위원들은 뉴스에 출연하려고 노력하지 않았다. 그들의 소통 방식은 침체됐고, 새로운 활력을 필요로 했다. 이를 위해 홍보센터를 발족시키고 개별 매체를 전담할 보좌진을 임명했다.

센터의 라디오 토크쇼 전문가들은 라디오쇼를 방송과 같은 수준으로 진지하게 상대했다. 그들은 개별 진행자가 가장 원하는 콘텐츠가 무엇일지에 관심을 두고, 방송 기회를 포착하기 위해 계속 관찰했다. 라디오 보좌진은 상원의원들에게 의사당 주변에서 매일 기자들과 대화하듯이 라디오 토크쇼 진행자들과도 계속 연락하라고 독려했다. 진행자와 제작진이 가장 좋아하는 이야기는 진보의 위선이었기 때문에, 라디오 부서는 적합한 음성자료들을 만들어서 다운로드받을 수 있도록 했다. 진행자들에게 전달되는 모든 정보는 제작자들의 검증을 받았고, 그 과정에서 라디오 제작자와 홍보센터 보좌진과의 관계도 강화됐다. 라디오 전문가들은 오디오를 제공해 제작자들 편하게 해주면 자료가 방송될 확률이 높아진다는 걸 이해하고 있었다.[7]

매코넬의 전문가들 중 한 명은 사실상 하루 종일 라디오 토크쇼를 듣고 있었다. 그는 매일 아침 뉴스를 꼼꼼히 읽고 진행자들에게 개인 맞춤형 업데이트 정보를 보냈다. 자신이 보낸 업데이트가 그날 진행자들이 받는 첫 번째 이메일이 되는 게 목표였다. 그는 하나의 전국 프로그램이 어떤 주제를 다루게 만들면 다른 진행자들도 따라온다는 것을 알고 있었다. 몇몇 이야기는 "와, 이건 라디오 토크쇼를 위한 것이다, 굉장하다."라고 감탄할 만하게 들어맞았다. 어떤 이야기들은 한두 명의 특정 진행자들에게 더 적합했는데, 예를 들어 림보는 이례적으로 기후 변화에 관심이 있었다. 방어 또한 그의 일 중 하나였다. 진행자가 매코넬을 비판하면 그는 매코넬의 관점을 설명하는 자료를 전달하곤 했다. 때때로 그의 열성은 진행자들을 짜증 나게 했는데, 마크 레빈은 "매코넬의 그 여자애"가 전화 좀 그만하게 하라고 불평했다.

매코넬 자신도 방송이나 일상에서 진행자들과 정례적으로 대화를 나누었다. 방송 중에 그는 엄격한 메시지 규정을 지켰지만, 대본에 적힌 대로 말하지는 않았고 특정 주제를 거부하지도 않았다. 매코널은 라디오의 관심을 교묘하게 활용하는 사람이었다. 그는 거의 모든 주제에 대해 기꺼이 적극적으로 이야기했지만, 자신만의 용어와 방식을 따랐다. 진행자들은 그가 가장 좋아하는 버번위스키가 무엇인지 끈질기게 물었지만 절대 말하지 않았다. 좀 더 진지하게 말하자면, 매코넬은 항상 공화당 상원의원들을 대신해 자신의 생각을 말하거나 공식 발표를 할 적절한 순간을 기다렸기 때문에 라디오 토크쇼에서는 뉴스가 될 만한 말을 하지 않았다. 중대한 누설이 있었다면, 그건 그가 의도했기 때문이었다.[8]

다시 말하면, 부시 대통령의 임기 후반기에 공화당 의원들은 라디오 토크쇼를 최대한 이용하기 위해 가능한 한 모든 일을 다 했다. 라디오 토크쇼에 더 이상 투자할 것이 없을 정도였다. 실제로 부시 대통령과 라디오 토크쇼 진행자들과의 사적 만남은 계속됐는데, 부시 대통령은 임기 마지막 주인 2009년 1월에도 열 명의 진행자들을 만났고, 비슷한 시기에 림보도 일대일로 만났다. 그날은 림보의 생일이었는데, 보수 라디오 최고의 인물을 축하할 기회였다. 부시 대통령의 보좌진은 림보에게 초콜릿 마이크로 장식된 케이크를 선물했다. 퇴임하는 대통령은 심지어 생일 축하 노래도 함께 불렀다. 이는 림보가 얼마나 성공했는지 잘 보여주는 일화였다. 림보는 청취자들에게 "부모님이 살아계셔서 그분들에게 사진을 보여드리고 말씀도 드릴 수 있었으면 좋겠다."라고 말했다.[9]

하지만 이민법안과 마찬가지로 백악관의 마지막 노력도 수포로 돌아갔다. 진행자들의 마음을 그렇게 쉽게 얻을 수는 없었다. 그들이 공화당을 위해 노력하기는 했지만, 공화당의 꼭두각시는 아니었고 부시 대통령에게도 그렇게 말했다. 부시 대통령은 퇴임하면서 진행자들에게 버락 오바마 당선자에게 기회를 주라고 요청했다.[10] 하지만 쇠귀에 경 읽기였다. 퇴임하는 대통령은 국가를 위해 무엇이 좋을 것인지만을 생각했는데, 그것은 오바마 대통령의 성공을 위해 최선의 기회를 주는 것이었다. 하지만 진행자들은 다른 목표를 가지고 있었다. 청취자들은 오바마와 그의 선거 공약들, 그리고 행정부와 의회를 장악한 민주당 정부가 출범하는 데 불안을 느끼고 있었다. 그런 불안감을 함께 느꼈는지는 모르지만, 진행자들은 그런 정서를 대변했다. 그렇지 않으면 그 어느 때보다 경쟁이 치열한 보수 매체 시장에서 밀려날 것이라는 점을 잘 알고 있었기 때문이다. 부시 대통령이 부탁한 지 이틀 후 림보는 오바마에 대해 "그가 실패하기 바란다."라고 말해 파문을 일으켰다.[11]

이는 진행자들과 공화당 의원들의 우선순위가 때때로 어긋난다는 점을 상징적으로 보여주는 일이었다. 부시 대통령 시절에는 그 어떤 진행자도 아침에 일어나 공화당을 어떻게 지원할지 고민하지 않았다. 좋은 방송을 하고 청취자들과의 유대를 굳건히 하는 게 우선이었다. 공화당이 권력을 장악했을 때도 진행자들은 협치를 위한 타협에 알레르기 반응을 보였다. 그들은 공화당이 의회를 장악하지 못했을 때도 정책이 충분히 보수적이지 않다며 원칙과 정책을 엄격히 고수하라고 요구했다. 완전한 승리에만 만족했다. 전 하원의원 밥 워커가 말했듯이, 라디오 진행자들의 목적은 "매우 날카롭고" 명쾌한 메시지로 청취자들을 즐겁게 하는 것이었다. "미묘한 말은 재미"가 없었다.[12]

전직 공화당 보좌관이자 공화당 전국위 의장이었던 에드 길레스피가 자신이 강조했던 '조정coordination'이라는 말이 진행자들에게 제대로 먹혀들지 않는다고 생각했던 것도 당연하다. 진행자들은 〈뉴욕타임스〉나 NBC뉴스보다 길레스피가 제공한 정보를 더 잘 받아들였지만, 그렇다고 단순히 요점만 말한 것도 아니었다.[13] 올리버 노스 같은 일부 진행자들은 자신들의 의견을 내세우고 싶었기 때문에 공화당이 제공하는 대화의 요점을 매우 싫어했다.[14] 그리고 공화당에서 많은 자료를 받은 진행자들은 일부 시간대에만 그것을 청취자들에게 전달했다. 스콧 헨넨은 공화당 보좌진으로부터 받은 의견의 10퍼센트 정도만 수용한 것으로 추정했다. 헨넨은 부시 대통령이나 공화당 의원들을 돕기 위해 별로 원하지 않던 사람을 출연시키기도 했다. 하지만 그는 공화당이라는 팀의 선수가 아니었기 때문에, 출연자를 결정할 권한을 지키기 위해 노력했다고 말했다.[15]

공화당 홍보 전문가들 역시 그런 사실을 모르지 않았다. 그들은 라디오 토크쇼와의 관계에 거래적인 요소가 있다는 것을 이해했다. 몇몇은 진행자들이 상호이익의 기회가 있을 때만 공화당을 지지한다는 것도 알게 되었다. 공화당 전문가들은 라디오 토크쇼와의 관계를 발전시키기 위해 꾸준히 노력했지만, 공화당의 목적을 위해 진행자들을 활용했던 적은 별로 많지 않았다고 말했다.[16] 베테랑 공화당 실무자인 존 피허리John Feehery는 심지어 진행자와 공화당 지도부 사이의 관계를 '조용한 적대'로 봤는데, 왜냐하면 이민 문제 같은 사안에 대해 당과 라디오 토크쇼의 이해관계가 너무 심하게 엇갈려서 진행자들이 결코 당에 도움이 될 수 없었기 때문이었다.[17]

공화당의 입장에 동의하는 진행자들조차도 청취자들을 만족시켜야 한다는 걸 의식하고 있었다. 그들의 프로그램은 생생한 인터뷰와 토론의 장이지, 지루한 연설과 정강 정책을 낭독하는 곳은 아니었다. 헨넨의 경우 출연자들이 그날 다른 곳에서 이미 수십 번 정도 받았던 질문을 다시 물어보지 않으려고 노력했다. 그와 라슨은 자신들의 인터뷰에서 뉴스가 나오길 원했다.[18] 잉그레이엄은 출연을 희망하는 사람이 독특하거나 뭔가 흥미로운 걸 말할 수 없을 것 같으면, 거물급 정치인을 제외하고는 모두 거절했다.[19] 진행자들은 발언 요점에만 매달리고 여러 인터뷰에서 같은 말을 반복하는 미래의 공화당 전국위원회 의장 라인스 프리버스Reince Priebus 같은 사람들에게 질려버렸다. 짜증이 난 진행자들은 뭔가 흥미롭고 뉴스 가치가 있는 걸 뽑아내려고 프리버스에게 기습적인 질문을 던지고 싶은 유혹을 느끼기도 했다.[20]

대부분의 진행자는 청취자들이 지루해할까 봐 공화당 정책에 대한 장황한 토론은 자제했다.[21] 이민 개혁과 같은 불가

피한 사안들은 예외였지만 2007년의 이민 개혁 추진 과정 역시 그런 점을 잘 보여줬다. 비록 그 법안이 라디오 토크쇼의 최대 현안이었음에도 불구하고, 논란이 정점에 달했던 한 달 동안 이민 개혁은 전체 라디오 토크쇼 방송 내용의 4분의 1도 차지하지 못했다.

진행자들은 프로그램이 진부해지지 않도록 최근 출연자들은 거절하기도 했다.[22] 그 결과 많은 정치인이 라디오 노크쇼에 출연해서 자신들이 발의한 법안에 대해서는 별로 언급하지도 못한 채, 나라를 위해 옳은 일을 하겠다는 결의를 밝히고 청취자가 자신들에게 호감을 느끼도록 하는 데 시간을 보냈다.[23] 출연자는 일종의 거래를 할 때도 있었는데, 자신의 법안에 대해 언급하는 대가로 진행자가 지정한 사안에 대해서도 논의하는 식이었다.[24]

이런 방법들로 진행자들은 언론 매체로서의 최저 기준인 독립적 외부인의 이미지를 유지하려고 했다. 독립을 선언한다는 것은 누가 권력을 잡더라도 워싱턴 정치가 여전히 비판의 표적이라는 의미였다. 진행자들은 공화당을 위해 궂은일을 한다는 비난에 극도로 예민했다. 부시 대통령의 홍보 담당 국장이자 고문으로 일했던 댄 바틀릿이 기자에게, 휴잇 같은 보수 매체 인사들은 "당신이 그들에게 한 말을 똑같이 반복하고 블로그에 올린다."라고 말하자 휴잇은 울부짖었다.[25] 마찬가지로 밀워키의 스타 진행자 찰리 사이크스도 화를 내면서 자신과 동료들이 공화당의 주장을 근거로 프로그램을 진행했고 자신들의 독립성을 위장하기 위해 별로 위협적이지 않은 사안에 대해서만 공화당에 반대했다는 비난을 일축했다. 사이크스는 그런 비난을 진보의 음모로 치부했다.[26]

아이러니하게도 진행자들의 독립성은 진영 내에서 그들의 힘을 강화시켰다. 독립성 덕분에 진행자들은 공신력을 얻었고 그 공신력을 이용해 청취자들을 동원했다. 시간이 지나면서 진행자들이 공화당의 당무에 미치는 영향은 커졌는데,

이는 진행자들이 자신들의 기준을 충족시키지 못하는 공화당 의원들을 강도 높게 비판했기 때문이었다. 이로 인해 진행자들의 독립성과 보수 가치의 수호자 역할이 강화됐다.

하지만 진행자들은 공화당과 한 몸인 것처럼 보이는 것과 꼭두각시처럼 보이지 않는 것 사이에서 아슬아슬한 줄타기를 하고 있었다. 관계를 유지하게 되면 자신들의 독립성을 보여주는 데 한계가 있을 수밖에 없었다. 반면 방송에서 공화당 의원을 박살 낼 경우 출연자 섭외에 문제가 생길 수 있었고 무례하게 행동하거나 약속된 인터뷰 조건을 어기면 블랙리스트에 오를 수도 있었다. 그럴 경우 진행자들이 가장 중시하는 것, 즉 프로그램의 품질이 위태로워졌다. 이 때문에 출연자에 대한 기습 공격을 자제했을 수 있지만, 라디오 토크쇼는 여전히 의견 충돌 덕분에 번창하고 있었다. 갈등이 청취자들을 붙잡았다. 예를 들어 잉그레이엄은 매일 프로그램의 두 번째 꼭지는 출연자와의 대결을 중심으로 구성했다. 잉그레이엄이 반박하는 방식은 너무 전투적이어서, 때때로 출연자를 섭외하는 데 어려움을 겪었다. 민주당 의원들은 현명하게 출연을 거절했기 때문에, 잉그레이엄과 제작진은 자신의 프로그램을 잘 모르는 사람들을 자주 출연시켰다. 이런 출연자들은 자신들이 기계톱에 덤벼들고 있다는 걸 몰랐다.[27]

잉그레이엄은 이념 성향이 뚜렷하거나 준비가 되지 않은 출연자와 싸움을 벌이는 게 왜 나쁜 아이디어인지 잘 보여주는 사례였다. 출연자 섭외가 어려워진 것이다. 공화당 의원들과 보좌진이 라디오 토크쇼를 관리하듯, 진행자들도 공화당 의원들을 함부로 소모하지 말았어야 했다. 청취자들은 자신들이 좋아하는 진행자가 방송 바깥에서 얼마나 자주 공화당 의원들이나 보좌진과 대화하는지 거의 알지 못했다.

청취자나 선출직 공직자, 주류 언론 등 모든 사람은 진행자들이 공화당 내에서만 힘을 쓴다는 것을 알 수 있었다. 2000년대 후반 많은 경우에서 보듯 진행자들이 분노하면 공화당 정치인들은 재빨리 시정 조치를 취할 수밖에 없었다.[28] 예를 들어 부시가 퇴임한 다음 주 공화당 필 깅그리Phil Gingrey 의원은 림보에게 사과해야 했다. 림보가 공화당 지도부를 비판하자 깅그리는 "뒤에 물러서서 돌을 던지는 건 쉽다. 사람들과 당을 위해 최선을 다하려고 노력할 필요가 없다. 당신은 자신이 토크 프로그램에 출연하면서 잘살고 있다는 것도 알고, 게다가 약간의 논란을 일으키고 지지층을 선동하는 뭐 그런 걸 할 뿐이다."라고 응답했다. 다음 날 사무실 전화벨이 쉴 새 없이 울리자 깅그리는 급히 태세를 전환했다. 림보의 프로그램에 전화를 걸고 부어츠의 프로그램에 출연하고 해니티와도 이야기를 나눴다. 깅그리는 "내가 큰 말실수를 했다."라고 인정하고 유감을 표했으며 진행자들을 "보수의 거인들"이라고 칭했다.[29]

그로부터 한 달이 조금 지나 공화당 전국위원회 의장 마이클 스틸Michael Steele은 림보가 연예인이라고 단언하고 그의 프로그램이 "선동적"이고 "추악한" 것이라고 비하하는 실수를 저질렀다. 림보가 스틸을 혹독하게 비판한 후 그도 자신이 잘못 생각했다며 사과했다.[30] 그들의 이중성이 명백하게 드러나는 순간이었다. 진행자들은 자신들의 주장이 허위이거나 언론의 원칙을 지키지 않았을 때는 거리를 두기 위해 기꺼이 '연예인'이라는 호칭을 받아들였지만, 누군가 자신들을 무시하기 위해 그 호칭을 사용하면 격노했다. 하지만 스틸을 포함해 어떤 공화당 의원도 라디오 토크쇼의 이런 위선을 지적하려고 하지 않았다. 적대시하기에는 진행자들이 너무 강력했다.

지역 진행자들은 종종 지역의 공직자들에게 비슷한 방식으로 권력을 휘둘렀다. 2006년 한 기자는 밀워키 라디오 토크쇼의 거물 찰리 사이크스가 "아마 (위스콘신에서) 가장 영향력 있는 보수의 목소리"라고 말했다. 사이크스는 "말도 안 되는" 그리고 "건강하지 못한" 표현으로 간주했지만, 위스콘신 상원 공화당 대표를 역임했던 온건파 데일 슐츠는 그 말에 반대하지 않았다. 그는 사이크스의 위스콘신 남동부 지역 WTMJ 방송국이 "그 지역 의원들에게 겁을 주고 있다."라고 한탄했다. 위스콘신 상원 공화당 대표 스콧 피츠제럴드Scott Fitzgerald가 사이크스와 그의 청취자들에게 그 어떤 새로운 세금도 허용하지 않을 것이라고 약속한 후, 숄츠는 "의원들이 거기로 끌려 나가 충성을 맹세해야 하는 건 모욕적"이라고 비판했다.[31]

라디오 토크쇼의 권력을 보여주는 또 다른 예는 어마어마한 스타 파워를 가진 두 공화당원, 림보와 슈워제네거의 싸움이었다. 그 일은 두 사람에게는 영향력이 역전됐다는 것을 의미했고, 온건파에 대한 라디오 토크쇼의 분노가 커지고 있다는 또 다른 징표이기도 했다. 림보는 2003년 캘리포니아 주지사 보궐 선거에서 약간 미심쩍어하면서도 슈워제네거를 지지했다. 보수가 아니라는 점을 인정하면서도 청취자들에게 그에게 투표해야 하는 이유를 상기시켰다. 1994년 롬니에게 했던 것처럼, 림보는 슈워제네거의 패배를 지켜보기보다는 더 보수적으로 변하도록 설득하고 싶었다.

그러나 2007년이 되자 3년 반 동안 주지사를 지낸 슈워제네거는 정책을 놓고 림보와 설전을 벌였다. 슈워제네거가 전국 텔레비전 프로그램에 출연해 라디오 토크쇼 진행자에게 할 수 있는 가장 신랄한 모욕인, '별로 중요한 사람이 아니'라고 무시하기 전까지는 당내 충돌이었을 뿐이었다.[32] 온건파인 슈워제네거는 잃을 것이 거의 없었다. 그의 임기는 끝나가고 있었고 헌법에 따라 오스트리아 태생인 자신은 대통령 출마가 불가능했기 때문에 더 큰 정치적 포부도 없었다. 하지만 슈워제네거는 자신이 선을 넘었다는 것을 깨달았다. 림보를 모욕한 후, 그는 전화를 걸어 림보와 화해하고 다시 정책 논의를 진행하고자 노력했다. 주지사는 "우리는 함께 시가를 피울 것이고 앞으로 영원히 정책에 대해 이야기할 것이다."라며 "사람들이 당신과 나, 우리가 싸우지 않을 것이라는 사실을 아는 게 중요하다. 우리는 그에 대해서는 이견이 없다. 우리는 그냥 다른 의견을 가지고 있었을 뿐이고, 나는 공화당의 품이 넓다고 생각하며 그걸 즐기고 있다."라고 말했다.[33] 림보를 달래려는 시도에서 생생하게 볼 수 있듯이 그의 도움이 더 이상 필요 없을 것 같은 정치인들에게도 그의 영향력은 상당했다.

부시 대통령의 임기 막바지에 진행자들이 자신들의 기준을 충족시키지 못한 공화당 의원들을 물어뜯고, 정치적 파장을 두려워하는 공화당 의원들이 굴복하게 되면서, 의원들 스스로가 괴물 같은 무언가를 만들어 내는 데 일조했다는 사실은 부인할 수 없게 됐다. 공화당 의원들이 라디오 토크쇼와 진행자들을 키워줬기 때문에 당내에서 영향력을 축적할 수 있었고, 그 결과 청취자들은 선거와 정책에서의 승리를 위해 의원들보다 진행자들에게 더 의지하고 신뢰하게 됐다. 공화당 의원들은 20년 동안 진행자들의 선동적이고 비타협적인 언행과 지지층과의 영합을 승인하는 듯하더니, 이제야 비로소 자신들의 행동이 제약받고 있다는 것을 깨닫게 됐다.

부시 대통령 임기가 끝난 후에도 라디오 토크쇼와 공화당 의원들의 냉랭한 관계는 나아지지 않았다. 새로운 대선 주자가 필요했던 공화당 의원들은 라디오 토크쇼가 보기에 RINO인 정치인을 선택했다. 존 매케인은 전쟁 영웅이자 솔직하게 말하는 사람으로 널리 알려져 있었는데, 토크 프로그램 진행자들과 청취자들이 존경할 만한 자질들을 갖추고 있었다. 솔직함이 자신의 성격과 브랜드의 일부였기 때문에, 그는 2000년 대선 캠페인에서 솔직하고 직설적인 태도를 유지하겠다는 매케인의 대선 캠페인 모토 '직설 급행the Straight Talk Express'이라 이름 붙인 버스를 타고 다녔다. 하지만 당시 라디오 토크쇼는 매케인을 반대했다. 제이미슨과 카펠라의 연구와 데이비드 바커David Barker의 연구에 따르면 림보는 2000년 공화당 경선에서 매케인을 공격하기도 했다.[34]

2008년 대선 캠페인에서 매케인은 완전한 이민 개혁과

이라크 주둔군 증강같이 진행자들과 청취자들이 질색하던 정책들을 계속 지지했다. 매케인의 한 언론 보좌관은 2007년 경선이 시작된 후 6개월의 기간이 자기 인생에서 '가장 격동적인' 시간이었다고 말했다. 그는 주로 방어 메시지에 관여했는데, 대부분의 라디오 토크쇼가 매케인의 입장에 동의하지 않았기 때문에 매케인을 방어하거나 관심에서 벗어나게 하려고 노력해야 했다.[35] 예를 들어 5만 와트 전력의 강력한 전파로 광활한 지역에 송출돼 '화염방사기'로 알려진 아이오와의 WHO 방송국은 이민 문제를 전면에 내세워 매케인을 맹폭했다.[36] 지역 진행자들은 일반적으로 매케인에 덜 적대적이어서 전국 진행자들보다 더 나을 것이라고 기대했는데, WHO 방송국은 그렇지 않았다. 그럼에도 불구하고 매케인은 진행자들의 공세에 결코 흔들리지 않았고 적대적인 토크 프로그램에 정기적으로 출연했다.

보수 매체가 매케인만 타격한 것은 아니었다. 경선 기간에 블로그와 라디오 토크쇼는 매케인의 경쟁자인 롬니가 자신의 반려견을 학대했다는 이야기를 주류 언론에 흘려보냈지만, 실제로 피해를 입은 것은 매케인이었다. 핵심은 맹수가 그들을 잡아먹기 전에 먹이를 주는 것이었다.○ 진행자들이 상원의원의 의견에 동의할 필요는 없었지만, 만약 롬니에 대한 부정적인 이야기를 매케인 캠프가 주류 언론에 전달했었더라면 매케인은 그날만큼은 비판을 비켜갈 수 있었을 것이다.

○ 매케인이 롬니를 공격할 수 있는 소재를 미리 유출해 롬니의 피해를 줄이는, 일종의 예방 효과를 발생시키려는 의도였다.

총선 기간 매케인은 진행자들을 자신의 편에 두기 위해 보수층과 입장이 같은 정책에 초점을 맞추려고 애썼다. 이전 공화당 대선 후보들에게는 그게 한결 수월해서 라디오 토크쇼에서 지지층을 결집할 수 있었다. 그러나 라디오 토크쇼 청취자들은 매케인의 원래 지지층이 아니었다. 청취자들은 확신이 필요했는데 만약 매케인의 발언이 정통 보수에서 이탈할 경우, 청취자들의 불신과 이질감만 유발할 위험이 있었다.

그럼에도 불구하고 전체적으로 라디오 토크쇼는 총선 기간에 매케인에게 힘을 실어주었고 투표하라고 지지자들을 독려했다. 알래스카 주지사이자 보수의 떠오르는 스타였던 세라 페일린Sarah Palin을 부통령 후보로 지명한 것도 라디오 토크쇼의 지지를 얻는 데 도움이 됐다. 진행자들과 청취자들이 매케인에 대해 무엇을 미심쩍어하든 간에 경쟁 상대인 버락 오바마는 분명 더 문제였다.[37] 2008년 공화당 전국위원회 라디오 부문을 관리 감독했던 앤디 폴레소프스키Andy Polesovsky는 매케인 캠프와 보수 매체의 동맹을 최대한 활용했다. 특히 그는 새로운 기술을 잘 활용했는데, 진행자들과 공유할 유튜브 클립을 제작했고 음성 자료도 추가로 제공했다. 그는 선거 유세현장에서 영상 자료를 추출해—때로는 오바마의 실수도 잡아내— 진행자들과 제작자들에게 보내는 아침 업데이트 정보에 포함시키곤 했다. 폴레소프스키는 또한 당시 공화당 전국위원회에서 블로그 지원 활동을 했던 리즈 마이어Liz Mair와도 긴밀히 협력했다.[38]

폴레소프스키, 마이어 등은 디지털 환경에서는 라디오와 텔레비전, 온라인이 융합되고 있다는 점을 이해하고 있었다. 새로운 기술이 이러한 융합을 가능하게 했지만 그 결과물에는 이전 매체의 흔적이 깊게 각인돼 있었다. 디지털 시대에 만개한 보수 언론 제국은 라디오 토크쇼의 스타일, 감성, 이윤을 우선시하는 원칙을 채택했다.

보수 언론 제국

18

The Conservative Media Empire

21세기 들어 케이블 뉴스와 디지털 매체를 중심으로 이념 언론이 확산되면서 라디오 토크쇼가 공화당 지지층을 독점할 수 없게 되자 직접적인 영향력도 줄어들었다. 하지만 새로운 매체들이 라디오 토크쇼의 메시지를 강화하거나 증폭시켰기 때문에, 간접적인 영향력은 증대했다. 라디오 토크쇼가 만들어 낸 제국으로 인해 2000년대 후반 보수 언론의 존재감은 과거 어느 때보다 훨씬 더 강력해졌다.[1]

라디오 토크쇼와 케이블 뉴스에서는 비슷한 인물들이 활동하고 있었기 때문에 서로 협력할 수밖에 없었다. 해니티는 1996년 폭스 네트워크가 시작될 때부터 메인 뉴스 진행자로 활동했다. 2017년 성추행 스캔들로 사임하기 전까지 폭스뉴스의 최고 스타였던 빌 오라일리는 2002년부터 2009년까지 라디오 프로그램을 진행했다. 또 다른 라디오 스타인 글렌 벡은 2009년부터 2011년까지 폭스뉴스의 프로그램을 진행했다. 이후 폭스뉴스는 잉그레이엄을 메인 뉴스 출연진에 추가했다. 라슨과 갤러거를 포함한 많은 지역 및 전국 라디오 진행자들이 폭스뉴스에 정기적으로 출연했다.[2]

라디오 토크쇼와 디지털 세계 사이에도 비슷한 연결고리

가 많았다. 보수 라디오쇼 방송국 네트워크를 소유하고 있던 '세일럼 커뮤니케이션스Salem Communications'는 2006년 보수 의견 웹사이트인 '타운홀townhall.com', '핫에어hotair.com', '레드스테이트redstate.com'를 각각 2006년, 2010년, 2014년에 순차적으로 인수했다. 인터넷이 성장하면서 많은 보수층 인사들이 타운홀, '뉴스맥스newsmax.com' 등의 웹사이트에 칼럼을 쓰기 시작했고, 웹사이트 간 교차 홍보도 가능해졌다. 아주 초창기의 한 예로 갤러거는 자신의 2000년 11월 10일자 방송에서 교차 홍보의 가능성을 보여줬다. 그는 2000년 대선 당시 플로리다 팜비치 선거 개표 논란의 진원지였던 뉴스맥스에 글을 게재했다고 여러 차례 언급한 후, 뉴스맥스의 설립자 크리스토퍼 러디를 인터뷰했다.[3] 몇몇 진행자들은 칼럼을 쓴 대가를 받았지만, 좌파에서 문제 삼았던 것과는 달리 라디오 유명 인사들이 온라인에 글을 써서 큰돈을 벌어들인 건 아니었다. 자신들의 프로그램으로 청취자들을 끌어들일 수 있었다는 것이 가장 큰 이점이었다.[4]

블로그 또한 라디오 토크쇼의 성능 시험장이 됐는데, 칼럼니스트들은 모니터 화면에서 전파로 옮겨갔다. 2011년 당시 '레드스테이트'의 편집자이자 CNN 평론가였다가 이후 폭스뉴스 객원기자가 되는 에릭 에릭슨Erick Erickson은 애틀랜타에서 라디오 토크쇼 프로그램을 진행하기 시작했다. 그의 스타일은 "당신의 일은 사람들의 차 안에서 그들을 즐겁게 해주고 그들의 친구가 되는 것이다."라는 림보의 조언에 따른 것이었다.[5] 멀티미디어 사이트 '데일리와이어dailywire.com'를 시작하기 전 브라이트바트뉴스에 글을 썼던 칼럼니스트 벤 샤피로Ben Shapiro는 로스앤젤레스에서 라디오 토크쇼 업무를 맡았다. 2018년 그의 팟캐스트는 라디오 신디케이트에 입성했다. 2010년대 중반까지 많은 보수 매체 인사들은 자신들의 팬들에게 다가갈 수 있는 여러 수단을 가지고 있었다. 그리고 그들이 공유한 정보 중 많은 부분은 보수적인 인쇄 및 디지털 출판물에서

나온 것이었으며, 일부는 라디오 프로그램과 재정적으로도 연관돼 있었다.[6]

폭스뉴스와 마찬가지로, 디지털 보수 매체는 라디오 토크쇼의 콘텐츠 모형을 채택했다. 비록 영상 능력이 있고, 그래서 라디오 토크쇼 진행자들도 멀티미디어 방식을 고민하게 됐지만 브라이트바트뉴스, '데일리콜러the Daily Caller', '뉴스맥스' 같은 웹사이트들은 AM 라디오의 온라인 인쇄 버전에 가까웠다.[7] 브라이트바트뉴스는 2005년에 콘텐츠 종합 사이트로 시작했는데, '드러지리포트the Drudge Report'와 연계된 덕분에 빠르게 성장했다. 이후 2009년 브라이트바트뉴스는 한 비영리단체의 불법 활동을 보여준다면서 교묘하게 조작된 몰래 카메라 영상을 게재해 순식간에 널리 알려졌다(어떤 불법 활동도 입증되지 않았지만, 해당 단체는 이미지와 재정에 큰 타격을 받았다). 1년 후 이 웹사이트는 셜리 셰러드라는 농무부 공직자가 자신은 백인 농부를 신경 쓰지 않았다고 선언하는 영상을 게시해서 다시 한번 주류 언론의 주목을 받았다. 이 영상은 앞뒤 맥락을 생략한 것이었지만, 다수의 분노와 비난을 불러일으키는 데 성공했다. 결국 사실을 오도하는 편집이었다는 게 밝혀져 영상을 공유한 오라일리는 사과해야만 했지만, 그 이야기 때문에 브라이트바트뉴스의 인지도는 올라갔다.

두 영상은 좌파가 관련된 사안에 대해서는 최악의 가설을 믿는 라디오 토크쇼 청취자에게 진보의 위선과 스캔들을 보여주기 위한 것이었다.[8] 그리고 두 영상 모두 보수가 적으로 보는 사람들이나 기관들에 대해 허황된 음모론을 퍼뜨리려고 기만적인 방법을 사용했다. 이는 웹사이트 설립자인 앤드루 브라이트바트가 라디오 토크쇼의 전략과 가치관을 얼마나 완벽하게 수용했는지 잘 보여주는 사례이기도 하다. 실제로 브라이트바트는 림보 덕분에 언론의 진보 편향과 언론과 민주당의 동맹을 깨닫게 됐다고 생각했다. 한때 진보였던 브라이트바트는 여자 친구 아버지의 강권으로 처음 림보의 프로그램을 들었는데, 당시에는 림보가 자신이 증오하는 모든 것들을 남 탓으로 돌릴 거라 예상했었다고 말했다. 하지만 브라이트바트는 "한 시간이 세 시간이 됐다. 한 번 들으니 일주일 동안 듣게 됐다."라며 "그다음에는 편견에 사로잡혀 있던 내 자신을 의심하기 시작했다는 걸 깨달았다."라고 설명했다.[9]

라디오 토크쇼의 관점을 수용하는 것을 넘어, 브라이트바트는 그 스타일의 천재성을 이해했다. 그의 웹사이트는 AM 라디오에서 늘 들을 수 있는 바로 그 연속극, 독자들이 본능적으로 알아차리는 영웅과 악당의 이야기를 제공했다. 라디오 토크쇼의 거인들처럼 브라이트바트는 주류 언론이 무시하는 이야기에 집중했고 진보의 정치적 올바름과 소심한 공화당 기득권층을 신랄하게 비판하는 걸 좋아했다.[10]

레드스테이트 같은 웹사이트들은 좀 더 이용자 지향적이었지만, 그런 사이트 역시 라디오 토크쇼 모델을 수용하는 걸 똑같이 중요하게 생각했다. 트위터(현 X, 이하 트위터), 페이스북 같은 소셜 미디어 서비스와 마찬가지로 독자들은 이용자 지향적인 웹사이트에서 자신들의 콘텐츠를 게시할 수 있었다. 서로 이야기를 나눌 수 있었고 때로는 이용자들이 시작한 이야기가 먹이사슬을 타고 올라가 주류 언론에 영향을 미칠 수 있는 유명 인사에 도달하기도 했다.[11] 라디오 토크쇼 청취자들도 비슷한 일을 했는데, 더 널리 퍼져나가길 기대하고 진행자들에게 자신들의 이야기를 전달했다. 중요한 것은 이야기 자체이지 그 기원은 아니었다. 이야기에 라디오 토크쇼의 열정이 조금이라도 남아 있다면—독립적이고, 있는 그대로 말하고, 진보의 신성한 가치를 가차 없이 조롱하고, 보수의 제일 원칙들을 비타협적으로 방어한다면— 그 이야기는 흥미를 끌 수 있었다. 폭스뉴스도 의도치 않게 이야기의 중요성을 증명했는데, 2016년과 20 17년 한 프로그램을 제외하고 나머지 주요 시간대의 프로그램들을 모두 개편했으나 시청률은 그대로 유지됐다. 시청률을 위해서는 개성이 강한 사람이 중요하긴 했지만, 온건한 진행자들을 교체하더라도 특정 인물보다는 라디오 토크쇼 스타일의 콘텐츠 자체가 더 많은 시청자를 끌어들였다.

이용자들은 2010년대에 글렌 벡의 '더블레이즈theblaze.com' 같은 디지털 영상 구독 서비스가 제공했던 종류의 콘텐츠에 대단히 열광했는데, 폭스뉴스도 2018년에 이 분야에 진출했다. 전달 장치는 달랐지만, 편성은 같았다. 익숙한 라디오 토크쇼 모델에 충실했고 벡이나 레빈 같은 라디오 토크쇼 스타를 포함했다. 심지어 더블레이즈는 정치를 벗어난 영역에서도 우익의 세계관을 보여줬다. 더블레이즈의 스포츠 프로그램에는 베테랑 보수 진행자 스티브 디스Steve Deace와 선동적인 정치 평론으로 잘 알려진 브라이트바트뉴스의 진행자이자 전 메이저리그 올스타 투수인 커트 실링Curt Schilling이 출연했다.[12]

새로운 보수 매체가 번창하면서 폭스뉴스나 오래된 라디오 프로그램은 보수 매체의 주류가 됐는데, 기성 정치권이 그랬듯이 많은 의구심을 불러일으켰다. 브라이트바트뉴스 같은 매체들은 명시적으로 기존 보수 매체 대신 자신들을 봐달라고 말했다. 그들은 훨씬 더 거칠었고, 훨씬 더 오른쪽으로 기울었으며, 무엇보다 포퓰리스트였다.[13] 다시 한번 경쟁의 효과가 작동해서 자신들의 정체성을 유지하려던 기성 제작자들은 이념적 극단으로 내몰렸다. 그 결과 타협하는 공화당 의원들을 비난하고 공공연하게 실용주의를 경멸하며 선명성을 요구하는, 더 강경한 보수 매체가 등장했다.

정치인들과 보좌진은 대체로 기성 보수 매체와 신생 보수 매체, 혹은 라디오와 디지털을 구분하지 않았다. 그들은 케이블 뉴스, 라디오 토크쇼, 디지털 매체, 그리고 소셜 미디어를 상호 보완적이라고 보고 모두 발전시켜 활용하려고 했다. 어떤 매체가 과도한 요구를 하지 않는 한, 공화당 의원들은 그들을 효과적이고 균형 잡힌 소통 전략의 일환이라고 생각했다.

신경을 써야 하는 경쟁 조직들이 훨씬 많아졌지만, 기술 발전으로 인해 상대적으로 쉽게 접촉할 수 있었다. 고품질 휴대전화 덕분에 상원의원들은 집에서, 자동차에서, 또는 사무실에서 상원 원내로 걸어가는 동안에도 라디오 방송에 출연할 수 있었다. 상원 공화당 회의는 서버와 영상 녹화 소프트웨어를 설치해 보좌진이 폭스뉴스에 출연했던 의원의 방송 분량 일부를 추출해 지역구의 주요 블로거나 라디오 진행자에게 전달할 수 있도록 했다.[14] 한 번의 인터뷰로 여러 매체에 쉽게 접근할 수 있었다.[15] 새로운 디지털 매체를 활용하기 위해 보좌진은 라디오 토크쇼와 함께 개척했던 많은 홍보 전략을 응용했다. 예를 들어 그들이 생각해 낸 '블로거의 날'은 1990년대 시작했던 '라디오의 날'과 유사했다.

라디오 토크쇼와 케이블 뉴스, 그리고 보수 웹사이트를 똑같이 취급한다면 케케묵은 경쟁자들과의 차별성을 강조하던 신생 우익 매체들은 화를 낼지도 모른다. 하지만 공화당 의원들의 입장에서 보면 그게 합리적이었다. 그 차이가 무엇이든 이들 매체는 하나의 네트워크를 구성했다. 이들은 복잡하게 얽혀 있으면서도 대체로 일관된 메시지를 제공했다. 정치를 우경화시키고 선정주의와 음모론으로 몰아간다는 점에서 보면 그들도 큰 틀에서는 모두 라디오 토크쇼였던 것이다.

오바마에 대한 저주

19

I Hope He Fails

버락 오바마의 당선은 미국 정치에서 혁명적 순간이었다. 무엇보다도 그는 미국 최초의 흑인 대통령이었다. 그리고 미국 최초의 디지털 대통령이었다. 오바마 캠프는 1992년 클린턴 캠프의 뉴미디어에 대한 열정을 계승했다. 클린턴 캠프가 라디오 토크쇼와 함께 혁신해서 큰 성과를 거두었다면, 2008년 오바마 팀은 디지털 기술과 '미세 표적화microtargeting'를 활용해 당선됐다.

백악관에 입성한 후에도 오바마와 보좌진은 계속해서 민주당 홍보 전략을 재구조화했다.[1] 오바마 행정부는 목표 수용자를 더 잘 설정하기 위해 다양한 매체의 도달 범위와 이용 기록에 대한 세부 정보를 이용했다. 예를 들어 지역 텔레비전 출연이 더 낫다는 분석 결과가 나오자 백악관은 라디오 출연 계획을 대부분 폐기했다. 대통령 특별 보좌관이자 방송 매체 국장이었던 다그 베가Dag Vega에 따르면 지역 텔레비전은 '국가적 과제에 최대치의 영향'을 미치고 있었다. 따라서 대통령을 포함한 민주당 거물들과 인터뷰하도록 백악관에 초대받은 사람들은 라디오 토크쇼 진행자들이 아니라 텔레비전 앵커들이었다. 게다가 메시지는 지리적, 인구학적 요인뿐만 아니라 이념적 성향을 고려해 맞춤형으로 제작됐다. 진보 매체에 대한 지원 활동은 모두 전담 직원이 맡았다. 마지막으로 홍보 담당관은 백악관 최초로 소셜 매체 운영팀을 만들어 오바마 대통령 임기 8년 동안 급속하게 성장시켰다.

오바마와 보좌진은 자신들의 메시지를 전파할 영역을 폭넓게 고려했다. 오바마 대통령은 코미디언 잭 갈리피아나키스Zach Galifianakis가 진행하는 유명인 인터뷰 프로그램인 〈비트윈 투 펀스Between Two Ferns〉에 출연했다. 오바마는 유명 팟캐스터이자 코미디언인 마크 마론과 이야기를 나누었고, 인종 관계에 대해 토론하던 중 흑인 비하 용어인 N-워드를 사용해 큰 논란을 불러일으키기도 했다. 심지어 소셜 웹사이트인 레딧reddit.com에서 AMA(ask me anything, 무엇이든 물어봐)도 진행했는데, 이는 빌 클린턴이 연두교서를 발표한 후에 인터넷에서 디지털 질의응답을 진행했던 것과 비슷했다.[2] 열성 농구팬인 오바마는 젊은 남성에게 다가서기 위해 전미대학농구대회의 대진표를 추첨했고, 스포츠 전문채널 ESPN이나 다른 스포츠 프로그램에 출연해 농구 코트 옆에서 중계진과 이야기를 나누기도 했다.

이 또한 ESPN 라디오에 출연해 대학 농구에 대해 잡담을 나눴던 클린턴을 떠올리게 하는 일이었다. 미세 표적화는 새로운 방식이었지만, 오바마 보좌진의 홍보 활동은 많은 부분 예전 방식을 개량한 것이기도 했다. 백악관은 전임자들의 지침서에서 아이디어를 얻어, 유권자들에게 다가갈 수 있는 기회가 훨씬 많아진 매체 환경에 적용했다.

이용 가능한 매체가 다양해지자 메시지 전달 방식에서도 새로운 영감을 떠올렸다. 라디오 국장이 아침 토크 프로그램부터 보수 매체, NPR에 이르기까지 모든 매체에 백악관의 메시지를 전송하던 시대는 갔다. 대신 라디오는 세분화됐다. 지역 라디오 프로그램은 지역 언론 담당 보좌관이 맡았다. 텔레비전 인터뷰를 관리하는 보좌관이 전국 라디오 출연도 관리했다. 물론 우선순위는 텔레비전이었다. 지역구 언론 담당자가 흑인과 스페인어 라디오를, 진보 매체 담당자가 진보 라디오를 담당했다.

그 결과 라디오 전략이 다양해졌다. 오바마 백악관은 특정 사안에 대해서만 기습적으로 라디오의 날 행사를 열었고 대통령의 라디오 인터뷰는 가끔 주선했으며 대리인도 선별적으로 내보냈다. 예를 들어 아이오와 주지사 출신 농무부 장관 톰 빌색Tom Vilsack은 아이오와 농업 라디오에 출연했다. 하지만 대부분 중립적이거나 비이념적인 라디오와 흑인이나 라틴계 청취자들을 위한 프로그램에 초점을 맞추었다. 소수 민족 청취자를 대상으로 하는 라디오가 반드시 정치적인 건 아니었지만, 공화당 지지층이 보수 라디오쇼를 듣는 것처럼 민주당 지지층도 그런 라디오를 들었다. 파급효과를 누릴 수 있는 NPR도 백악관의 인터뷰 레이더에 잡혔다. 다른 엘리트 매체가 NPR에 주목했기 때문에 NPR 인터뷰는 언론 전반에 반향을 불러일으킬 수 있었다.

하지만 여러 면에서 라디오에 대한 노력은 상당히 약화됐다. 오바마의 홍보 담당자 중 한 명이었던 젠 사키Jen Psaki는 오바마 보좌진이 '선택적이고 특정한' 방식으로 라디오를 활용했다고 설명했다. 부시 행정부는 물론 초기 클린턴 행정부조차 그렇게 하지는 않았다. 오바마 보좌진은 심지어 대통령의 주간 라디오 연설을 온라인 영상 시리즈로 전환했다.

보수 매체와 관련해 백악관은 폭스뉴스는 상대했지만 라디오 토크쇼와는 접촉하지 않았다. 보좌진은 가끔씩 인터뷰를 하거나 사실관계를 정정하기 위해 폭스뉴스에 출연했다. 일반적으로 오바마 보좌진은 폭스뉴스에 출연할 필요가 있다고 믿었는데, 왜냐하면 일부 설득 가능한 시청자들이 폭스뉴스를 시청했기 때문이었다. 라디오 토크쇼는 또 다른 문제였다. 백악관 입장에서 보면, 라디오 토크쇼는 결론 없는 공격적 주장들만 난무했고 그 어떤 청취자도 민주당의 말에 마음을 열지 않았다. 오바마의 경험 많은 보좌진은 라디오 토크쇼에 자원을 투여하고 출연자를 내보내는 일을 납득할 수 없었다. 그들은 더 효과적인 매체가 있다는 것을 알고 있었다.[3]

오바마 대통령 시기에 이르러 10년에 걸친 정당별 홍보 전략의 차별화가 정점을 찍었다. 민주당과 공화당이 서로 다른 매체를 통해 서로 다른 유권자에게 말하는 게 당연해졌다. 미국 역사를 봐도 다양한 선례가 있는데, 예를 들어 19세기에는 정파적 신문이 지배적이었다. 하지만 그렇다고 해서 이런 상황이 충격적이지 않다거나 시대적 흐름에서 벗어난 게 아니라는 의미는 아니다. 라디오 토크쇼의 시대가 시작된 1990년대 초반에는 그렇지 않았다. 정치적 대화와 토론의 주역 중 하나인 라디오 토크쇼는 오바마 대통령에게 거의 존재감이 없었다. 반면 공화당은 그 관계에 부침이 있었음에도 불구하고 여전히 라디오 토크쇼에 전념하고 있었다.

여러 면에서 라디오 토크쇼와 민주당의 관계는 처음부터 저주받은 것이었다. 많은 민주당 의원들은 라디오 토크쇼가 화해할 수 없을 정도로 적대적이라고 판단해 결코 포용하려고 하지 않았다. 민주당 지도부는 라디오 토크쇼의 중요성을 이해하고 의원들의 출연을 장려했지만, 빌 클린턴 같은 몇몇 예외를 제외하고 나면 라디오 토크쇼에 호감을 가진 민주당 의원은 없었다. 일부 민주당 의원들은 그 필요성과 잠재적 이익을 잘 이해했다. 그들은 진행자들과 좋은 관계를 유지하고 싶어 했고 라디오 친화적 활동을 통해 진행자들의 방송 활동을 좀 더 편하게 만들어 주길 원했으며 주요 민주당 의원들이 라디오 토크쇼에 대거 출연해 당의 메시지를 전파하길 원했다. 하지만 그렇게 생각하지 않는 의원들이 너무 많았다. 전반적으로 민주당 의원들은 공화당 의원들만큼 열성적이지 않았던 게 확실하다. 그리고 라디오 토크쇼 출연이 최고조에 달했을 때도 민주당 의원들은 공화당 의원들에 비해 라디오 토크쇼를 더 방어적으로 활용했다. 그들이 가장 원했던 바는 라디오 청취자들이 반민주당 메시지만 듣는 게 아니라 이야기의 양면을 듣는 것이었다.

만약 보수가 먼저 라디오 전파를 장악하지 않았다면 상황은 달라졌을지도 모른다. 보수의 선점 효과 때문에 민주당 의원들은 라디오 토크쇼를 별로 듣지 않게 됐다. 최소한 자기 지역구에 영향력 있는 진행자나 방송국이 없을 때는 거의 듣지 않았다. 따라서 의원들과 보좌진, 그리고 당직자들은 라디오 토크쇼에 대해 왜곡되어 인식하는 경우가 많았다. 그들은 라디오 토크쇼의 영향력과 중요성은 과소평가하고 적개심은 과장했다. 오랜 기간 미시간 하원의원을 역임한 데이비드 보니어는 많은 민주당 동료 의원들이 라디오를 '언론계의 빨간머리 의붓자식'○으로 여겼다고 말했다.[4] 그들은 진행자들이 인터뷰를 비명 지르기 시합으로 바꿔 버릴 거라고 잘못 생각했다. 실제 몇몇 진행자들은 그렇게 행동하기도 했지만, 대부분은 민주당 의원들이 최소한 자기 의견을 말할 수 있게 해줬다.[5]

○ 빨간색은 공화당의 색깔이다. 따라서 라디오 토크쇼는 공화당을 지지하는 비주류 언론이라는 의미다.

지리적 요인도 민주당과 라디오 토크쇼의 관계를 어색하게 만들었다. 많은 민주당 의원이 도시 인구가 많은 지역 출신이었던 반면 림보가 만든 라디오 토크쇼는 대체로 시골 지역에서 더 큰 비중을 차지했다.[6] 도시의 청취자들은 출퇴근길 차안에 갇혀 있을 때 시간을 같이 보낼 친구를 찾고 있었는데, 이 상황이 의원들에게 적합하지는 않았다. 2004년 초박빙 선거에서 시골 지역이 민주당에 등을 돌리면서 상원의원직을 상실한 톰 대슐은, 자신의 고향 사우스다코타에서는 사람들이 고속도로에서 오랜 시간을 보내며 라디오 토크쇼를 듣는다는 점을 지적했다. 네브래스카 상원의원 벤 넬슨의 보좌진에 따르면, 네브래스카에서는 상당수 사람이 인터넷이나 케이블 텔레비전을 이용하지 않고 라디오를 우선시했다.[7] 하지만 민주당 지지층이 보수 라디오쇼를 듣지 않았다는 점을 감안할 때, 라디오 토크쇼는 홍보를 위한 많은 도구 중 하나였을 뿐 결정적으로 중요하지는 않았다. 반면 빌 리처드슨은 민주당이 기회를 놓쳤다고 한탄했는데, 라디오 토크쇼로부터 뉴스와 오락을 얻는 시골 유권자들과 온건파 유권자들이 민주당 정책에 호응했을 것이라고 믿었기 때문이다.[8]

굳어져 버린 '빨강과 파랑red-and-blue 사고방식'○도 두 당의 매체 우선순위가 달라진 이유였다. 목표 유권자 설정이 더욱 정교해진 2000년대 후반 이전이라면 민주당은 최우선 지역 이외의 보수 프로그램들을 무시했을 수도 있다. 하지만 목표 유권자 설정이 발달하면서 민주당은 이들 지역에 민주당의 잠재적 지지자들이 있을 수 있고, 그 유권자들은 진행자들이 자신의 문제에 신경 써주기 때문에 라디오 토크쇼를 듣는 것일 수도 있다는 걸 깨달았다. 진행자들의 관심 사안에 관해 입장이 같거나 최소한 그 사안을 해결할 의지가 있는 민주당 후보에게는 하나의 기회일 수 있었다.[9] 하지만 민주당은 여러 해 동안 그 영역을 그냥 내버려 뒀다.

○ 빨간색과 파란색은 각각 공화당과 민주당을 상징하는데, 빨강-파랑 사고방식은 정파성에 따른 이분법적 대립구조를 의미한다.

유권자 표적화가 발달했음에도 불구하고 공화당의 홍보 전략에서 라디오 토크쇼가 훨씬 더 중요한 위치를 차지했던 이유는, 라디오 토크쇼가 민주당보다 공화당에게 더 큰 역할을 하고 있었기 때문이었다. 양쪽 모두 메시지를 전파하고 증폭한다는 점에서 라디오 토크쇼가 중요하다고 여겼다. 하지만 공화당 의원들에게 라디오 토크쇼는 쌍방향적인 매체였다. 그들은 적극 지지층의 관심사를 듣기 위해, 지지층 변화의 흐름을 알기 위해 라디오 토크쇼를 이용했다. 진보 라디오쇼는 민주당의 민심을 살피게 해줄 만큼 충분한 청취자를 확보한 적이 없다. 진보 라디오쇼에는 민주당을 지지하는 유권자들이 많이 모여들지 않았다는 것이다. 자원이 한정된 상황에서 민주당은 당연히 더 큰 규모의 지지자나 설득 가능한 유권자에 다가갈 수 있는 매체에 더 많은 관심을 기울였다.

이 결정이 현명하기는 했지만 민주당은 라디오 청취자들

이 접하는 메시지에 균형을 맞출 기회를 놓쳤다. 비록 보수층이 라디오 토크쇼 청취자의 대다수를 차지했지만 설득 가능한 많은 유권자들 또한 라디오 토크쇼를 들었고 민주당 의원들이 계속 라디오 토크쇼에 출연했었다면 그런 사람은 더 많아졌을 것이다. 하지만 민주당이 라디오 토크쇼에서 철수하면서, 폭스뉴스와 함께 보수의 반향실로 굳어진 라디오 토크쇼는 정치 양극화를 가속화했다. 오바마 정부에 이르러서는 민주당 온건파 보좌진까지 겨냥할 정도로 보수 매체의 독설과 히스테리는 계속 심해지기만 했다.[10]

만약 민주당 의원들이 라디오 토크쇼에 계속 출연했었다면 이런 변화 과정을 지연시켰을 수도 있다. 라디오 토크쇼 청취자에 다가갔었다면, 자신들의 정책적 입장에 대해 라디오 토크쇼가 꾸며낸 비방을 청취자들이 되풀이하지 않도록 희석시킬 수 있었을 것이다. 그리고 감정적인 주장에 대해서 적극적으로 반박했더라면 라디오 토크쇼 청취자들의 개인적 적개심은 줄일 수 있었을 것이다. 리버먼 같은 민주당 의원들은 위험을 무릅쓰고 보수 라디오쇼에 정기적으로 출연해 고정관념을 깨뜨리고 진행자들을 무력화했다. 그들은 분노 대신 정중한 이견으로 맞섰다. 다른 의원들도 방송에 나가 진행자들의 호평을 받았더라면, 청취자들도 적대감을 덜 느끼고 덜 적극적으로 반대했을 수 있다. 제이미슨과 카펠라가 보여줬듯이 림보의 청취자들은 1996년 대통령 후보들에 대해 느끼는 감정이 더 강렬했고 선거 직전 정치 활동에 참여할 가능성도 더 높았는데, 이는 민주당에게 좋은 일은 아니었다.[11] 잉그레이엄 같은 일부 진행자들은 민주당 출연자들이 들러리가 돼 주길 원했던 반면 휴잇이나 다른 진행자들은 까다로운 질문을 던진 후 출연자가 답하게 하고 논쟁을 벌여 유권자들의 격분을 완화하려고 했다.

오랜 기간 상대편에게 그들의 정책을 독점적으로 전달할 수 있게 방치했기 때문에 민주당이 불균형 문제를 해결하기 더 어려워졌을 수도 있다. 민주당 의원이 없는 라디오 토크쇼에서는 청취자들이 민주당 메시지를 알지 못하게 될 뿐만 아니라, 진행자들이 마음대로 민주당 의원들의 입장을 희화화하고 그들을 악인으로 만들 수 있었다. 그 때문에 민주당이 자신을 방어하기 위해 마침내 방송에 나오더라도 청취자들은 공화당의 주장을 받아들일 가능성이 더 커졌다.[12] 그동안 라디오 토크쇼 청취자들이 민주당에 대해 느껴왔던 극심한 경멸, 역겨움, 두려움 등을 감안할 때, 오바마 시대 민주당이 실수를 만회하기에는 너무 늦었던 것이라고 할 수 있다. 이러한 메시지 전달의 격차 때문에 중서부를 포함해 미국의 작은 마을과 시골 지역에서 민주당의 경쟁력이 지속적으로 감소했을 것이다. 그리고 도널드 트럼프의 깜짝 상승으로 민주당은 바닥까지 떨어졌다.

민주당이 노력했다면 라디오 토크쇼가 우호적으로 바뀌었을 것이라 말할 수는 없다. 많은 보수 진행자가 민주당이 제공한 정보를 환영하고 민주당 출연자들과 즐겁게 대화를 나누었을지는 모르지만, 그들은 여전히 대부분의 주요 사안에 대해 민주당과 의견을 달리했다. 그리고 그런 이견을 사나운 비판으로 늘어놓았다. 허세를 곁들인 자극적인 경멸이 상업적으로 필요하기도 했다. 그럼에도 불구하고 오바마 시대에 이르러 민주당이 라디오 토크쇼를 완전히 거부하면서 이를 듣는 상당수 미국인과의 단절도 확고해졌다.

틀어진 관계

20

The Relationship Sours

라디오 토크쇼에 있어 오바마 대통령의 임기는 중요한 변곡점이었다. 공화당에 라디오 토크쇼는 도움보다 장애물이 돼버렸는데, 공화당이 하원을 장악한 2011년에 그 순간이 찾아왔다. 그 이전에 라디오 토크쇼는 오바마의 정책을 저지하기 위해 공화당과 연합했다.

오바마 대통령의 첫 번째 임기 전반기에 공화당은 분열됐다. 민주당은 상하원을 모두 장악했고 2009년부터 2010년 초까지 7개월 동안 상원에서 필리버스터를 중지시킬 수 있을 만큼 충분한 표를 얻었다. 공화당이 이렇게 무력해지면 이전에는 라디오 토크쇼의 전폭적인 지지를 기대할 수 있었지만, 라디오 토크쇼가 점차 등 돌리고 있다는 징조가 보였다. 공화당이 의회를 되찾는 데 장애가 될 수 있음에도 불구하고 라디오 토크쇼는 보궐선거와 당내 경선에서 반복적으로 자신의 길을 갔다. 그리고 공화당이 의회를 되찾기도 전에 라디오 토크쇼는 공화당 온건파를 단호하게 포기했다.

오바마 대통령 초기에 공화당은 여느 때처럼 활기차게 라디오 토크쇼에 정성을 쏟았다. 실제로 몇몇 보좌진은 그 어느 때보다 열심이었다. 2009년 '의료보험법the Affordable Care Act'○

○ 오바마 대통령 시기에 제정된 법으로, 주로 '오바마 케어'로 불린다. 더 많은 사람에게 의료보험을 제공하고 의료비를 감소시키는 것을 목표로 도입된 법이다. 개인 의료보험 의무화, 의료보장 확대, 기존 질병 보호, 청년세대 의료보험 보장, 필수 건강 보장 등을 주요 내용으로 한다. 이 법의 지지자들은 의료보험 확대와 보장 강화를 주장하는 반면, 반대자들은 비용 부담과 과도한 규제를 지적해 왔다.

을 둘러싼 치열한 논쟁이 계속되는 동안, 상원 공화당의 라디오 토크쇼 담당자는 의원들의 의정 연설을 발췌한 음성 자료를 진행자들에게 실시간으로 전달하기 위해 하루 20시간씩 일했다. 그는 수백 차례의 인터뷰도 주선했다. 어떨 때는 출연을 불과 일주일 앞두고 라디오 편성을 완전히 바꿔놓기도 했다. 그 방송이 끝난 후 한 상원의원은 탈진한 그에게 주 후반에 한 번 더 출연할 수 있겠냐고 물었다.[1]

공화당 의원들이 입법 타당성을 놓고 분투하는 동안에도 라디오 토크쇼는 이전처럼 노골적이지는 않았지만, 의회에 계속 주문을 걸고 있었다. 이 미묘한 영향력은 2009년부터 2010년 사이 '도드-프랭크Dodd-Frank' 법안으로 알려진 금융 규제 개혁 법안을 통과시키려고 노력하는 와중에 드러났다. 〈워싱턴 포스트〉 기자 로버트 카이저Robert G. Kaiser의 설명에 따르면, 상원 은행위원회 위원장인 민주당의 크리스 도드Chris Dodd와 공화당 간사인 리처드 셸비Richard Shelby가 초당적 합의에 근접한 것처럼 보일 때마다 셸비의 입장은 다시 강경해졌다. 셸비는 협상을 방해하려는 소속 계파 의원들에게 발목을 잡힌 것처럼 보이기도 했다.[2] 도드와 테네시 상원의원 밥 코커Bob Corker의 협상에 대해 카이저는 "한때 상원의원은 주권자였고 대부분 자신만의 동맹을 맺고 양당 동료들과 함께 자신의 목표를 추구할 수 있는 자유로운 존재였다. 하지만 지금은 모든 상원의원이 당의 규율을 따라야 하고, 그들도 그걸 알고 있다."라고 말했다.[3] 바뀐 규정 때문에 이렇게 변했을 수 있다. 하지만 보수 매체, 특히 라디오 토크쇼가 셸비와 도드의 협상을 교착 상태에 빠뜨린 숨겨진 권력일 수도 있었다.[4]

카이저의 말에 따르면, 셸비는 상원 세출위원회 위원장이 되고 싶어서 매코넬과 공화당 동료들을 거역하지 않으려고 조심했다. 만약 셸비가 다른 의원들을 화나게 만들었다면 세출위원회의 공화당 동료들은 그를 위원장으로 뽑는 데 주저했을 것이다. 그래서 셸비는 지도부와 동료들로부터 배신자라는 의심을 받지 않도록 스스로를 지켜야 했다. 도드의 법안에 찬성하는 공화당 의원이 거의 없는 상황에서 셸비 같은 전직 민주당원이 그 법안을 지지하는 건 정치적으로 너무 위험한 일이었다.[5] 라디오 토크쇼는 분명 그를 RINO로 몰아 영원히 위원장이 될 수 없도록 반대운동을 벌였을 것이다. 이게 정확히 라디오 토크쇼가 당내 문제에 미치는 영향이었다. 이런 일에 신경 쓰는 미국인은 거의 없었기 때문에 총선보다 당내 경선을 훨씬 더 걱정하는 공화당 의원들이 결정을 내렸다. 라디오 토크쇼는 상임위원회 배정을 핵심 원칙의 문제처럼 보이게 만들 수 있었고, 공화당 의원들에게 진행자의 뜻에 맞게 투표하거나 아니면 심각한 역풍을 맞거나 둘 중 하나를 선택하라고 강요했다.

라디오 토크쇼는 투명성을 명분으로 의원들을 위협해 섬세한 입법 과정에도 영향을 미쳤다. '도드-프랭크' 법안의 사례가 나오기 25년 전만 해도 중진 의원들은 비공개로 조용히 협상을 했었지만 라디오 토크쇼 때문에 밀실은 이제 위험한 곳이 됐다. 협상에 불만을 품은 보수파 의원들이 협상 과정을 유출할 수 있는 통로가 라디오 토크쇼였다. 그들은 라디오 토크쇼에 달려가 아무도 몰랐던 거래를 뒤엎어 버릴 수 있었다. 공화당 의원들이 협상에서 비밀리에 양보하면 재앙을 자초할 수 있다는 의미였다. 들키지 않을 수 있지만 들킬 수도 있었기 때문에 조심하는 게 최고였다. 딕 아미에 따르면 높아진 투명성으로 인해 라디오 토크쇼가 입법 과정과 공공 정책에 영향을 미쳤을 수 있다. 라디오 토크쇼는 입법자들에게 더 많은 책임을 지웠고, 그 결과 정상적인 절차를 거쳐 법안이 통과되기는 더 어려워졌다. 아미의 말을 빌리자면, 정치인들은 높아진 책임감에 대해 '매우 큰 용기'로 대응하지 않았다. 대신 그들은 모호한 법안을 통과시키거나 실무 단위에서 세부사항을 채울 수 있게 허용했다.[6]

라디오 토크쇼 시대에 법안을 통과시키려면 셸비같이 야

심은 있지만 위험을 회피하려는 공화당 의원들에게서는 찾아볼 수 없는 용기와 대담함이 필요했다. 셸비는 2009년과 2010년 '도드-프랭크' 법안을 놓고 민주당과 치열하게 싸웠고, 몇 차례 양보를 받아냈음에도 불구하고 최종 법안에는 반대표를 던졌다. 2018년 그는 세출위원장 자리를 얻었다. 이는 1978년 셸비가 처음 의원이 됐을 때 입법 과정이 작동하던 방식과는 거리가 한참 멀었다.

만약 진행자들이 전통적인 정치행위자들이었다면 민주당이 행정부와 의회를 모두 통제할 때는 클린턴 행정부 초기에 그랬던 것처럼 실용적 자세를 취하려고 했을 것이다. 진행자들은 2006년과 2008년 민주당 돌풍이 분 선거에서도 살아남은 소수의 온건파 공화당 의원들을 포용했을 것이다. 그리고 그들은 공화당을 다수당으로 만들기 위해 그 어떤 공화당 후보라도 지지했을 것이다.

하지만 지난 15년 동안 정치 및 매체 지형은 극적으로 변해버렸고, 상원의원 선거에서 하나의 사안에 매몰된 고집스런 보수 유권자들을 꾸짖으면서 온건파 및 롬니를 지지했던 림보도 더 이상 예전의 그가 아니었다. 그런 유형의 보수 매체는 찾아보기 힘들었다. 라디오 토크쇼는 오바마 대통령에게 저항하고 선명한 보수 정책을 추구할 때만 공화당을 지원했다. 민주당 의원이나 다를 바 없는 공화당 의원들은 적일 뿐이었다. 공화당이 '부실자산 구제 프로그램the Troubled Asset Relief Program, TARP' 같은 보수적이지 않은 정책을 지지할 경우, 많은 진행자를 비롯해 보수층 저변의 분노를 불러일으켰다.[7]

그런 상황에서 라디오 토크쇼는 실용주의에 아무런 매력을 느끼지 못했다. 진행자가 이념적으로 살짝 벗어나기라도 하면 훨씬 더 극우적인 매체에 틈을 내줘 청취자들과 멀어지고 재정적 이익을 해칠 수 있었다.[8] 그리고 진행자들은 더 오른쪽으로 옮겨가 온라인 신생 매체들과 보조를 맞출 자율성이 있었다. 집권당과 협치에 필요한 타협안을 지지해야 하는 부담은 더 이상 없었다. 과거와 달리 이제는 공화당의 성과에 초점을 맞추거나 사태를 다른 방식으로 해석해야 할 이유도 없었다. 2006년 해니티와 전화 참여자 켄은 민주당이 다수당이 될 위험 때문에 보수는 어쨌거나 공화당을 계속 지지해야 한다는 데 동의했다. 하지만 잃을 게 별로 없었다. 라디오 토크쇼는 상상만 해왔던 선명 공화당을 밀어붙이는 그 순간을 즐겼다.[9]

라디오 토크쇼의 호전적 자세는 오바마 대통령의 임기 동안 커져만 가던 청취자들의 분노와 일치했다. 그 분노한 청취자들 중 많은 사람이 앞으로 워싱턴에 상당한 영향을 미칠 새로운 정치운동인 티파티에 참여했다. 진행자들은 티파티에 열광하는 청취자들의 감정을 읽고 예측하는 데 뛰어났지만, 티파티 때문에 진행자들의 공격성이 증가했다는 건 잘못된 해석이다. 진행자들은 청취자들의 감정을 있는 그대로 전달할 뿐만 아니라 촉발하기도 했다. 티파티 운동이 결성되기 수년 전부터 많은 진행자가 협상과 온건파에 환멸을 느끼기 시작했다. 라디오 토크쇼의 변화는 티파티 운동의 전조였지, 그에 대한 반응이 아니었다. 사실 많은 진행가 티파티의 우선 과제를 결정하는 데 도움을 주었다. 시다 스코치폴Theda Skocpol과 버네사 윌리엄슨Vanessa Williamson은 다음과 같이 설명했다.

> 그들의 대의명분을 공개적으로 옹호하고 독려하는 보수 매체 진행자들의 동원력을 인식하지 못한다면 티파티를 이해할 수 없습니다. 폭스뉴스에서부터 우익 라디오 진행자와 블로거에 이르기까지, 매체의 지휘자들은 흩어져 있던 티파티 회원들을 결속시키고 크고 강력한 무언가의 일부라는, 공유된 일체감을 만들어내려고 많은 일을 해왔습니다. 매체 진행자들은 또한 매우 감정적인 주장을 포함한 정보와 허위 정보를 꾸준히 생산해, 티파티 회원들이 국가의 방향과 정부 관리들의 행태에 대해 분노와 두

려움을 지속적으로 느끼게 만들었습니다.[10]

티파티 시대에 이르러 라디오 토크쇼는 RINO 사냥꾼으로 완전히 성숙하게 됐다. 2009년 6월 하원 민주당이 제정한 '탄소배출권 거래제'를 림보가 다루었던 방식이 그 좋은 예다. 보수는 이 정책을 세금으로 간주했다. 법안이 통과되던 날 하원 공화당 대표 존 베이너는 이 법안을 맹렬히 비난했고 라디오 토크쇼에도 여러 번 출연해 비난을 퍼부었다.[11] 하지만 라디오 토크쇼는 공화당에 맹목적으로 충성하는 동맹은 아니었다. 그런 동맹이었더라면 라디오 토크쇼는 법안을 추진한 민주당에만 초점을 맞췄을 것이다. 하지만 림보는 이 법안에 찬성표를 던진, 대부분 북동부 지역 출신인 공화당 온건파 하원의원 여덟 명에게 분노했다. 림보는 그들이 탄소배출권 거래를 통해 이익을 얻는 월가로부터 선거자금을 받기 위해 당을 배신했다고 비난했다. 그는 "이 여덟 명의 공화당 의원들 때문에 이런 일이 일어났다."라며 씩씩거렸다.

그러나 림보는 언제나 그래왔듯이 공화당의 배신자들을 호되게 꾸짖는 정도로 끝나지 않았다. 그는 "이 법안 전체가… 너무나도 미국적이지 않다."라며 "다음 선거에서는 펠로시가 하원의장이 된 이후로 이 법안에 찬성한 모든 사람을 쫓아낼 필요가 있다."라고 선언했다.[12]

뭔가 달라지고 있었다. 미국의 보수를 대변하는 거물이 공화당 의원들의 패배를 요구했던 것이다. 그냥 아무런 공화당 의원들이 아니라 그들의 빈자리를 민주당이 차지할 것이 확실한 공화당 의원들이었다. 여덟 명 중 한 사람인 마이크 캐슬Mike Castle 하원의원의 지역구 델라웨어를 예로 들면, 그곳에서는 공화당 온건파만 승리할 수 있었다. 동부의 작은 주인 델라웨어는 단 한 명의 하원의원을 선출하는데, 1996년부터 2008년까지 대통령 선거에서 민주당 후보가 평균 15퍼센트 차이로 승리했다. 비록 전직 주지사이자 하원의원인 캐슬이 더 보수적인 경선 상대에게는 열세였지만, 전체적으로 보면 강경 우파 후보는 캐슬의 인기를 결코 따라올 수 없었다.[13] 그러나 보수 후보의 본선 경쟁력이 없다는 건 림보의 관심사가 아니었다. 여덟 명의 온건파 공화당 의원이 모두 민주당 의원들로 대체되더라도 상관없을 것이었다. 보수의 원칙에 대한 그들의 범죄행위는 그 정도로 중대했다.

2009년은 선거가 없는 해였기 때문에 RINO 사냥의 기회는 다섯 번의 하원의원 특별 선거와 지방 선거로 한정돼 있었고, 그중 일부는 큰 관심을 받지 못하는 선거였다. 특별 선거 중 하나는 공석이 된 뉴욕 하원 지역구 선거였는데, 진보 성향의 공화당 주 하원의원 데데 스코자파바Dede Scozzafava와 민주당의 빌 오언스Bill Owens, 보수당Conservative Party의 더그 호프먼Doug Hoffman이 맞붙었다. 오바마 대통령은 이 지역구에서 52퍼센트의 득표율을 기록했기 때문에 호프먼 같은 강경 보수가 당선되기는 힘들었다.

공화당은 스코자파바를 지지했다. 이제는 일선에서 물러난 깅그리치와 베이너가 그를 지지했고 전국 공화당 하원위원회는 90만 달러 이상을 지원했다. 라디오 토크쇼의 림보, 해니티, 레빈, 벡은 모두 호프먼을 지지했다.[14] 해니티는 "나는 보수다. 나는 공화당원이 아니다. 나는 레이건식 보수다."라고 스코자파바를 반대하는 이유를 설명했다. 그는 이번 특별 선거와 1976년 경선에서 공화당 현직 대통령인 제럴드 포드에 도전한 레이건의 사례를 등치시켰다.○ 두 사례에서 공화당은 보수의 원칙에서 벗어났고 오직 반란을 통해서만 상황을 바로 잡을 수 있었다.[15]

림보는 당이 호프먼보다 스코자파바를 지지하는 데 격분했다. 그는 "사실 우리에게는 두 명의 진보적인 오바마 민주당원이 있는데, 한 명은 자신을 공화당원이라고 부른다."라며 "그리고 당신에게는 레이건의 보수 호프먼이 있다."라고 주

○ 1974년 리처드 닉슨 대통령이 워터게이트 스캔들로 사임한 후 대통령직을 승계한 부통령 제럴드 포드는 1976년 대선에 출마했으나, 포드의 온건 외교를 비판해 온 공화당 내 보수 세력을 대표해 출마한 로널드 레이건의 도전을 받았다. 현직 대통령이 출마했음에도 불구하고 최종 전국 전당대회에서 후보가 결정될 정도로 경선은 팽팽했다. 후보로 선출된 포드는 결국 민주당의 지미 카터에게 패배했다.

장했다.

> 호프먼에 반대하는 공화당의 광고를 보고 하루의 두 시간을 망쳤습니다. 저들이 죽고 싶은 모양입니다. 공화당이 죽고 싶은 모양이에요. 갤럽 조사에 따르면 지금 미국인의 40퍼센트는 보수, 20퍼센트는 진보, 36퍼센트는 온건파라고 답하고 있습니다. 그리고 이 세 집단 중 어떤 집단이 공화당에게 무시당합니까? 아니 그냥 무시당하는 게 아니라 공격받고 있습니까? 보수 여러분! 공화당은 민주당만큼이나 위험합니다.[16]

스코자파바가 후보에서 사퇴하며 민주당의 오언스를 지지하자 림보는 기뻐했다. 다시 한번 온건파가 원칙 없는 진보라는 게 드러났다. 그는 청취자들에게 "데데 스코자파바는 명백한 것도 알아차리지 못하는, 예리한 감각이 부족한 사람들에게 교훈을 줬다."라며 "RINO들은 믿을 수 없다… 그들에게는 원칙이 없다. 당신은 그들을 당선시켰지만 그 보답으로 탄소세를 얻게 될 것이고, 오바마 케어를 얻게 될 것이고, 증세를 얻게 될 것이고, 부실자산 구제 프로그램을 얻게 될 것이고, 사면을 얻게 될 것이다."라고 말했다.[17] 선거에서는 오언스가 호프먼에게 승리했지만 라디오 토크쇼 방식의 보수주의를 공화당에 관철시키는 게 더 중요했다.

티파티 시대에 라디오 토크쇼가 온건파 공화당 의원들을 경멸하긴 했지만 그들의 목표가 우연히 겹치는 순간들도 있었다. 가장 중요했던 또 다른 특별선거, 사망한 테드 케네디 상원의원의 의석을 채우는 2010년 1월의 선거에서 진행자들은 매사추세츠 법무장관 마사 코클리Martha Coakley와 맞붙은 공화당 온건파 스콧 브라운Scott Brown을 지원했다. 웹과 소셜 미디어 덕분에 라디오 토크쇼는 선거자금이 필요한 공화당 후보들을 재정적으로도 더 많이 지원해서 선거에 큰 영향을 미쳤다.

진행자들은 몇 가지 이유로 브라운을 지지했다. 만일 브라운이 승리한다면 민주당은 공화당에 양보할 필요 없이, 의료보험법 최종 법안 혹은 다른 그 어떤 법안이라도 통과시킬 수 있는 기준이 되는 상원 예순 석에서 한 석이 부족해질 것이었다. 당시 상하원은 각자 의료보험 법안을 통과시켰지만 두 법안을 절충할 필요가 있었다. 선거의 상징적 의미도 컸는데, 그 상원의석은 1952년 존 F. 케네디가 당선된 이후로 26개월을 제외하고는 계속 케네디 가문이 차지하고 있었기 때문이었다. 그리고 진행자들이 브라운의 여러 온건한 입장들에 반대했을 수 있었지만 최소한 재정 문제에 관해서라면 그는 확고한 보수였다.[18]

선거가 접전으로 흘러가게 되자 진행자들의 시선이 쏠렸다. 브라운은 라디오 토크쇼에 출연해 자신의 웹사이트를 언급했고, 이후 트래픽과 기부 건수가 급증하는 걸 지켜봤다.[19] 그래서 보좌진은 그의 보수 매체 출연 횟수를 늘렸다. 특히 라디오 토크쇼가 기부를 이끌었다. 보좌진은 이상한 시간대에 기대하지 않던 지역으로부터, 예를 들면 밤 10시에 북서부 산악지대인 아이다호의 중심도시 보이시에서 무더기로 기부금이 전달된 것을 발견하곤 했다. 이유는 이 선거를 논의한 라디오 토크쇼 프로그램이 해당 지역에 녹음으로 지연 방송됐기 때문이었다.[20] 전국적인 라디오 토크쇼 진행자가 한 번 언급할 때마다 최대 2만 달러까지 기부금이 모였다. 크리스마스와 새해 첫날까지 휴가 기간에 해니티를 대체했던 잉그레이엄과 허먼 케인Herman Cain이 선거를 언급하자 각각 수백 건의 기부금이 들어왔다.[21]

브라운 캠프는 투표 8일 전인 1월 11일 기부금 쇄도를 유도하려고 대대적인 언론 캠페인을 포함한 다각적인 '돈 폭탄money bomb' 아이디어를 고안해 냈다. 그들은 소셜 미디어와 다른 웹사이트들에서 '돈 폭탄'을 홍보했다. 그들은 또한 기부를 서약하는 웹사이트를 만들고 기부자들에게 지불 날짜를 상기시켰다. 브라운은 지정기부일 오전에는 잉그레이엄, 오후에는 해니티와 함께 등장했다. 결과는 캠프의 예상을 훨씬 넘어섰다. 그들은 11일에만 130만 달러를 모았는데, 나중에 밝혀진 바로는 그 주에 모인 온라인 모금액 중 가장 적은 금액이었다.[22] 캠프는 기부자들에게 '돈 폭탄' 캠페인을 알게 된 경위를 밝혀달라고 요청했는데, 그들이 열거한 주요 경로 네 개는 폭스뉴스, 해니티, 라디오, 그리고 잉그레이엄이었다.[23]

놀랍게도 브라운은 미국에서 가장 진보적인 지역 중 하나인 매사추세츠에서 1위를 차지했다. 그의 승리는 2010년 중간선거에 돌입하는 시기에 민주당에는 큰 타격이, 공화당에는 큰 힘이 됐다. 라디오 토크쇼는 선거 결과에 환호했으나 진행자들과 청취자들은 또 다른 스콧 브라운을 찾지는 않았다. 비록 계속 팽창하고 있는 라디오 토크쇼의 저력을 보여주기는 했지만, 브라운의 당선은 요행이었다.

2010년 델라웨어 상원의원 선거에서 라디오 토크쇼의 힘은 비슷한 온건파 앞에서 급격히 흔들렸고, 그 과정에서 공화당을 심각하게 약화시켰다. 그 선거는 민주당 지역에서 공화당이 잡은 또 다른 기회였다. 하원의원 마이크 캐슬은 민주당 상원의원 조 바이든이 부통령이 되면서 공석이 된 자리에 딱 맞는 공화당 후보였다. 온건파 캐슬의 DW-NOMINATE 점수는 0.229점으로 111대 하원에서 아홉 번째로 진보적인 공화당 의원이었고, 미국보수연맹 점수는 중간 정도인 51.69점으로 강경 보수를 거부하는 델라웨어에 최적인 공화당 후보였다.[24] 캐슬은 1960년대 중반부터 델라웨어에서 당선돼 왔고 대부분의 분석가들도 그를 민주당의 크리스 쿤스에 맞설 강력한 후보로 간주했다.

하지만 경선에서 보수는 분열됐다. 공화당 기득권은 캐슬을 지지했던 반면 티파티와 라디오 토크쇼 진행자들은 크리스틴 오도넬Christine O'Donnell을 원했다. 변화무쌍했던 보수 활동가인 오도넬은 2008년 상원 선거에서 바이든에게 거의 30퍼센트 차이로 패배했다.[25] 그 결과를 보면 오도넬이 쿤스와 맞붙을 경쟁력이 없다는 게 명백했지만 해니티는 신경 쓰지 않았다. 그는 "기득권층은 크리스틴 오도넬의 인격을 말살하고 그를 깎아내리려고만 한다."라며 "그리고 여기 한 사람이 있는데, 마이크 캐슬은 오바마 케어, 부실자산 구제 프로그램, 탄소세에 찬성했다. 기득권층은 그를 원한다."라고 시청자들에게 말했다.[26] 사실 캐슬은 의료보험법에 찬성하지 않았음에도 피해를 입었다. 당내 경선 당일 밤 오도넬이 승리할 것으로 보이자, 해니티는 본선 패배가 확실한 후보를 지지한 것을 정당화하고 유권자들이 올바로 선택했다고 주장하며 다음과 같이 말했다.

> 나는 우리가 RINO 공화당 의원들과는 함께 앞으로 나아갈 수 없다고 생각합니다. 세금을 줄이고, 재정 지출을 중단하고, 정말 강력한 원칙을 세우는 데 헌신하는 사람들이 없다면 오바마의 급진 정책을 막지 못할 것이라고도 생각합니다. 어떻게 탄소세 같은 살상 법안에 찬성한 공화당 의원들 중 한 명이 당내 경선에서 보수의 표를 기대할 수 있겠습니까? 미안한 말이지만, 자초한 일입니다.[27]

경선 결과에 자극받은 림보는 버클리 규칙Buckley rule으로 알려졌던 원칙을 대체하는 '림보 규칙'을 발표했다. 예전에 보수 지도자 윌리엄 F. 버클리William F. Buckley○는 경선에서 '유권자들은 총선에서 이길 수 있는 가장 보수적인 후보를 뽑아야 한다'고 촉구했다. 림보 규칙의 권고는 달랐다. "진보와 사회주의에 진저리가 난다면, 나라가 도대체 어디로 향하고 있는지 겁이 난다면, 경선에서 가장 보수적인 후보에게 투표하라. 이상 끝." 확실히 캐슬은 그런 후보가 아니었다. 림보는 캐슬이 "또 다른 진보가 될 것이지만, 그의 이름 옆에 공화당을 붙이게 될 것이다."라며 "그것이 보수주의 운동에 어떤

○ 미국의 작가, 언론인, 정치평론가, 텔레비전 방송 진행자였다. 20세기 중반 보수주의 운동을 촉발한 월간지 〈내셔널 리뷰〉의 창립자이며 미국 보수주의 운동에서 가장 영향력 있는 인물 중 하나로 꼽힌다.

도움이 되는지 누가 말 좀 해 달라. 나는 공화당이 캐슬을 지지하는 걸 이해할 수 있다… 하지만 나는 이 사람을 지지하면서 스스로 보수라고 주장하는 사람들은 이해할 수 없다."라고 말했다. 오도넬이 출마하면 낙선할 것이라는 점을 인정하면서도 림보는 "나에게 더 큰 위험은 마이크 캐슬처럼 이름만 공화당인 RINO들이 보수에 오명을 씌우는 것이다. 그들은 유권자들을 혼란스럽게 하고 무관심하게 만들어 결국 '음, 다 똑같은 놈들이지, 뭐'라고 생각하게 만든다."라고 설명했다.[28]

이는 공화당 온건파들이 민주당원보다는 낫다며 공화당의 하원 재탈환을 도왔던 자신의 16년 전 입장에서 180도 달라진 것이었다. 이제 그는 온건파들이 보수 브랜드를 희석시키고 있으며, 의석은 고사하고 경선에서 승리할 수도 없다고 주장했다. 마이클 메드베드는 보수 라디오쇼에서 홀로 다른 목소리를 냈는데, 그는 너무 많은 동료 진행자들이 "아주 좋은 주지사이자 훌륭한 의원이었으며 절대 적이 아니었던" 캐슬을 악마화했다고 한탄했다. 메드베드는 라디오 토크쇼의 '수치스러운' 입장을 안타까워하며 선거에서 '멍청이 편'을 드는 진행자들을 비난했다. 하지만 그의 목소리는 선명성을 추구하는 사람들의 합창에 파묻혀 버렸다.[29]

라디오 토크쇼는 총선에서 오도넬에게 모든 힘을 실어줬다. 경선 다음 날, 림보가 청취자들에게 오도넬 캠프에 기부하라고 독려했을 때 후보의 웹사이트가 다운될 정도로 호응이 대단했다. 지원을 요청한 지 24시간 만에 100만 달러가 넘는 기부금이 모였다.[30] 하지만 중요한 건 결과였다. 쿤스는 11월 선거에서 56.6퍼센트 대 40퍼센트로 오도넬을 압도했다.

2010년 보수 진행자들의 입장은 수년간 진화한 결과였다. 정치 지형이 바뀌면서 진행자들은 공화당의 이익을 희생시키더라도 자신들의 견해를 대담하게 표현했다. 투미가 스펙터에게 도전한 2004년 이전까지 현직 공화당 상원의원이 경선에서 패배한 사례는 24년간 단 한 차례뿐이었다. 그 한 사례였던 뉴햄프셔 상원의원 밥 스미스Bob Smith마저도, 마지막 의원 재직 기간에 DW-NOMINATE 점수상 두 번째로 보수적이었던 후보였다. 충분히 보수적이지 않아서가 아니라 총선에서 이길 수 없을 것 같았기 때문에, 즉 당선 가능성이 낮아서 패배했던 것이다.[31] 제2차 세계대전 시기까지 거슬러 올라가면 단지 여덟 명의 현직 상원의원들이 경선에서 패배했을 뿐이다.[32] 하지만 2010년만 놓고 봐도 보수는 캐슬 대신 오도넬을 밀었고, 그전에는 지나치게 온건하거나 실용적이라고 평가되던 유타의 밥 바넷과 알래스카의 머코스키 상원의원이 경선에서 탈락했다(머코스키는 '무소속 기명 후보write-in candidate'○로 출마해 재선에 성공했다). 미국에서 가장 보수적인 세력이 공화당 내에서 득세하고 있었기 때문에, 예전에는 상상할 수 없던 결과들이 현실로 나타났다. 웹 기술의 발전으로 라디오 토크쇼가 선거 자금 모금에서 큰 힘을 발휘하게 되면서 공화당 기득권층의 지지를 받는 온건파들이 경선에서 탈락할 가능성도 크게 높아졌다.

○ 투표 용지에 이름을 올리지 못한, 소속정당이 없는 후보를 말한다. 이 후보를 지지하는 유권자들은 투표용지에 직접 후보의 이름을 기입해야 한다.

결국 기술 발전, 보수 행동주의, 보수적 선명성에 대한 태도 등의 변화들 때문에 진행자들은 중도파를 내쫓을 수 있다고 확신하게 됐다. 클린턴 대통령 시절, 진행자들은 주로 당의 목표를 달성하는 데 자신들의 영향력을 이용했다. 부시 대통령 시절, 진행자들은 당 지도부와 더 자주 충돌했고 의원들의 책임을 묻기 위해 영향력을 사용했지만 직접적으로 의원들의 의석을 위협하는 경우는 거의 없었다. 오바마 대통령 시절에 이르면 진행자들은 이념적으로 무방비 상태인 의원들을 공화당에서 퇴출시킬 수 있었다. 1994년 라디오 토크쇼에 있어 당의 지도력은 가능한 한 많은 공화당 의원을 당선시킨다는 것을 의미했다. 2010년에는, 이후에 어찌 되건 말건, 중도파를 멸종 상태로 몰아넣는다는 것을 의미했다.

RINO 사냥

Hunting RINOs

정책 논쟁이나 선거에 대한 정보가 부족할 때 라디오 토크쇼의 영향력은 극대화됐다. 달리 말하면 라디오 토크쇼의 영향은 유권자 규모와 선거의 중요성에 반비례한다는 의미였다.[1] 전국 단위로 대규모 유권자를 상대로 수십억 달러 예산을 써서 후보자의 메시지를 전달하는 대선과 총선에서는 라디오 토크쇼의 역할이 상대적으로 작았다. 기껏해야 여러 매체 중 하나로서 선거 정보가 넘쳐나는 상황에서 청취자들의 열정을 유지하고 선거의 의미를 규정하기 위해 최선을 다했다.[2] 2010년대에 이르면 여기저기—선거 캠프는 버스 무인안내기와 비디오 게임뿐 아니라 평소에는 정치에 신경 쓰지 않던 매체와 소셜 미디어에까지 광고를 내보냈다—에서 대통령 후보들에 대한 정보가 쏟아졌다. 이런 환경에서는 그 누구도 압도적인 영향을 미칠 수 없었다.

하지만 선거 스펙트럼의 반대쪽 끝, 조용한 공화당 경선에서는 라디오 토크쇼가 특별한 영향을 미칠 수도 있었다. 그게 바로 라디오 토크쇼 진행자들이 온건하고 실용적인 공화당 의원들의 정치 경력을 끝낼 수 있었던 큰 이유 중 하나였는데, 진행자들이 가장 큰 영향력을 가진 선거에서 온건파와 실용주의자들은 무방비로 노출될 수밖에 없었기 때문이었다. 특히 하원의원 경선에는 자신들이 좋아하는 토크 프로그램을 매일 몇 시간씩 듣는 소규모 고관여 유권자들의 영향력이 컸다.[3] 공화당의 매체 전략가인 크리스 머톨라Chris Mottola는 설문조사에 응답하는 공화당 경선 유권자들의 60퍼센트 이상이 대체로 라디오 토크쇼 청취자들이라고 말했다.[4] 온건파인 스펙터를 괴롭혔던 2004년 펜실베이니아 공화당 경선의 유권자들을 대상으로 한 네 차례 설문조사에서, 응답자의 26~35퍼센트가 림보의 프로그램을 자주 혹은 가끔씩 듣는다고 대답했다.[5] 많은 주민이 펜실베이니아 기준 정오부터 오후 세 시까지 방송되는 림보의 프로그램을 듣지 못했을 것이기 때문에, 경선 유권자들의 라디오 토크쇼 청취 정도는 과소평가됐을 수 있다. 출퇴근 시간을 이용해 들었던 청취자들까지 계산했다면, 청취율은 훨씬 더 높아졌을 것이다.

바로 이 높은 청취율이, 라디오 토크쇼가 공화당 경선 투표자들을 만나기 위해서 꼭 출연해야 하는 곳이 된 이유였다.[6] 유타 상원의원이었던 밥 베넷은 라디오 토크쇼를 통하면 무료로 상당수 경선 유권자들과 접촉할 수 있다는 걸 알았기 때문에 방송 출연 기회를 절대 거절하지 않았다.[7] 그럼에도 불구하고 그는 실용주의 의원들 중 하나였다. 2010년 유타 공화당 전당대회에서 그는 티파티가 후원하는 도전자 마이크 리Mike Lee와 팀 브리지워터Tim Bridgewater에 밀려 3위를 차지해 투표지에 이름을 올리지도 못했다.

전국적 스타 진행자들만큼이나 신시내티의 커닝햄, 밀워키의 사이크스, 내슈빌의 필 밸런타인 같은 지역 유명 진행자들도 경선에 큰 영향을 미쳤을 수 있다.[8] 지역 사회 보수층의 중심인물들로서 몇 주 동안 모든 각도에서 반복적으로 경선을 집중 분석할 수 있었다. 반면 전국 진행자들은 특정한 경선에 대해서는 가끔씩 언급하는 정도였다. 그런 언급들이 열세 후보의 선거자금 모금이나 자원봉사자 모집을 촉진했을 수는 있지만 지역 진행자들처럼 지속적인 관심을 유도할 수는 없었다.

선거의 중요도가 떨어질수록 후보들의 인지도는 낮아지고 캠페인 자금도 줄어들었기 때문에, 라디오 토크쇼의 잠재적 영향력은 커질 수밖에 없었다. 게다가 경선에서는 정당 정체성에 따라 투표를 할 수 없기 때문에, 유권자들이 후보들을 선별하려면 더 많은 정보를 얻어야만 했다. 라디오 토크쇼는 유권자들이 원하는 정보를 제공했고, 그 친숙함 때문에 강력한 영향을 미쳤다. 사람들은 후보들에 대해 잘 모를 때 친구나 가족에게서 전해 들은 정보에 의존하게 되는데, 많은 청취자가 자신들이 좋아하는 진행자를 친구라고 생각했다.[9]

라디오 토크쇼가 경선에 특별한 영향을 미칠 수 있었던 이유는 우경화된 지역구에 청취자들이 많았기 때문이기도 했다. 일반적으로 이런 지역구에서는 경선에 비해 총선이 치열하지 않아서 라디오 토크쇼가 총선에 미치는 영향은 미미했다. 물론 항상 그랬던 것은 아니다. 라디오 토크쇼가 존재감을 드러낸 1994년 당시에는 100명에 달하는 민주당 의원들이 1992년 대선에서 부시 대통령이 우세했던 지역구 출신이었기 때문에, 라디오 토크쇼가 선거 막바지까지 영향을 미칠 수 있었다.[10] 하지만 2010년대에는 그런 지역구가 흔치 않았고, 경선이 선거에서 유일한 게임이 되었다.

자료가 제한돼 있어 보수 진행자들이 공화당 경선에 미친 영향을 계량화하는 건 어렵다. 유권자 규모가 작은 경선이 많다는 점을 감안할 때, 유권자들의 매체 이용 습관에 대한 여론조사는 비용 측면에서 효율적이지 않다. 따라서 경선 유권자들을 상대로 한 설문조사는 거의 없다. 일반적으로 후보의 인지도가 훨씬 높은 대선 경선에 미치는 보수 진행자들의 영향력에 대해서는 조사된 바가 있으나 이 또한 매우 제한적일 뿐이다.[11]

그러나 진행자들의 공격을 받았던 정치인들을 포함해 라

디오 토크쇼가 경선에 미치는 영향을 지켜본 사람들은 그 힘을 의심치 않았다. 림보의 전기 작가 제브 샤페츠Zev Chafets는 보수 진행자들이 스코자파바의 출마를 저지했다고 주장했다.[12] 그리고 캐슬은 라디오 토크쇼가 자신의 패배에 영향을 미쳤다고 믿었다. 그는 자신을 가장 격렬하고 거침없이 반대해 온 라디오 토크쇼 진행자의 방송 권역인 서섹스 카운티에서 특히 부진했다는 점을 근거로 들었다. 캐슬은 경선에서 3,542표 차이로 패배했는데, 서섹스 카운티에서만 5,429표나 뒤졌다.[13] 캐슬의 전략가 잰 밴 로히즌Jan van Lohuizen도 라디오 토크쇼가 경선 패배의 원인이라고 믿었다. 한 여론조사에서 밴 로히즌은 응답자들에게 어디에서 선거 정보를 얻었는지 물었다. 라디오 프로그램을 주요 정보원이라고 응답한 사람들은 56.2퍼센트 대 43.8퍼센트로 캐슬보다는 오도넬을 지지했다. 오도넬을 선호한 또 다른 사람들은 온라인 정보원이라고 답한 응답자들뿐이었다. 텔레비전, 라디오 뉴스 또는 신문에서 정보를 얻은 응답자들은 캐슬을 압도적으로 지지했다. 통계적으로 유의미한 결과를 도출하기에는 표본 크기가 너무 작았지만 전체적으로 다른 여론조사들이 발견한 것과 일치했다. 라디오 토크쇼 청취자들은 다른 매체에서 뉴스를 보고 듣는 유권자들보다 극우 후보들에게 더 공감하는 경향이 있었다.[14]

수년간의 정치적 경험에 따라 다른 온건파 공직자들도 캐슬처럼 생각했다. 공화당이 라디오 토크쇼를 확실한 동맹으로 생각했던 반면, 2007년 의원직에서 은퇴한 뉴욕시 출신 셔우드 볼러트의 고백에 따르면 온건파들은 그런 견해에 동의하지 않았다. 그보다는 라디오 토크쇼를 무시하면 위험지기 때문에 조심해야 할 따름이었다. 기성 언론과 달리 라디오 토크쇼는 잘 알려지지 않은 경선 도전자들에게도 기회를 줬다. 볼러트는 현역 의원으로서 경선 도전자와 다섯 번 맞붙었는데, 그때마다 라디오 토크쇼는 자신을 반대하면서 상대 후보의 지지자를 독려했다. 그는 '가까스로by the skin of my teeth' 승리하곤 했다. 지금은 고인이 된 하원의원 스티브 라투레Steve LaTourette에 따르면, 라디오 토크쇼는 "온건파 공화당 의원들이 사라져야 한다고 생각하는" '성장과 유산을 위한 행동 클럽the Club for Growth and Heritage Action' 같은 공격적인 보수 단체에 "도움과 위안"을 줬다. 이 조직들은 온건파 공화당 의원에 도전하는 후보들을 전문적으로 지원했다.[15]

라디오 토크쇼의 영향에 대한 경험적 근거가 무엇이든 간에 공화당 의원들은 라디오 토크쇼가 유권자에 영향을 미친다고 인식했는데, 이는 진행자들의 정책 주도권을 키워준다는 면에서 정말로 중요했다. 분노한 진행자들 때문에 자신들이 낙선할 수 있다고 생각하는 공화당 의원들은, 진행자들이 비난하는 정책을 추진하길 두려워할 수밖에 없고, 진행자들의 강요를 받아들일 수밖에 없을 것이다. 정치학자 R. 더글러스 아놀드R. Douglas Arnold는 "재선은 (의원의) 주된 목표다. 의원직에 위협이 되는 그 어떠한 일도 하지 않으리라는 의미"라고 설명했다.[16] 공화당 의원들이 위협을 느낀 이유는 라디오 토크쇼가 그들의 전통적 기득권 중 두 가지를 없애버렸기 때문이었다. 첫째는 현직 혹은 공화당의 공식 지지에 따른 높은 인지도였고, 둘째는 막대한 선거 자금 동원력이었다. 진행자들은 잘 알려지지 않은 후보들의 소식을 전하고 오도넬 같은 강경파들의 선거 자금을 모금하는 데 동력을 불어넣었다.[17]

선거 자금 동원에서 현직 의원의 우위가 중요한 만큼, 도전자들에게 동등한 모금 기회를 제공하는 라디오 토크쇼의 역할 또한 중요하다. 앤드루 홀의 연구에 따르면 현직 의원의 자금력 우위는 약 22퍼센트 포인트에 달한다. 도전자가 50퍼센트의 자금을 선거에 투입할 수 있다면, 현직 의원은 72퍼센트의 자금을 투입할 수 있다는 것이다. 만약 자금 조달의 이점이 없어질 경우, 현직 의원들의 선거 우위는 득표율 기준 절반가량 하락할 것으로 예상됐다. 결국 홀의 연구가 의미하는 바는 라디오 토크쇼의 도움으로 도전자의 지출이 증가하면 현

직 의원의 선거 우위가 감소한다는 것이다.[18]

라디오 토크쇼는 또한 현직 의원들에 비해 자금이 부족하더라도 후발 주자들이 자신들의 메시지를 확산시킬 수 있는 기회를 부여했다. 돈이 많지 않은 후보들에게는 자신들을 각인시킬 수 있는 방법이 거의 없다. 자금이 풍부한 현직 의원들은 정치 광고에서 자신이 원하는 대로 상대 후보를 규정할 수 있다. 하지만 무명 후보들의 정치 광고 자금이 부족했을 때 진행자들은 그들을 대변하거나 스스로 말할 기회를 제공했다.

라디오 토크쇼가 공화당을 우경화시키면서 중도 성향 지역의 공화당 후보들은 점점 힘들어졌다. 그런 지역에서 가장 경쟁력 있던 후보들은 더 보수적인 후보들과의 당내 경선에서 살아남지 못했고 결과적으로 공화당은 경합 지역 선거에 극단주의자들을 출마시키게 됐다. 샤론 앵글Sharron Angle이 대표적인 사례다. 티파티의 지원을 받은 앵글은 2010년 보수 매체의 응원 속에 공화당 주류 경쟁자를 물리치고 네바다 상원의원 후보로 지명됐다. 그는 라디오 토크쇼의 스타 진행자들과 이야기를 나눌 때마다 엄청난 선거 자금을 모았다.[19] 하지만 1년 후 전국적으로 공화당이 우세한 선거였음에도 불구하고 앵글은 상원 다수당 대표인 해리 리드에게 근소한 차이로 패했다. 덜 극단적인 보수 후보가 출마했었다면 이길 수도 있었다는 의미다.

이런 식의 경선 과정은 공화당의 선거운동에 방해가 됐을 뿐만 아니라, 선거 후의 협치에도 심각한 영향을 끼쳤다. 보수 지역 출신 공화당 의원들은 예전에는 협치를 위해 강경파의 원칙에 반대할 수도 있었지만, 이제는 당내 경선이 두려워 타협을 주저하게 됐다. 정치 평론가들은 이런 의원들을 비꼬아 '찬성하고 싶으나 반대에 투표hope-yes-vote-no하는 집단'이라고 불렀는데, 그들은 공개적으로는 법안에 반대하면서도 사적으로는 통과를 응원했다. 당선이 보장된 '안전한' 보수 지역 출신의 실용주의적 의원들은 정치적으로 거부하고 싶지만 정책적 관점에서는 필요한, 그런 부담스러운 법안들에 찬성하곤 했는데, 그렇게 해도 재선에서 살아남을 수 있다는 걸 알고 있었기 때문이었다. 경합 지역 출신 의원들은 유권자들의 요구에 따라 투표할 수 있었기 때문에, 전체적인 투표 성향은 좀 더 온건했다. 하지만 라디오 토크쇼와 선명성을 추구하는 풀뿌리 단체들이 부상하면서, 공화당 의원들이 전략적으로 투표하기가 어려워졌다. 그들은 무조건 보수적 입장을 지지해야 했다. 이제 안전한 지역 출신의 의원들도 잠재적인 경선 도전자들을 의식해 비타협적으로 투표했고, 온건파를 옹호하는 대신 그들이 사형장으로 걸어가게 내버려뒀다. 그 결과 공화당은 예산 법안 처리 같은 기본적인 업무를 수행하는 일도 훨씬 어려워졌는데, 법안 처리를 위해서는 민주당과 양보하는 과정을 거쳐야 했기 때문이다.[20]

그러나 온건파 공화당 의원들이 라디오 토크쇼의 정책적 단호함 때문에 겪은 곤혹스러움은 오바마 대통령이 겪은 것에 비하면 아무것도 아니었다. 오바마 대통령은 라디오 토크쇼의 경멸 때문에 정말 힘들어했다. 라디오 토크쇼에 괴상한 풍문이 떠도는 게 어제오늘의 일도 아니었고, 클린턴 시절에는 오히려 공화당 의원들에 곤란한 상대였다. 여러 측면에서 클린턴은 오바마에 비해 수월한 편이었다. 라디오 토크쇼는 클린턴을 쫓아내기 위해 할 수 있는 모든 일을 했지만, 최소한 미국 태생의 부모를 둔 백인이었기에 오바마가 직면해야 했던 몇몇 최악의 상황들은 면할 수 있었다. 최초의 흑인 대통령인 오바마는 아버지가 케냐 출신으로 배경이 복잡한 데다 중간 이름도 후세인이었기 때문에, 보수층 사이에서 깊은 의구심을 불러일으켰다. 오바마가 외국 태생에 무슬림이라는 불순하고 인종차별적 소문들이 라디오 토크쇼, 폭스뉴스, 그리고 보수 디지털 매체에 넘쳐났다. 이는 일회성이 아니었다. 보수 매체는 오바마 대통령 임기 내내 계속 출생에 대한 거짓말을 퍼뜨려 상당한 효과를 거뒀다. 2008년에는 16퍼센트, 2012년에는

30퍼센트의 공화당원들이 오바마를 무슬림이라고 생각했고, 스스로 보수파 공화당원이라는 사람들 중 34퍼센트가 그렇게 믿었다. 실제로 오바마 대통령 임기 7년 내내 43퍼센트의 공화당원들은 그가 무슬림이라고 응답했다. 정책에 대해서도 라디오 토크쇼의 말은 점점 거칠어졌다. 진행자들은 오바마의 정책을 사회주의, 쿠데타라고 비난했다. 대표적으로 건강보험 법안 같은 오바마의 많은 정책이 20세기 민주당 대통령들이 제안한 정책들보다 더 중도적이었음에도 불구하고 비난받았다.[21]

사우스캐롤라이나 하원의원 밥 잉그리스Bob Inglis가 깨달은 것처럼, 과열된 라디오 토크쇼의 토론 때문에 공화당은 늪에 빠졌다. 그는 진보적 RINO는 전혀 아니었다. 사실 그는 부실자산 구제 프로그램에 찬성했고 포괄적인 이민 개혁을 지지했으며, 이라크 주둔 미군의 증강에는 반대했다. 또한 기후 변화가 실제적이며 인간에 의해 유발됐다고 인정했고 시정 조치를 요구했다. 하지만 여섯 번의 하원의원 임기 동안 잉그리스의 DW-NOMATE 점수는 0.518점으로, 마지막 임기에는 공화당 의원 중 상위 3분의 1에 해당할 정도로 보수적이었다. 하지만 잉글리스는 클린턴 시절 대통령에 대한 비난이 나라뿐만 아니라 대통령의 영혼에도 타격을 준다는 걸 알게 됐다. 이런 경험 때문에 그는 보수의 원칙에 충실하면서도, 우파들 사이에 만연한 오바마에 대한 독설은 피하려고 했다. 그래서 2010년 선거 캠페인 도중 한 조찬모임 참석자가 비애국적인 오바마가 충성 맹세나 국가 연주 중에 가슴에 손을 얹지 않았다고 분통을 터뜨리자, 잉그리스는 정치 전략보다는 자신의 양심을 더 우선시했다. 그는 선거의 관점에서 보면 분노한 지지자에 동조하는 것이 올바른 처신이라는 점을 알고 있었다. 하지만 잉그리스는 충성 맹세가 낭송되고 국가가 울려 퍼지는 중 오바마가 가슴에 손을 얹고 있는 것을 봤다고 말했다. 한 공화당 보좌관은 잉그리스에게 그런 '양보'를 해서는 안 된다고 충고

했다.[22]

잉그리스는 라디오 토크쇼의 진흙탕 싸움을 극복하려는 노력이 무의미하다는 걸 알게 됐다. 또 다른 사례에서 그는 사우스캐롤라이나의 한 교회에서 이전 선거에서는 자신에게 기부했지만 2010년 선거에서는 기부하지 않았다는 네 쌍의 부부를 만났다. 잉그리스는 한 시간 반 동안 오바마에 대한 그들의 과도한 두려움은 사실이 아니라고 설득했다. 하지만 그의 노력에도 불구하고 기부자 중 한 명은 이윽고 "잉그리스, 오바마는 사회주의자, 공산주의자, 무슬림이다. 이해를 못하겠냐?"고 따졌다. 이 부부들은 지역 라디오 토크쇼의 아침과 오후 프로그램이 퍼뜨린 이야기를 반복했고, 잉그리스가 무슨 말을 해도 설득되지 않았다.[23]

잉그리스는 당내 경선 결선투표에서 겨우 29퍼센트를 득표해 현직 의원으로는 두 번째에 해당하는 최악의 패배를 당했다.[24] 그는 오바마에 대한 라디오 토크쇼의 독설에 동조하지 않는 것으로 진행자들을 화나게 했고, 그들이 베네딕트 아놀드를 지지하게 만들었다. 의정활동 기록과 정책 입장이 보수적이었음에도 불구하고 잉그리스는 라디오 토크쇼의 칼날에서 벗어날 수 없었다. 오바마에 대한 라디오 토크쇼의 경멸과 거짓말을 받아들이거나 아니면 고통을 감내해야 했다.[25]

잉그리스조차 공격받았다는 사실은 라디오 토크쇼와 그 동맹이 온건파를 제거하는 데 얼마나 성공적이었는지 잘 보여준다. 진행자들이 잉그리스에게 달려들었을 무렵 RINO들은 이미 멸종위기에 있었기 때문에, 새로운 사냥감을 찾으려면 다른 곳을 찾아야 했다. 잉그리스 같은 강력한 보수도 그다음 목표가 될 수 있었다. 몇 가지 이단적인 정책들을 지지하기는 했지만, 그는 무엇보다 보수 매체의 호전성을 거부했기 때문에 몰락했다.

실패로 끝난 협치

Trying and Failing to Govern

라디오 토크쇼는 공화당 의원들에게 지속적으로 오바마 대통령을 악마화하고 전적으로 반대하라고 요구했고, 이를 거부하는 의원들을 용납하지도 않았다. 그럼에도 불구하고 공화당은 2010년 중간선거에서 하원을 되찾았다. 다시 한번 공화당은 협치의 책임을 지게 됐고, 라디오 토크쇼와의 긴장감은 커졌다. 클린턴 대통령과 부시 대통령 시절에도 같은 일이 벌어졌었기 때문에, 익숙한 상황이었으나 공화당 의원들에게 훨씬 더 불리하게 변했다.

2010년이 되자 지지층은 훨씬 더 오른쪽으로 기울었다. 우파의 승리에 대한 기대감이 높아지자 그들은 굵직한 선거 공약을 어긴 공화당 의원들의 변명을 받아들이려고 하지 않았다. 오바마가 백악관에 있고 민주당이 상원을 장악한 조건에서는 공화당이 내걸었던 공약을 실현하는 일이 어려웠기 때문에, 공화당 기득권층 의원들과 보수 지지층은 충돌의 길을 가고 있었다. 보수 지지층의 최우선 사안이었던 건강보험법 폐지는 애초부터 무산될 예정이었는데, 이는 라디오 토크쇼가 주도한 우파 내부 전쟁의 시발점이 됐다.

중간선거 이후의 긴장 관계는 공화당이 라디오 토크쇼와

그 후예들을 키웠기 때문에 초래된 곤경이었다. 의원들은 라디오 토크쇼의 공신력을 높여줬다. 또한 지지층을 자극하기 위해 진행자들의 투박하고 이분법적 공약들뿐만 아니라 과도한 언사와 신경질적인 주장들까지 받아줬다. 이런 무리한 전략은 어쨌거나 잘 먹혀들어서 공화당 후보들이 당선되거나 최소한 제대로 경쟁하는 데 도움이 됐다. 하지만 효과가 과도했다고도 볼 수 있다. 공화당이 집권하자 이런 공약들의 기괴함도 드러날 수밖에 없었는데, 라디오의 막장 드라마에는 맞았을지 몰라도 법으로 통과될 가능성은 없었다는 의미다. 상황이 이렇게 되자 진행자들과 청취자들의 눈에 공화당 의원들은 무기력하고 불성실하게만 보였다.

2010년 공화당 의원들과 라디오 토크쇼 사이의 악감정으로 인해 이들의 관계는 심각한 타격을 입었다. 하원의장이 된 베이너는 매체에 선별적으로 출연하기로 결정했다. 하원의장으로서 라디오 토크쇼에 쓸 수 있는 시간이 별로 없기도 했지만, 보수 진행자들의 프로그램에 출연하지 않으려는 또 다른 이유가 있었다. 그는 일간지 〈폴리티코〉에 "나는 항상 그들과 대화를 나누었는데, 그들은 어느 날 갑자기 나를 두드려 팬다."라고 불평했다. 하원의장 임기 마지막 해인 2015년까지 베이너는 전국 라디오 토크쇼 출연 횟수를 극적으로 줄여나갔다. 방송 바깥에서는 진행자들과 계속 대화를 나눴는데, 한번은 해니티에게 "이봐, 당신은 미쳤어."라고 말한 적도 있었다. 해니티는 이후 몇 달 동안은 베이너에 대한 독설을 자제했다.[1]

하지만 이런 불편한 분위기나 디지털 혁명조차도 하원 공화당의 핵심 홍보 전략을 바꾸지는 못했다. 지역 라디오 토크쇼는 여전히 기본으로 남아 있었다. 공화당은 계속해서 라디오 행사를 열었고 의원들의 참여를 이끌어내기 위해 그들의 지역구 진행자들을 초대했다. 하지만 라디오 토크쇼가 점점 더 적대적으로 변하면서 공화당 의원들은 진행자들과 소통하는 내내 힘겨운 싸움을 벌여야만 했다.[2]

이런 적대감은 진행자와 하원 공화당 지도부의 관계뿐만 아니라 간부급 의원들과의 관계에서도 감지됐다. 하원 공화당의 한 보좌관에 따르면, 2010년대에 대다수 공화당 하원의원들은 호전적이고 불쾌한 관계하에서는 득보다 실이 많다고 생각해 전국 라디오 토크쇼 출연을 자제하게 됐다(지역 진행자 대부분은 의원들과 사이좋게 지냈는데, 그게 양쪽 모두에게 이익이었기 때문이다). 그리고 세대교체로 인해 의원들과 보좌진이 젊어지면서 라디오 토크쇼에 대한 친화성도 줄어들었다. 대신 페이스북 라이브와 구글 행아웃같이 통제 가능한 매체에 더 큰 관심을 가지게 됐다. 우호적인 진행자가 부드럽게 질문을 하는 것도 좋았지만, 뒤끝이 남지 않도록 질문이 아예 없는 게 더 좋았다.[3]

상원의 상황도 비슷했다. 상원 공화당 보좌진은 라디오 토크쇼의 감시에서 비켜나기 위해 재빨리 움직였다. 진행자들과 끈끈한 관계를 유지해 온 상원의원들도 라디오 토크쇼의 분노를 완전히 피할 수는 없었지만, 발 빠른 노력 덕분에 충격도 덜했다. 보좌진은 진행자들이 쇠망치를 꺼내들기 전에 자신의 입장을 해명할 수 있는 기회를 얻었다.[4]

라디오 토크쇼와의 관계를 유지하려는 노력과 상관없이 2012년에는 그 어떤 공화당 의원도 라디오 토크쇼의 영향에서 자유롭지 못했다. 확실한 공화당 지역인 인디애나에서 수십 년간 자리를 지켜 온 상원의원 리처드 루거Richard Lugar도 위기에 처했다. 루거는 확실한 문제를 안고 있었다. 2006년에 단독 출마했기 때문에 그의 조직은 쇠락해 있었다. 게다가 그는 계속 워싱턴에 살았던 사람이었다. 인디애나에 거주하지 않는다는 비판이 제기될 수 있었고, 정책을 결정하는 데 있어서도 고향인 인디애나를 그다지 고려하지 못했다. 하지만 루거는 철옹성 같은 불패의 정치인이자 전설이기도 했다. 리처드 닉슨 대통령이 좋아했던 인디애나폴리스 시장 루거는 1976년 현직 상원의원을 물리친 후 36년 동안 안정적으로 자리를 지켰다.[5] 그리고 그는 외교 정책 전문가로서 양당의 존경을 받았다.

2012년 인디애나 재무장관 리처드 머독은 승산이 낮음에도 불구하고 기회를 잡기로 결정했다. 그는 루거의 우유부단함과 온건함을 물고 늘어졌다. '성장을 위한 클럽' 같은 외곽 단체들은 루거를 반대하는 캠페인에 많은 돈을 썼다. 거주지 문제도 막대한 피해를 입혔다. 루거의 쇠퇴한 정치적 기능과 손상된 정치적 본능은 이런 맹렬한 공격에 대응하지 못했다.[6]

라디오 토크쇼 진행자들과 다른 보수 매체 인사들은 루거의 RINO 의혹을 증폭시켰다. 오랜 상원의원 경력에서 루거는 온건과 보수의 경계선을 고집했다(DW-NOMINATE 점수는 0.304). 첫 번째 임기에서 그는 서른여덟 명 중 스무 번째로 진보적인 공화당 상원의원이었고 지도부 의원들보다 더 보수적이었다. 그러나 온건파가 감소하다 보니, 2012년이 되면 마흔여덟 명 중에서 일곱 번째로 진보적인 공화당 상원의원이 됐다.[7] 2008년 선거 캠페인에서 오바마는 루거와 함께 일한 사례를 자주 언급했는데, 루거에 대한 오바마의 호감도 보수 매체의 의심과 혐오를 유발했다.[8] 잉그레이엄이 선거 전날 머독과의 인터뷰에서 자신은 11년 방송 경력 내내 루거를 비판해 왔다고 말한 것은 놀랄 만한 일도 아니었다.[9]

라디오 토크쇼는 여러 가지 방법으로 머독을 지원했다. 그는 팟캐스트와 인터넷 라디오 프로그램뿐만 아니라 전국 라디오 토크쇼에도 정기적으로 출연해 소규모지만 참여적이고 이념적인 청취자들에게 다가갔다. 잠재적 기부자들에게 접근하기 위해 인디애나 이외 지역의 프로그램에 출연하기도 했다. 인디애나의 유명 진행자들, 특히 인디애나폴리스 WIBC 방송국의 그레그 개리슨Greg Garrison과 포트 웨인 WOWO 방송국의 팻 밀러Pat Miller는 머독이 인디애나의 사안들을 논의하고 견해를 전달할 수 있는 플랫폼이 되어줬고, 머독이 인지도 열

세를 극복하는 데 도움을 줬다.[10]

전국 라디오 토크쇼 진행자인 레빈은 2011년 8월 지지 인터뷰를 시작으로 초반부터 자주 머독을 출연시켰다. 2012년 3월 머독은 다시 한번 레빈과 이야기를 나눴고, 레빈은 청취자에게 머독 캠프에 기부하라고 권유했다. 레빈은 루거가 머독보다 훨씬 많은 돈을 쓴다고 말하면서, 인터뷰 도중 머독의 웹사이트를 다섯 번이나 언급했다. 그로 인해 엄청난 기부금이 모였고 머독의 캠프에 수만 달러를 추가해 줬다. 두 사람은 경선 투표 전날 방송에서 세 번째 대화를 나눴다.[11]

투표 나흘 전, 림보는 머독이 지지율에서는 10퍼센트 앞서 있으나 선거 자금 지출은 10분의 1에 지나지 않는다고 말하며 기부를 요청했다. 그리고 경선 당일 림보는 루거의 정치 광고 한 편을 공격했다. 라디오 토크쇼의 제왕은 이 광고가 "비양심적"이라면서 루거는 대규모 재정 지출에 반대하거나 정부 역할을 축소하려는 "공화당 사람"이 아니라고 말했다. 림보는 심지어 청취자들이 혐오하는 주류 언론이 루거의 당선을 원한다고 말하기도 했다.[12]

블로거들 또한 머독을 옹호하고 루거를 공격했다. 레드스테이트의 편집자 에릭 에릭슨은 당시 가장 영향력 있는 보수 블로거였는데, 2010년에는 루거를 지목했다. 에릭슨은 루거가 미등록 청소년들이 합법적 거주자가 될 수 있는 길을 터주려고 한 '드림액트 법안DREAM Act'을 지지한다고 의심해 왔었는데, 이를 빌미로 경선 무렵 지속적으로 루거를 비난했다. 2012년 2월 에릭슨은 '성장을 위한 클럽' 회장 크리스 초콜라가 〈내셔널 리뷰〉의 머독 지지 칼럼에 대해 논평하는 게시물을 공유했다. 4월의 게시물에서 에릭슨은 루거의 캠페인을 비난하고 그의 소셜 미디어 담당자를 해고하라고 요구했으며 5월 8일 경선 전날에는 "내일, 루거를 은퇴시켜라Tomorrow, Retire Dick Luger."라는 제목의 게시물을 올렸다.[13]

그다음 날 머독은 경선에서 승리했다. 이후 머독이 총선에서는 패배했다는 사실은, 보수 매체 인사들에게 별로 중요하지 않았다. 비록 의석을 잃고 공화당의 이념적 폭이 좁아지더라도 그들은 당을 선명하게 만들 기회를 발견했다. 라디오 토크쇼와 그 동맹이 머독을 상원의원으로까지 당선시키지는 못했지만, 그들의 십자군 전쟁은 공화당의 보수화를 촉진했고 초당주의와 정책적 해결을 추구하는 몇 안 되는 상원의원들을 제거해 워싱턴의 양극화를 강화했다. 진행자들의 관점에서 볼 때 머독의 낙선은 승리였다.[14]

루거를 제거하려고 서두른 것은 선명성을 과도하게 추구하는 과정에서 공화당의 입지가 지리적으로 축소됐기 때문이기도 했다. 온건파가 살아남지 못하자 공화당은 동부와 서부에서 경쟁력을 상실했다. 1988년 림보가 전국 프로그램에 데뷔했을 때 공화당은 뉴잉글랜드 지역(코네티컷, 메인, 매사추세츠, 메인, 뉴햄프셔, 메인, 로드아일랜드, 버몬트), 중부 대서양 지역(델라웨어, 메릴랜드, 뉴저지, 뉴욕, 펜실베이니아, 버지니아, 웨스트버지니아), 중서부 북부 지역(미시건, 미네소타, 일리노이), 그리고 서부 지역에서 열여덟 개의 상원의석을 차지하고 있었다. 이는 루거가 처음 상원의원이 됐을 때보다 세 석이 늘어난 것이었다. 하지만 루거가 낙선했을 때 해당 지역의 공화당 상원 의석수는 네 석으로 줄어들었다.

라디오 토크쇼의 강경한 입장은 2012년 대선에도 영향을 미쳤다. 공화당은 선명성 검증을 통과하지 못했던 또 다른 후보인 밋 롬니를 지명했다. 역설적이게도 롬니는 라디오 토크쇼가 2008년 대선 경선에서 더 의심스러운 매케인을 떨어뜨리기 위해 선택했던 후보였다. 하지만 2012년까지 라디오 토크쇼는 계속 오른쪽으로 이동했다. 게다가 정치적 전쟁에 참여하기를 주저하는 후보들을 참아주는 데도 한계를 느끼고 있었다. 그리고 공화당에는 훨씬 더 보수적인 도전자들이 있었기 때문에[15] 롬니는 경선 기간 동안 라디오 토크쇼의 반감과 의심을 마주해야 했다. 2011년 10월 림보는 "롬니는 보수가 아니다. 여러분과 하루 종일 논쟁할 수도 있겠지만, 어쨌든 그는 보수가 아니다."라고 선언했다.[16] 인터뷰에서도 진행자들은 롬니에게 까다로운 질문을 퍼부었다.

롬니가 공화당 후보로 지명된 이후, 선거 캠프가 라디오에 공을 들였음에도 불구하고 일부 진행자들은 그에게 우호적이지 않았다. 대선과 총선 캠페인 기간에 롬니는 두 명의 라디오 전문가를 고용해 진행자들과의 관계를 구축하고, 진행자 각각의 스타일에 맞는 자료를 제공하며, 청취자들과 진행자들의 관심에 부응하면서도 롬니의 메시지에 도움이 되는 인터뷰 질문을 보내려고 노력했다. 선거 캠프는 또한 진행자들에게 후보가 전달하려는 주제뿐만 아니라 하루 또는 일주일 단위의 계획도 설명했다. 보좌진은 진행자들에게 롬니와 그들의 관점이나 입장이 동일하다는 점을 상기시키려고 애썼다.

그럼에도 불구하고, 몇몇 보수 매체 인사들은 투표일 당일까지 롬니를 공격했다.[17] 그들은 롬니가 충분히 전투적이지 못하고 반격할 의지도 없다고 생각했다. 8월에 잉그레이엄은 청취자들에게 "보수주의는 이긴다. 당신이 사안의 다른 면에 대해 주장하고 구체적 근거를 가지고 싸우며 열정적으로 비전을 제시한다면, 또한 지금의 문제들을 보수의 이상과 결합시킨다면 당신은 승리할 것이다."라며 보수주의는 이기고 있음에도 불구하고 롬니는 패배하고 있다고 단언했다. 하지만 롬니와 그의 대선 캠프는 "총싸움에 베개를" 가져왔다. 한 달 후, 잉그레이엄은 "이런 상황에서도 버락 오바마를 이길 수 없다면 공화당은 문을 닫아라. 새로운 사람들과 새롭게 시작하라."라며 롬니의 선거 캠페인과 선거 전략가들을 강도 높게 비판했다.[18] 다른 진행자들은 롬니의 보수주의 신념과 용기를 의심했다. 선거가 한 달도 채 남지 않았을 때 롬니는 부동층을 의식해 온건한 입장을 취하려고 했다. 아이오와의 진행자 스티브 디스는 "임신중지에 대한 그의 입장이 너무 많아서 셀 수도 없다."고 투덜댔다.[19]

롬니가 낙선한 후 보수 매체는 다시 초당주의를 저지하는 프로젝트로 돌아갔는데, 공화당은 하원을 민주당은 상원과 백악관을 장악하고 있었기 때문에 실질적인 목적은 협치를 가로막는 것이었다. 2012년 말에는 공화당 의원들이 타협적으로 바뀌게 될 것이라는 예상도 있었다. 어쨌거나 오바마 대통령은 막 재선에 성공했고, 민주당은 상하 양원에서 의석수를 늘렸다. 상황을 봐서라도 양당은 합의를 도출해야 했는데 이른바 재정절벽, 즉 부시의 대표적인 감세정책이 끝나고 재정 지출을 강제로 삭감하면서 발생한 경제 위기에서 나라를 구해야 했다. 경기 침체를 피하고 싶은 반대파들도 합의할 수밖에 없을 것이라고 예상됐다. 예전에는 그런 합의가 너무나 당연했었다.

베이너 하원의장은 협상을 시도했다. 그의 최초 제안은 부유층의 세금 공제에 한도를 정해 세수를 8,000억 달러 늘리는 대신 사회복지 지출을 8,000억 달러 삭감하자는 것이었다.[20] 민주당 의원들은 베이너의 계획이 편향된 타협안이라며 거부했다. 민주당은 오바마 대통령이 복지 지출 삭감이 아니라 부유층 증세를 요구해서 재선된 것이라는 점을 제기했다. 몇 주 전, "화해도 제안했고 한계도 분명히 했다."는 발언에서 오바마 대통령은 "이것은 선거 캠페인 기간 핵심적인 질문이었고, 반복해서 논쟁이 됐던 질문이었다. 화요일 밤 미국인 대다수는 나의 접근방식에 동의했다."라고 말했다.[21]

만약 민주당이 베이너의 협상안을 받아들였다면 어떤 식으로 계산해도 공화당의 엄청난 승리라고 평가됐을 것이다. 하지만 림보의 기준은 더 높았다. 그는 베이너가 제안을 발표하는 기자회견을 "어떻게 항복할 것인가에 대한 세미나"라고 규정했다. 림보가 보기에 베이너의 협상안은 부자들이 제대로 세금을 내지 않는다는 오바마의 기본 전제를 은연중에 받아들이는 것으로, 보수에 대한 배신이었다. 림보는 베이너와 지도부가 보수의 가치를 방어하는 데 "관심이 없다"면서 그 이유는 "그들 중 많은 사람이 진정한 보수가 아니기" 때문이라고 말했다.

림보는 보수의 원칙을 포기해야 한다면 재정 절벽에서 떨어지거나 말거나 신경 쓰지 않을 것이라는 점을 분명히 했다. 그는 공화당이 오바마와의 싸움에서 이기지 못할 것이라고 인정했지만, 그건 중요하지 않았다. 림보는 "이 모든 것이 끝났을 때 여러분이 무엇을 지지하는가가 중요하다."라며 "앞으로 나아가기 위해서는 되돌아가서 의지할 뭔가가 있어야 한다. 우리는 우리의 일부였던 뭔가를 방금 포기해 버렸다.", 더 나아가 "여기에는 공통점이 없다. 초당주의 같은 건 없다. 타협은 없다. 단지 양보만 있을 뿐이다. 일어날 수 있는 건 그게 전부고, 그렇게 될 것이다."라고 설명했다. 림보는 백악관이나 상원 민주당이 항복하게 만들 전략이 없었고 경제적 위기에서 벗어날 방법도 몰랐다. 중요한 것은 보수의 선명성뿐이었다.[22]

몇 주 후, 백악관과의 협상이 결렬된 후, 베이너는 민주당이 요구하는 세율 인상을 허용하되 연간 100만 달러 이상을 버는 사람들로 한정하는 플랜B를 만들어 냈다.[23] 베이너는 재정 지출 삭감을 협상할 수 있는 지렛대를 얻어내면서도 최대한 많은 미국인을 증세 대상에서 제외하고 싶었다. 수백 명의 공화당 의원들로부터 절대 세금을 인상하지 않겠다는 약속을 받아냈던 세금 반대 운동의 대부 그로버 노퀴스트Grover Norquist는 이 제안에 찬사를 보냈다. 하지만 다른 강경파들은 반대했다. '성장을 위한 클럽', '헤리티지 재단the Heritage Foundation', 그리고 티파티와 뜻을 같이하는 '프리덤웍스FreedomWorks'는 모두 베이너의 플랜B를 힐난했다.[24] 그들은 림보의 지침을 따랐다. 공화당은 증세에 반대해야 한다. 이상 끝.[25]

지도부 전체가 개인적으로 간청까지 해가면서 표 단속을 했지만, 플랜B는 기권표가 많아 결국 하원을 통과하지 못했다. 많은 의원이 제한된 범위의 소규모 증세에 찬성하기만 해도 경선 탈락 같은 정치적 위험을 초래할 수 있다고 느꼈다. 기권이 반드시 정책에 반대한다는 의미는 아니었지만, 이단자로 보여서는 안 됐다. 한 의원이 밝힌 바와 같이, 자신은 이 제안에 찬성할 수도 있었지만 법정 시한이 지나기 전까지는 그렇게 할 수 없었다. 왜냐하면 그 이후에는 플랜B가 증세가 아닌, 소득 100만 달러 이하인 사람들에게는 오히려 감세가 될 것이기 때문이었다. 이런 식으로 체면을 세우려는 행동은 협치나 재정 규칙, 심지어 보수의 세금 반대 원칙과도 무관했다. 공화당 의원들이 플랜B 법안에 법정 기한 이전에 찬성했든 이후에 찬성했든, 정책 결과는 동일했을 것이다.

하지만 위 의원들의 생각은 AM 라디오, 케이블 텔레비전, 온라인에서 성장한 강경 우파 예능인 및 활동가들과 공화당 간의 관계를 그대로 보여주는 것이었다. 2012년 말 공화당 의원들은 자신들이 키워놓은 존재들을 두려워했고 자신들의 입장을 교묘하게 둘러대야만 그나마 협치를 할 수 있었다. 그들은 새로운 우파 정치 문화에 잘 어울리는 맞춤형 어법과 공약을 만들어 냈지만, 이제는 거기에 갇혀 자신들의 가장 기본적인 의무를 다하지 못했다.

크리스마스를 며칠 앞두고 열린 긴급회의에서 베이너는 플랜B의 굴욕적 패배를 인정했다. 그는 자신의 무능을 진솔하게 반성하면서 신학자 라인홀드 니부어Reinhold Niebuhr가 쓴 〈평온을 비는 기도Serenity prayer〉를 암송했다. 한 세대 이전에는 하원의장의 법안이 자신의 당에 의해 폐기되는 건 상상할 수 없던 일이었다. 플랜B의 실패로 인해 하원 공화당은 민주당 표가 없으면 어떤 법안도 통과시키지 못한다는 사실이 분명해졌다. 이제 온 나라가 공화당은 상하원과 행정부를 완전 장악하지 못한다면 법정 기한 만료가 임박해도 그 어떤 기본적인 일도 해낼 능력이 없다는 걸 알게 됐다. 공화당이 그런 상황에 처할 때까지 보수 매체가 했던 역할을 알거나 모르거나 말이다.[26]

보수의 비타협적 태도로 인해 결과적으로 플랜B보다 못한 정책이 통과됐다. 공화당이 자신의 법안을 하원에서 통과시킬 수 없었기 때문에 협상의 지렛대가 사라졌고, 대신 민주당이 주도권을 잡게 됐다. 베이너는 최종 협상안에 대한 민주당의 지지를 이끌어내기 위해 민주당이 지배하는 상원을 통과한 법안에는 하원에서의 투표를 허용하겠다고 약속했다. 그래서 바이든 부통령과 상원 공화당 대표 매코널은 재정지출 삭감을 두 달 늦추는 대신 연간 개인 소득 40만 달러 이상과 가구 소득 45만 달러 이상을 대상으로 세금을 올리는, 베이너의 법안보다 더 광범위한 증세를 허용하는 데 합의했다.[27] 하원에서 합의안은 공화당 85표와 민주당 172표의 찬성으로 통과됐다.[28]

플랜B가 부서지고 불탔지만, 림보는 흔들리지 않았다. 최종 합의에 도달하기 몇 주 전, 그는 선제적으로 보수층의 요구에 부합하지 않는 그 어떤 결과에 대해서도 자신들의 책임은 없다는 점을 명확히 했다. 하원의장이 모든 비난을 감내해야 했다. 왜냐하면 그는 원칙에서 벗어났기 때문이다. 림보는 청취자에게 자신은 "플랜B에 대해 입장을 취하지 않았다."고 말했다. 계속해서 그는 "여러분이 주의 깊게 그리고 자세히 듣고 있었다면, 몇 주 전 베이너가 부자 증세에 동의했을 때 내가 이 모든 것이 연기처럼 사라질 것이라고 말했다는 걸 기억하고 있을 것이다. 그게 오바마가 추구해 온 것이다. 그는 원하던 걸 얻었다. 여러분은 그걸 되돌릴 수 없다."라고 덧붙였다.[29]

이런 방식은 2010년대에 종종 반복되곤 했다.[30] 싸움에 목마른 보수 매체는 가끔씩 공화당 의원들에게 절대 실행할 수 없는 강경책과 무모한 계획들을 받아들이라고 재촉했다. 그런 작전들이 실제로 실행될 수 없을 뿐만 아니라 심각한 피해를 자초할 수 있음에도 불구하고, 진행자들은 개의치 않았다. 그들의 기본 입장은 청취자를 유지하고 돈을 버는 것이었지 법안을 통과시키는 게 아니었다.[31] 그들은 자신들이 그동안 부추겨 온 분노를 더 잘 대변할지도 모르는 신생 매체들로부터 청취자들을 지켜야 했다. 그리고 진행자들은 보수의 원칙과 정책에 진심으로 관심을 갖는 만큼 참을성도 있었다. 선명성을 요구하면 단기적으로는 타격이 있겠지만, 공약을 제대로 이행하는 정당을 만들기 위해서라면 그 정도 대가는 지불할 가치가 있다고 생각했다. 당장은 그 여파를 공화당 의원들이 자력으로 감당할 수 있었다.

오바마 시대에 라디오 토크쇼가 공화당 의원들을 바짝 긴장시킨 가장 대표적인 사례는 보수층이 대단히 공감하는 사안, 바로 이민 문제였다. 이민법을 둘러싼 전투는 2007년 이후 5년 이상 공식적으로는 잠잠했다. 2009년 행정부와 의회를 장악하자 민주당은 한 세대 넘게 민주당의 꿈이었던 의료보험개혁, 2008년 금융위기를 해결하기 위한 금융개혁, 그리고 침체된 경제에 활력을 불어넣기 위한 경기부양법안 등 더 크고 시급한 과제들을 법제화하려고 서둘렀다. 2010년 하원을 탈환했을 때 공화당 또한 이민 개혁에는 거리를 뒀다. 우파의 지대한 관심을 감안할 때, 이민법 개혁은 감당할 수 없을 정도로 위험한 문제였다. 지지층을 화나게 하지 않으면서 오바마가 이민 개혁 법안에 서명하게 만들 방법은 전혀 없었다.[32]

하지만 2012년 대통령 선거에서 이민 개혁은 다시 주목을 받았다. 오바마 대통령이 라틴계 투표의 71퍼센트를 차지하자, 공화당 기득권층은 점점 커지고 있는 유권자 집단이 공화당과 완전히 갈라설까 봐 두려워하기 시작했다. 공화당 전국위원회가 의뢰한 연구의 결론은 "우리는 완전한 이민 개혁을 수용하고 옹호해야 한다. 만약 그렇게 하지 않는다면, 핵심 지지층의 지지만 받을 수 있을 것이다. 우리는 또한 완전한 이민 개혁이 일자리 증가와 모두의 기회 증진이라는 공화당의 경제 정책과 일치한다고 믿는다."라는 것이었다.

기본적으로 공화당이 백악관을 탈환하려고 한다면 라틴계 사람들에게 그들의 공동체에 관심을 가지고 있고, 그들의 표를 받을 자격이 있다는 걸 보여줄 필요가 있었다. 이민 개혁 법안을 통과시킬 경우, 라틴계 유권자들이 공화당을 지지하지 않는 이유, 즉 이민 문제를 정리해 버릴 수도 있었다. 공화당에서는 이민 문제라는 장애물만 넘는다면, 대다수 라틴계가 공화당 후보를 더 지지할 '친기업적'이고 '보수적'인 사람들이라고 생각했다.[33]

이민 개혁에 찬성하는 입장은 공화당 내에 존재하던 이념적 균열을 초월하는 것이었다. 티파티 바람을 타고 처음 당선됐던 사우스캐롤라이나 하원의원 믹 멀베이니Mick Mulvaney는 동료 의원 마리오 디애즈밸라트Mario Diaz-Balart가 티파티를 "좌익으로 보이게 만드는" 의원이라고 할 정도로 강경 보수였는데, 그럼에도 불구하고 이민 개혁을 지지했다.[34] 멀베이니가 보기에 현존 제도는 사실상 사면을 해주고 있었다. 그는 선거를 위한 계산법도 알고 있었다. 자신의 지역구에서 열린 공화당 조찬 모임에서 멀베이니는 공화당이 흑인, 라틴계, 자유지상주의자 및 성소수자들을 계속 포기할 수 없다고 경고했다. 현재 공화당을 지지하는 나머지 38퍼센트만으로는 절대 선거에서 승리할 수 없기 때문이었다.[35] 보수 매체도 그런 생각에 동의했다. 선거 이틀 후 해니티는 라디오 청취자들에게 이 사안과 관련해 자신은 '진화'했으며 불법 이민자들에게 시민권을 부여하는 법안을 지지한다고 설명했다.[36]

상원 민주당은 다시 한번 입법을 추진했다. 이번에는 뉴욕의 찰스 슈머Charles Schumer, 일리노이의 딕 더빈Dick Durbin, 콜로라도의 마이클 베넷, 뉴저지의 밥 메넨데즈Bob Menendez가 책임을 맡았다. 그들은 공화당의 이민 개혁 지지자인 매케인과 린지 그레이엄, 플로리다의 마르코 루비오Marco Rubio 그리고 하원에서 오랫동안 초당적인 이민 개혁 시도를 지지해 온 애리조나의 제프 플레이크Jeff Flake와 협력했다.

루비오는 보수를 달래기 위한 카드였다. 이미 이민 정책을 추진해 봤던 베테랑들은, 과거 자신들의 노력을 좌절시켰던 보수층의 분노를 미연에 방지하기 위해 공화당 우파가 필요했다. 처음에는 유타 상원의원 마이크 리를 섭외했지만, 그는 한 보좌관이 말한 '모임에 가입하는 기본 원칙', 즉 합법화를 '기본 개념'으로 하는 법안에 찬성하고 싶지 않았다. 단지 묵인하는 정도에 머물고 싶었다. 루비오는 자신이 합법화 가능성에 대해 더 개방적이라는 걸 보여줬다. 그는 젊고 카리스마 넘치며 언론에 능숙한, 티파티의 촉망 받는 정치 신예였다. 2010년 경선에서는 경쟁자였던 플로리다 현직 주지사가 무소속 출마를 위해 탈당할 정도로 압도적인 우위를 차지했다. 루비오도 자신이 협상에 적합하다고 생각했다. 엄청나게 많은 이민자가 살고 있는 마이애미 주민으로서, 그는 이민 문제에 대해 아는 것도 많고 관심도 있었다. 그리고 자신이 싫어할 수도 있는 법안을 방관하며 기다리기보다는 직접 만드는 것이 더 타당하다고 생각했다.[37]

이 '8인 모임'은 자신들의 노력이 성공하기 위해서는 라디오 토크쇼의 역할이 중추적이라는 점을 이해하고 있었다. 어쨌거나 2007년 법안을 무산시킨 건 라디오 토크쇼의 힘이었다. 상원 협상단은 이민 개혁안을 통과시키기 위해 보수 스타 진행자들과 은밀히 접촉했다. 비밀 활동은 2012년 선거 이전에 시작됐다. 2011년 3월 9일, 슈머와 그레이엄은 뉴욕시의 팜 스테이크 하우스에 있는 밀실에서 림보, 폭스뉴스 소유주인 루퍼트 머독과 CEO 로저 에일스를 만나 도움을 요청했다. 상원의원들은 이민 개혁에 대한 자신들의 비전을 제시하고 사면이라는 딱지가 법안을 추진하는 데 얼마나 치명적인지 설명했다. 2013년 1월에 슈머와 루비오가 머독과 에일스를 두 번째로 만났을 때 그들은 림보와 다시 논의해 보라고 권유했다.[38]

루비오는 림보와 해니티 등 주요 라디오 토크쇼 진행자

들과 수시로 의견을 나눴다. 2013년 1월 에일스와 머독을 만난 지 2주 후, 그리고 8인 모임이 법안 초안의 기본 원칙들을 공개한 다음날, 루비오는 방송에서 림보와 대화를 나눴다. 림보는 회의적이었다. 그는 보수층에게 중요한 강제 조항들과 그 밖의 조치들에 대해 대통령이 기꺼이 동의할 것이라는 점을 루비오에게 상기시켰다. 림보는 또한 이 법안이 과연 필요한 것인지 그리고 그 법안의 정치적 파장은 어떠할지 우려했다. 하지만 그는 정중했고 루비오를 칭찬했다.[39] 같은 날 오후 림보는 상원의원들과의 사적 대화에서 알게 된 것을 다음과 같이 넌지시 언급했다. "그들은 내게 '사람들은 법안을 지지한다. 만약 당신이 이걸 사면이라고 부른다면, 법안은 죽는 것이다.'라고 말했다. 그들은 그게 사면이 아니라는 것을 나한테 납득시키려고 했다. 내게 '우리는 사면을 말하는 것이 아니다.' 라고 말하기 위해 최선을 다하고 있었다."[40]

처음에는 이런 노력이 효과를 봤다. 해니티와 오라일리를 포함한 폭스뉴스에서 가장 인기 있는 진행자들은 이전보다 덜 적대적이었다. 머독과 에일스는 그레이엄이 폭스를 찬양할 정도로 폭스의 뉴스 보도를 법안에 호의적으로 유도했다.[41] 루비오 또한 초안 작성 과정을 공개하자고 주장하면서 라디오 토크쇼의 호의적인 태도를 유지하려고 했다. 라디오 토크쇼는 2006년과 2007년 법안을 공격할 때 비밀리에 준비됐다는 점에 초점을 맞추었는데, 그런 공격은 효과적이었다. 이번에는 법안 반대자들이 자유롭게 불만을 표출하고 개정안에 투표할 것을 호소할 수 있었다.[42]

림보와 폭스뉴스에게 도움을 요청하는 게 중요하긴 했지만, 8인 모임은 2007년 이후 웹이 등장함에 따라 변화된 매체 지형에 대해서는 준비가 되어 있지 않았다. 그 당시 보수 디지털 매체는 자신들의 방향을 정하고 있었다. 브라이트바트뉴스가 특히 중요했는데, 2012년 3월 앤드루 브라이트바트가 갑작스럽게 죽고 스티브 배넌이 권력을 장악한 후, 강력한 국수주의 성향을 띠게 됐다. 장차 트럼프 선거 캠프와 백악관의 고문을 맡게 될 배넌의 주도로 브라이트바트뉴스는 사업을 대대적으로 확장하고 있었다. 브라이트바트뉴스는 새로운 편집인의 투쟁적이고 반주류적인 비전을 받아들였다. 배넌은 이민과 세계화를 혐오했고 브라이트바트뉴스의 작가들에게 의견이 다른 공화당 의원들을 공격하라고 밀어붙였다. 그는 텍사스에 사무소를 열어 이민국과 세관 요원들을 정보원으로 양성하는 등 이민 문제에 자원을 쏟아부었다.[43]

이민 개혁에 대해 림보의 보도가 회의적이었다면, 브라이트바트뉴스의 보도는 위협적이면서 신경질적이었다. 6월에 상원이 법안을 통과시켰을 때 브라이트바트뉴스의 주요 기사 제목은 '상원, 68 대 32로 사면 통과'였다. 여기에 더해 후속 기사는 "국경 보안 및 내부 이민법 강제 집행으로부터의 사면에 찬성한" 모든 공화당 상원의원의 이름을 나열했다.[44] 브라이트바트뉴스는 보수 매체의 중심이 됐다. 2013년 여름 보수 인사들은 브라이트바트뉴스와 다른 경쟁 매체들, 그리고 그들의 영향을 받는 보수층의 압력에 서서히 굴복했다. '진화된' 입장이었던 해니티도 결국 다시 퇴화해서 상원 법안에 반대하기 시작했다.[45]

보수 비평가들이 신경 쓸 필요도 없었다. 상원을 통과한 법안은 공화당이 장악하고 있는 하원에 도착하자마자 폐기됐다. 공화당 하원의원들의 약 4분의 3은 아무런 기록도 남기지 않은 채 국경을 통과한 이민자들을 그냥 합법화하려는 상원의 법안에 반대했다. 대부분의 공화당 하원의원들은 정반대로 국경 통제와 관련해 납득할 만한 조치들을 법안에 명기한 후에야 합법화를 고려할 수 있다는 입장이었다.

사실 많은 보수파 하원의원들은 상원의 법안을 채택하거나 아니면 다른 수정안을 작성하더라도 이민 문제를 다루는 실익이 전혀 없다고 생각했다. 공화당 하원의원들의 84퍼센트는 라틴계 유권자가 20퍼센트 미만인 지역 출신이었다.[46]

그들은 라틴계 유권자들에게 신경 써야 할 이유를 알지 못했다. 게다가 보수 매체를 많이 이용하고 있는 그들의 유권자들은, 불법 이민이나 국경 개방이 재앙이라고 확신하고 있었다. 여기에 대해서는 대다수 하원의원들도 부분적으로는 동의했다. 그들은 포괄적 개혁이 법 위반을 보상하고 합법적 이민 절차를 밟는 사람들에게 불공정하며 불법이민자들이 넘쳐나서 국경이 통제 불능 상태에 빠질 것이라고 생각했다. 게다가 공화당 의원 중 누군가가 개인적으로 포괄적 개혁에 찬성한다는 것은, 지역 라디오 토크쇼나 블로거들은 말할 것도 없고 잠재적인 경선 상대에게 강력한 무기를 건네준다는 것을 의미했다.[47]

상원의 법안을 하원에서 통과시킬 수 있는 유일한 방법이 있었지만 현실적이지는 않았다. 재정 절벽 타협안과 마찬가지로 이민 법안도 민주당의 지지에 더해 공화당의 동의가 필요했다.[48] 그래서 하원 지도부는 상원 법안을 처리하자는 민주당의 요구를 거부했다. 베이너는 그렇게 해봤자 의원들이 법안을 부결시키거나 처리 기한을 넘길 것이고 그 이후에는 동의하지 않은 법안을 상정했다는 이유로 자신의 목을 칠 것이라는 걸 알고 있었다.[49] 베이너와 그의 보좌진에게 상원의 법안은 기껏해야 보수파 의원들과 활동가들의 기세만 올려주는 시간 낭비였고, 최악의 경우 정치적 자살이 될 수 있었다.

따라서 하원 자체의 해결책이 필요했다. 가장 낙관적이었던 보좌진도 법안 통과는 기념비적인 도전이라는 점을 인정했다. 이민 문제를 다루는 하원 법사위에는 오바마가 서명할 수 있는 법안들은 무시하려는 보수 강경파들이 많았기 때문에 전통적인 방식은 가능하지 않았다. 법사위는 이민 문제의 사소한 부분들을 건드리는 개별 법안들만 처리하려고 했다. 시간이 없었다. 2014년 선거 캠페인이 시작되기 전에 논쟁은 해소돼야 했다. 선거 캠페인이 시작되면 대다수 핵심 의원들이 정치적 이유로 그 어떤 활동도 할 수 없게 되기 때문이었다.

가능성이 희박했지만 일부 하원의원들은 포괄적 개혁에 대한 희망을 버리지 않았다. 왜냐하면 하원에는 열정적이고 은밀하게 그리고 꾸준히 대화하는 자체 협상단이 있었기 때문이었다.[50] 베이너가 후원했던 이 모임은 2007년 상원 법안이 실패했던 때로 거슬러 올라가는데, 당시 협상에는 최대 스무 명의 의원들이 참여했다. 2013년 민주당의 주요 협상 대표는 하원의 지칠 줄 모르는 이민 개혁 옹호자였던 켄터키의 존 야머스John Yarmuth와 일리노이의 루이스 구티에레즈Luis Gutierrez, 그리고 민주당 지도부의 일원인 캘리포니아의 조 로프그린Zoe Lofgren과 하비어 베세라Xavier Becerra였다. 공화당 쪽에는 강경파 여러 명이 포함되어 있었다. 그중 한 명은 이민 전문 변호사로서 이 제도를 잘 알고 있던 아이다호 티파티의 라울 래브라도Raul Labrador였다. 그는 비타협적 보수파인 전쟁 영웅 샘 존슨Sam Johnson과 함께했는데, 그의 웹사이트에는 "법을 어긴 사람은 추방되어야 한다."라고 적혀 있었다. 여기에 더해 협상단에는 똑같은 보수파인 텍사스의 '판사' 존 카터John Carter, 그리고 좀 더 온건한 플로리다의 디애즈밸라트가 포함됐다.[51] 이 협상은 너무나 은밀해서 협상단 의원들은 회담의 개최 여부조차 확인해 주지 않았다.[52]

여덟 명으로 구성된 하원 협상단은 고뇌를 거듭한 뒤 타결에 근접했다. 하지만 2013년 봄, 카터와 래브라도, 존슨이 우파로부터 심한 압박을 받으면서 상황은 급박하게 돌아갔다. 5월 15일, 지루한 협상에 지친 카터는 불법 이민자들의 의료 서비스 문제라는 예민한 사안에 대해 협상을 타결하지 않으면 모임을 탈퇴하겠다고 위협했다. 로프그린과 보좌진은 협상을 계속했다. 협상 시작 후 처음으로 당파적 장애물을 극복한 후 협상단 여덟 명 중 일곱 명은 민주당이 만든 초안을 수용했다. 하지만 베세라는 하원 민주당 대표 낸시 펠로시와 상의해 볼 필요가 있다고 주장했다. 짜증이 난 카터는 베세라에게 "나는 존(베이너)에게 확인할 필요가 없는데 당신은 왜 낸시(펠로시)에게 확인해야 하느냐"고 쏘아붙였다. 언론은 협상이 원칙적으로 타결됐다고 보도했지만, 그다음 날 베세라는 협상 내용을 바꿔야 한다고 주장했다.

그 후 열린 협상단 회의에는 분노가 가득했다. 보도에 따르면 구티에레즈는 베세라가 훼방을 놨다고 비난했고, 협상단은 의료법 조항에 대해 합의점을 찾지 못했다. 래브라도는 바로 사임했다. 민주당 의원들은 그가 마뜩잖게 생각하던 법안을 폐기하려는 것이라고 의심했지만, 그 자신은 중요한 양보를 거듭하다가 탈진했다고 느꼈다.[53] 3개월 후 카터와 존슨도 공화당의 가장 큰 걱정거리를 이유로 들어 협상을 포기했다. 즉, 오바마 대통령은 자신들이 어떤 법안을 통과시키더라도 강력한 국경 보안 및 강제 집행 조항을 시행하지 않을 것이라고 생각한 것이다.[54] 보수층이 오바마 대통령에 대해 지극히 분노하고 있는 상황에서 정치적 위험을 감당할 수 없었다. 오바마의 정책이 위험하다는 인식은 라디오 토크쇼와 그 밖의 보수 매체에 의해 증폭됐는데, 이로 인해 공화당 지지층은 오바마 대통령에 대해 비미국적이고 비기독교적인 '타인'이라는 대단히 왜곡된 인상을 가지고 있었다. 그래서 너무나 많은 유권자들이 입법을 위해 초당적으로 노력하는 카터와 존슨 같은 공화당 의원들을 전혀 용인하려고 하지 않았다.[55]

존슨과 카터가 8인 모임에서 탈퇴하면서 이민 개혁을 위한 하원의 초당적 노력은 끝장났다. 이후 구티에레즈가 유일한 민주당 의원으로서 물밑에서 관여하긴 했으나, 이후 입법 과정은 공화당이 주도했고[56] 결국 하원은 선거 캠페인이 시작되기 전 이민 문제를 처리할 수 있는 중요한 기회를 놓치고 말았다. 선거 시기라는 점을 고려할 때 보수파가 그 법안을 지지하는 것은 훨씬 더 어려워졌기 때문이었다.

12월에 베이너는 마지막 시도를 했다. 그는 하원의 협상을 되살리기 위해 2006년과 2007년 상원의 이민 협상에 긴밀히 관여했던 매케인의 전 수석 보좌관 베키 탈렌트Becky Tallent를 고용했다. 브라이트바트뉴스는 "베이너가 매케인의 사면 추진을 도운 보좌관을 고용한다."라고 선언했다. 또한 탈렌트를 데려온 것은 베이너가 이민 법안에 시민권 부여를 포함하겠다는 것이고, 의회 예산국에 따르면 그렇게 될 경우 "미국 노동자 계급의 임금이 낮아질 것"이라고 경고했다. 그 보도에서는 탈렌트의 고용을 지지한 공화당 전략가 아나 나바로Ana Navarro를 "사면을 추진하고 보수를 비판하는 것으로 가장 잘 알려진 공화당 기득권층"이라고 지칭하기도 했다.[57]

브라이트바트뉴스와 국수주의적 정책을 밀어붙이는 레빈이나 잉그레이엄 등 좀 더 선동적인 진행자를 때문에 해니티와 림보, 그리고 협상 의지가 있던 다른 공화당 의원들도 따라갈 수밖에 없었다.[58] 베이너는 은퇴 후 "그 우파 누구였나, 레빈? 그는 정말 갈 데까지 가버렸는데도 청취자가 많았고, 해니티와 러시(림보)를 어둠의 길로 끌고 갔다."라고 말했다.[59] 공화당의 정책 입안자들은 더 이상 보수 매체를 중립화하거나 그들의 메시지에 영향을 미쳐 보겠다는 생각으로 몇몇 주요 인물들에게 도움을 요청할 수 없었다. 그리고 예전에 우호적이던 진행자들이라도 자신들의 정책 제안을 공정하게 다루어 줄 것이라고 기대할 수 없었다.

2014년 1월, 베이너가 이민 개혁에 대한 자신의 원칙을 밝혔을 때 라디오 토크쇼에는 과거의 그 어떤 중립적인 모습도 사라지고 없었다. 정중하게 베이너를 인터뷰하고 점잖게 반대하는 대신, 림보는 2006년과 2007년 상원의 입법 시도에 대한 그의 분노를 연상시킬 정도로 이틀에 걸쳐 하원의장을 난타했다.

> 내 입장은 나라를 사랑하지 않는 사람들에게 시민권을 부여해서는 안 된다는 것입니다… 이곳에 와서 나라를 허물어뜨리려는 사람들에게 시민권을 부여해서는 안 됩니다. 하지만 편견에 치우치지 않겠다는 이유로, 그리고 공정성과 다문화주의를 지킨다

> 는 미명하에 시민권을 부여하고 있습니다. 하지만 그렇게 하는 진짜 이유는, 그들에게 시민권을 부여하는 사람들이 '미국은 특별한 곳이 아니'라는 생각을 공유하고 있기 때문입니다. 그게 바로 불법 이민자에게 나라를 개방하려는 공화당을 절망적이라고 느끼는 동시에 더 이상 믿을 수 없게 되는 이유입니다. 그냥 말이 안 됩니다. 이건 공화당의 종말입니다. 우리가 알고 있는 나라의 종말입니다.[60]

3월 13일, 공화당 하원의원들은 이민 개혁을 지지하면 위험해진다는 경고를 받았다.

그날 아침에 무명의 노스캐롤라이나 재선 하원의원 르네 엘머스Renee Ellmers는 별다른 경계심 없이 잉그레이엄의 프로그램에 출연했다. 결과적으로 참을 수 없을 정도로 불편하고 과열된 토론이 벌어졌는데, 이 출연을 섭외한 보좌관이 낮술이라도 마셔야겠다고 생각할 정도였다.

잉그레이엄과 엘머스는 건강보험법에 대해 토론하기 시작했는데, 잉그레이엄은 재빨리 불법 이민으로 방향을 틀었다. 잉그레이엄은 엘머스가 라틴계 시민단체인 '라 라자La Raza'가 작성했다고 알려진 진보주의 노선을 따라한다고 계속 비난했다. 잉그레이엄은 노조와 오바마 대통령을 포함한 수많은 진보주의자들이 엘머스의 입장을 지지한다고 주장했다. 엘머스는 "우리는 그늘 속에 살고 있는 사람들 문제를 다뤄야 한다. 그게 우리가 해야 할 일이다."라고 응답했는데, 그 말 이후에 잉그레이엄은 그의 말을 자르고 격정을 쏟아냈다. "당신이 방금 한 말이 청취자들을 화나게 하고 있다. 나는 지금 그들을 대변하고 있다. 당신에게는 합법적인 거주자들과 미국 시민들에 대한 책임이 있다고 생각한다. 지금 누구의 삶이 사라지고 있나? 누구의 중산층 삶이 무너지고 있나?"

엘머스가 일꾼을 찾지 못해 애를 먹고 있는 지역 농부들과의 대화에 잉그레이엄을 초대했을 때, 잉그레이엄은 다시 한번 폭발했다.

> 만약 당신이 농부고 지금 당장 우리 법을 지키면서 생계를 유지할 수 없다면 당신은 사업을 해서는 안 됩니다. 만약 당신이 미국의 정원 관리 회사를 운영하는데, 적절한 생활임금을 지불할 수 없어 사람들을 고용할 수 없다면, 사업을 그만둬야 합니다. 나는 불법 이민자들에게 좋은 일자리를 빼앗겨서 실제로 일을 그만둔 정원사들을 많이 알고 있습니다. 그러니까 만약 당신이 자유시장 경제에서 사업을 운영할 수 없고 주권, 법치, 그리고 미국 이민법을 지킬 수 없다면, 나는 당신이 사업을 해서는 안 된다고 생각합니다.[61]

그다음 날 잉그레이엄은 자신의 프로그램에 엘머스의 경선 도전자를 출연시켰다. 이전 인터뷰의 한 부분을 재생한 후 잉그레이엄은 "하원의원인 당신은 자신들의 꿈을 위해 가족을 부양하는 게 중요한 미국인들, 당신 지역의 합법적인 사람들에게 초점을 맞춰야 한다. 그게 절대 바꿀 수 없는 내 입장이다. 당신이 틀렸다."라고 말했다.[62]

엘머스의 인터뷰는 뉴스거리가 됐고 파장을 일으켰다.[63] 엘머스의 공화당 동료 의원들도 분명 그 이야기를 들었을 것이다. 엘머스의 사례는 이민 개혁이 자기 지역의 사업자들에게 유리할지라도, 이를 지지할 경우 정치적 위험을 초래할 수 있다는 걸 의미했다. 최소한 자신들이 방송에서 뭇매를 맞게 된다는 건 확실히 알 수 있었다.

하지만 디애즈밸라트와 2012년 대선의 공화당 부통령 후보였던 예산위원회 위원장 폴 라이언Paul Ryan은 조용히 버텼다. 디애즈밸라트는 국경 안보와 기존 미등록 이민자들이라는 가장 어려운 두 가지 사안만 다루는 소규모 법안을 만들기 위해 노력했다. 자신의 법안을 정치적으로 가장 잘 규정하는 방법을 알아내기 위해, 그는 소집단을 구성해 용어들을 시험해 보고 공화당 의원들의 지역 유권자들을 대상으로 여론조사도 실시했다.[64] 디애즈밸라트와 라이언은 자신들의 이민 개혁안이 충분한 지지를 받고 있다는 확신이 들자 베이너에게 설명하기 위해 회의를 잡았다.

2014년 6월 10일에 일어난 예기치 못한 사건들 때문에 우리는 그들의 법안이 어떻게 처리됐는지는 영원히 알 수 없을 것이다. 베이너와의 회의를 불과 이틀 남겨둔 시점에, 미국 정치 역사상 가장 큰 이변 중 하나가 이민개혁안에 결정적 타격을 가했다. 무명의 경제학 교수 데이브 브랫이 공화당 경선에서 하원 공화당 대표인 에릭 캔터Eric Cantor를 무너뜨린 것이다. 캔터가 지역에 너무 신경을 쓰지 않았다는 비난을 받았고 베이너가 '역대 최악의 선거운동'이었다며 캔터의 캠페인 책임자를 비난하는 등 많은 이유들이 있었지만, 가장 큰 원인은 이민 문제였다. 잉그레이엄과 레빈은 경선에 밀착해서 브랫을 홍보했다. 잉그레이엄은 브랫과 함께 집회에도 참석했다. 브랫이 이긴 후 두 진행자 모두 공식적으로 승리를 선언하고 공로를 인정받았다. 경선에 대한 사후 분석에서는 이런 자랑이 지극히 과장된 것으로 나타났지만, 캔터의 공화당 동료 의원들은 위험을 감수할 필요가 없었다. 이민 개혁에 대한 유권자들의 끓어오르는 분노 때문에 캔터가 패배했을 가능성이 조금이라도 있다면, 그 사안은 건드리지 않는 게 좋았다. 디애즈밸라트와 라이언은 법안이 과반의 지지를 받을 것이라고 예상했으나 물거품이 돼버렸다.[65]

포괄적 이민 개혁을 위한 노력은 10년이 넘는 시간 동안 진행됐다. 소수당 출신 두 대통령과 수많은 의원들이 법안의 틀을 짜기 위해 분투했고 수많은 외부 단체들도 마찬가지였다. 보수 매체, 압력 단체, 그리고 풀뿌리 활동가들의 연합은 그들의 노력을 무산시켰다. 공화당 의원들이 라디오 토크쇼 같은 보수 매체의 영향력을 두려워했던 게 항상 정확한 것이었는지는 중요한 문제가 아닐 수 있다. 중요한 사실은 공화당

의원들이 이민 개혁을 비롯해 초당적인 법안을 지지할 경우, 분노에 찬 보수 매체 인사들이 경선에서 위협적인 도전을 촉발할 수 있다고 믿었다는 것이다.

나라가 점점 지리적으로 양극화◦되면서 실질적인 공직 쟁탈전은 당내 경선에서 벌어졌기 때문에 보수 매체가 입법 과정에 미치는 영향력 또한 계속 커졌다. 안전한 공화당 지역은 보수 매체의 노선을 잘 따르는 공화당 의원에게만 안전한 곳이었다. 라디오 토크쇼와 다른 보수 매체를 자기편으로 두게 되면 정치 신인이라도 기반이 탄탄한 의원들을 끌어내릴 수 있었다. 그리고 공화당 의원들이 안전하지 않은 지역의 경우 우파 매체는 신경도 쓰지 않았다. 원칙 없는 보수주의자들이 계속 공화당을 더럽히게 내버려 두느니, RINO를 제거하고 민주당 의원들을 당선시키는 게 낫다고 생각했다.[66] 지역 라디오 토크쇼와 선동적인 브라이트바트뉴스 혹은 전국적 스타 진행자들이 모든 법안 투표에 대해 집중적으로 반발할 수 있다는 걸 알게 되자, 많은 공화당 의원들은 보수층의 끈질긴 요구를 들어주지 않으면 자신들이 전략적으로 행동하거나 심지어 양심을 따를 수도 없게 됐다고 느꼈다.

◦ 2000년대에 접어들어 미국 정치의 양극화 심화로 인해, 동부와 서부 연안 지역은 민주당을 지지하고 중서부와 남부 지역은 공화당을 지지하게 된 현상을 말한다. 지역 내에서 민주당과 공화당이 경쟁하는 것이 아니라, 특정 지역의 상하원 의석을 민주당과 공화당이 독점하게 된 것이다.

결과는 마비였다.[67] 2010년대에 들어서서 공화당은 더 이상 협치를 할 수 없게 됐다. 라디오 토크쇼와 그 영감을 받은 케이블과 온라인의 따라쟁이들은 그동안 자신들을 이용해 온 공화당은 없애버리고, 의회와 행정부의 권력이 양당에게 분점될 경우 아무것도 해낼 수 없는 선명 보수 정당을 그 자리에 앉혔다. 몇 년 이후 공화당이 행정부와 상하원을 장악하자, 그 문제가 여실히 드러났다.

권력구조의 전복

23

Turning the Power Structure Upside Down

공화당 지도부가 이단이라는 생각에 보수의 분노는 들끓었고, 그로 인한 혼란은 협치를 더욱 어렵게 만들었다. 하지만 공화당의 한 분파, 즉 깅그리치의 빈자리를 차지하려는 극우파들과 수십 년 전에 이미 라디오 토크쇼의 잠재력을 알아차렸던 저격수들에게는 기회였다.

2010년 이후 혹은 그 이전에 티파티의 바람을 업고 당선된 새로운 극단주의자들은 보수 매체 인사들과 이해관계를 공유하고 활용했다. 그들은 우파 진행자와 칼럼니스트들의 지지를 받았다. 텍사스 상원의원 테드 크루즈 같은 많은 의원들이 토크 프로그램 진행자, 텔레비전 앵커 및 블로거의 최우선적 지지를 받았다.[1] 우파의 새 얼굴들은 소셜 미디어를 이용하여 자신들을 홍보했지만, 여전히 라디오 토크쇼와 케이블 뉴스에서 유명한 정치인이 되고 싶어 했다. 그리고 지도부를 무시하거나 공격하면 보수 매체의 관심과 칭송을 받을 수 있다는 것도 알고 있었다. 강경파 정치인들은 훌륭한 출연진이었다. 그들의 말하는 스타일은 라디오 토크쇼와 케이블 뉴스에 적합했으며 이분법적 태도는 진행자와 청취자 모두의 마음을 사로잡았다.

오하이오 하원의원 짐 조던Jim Jordan이나 가끔씩 해니티의 휴가 기간에 진행자 자리를 대신하기도 했던 텍사스 하원의원 루이 고머트Louie Gohmert 같은 강경 우파 인사들이 급부상하면서 새로운 언론 권력구조와 전통적인 의회 위계질서 사이의 간극이 드러났다. 이들은 한때 '잔소리꾼'나 '괴짜'였던, 즉 뒷자리에 앉아 말만 많이 했지, 영향력은 없는 사람들이었다. 하지만 보수 언론 제국에서 이들은 스타로서 고위직을 차지할 수 있었고 더 많은 박수갈채를 받았다. 지도부가 대응할 수 있는 건 거의 없었다. 과거 신참 하원의원들은 유배지 같은 상임위원회로 추방당하지 않을까 두려워 지도부에 공개적으로 도전하는 건 꿈도 꾸지 못했다. 예를 들어 출신 지역이 내륙인 하원의원이 지금은 없어진 해양수산위원회에 배정될 수도 있었다. 하지만 2010년대에 이르러서는 지도부의 보복이 불가능해졌는데, 보복 이후에 보수 매체를 화나게 만들어 더 큰 골칫거리가 생길 것이 확실했기 때문이었다. 이러한 새로운 역학구도하에서 지도부의 지시를 대담하게 거부하는 것은 유배가 아니라 출세를 위한 보증수표였다.

선동적 언사, 신랄한 비판, 호전성을 전문으로 하는 의원들은 별다른 영향력이 없고 일상적으로 해당 행위를 했음에도 불구하고 지도부 의원들이나 상임위원장들보다 더 많은 관심을 끌었다.[2] 그들은 라디오 토크쇼의 목적 달성에 기여했을 뿐, 자신들의 힘으로 지도부에 들어갈 능력은 없었다. 이와 관련해 한 보좌관은 2015년 지도부 개편 때, 고머트는 네 표 정도를 얻을 수 있었을 것이라고 말했는데 실제로 그는 그해 1월 하원의장 선거에서 베이너에게 도전해 세 표를 얻었다.[3]

잉그레이엄과 크루즈가 공화당 의원들이 오바마 대통령에 맞서 더 열심히 싸웠는지, 아니면 크루즈의 보수 정책에 맞서 더 열심히 싸웠는지에 대해 쏟아내는 말들을 들을 수 있었는데, 그 대신 상임위원장의 지루한 말을 들으려고 하는 청취자는 없었다. 크루즈의 입장에서 보면, 상임위원장은 경쟁 상대도 아니었다. 2015년이면 민주당이 공화당과 협력할 수 있다는 기대를 접은 지 한참 지났을 때였다. 그런데도 크루즈는 동료 공화당 의원들이 "오바마를 상대로 전혀 싸우지 않는다. 지금 공화당 지도부는 보수와 싸우는 데 모든 시간을 보내고 있다. 그들은 우리를 당선시켜 준 사람들에게 했던 약속을 지키려고 노력하지 않는다. 그들은 오바마를 무찌르기 위해 시간을 쓰지 않는다. 실제로는 오바마의 정책에 예산을 지원하는 데 초점을 맞추고 있다."라고 개탄했다. 놀랍게도 크루즈는 "공화당 지도부가 가장 효율적인 민주당 지도부처럼 활동하고 있는데, 도대체 어찌된 일인가?"라는 말까지 했다.[4] 그런 말은 좌절감을 느끼는 진행자들과 청취자들의 마음을 사로잡을 수 있는, 라디오 토크쇼의 금메달감이었다.

하는 말을 들어보면 크루즈나 조던 같은 사람들은 진행자들과 청취자들을 위해 싸우는 사람들이었고 지도부는 그 어디에도 보이지 않았다. 잉그레이엄과의 대화에서 조던은 하원 동료 의원들이 "대통령의 행정 사면 문제에 대해 유권자들에게 약속했던 것을 완수하지 못하고 있다."라고 우려했다. 그는 "우리는 연례 퍼레이드를 벌이는 생명 존중의 날pro-life day○에 생명 존중 법안을 철회했다.", "이제 몇몇 사람들은 '오바마 케어(건강보험법)'를 폐지하지 않겠다고 이야기하고 있다."라며 지도부를 직격했다.[5] 산모의 생명이 위태로운 경우와 당국에 신고 된 강간 사건으로 임신한 경우를 제외하고는 임신 20주 이후 임신중지를 금지시킨다고 해서 논란이 됐던 생명 존중 법안을 철회한 것은 당연하게도 지도부였다. 일부 공화당 의원들은 강간 신고 요구 조항에 반대했다.[6] 지도부는 또한 건강보험법 폐지가 가능성은 둘째 치고 과연 우선순위가 높은 사안인지를 결정해야 했다.

○ 낙태(abortion)에 찬성하는 사람들은 '낙태'라는 단어에 부정적인 의미가 포함돼 있다고 판단해 '선택 존중(pro-choice)'이라는 단어를 사용했다. 이에 대응해 낙태에 반대하는 사람들은 '생명 존중(pro-life)'을 사용하고 있다.

보수 매체와 함께 선거구 획정, 지리적 양극화, 외부 단체의 선거 자금 모금 등 다양한 요인들이 지도부를 경시하는 의원들을 보호했다. 지도부가 누구이고 공화당 전국위원회 간부들이 그들을 어떻게 생각하든 간에, 이런 정치인들은 그들이 대표하는 핏빛 영토°에 잘 맞았고 자신들의 선거 캠페인을 위해 당의 돈을 필요로 하지도 않았다. 또한 지도부는 2010년 의회가 예산 지원을 금지하면서 중요한 당근과 채찍을 잃었다. 의회의 세출 절차를 통해 의원들은 자신들의 지역 사업에 예산을 끌어갈 수 있었는데, 이는 당내 단결력을 강화하고 협상을 타결하는 중요한 지렛대였다. 왜냐하면 지도부가 예산을 손에 쥐고 흔들며 고분고분하지 않는 의원들을 설득하거나 위협할 수 있었기 때문이었다.[7]

° 빨간색은 공화당의 색깔이다. 핏빛 영토는 공화당이 정치적으로 독점하는 지역을 의미한다.

당 지도부는 대세에 맞서 싸우려고 했다. 베이너는 에일스에게 공화당 내에서 신뢰를 얻지 못하는 의원들을 폭스뉴스에 출연시키지 말아 달라고 요청했는데, 고머트는 그런 인물 중 으뜸이었다. 하원의장의 요청은 통하지 않았다. 베이너의 수석 보좌관 마이크 소머스Mike Sommers는 고머트같이 별 볼 일 없는 의원이 보수 매체의 어마어마한 관심을 받은 걸 보고 놀랐다. 하지만 소머스는 고머트 같은 사람들이 공화당 내에서는 잔챙이에 지나지 않지만, 진행자와 청취자들이 원하는 걸 정확히 그대로 말해준다는 사실 또한 이해하고 있었다. 고등학교 시절 소머스 자신도 '당시의 루이 고머트'였던 밥 도넌이 림보를 대신해 방송하는 걸 좋아했다. 당시 소머스는 도넌을 '역대급'이라고 생각했다. 하지만 수십 년 후 도넌의 후예들이 같은 방송을 하게 되자 그는 고개를 저을 수밖에 없었다.[8]

2015년 6월 은밀한 당내 논쟁이 보수 라디오, 텔레비전, 온라인 출판물의 주요 기사로 보도됐던 일은 매체가 주도하는 새로운 권력관계를 명확히 보여줬던 사례라고 할 수 있다. 사안은 난해했다. 전통적으로 하원 지도부는 법안이 표결에 붙여지는 절차에 관한 투표에서는 지도부의 결정을 지지하라고 요구한다. 절차에 관한 투표에서 다수당 의원들의 협력이 없으면 하원 장악이 사실상 불가능해지고 소수당이 주도권을 가로챌 수 있다.[9] 따라서 상임위나 소위의 위원장같이 권한을 가진 누군가가 절차에 대한 지도부의 결정을 거역하면 보복을 감수해야 했다.

2015년 여름까지 보수파는 이런 중요한 규범과 전통들을 반복적으로 무시해 오고 있었다. 온건파 공화당 의원들과 지도부는 징계를 요구하고 있었는데, 서른네 명의 공화당 의원들이 무역 법안 처리 절차에 반대하자 인내심의 한계를 넘어버렸다. 노스캐롤라이나 극보수 의원 마크 메도스Mark Meadows도 반대했는데, 그는 그해 초 하원의장 선거에서 베이너에게 반대표를 던졌던 공화당 의원 스물다섯 명 중 한 명이기도 했다. 절차 투표에 대한 징계로 관리감독위원회 위원장 제이슨 샤페츠는 메도스가 산하 정부운영소위원회 위원장직을 맡는 걸 취소해 버렸다.[10]

지도부의 관점에서 보면 이런 움직임은 오래 전부터 계속돼 온 것이었다. 메도스는 유쾌한 성격을 가지고 있었고 하원 공화당 대표 케빈 매카시Kevin McCarthy는 그에게 "햇살"이라는 별명을 붙여줬다. 하지만 메도스는 당 지도부에게 비공개로 했던 말과는 다르게 행동하는 습관이 있었다. 한 지도부 의원의 보좌관은 메도스를 '빌어먹을 거짓말쟁이 뱀'이라며 씩씩댔고 또 다른 보좌관은 그에게 '두 얼굴'이라는 별명을 붙였다. 은퇴 후 인터뷰에서 베이너는 메도스를 '바보'라고 불렀다.[11] 메도스는 우익 계파인 '자유연맹Freedom Caucus'의 지도자이기도 했는데, 2015년 공식적으로 결성된 이 계파의 회원들은 동맹인 보수 매체의 응원을 받으며 적어도 2011년부터 지도부에 도전했다.[12] 지도부는 통제력을 되찾기 위해 메도스를 처벌했다.

징계 소식이 퍼져나가자 메도스는 보수 매체를 동원해 지도부를 고발하며 공격을 계속했다. 그 후 며칠 동안 그는 토크 프로그램에 출연해 열다섯 명 이상의 진행자들과 이야기를 나눴고, 온라인 역시 이 이야기로 달아올랐다. 이 뉴스를 듣고 폭발한 레빈은 방송에서 샤페츠와 하원 지도부에 대해 격정적으로 비난을 퍼부었다. 그는 베이너를 '바보'와 '멍청이'로, 매카시는 '가장 부도덕한 사람'이라 불렀다. 레빈은 "당 대표가 나에게 중고차 파는 것"도 허락하지도 않을 것이라고 말했다. 레빈의 주장에 따르면 메도스는 "오바마 편인 베이너와 같은 편이 아니었기" 때문에 처벌받는 것이었는데 "그가 처음은 아니다. 그들은 많은 보수파를 사냥했고, 더 많이 사냥하려고 한다."라고 말했다. 레빈은 하원 지도부와 공화당 자체에 반대하는 행동을 촉구하며 다음과 같이 결론지었다.

> 우리에게는 원칙적이고 보수적이며 미국을 믿는 새로운 공화당이 필요합니다. 워싱턴 안의 쓰레기들 말고. 그들은 오바마 케어와 (불법 이민자) 사면에 예산을 지원합니다. 그들은 오바마가 원하는 건 무엇이든 예산을 지원합니다… 그들은 보수 운동을 파괴하길 원합니다… 우리는 베이너, 매카시, 그리고 (당 부대표) 스컬리스 이 세 사람을 사냥해야 합니다. 우리는 일을 망치지 않을 진실한 후보들을 전국적으로 찾아내야 합니다. 우리 모두가, 어디에 사는 누구든 간에, 선거 캠프에 직접적으로 기여해야 합니다. 그리고 우리는 특히 이 세 사람을 목표로 할 필요가 있습니다.

프로그램의 후반부에 레빈은 메도스를 출연시켜 그를 "진정한 애국자이자 보수주의자"라고 불렀다. 메도스는 레빈의 지도부 교체 요구를 지지한 후 지도부가 "보수를 침묵시키려고 처벌 문화"를 강요한다고 비난하며, "나는 침묵하지 않을 것이다. 미국인들이 목소리를 낼 수 있어야 한다… 우리는 자유와 미국의 길을 위해 일어서야 한다."라고 말했다.[13]

메도스의 든든한 동맹인 조던과의 대화에서 잉그레이엄은 하원 지도자들을 마피아에 비유하며 맹비난했다.[14] 폭스뉴스의 진행자 닐 커부토Neil Cavuto는 샤페츠와의 인터뷰에서 이 사안을 끄집어내 메도스에 대한 조치를 "매우 토니 소프라노적"○이라고 묘사했다.[15] 브라이트바트뉴스는 "'용기 있는 보수'가 '양심에 투표했다'는 이유로 공화당 지도부에 의해 참수당하다"라는 제목과 함께 관련 보도를 긴박하게 내보냈다. 브라이트바트뉴스의 일요일 밤 라디오 프로그램은 메도스와의 인터뷰를 포함했고, 사이트는 페일린, 크루즈, 전 아칸소 주지사 마이크 허커비 같은 보수 유력인사들이 메도스를 지지한다고 보도했다.[16] 샤페츠의 사무실에는 분노한 보수층의 전화가 쇄도했다.[17]

○ 미국의 케이블 채널 HBO의 인기 드라마였던 〈소프라노〉의 주인공인 마피아 두목의 이름이다. 사적으로는 인간적이고 소심하지만 사업에서는 대단히 냉정하고 잔인한 인물로 묘사된다.

퇴임한 베이너가 '재수없는 놈'이자 '입법 테러리스트'라고 이름 붙인 조던은 관리감독위원회에 대한 반란을 조직하기 위해 막후에서 일했다.[18] 위원회의 자유연맹 소속 의원들은 샤페츠에게 메도스의 자리가 공석으로 남거나 위원회가 그의 결정을 취소할 수 있다며 메도스의 교체를 거부한다고 통보했다. 베이너가 메도스의 자리를 빼앗은 샤페츠를 지지했음에도 불구하고 위원장인 샤페츠는 굴복하고 말았다. 자신을 위원장으로 만들어 준 지도부와 함께하기보다 자신을 지키는 데 더 신경 썼기 때문에, 샤페츠는 체면을 살려주는 양보도 받아내지 못한 채 메도스의 지위를 회복시켜줬다. 그러자 메도스는 무례하게도 "내 양심과 유권자들이 내게 원하는 것, 그리고 나라에 최선인 것에 부합하도록 투표하고 행동하겠다."라고 맹세하며 샤페츠에게 더 큰 모욕을 안겨줬다.[19]

관련해서 한 보좌관이 지적했듯이 메도스가 얻은 교훈은 자신이 보수 매체를 통해 만들어 낸 압력으로 인해 자신은 "건드릴 수 없는 사람이 됐다"는 것이었다.[20] 따라서 한 달 후 메도스가 위원장 사퇴 동의안을 제출하며 공세를 강화한 것도 놀라운 일은 아니었는데, 만약 그의 시도가 성공했다면 베이너는 하원의장에서 물러났을 것이다. 그 안건은 표결에 넘겨지지 않았고 만약 그랬다고 하더라도 부결 처리됐겠지만, 어쨌든 하원의 권력관계가 어떻게 변했는지 보여주는 또 다른 징표였다.[21]

그 변화는 보통의 뉴스 매체가 아니라 보수 매체의 영향력과 밀접한 관련이 있었다. 메도스 사례는 보수 매체와 〈롤콜 Roll Call〉 같은 워싱턴 중심의 간행물에서 큰 논란이 된 사안이었지만, 전국적인 주류 언론에는 크게 보도되지 않았다. 샤페츠는 뉴욕타임스의 사설이나 〈미트 더 프레스〉가 던질 난처한 질문이 두려워 움직인 게 아니었다. 그를 후퇴하게 만든 건 레빈, 잉그레이엄, 폭스, 브라이트바트뉴스가 유발한 보수층의 분노였다. 이 사례는 보수 매체가 여전히 사소한 논쟁거리를 극도로 좋아하고 또 성공적으로 이용한다는 점을 보여줬다. 예전에 진행자들이 난해한 통신 규칙을 놓고 열정적인 라디오 토크쇼 논쟁을 벌였던 것처럼, 20년이 지난 후 진행자들과 온라인 매체는 절차와 소위원회 위원장직이라는 돌에서 피를 뽑아냈다.

2015년 가을, 베이너는 진절머리가 났다. 10월 31일 그는 의회에서 은퇴했는데 후임 하원의장이 자신의 주요 적대세력이었던 자유연맹에 가입하는 걸 지켜봐야 했다.[22] 하원 공화당의 우익은 베이너가 추진했던 모든 협상을 방해했고, 의회의 기본 업무를 수행하려고 할 때도 과반 확보를 까다롭게 만들었다.[23] 그러나 강경 보수파는 절대 만족하지 못했다. 여전히 그들은 보수를 위해 충분히 치열하게 싸우지 않는다고 불평했다. 베이너 하원의장이 은퇴를 발표한 지 사흘 후, 보수 운동가이자 전 버지니아 법무장관인 켄 쿠치넬리Ken Cuccinelli는 잉그레이엄에게 우파 의견을 요약하면서 베이너와 매코넬이 '항복파의 공동의장'이었다고 말했다.[24]

상당한 압박을 받은 후에 라이언은 하원의장직을 맡기로 했다. 그는 심각하게 분열된 공화당을 통합할 수 있는 유일한 인물로 간주됐다. 일단 잉그레이엄은 회의적이었다. 앨라배마

하원의원이자 자유연맹 회원인 모 브룩스와의 대화에서 두 사람은 라이언이 베이너의 엄격한 통제 방식을 계승할 것이라는 점을 분명히 했다. 새로운 하원의장에게 경고라도 하듯이, 브룩스는 보수 지지층에게 중요한 사안인 국경 보안에 대한 법안 투표 기록을 보면 라이언은 최악의 공화당 하원의원이라고 주장했다. 브룩스는 그가 하원 공화당 다수의 지지를 얻지 못하는 이민 법안은 상정하지 않겠다고 약속했다는 점에서는 안심했지만, 잉그레이엄은 그가 무역에 대해 "미국 국민을 완전히 오도"했다며 그의 약속이 의심스럽다고 걱정했다. 이에 대해 브룩스는 "만약 그가 약속을 어길 경우, 하원이 용기를 내 그에게 책임을 물어야 한다고 생각한다."라고 응답했다. 신임 의장에 대한 험악한 환영인사였다.[25]

열띤 논란에도 불구하고 라이언은 민주당처럼 라디오 토크쇼를 포기할 생각은 없었다. 그는 공화당의 복음을 널리 퍼뜨리는 사람이 되겠다고 약속했고, 라디오 토크쇼는 그의 전략에 필수적인 요소였다. 취임한 첫 3개월 동안 라이언 의장은 11회에 걸쳐 전국 라디오 토크쇼의 인터뷰에 응했고, 그해 나머지 기간에도 소홀히 하지 않았다. 월요일마다 그는 전화 통화를 통해 자신의 고향 위스콘신의 라디오 프로그램에 출연했다. 라이언은 자신의 멘토인 빌 베넷부터 회의적 강경파인 잉그레이엄에 이르기까지 전국 진행자들과 편안하게 이야기를 나눴다.

라이언은 진행자들과의 관계가 베이너보다는 덜 불편해야 한다고 생각했다. 그러나 그들이 절대 자신을 깅그리치만큼 잘 대해주지 않을 거라는 것도 알았다. 공화당 의원들은 더 이상 라디오 토크쇼를 확고한 동맹으로 신뢰할 수 없었지만, 잠재적 피해를 줄이기 위해서는 그들을 관리할 필요가 있었다. 라이언은 진행자들과 친밀한 관계를 구축해서 불화가 생길 경우, 그들이 최소한 자신의 입장을 이해해 줄 수 있도록 했다.

라이언의 홍보 부서는 그의 라디오 출연 기회를 최대한 활용하고 인터뷰 내용이 추가적으로 보도될 수 있도록 노력했다. 보좌진은 그가 라디오에 출연하기도 전에 기자들이 그의 논평에 대해 기사를 쓸 수 있게 지원했다. 보좌진은 또한 인터뷰를 녹음하고 발췌와 녹취를 배포했다. 그리고 진행자들은 라이언의 말을 잘 포장하는 방식으로 화답했다. 케이블 뉴스에 출연할 경우, 진행자들은 라이언과의 대화에서 얻은 정보를 공유해서 그의 메시지가 확산되도록 도왔다.[26]

보수 매체에 대한 라이언의 구애는 대체로 성공적이었지만, 그 자신의 노력만으로 해낼 수 있는 일도 너무 많았다. 진행자들은 공화당 지도부에 대한 분노, 이민법에 대한 좌절감, 메도스 같은 극단주의자들에 대한 찬사를 갑자기 멈추지는 않았다. 그들은 라이언 같은 매우 보수적인 공화당 의원들이라도 실용적인 태도는 여전히 용납하지 않았다. 그들은 정치를 전쟁으로, 민주당을 악으로 보는 후보들에 대한 공화당 지지층의 갈망을 계속 자극했다. 그리고 베이너가 은퇴한 후에도 라이언과 그의 지도부 의원들보다 더 진실하고 확실한 투사가 되어주기를 계속 요구했다.

사실 그런 투사는 베이너가 짐을 싸서 고향에 돌아가기 몇 달 전에 이미 등장해 있었다. 메도스가 투표를 마친 그다음 주, 도널드 트럼프는 황금 에스컬레이터를 타고 자신의 이름이 새겨진 맨해튼 타워의 로비로 들어와 대선 출마를 선언했다. 라디오 토크쇼 시대의 악당 중 한 명인 힐러리 클린턴까지 돌아오면서, 근래 역사상 가장 엄청난 대선 경쟁이 준비됐다.

라디오 토크쇼가 만든 대통령

24

The President That Talk Radio Made

2016년 대통령 선거가 끝난 후 미국인의 절반은 얼굴에 '내가 그랬잖아I-told-you-so' 하는 의미의 큰 웃음을 띠고 돌아다녔다. 나머지 절반은 정신 나간 표정으로, 어리숙하고 괴팍한 리얼리티 프로그램의 주연 도널드 트럼프가 곧 미국의 대통령이 되는 현실을 받아들이려 노력하고 있었다. 트럼프의 당선은 정치 전문가들, 공화당과 민주당 의원들, 언론인들, (나를 포함한) 연구자들을 혼란에 빠뜨린 놀라운 반전이었다. 하지만 트럼프의 당선은 러시 림보의 등장에서부터 시작된 이야기의 논리적 귀결이기도 했다.

2010년 이 책을 위한 연구가 시작될 당시에는 거의 모든 사람이 트럼프가 대통령이 된다는 생각을 비웃었을 것이다. 비록 과거에 대통령 출마를 저울질해 본 적은 있지만, 그 시점까지 트럼프는 정치에 관심이 거의 없었다. 이념적으로도 그는 보수주의와 공화당에 잘 맞지 않았다. 오바마 시대에 트럼프는 이민에 대해 가장 목소리를 높였던 보수주의자들에 동조했지만, 보수의 교리와 의료보장, 총기 규제 그리고 외교 등의 영역에서 공화당의 입장을 오랫동안 무시한 인물이었다. 임신중지 같은 문제에 관해서도 그는 보수 기독교의 전사는 아니었다. 2015년 출마하기로 결정했을 때, 다른 공화당 의원들은 자유시장을 옹호했지만 그는 보호주의를 내세우며 무역에 관해 유일하게 다른 목소리를 냈다. 트럼프에게도 팬이 있었지만, 그는 NBC의 예능 프로그램 〈어프렌티스The Apprentice〉○에서 사람들을 해고하는 것으로 더 잘 알려져 있었다.

○ 한때 우리나라에서도 인기가 많았던 예능 프로그램이다. 2004년부터 2017년까지 NBC를 통해 방영됐다. 트럼프는 이 프로그램에 심사자로 출연해 참가자를 냉정하게 탈락시키는 '당신, 해고야(You are fired)!'라는 말로 유명해졌다. 트럼프뿐만 아니라 그의 가족들도 출연했다.

게다가, 2016년 공화당 경선은 지지층을 기쁘게 해주었던 경험 많은 정치인들로 넘쳐났기 때문에 보수 매체 언론인들과 그들의 청취자, 시청자, 그리고 독자들을 만족시킬 후보를 멀리서 찾을 필요가 없었다. 지역 진행자들이 키워낸 위스콘신 주지사 스콧 워커Scott Walker가 있었고, 이념과 전술 면에서 이상적이었던 텍사스 상원의원 테드 크루즈도 있었다. 플로리다 상원의원 마르코 루비오는 티파티가 좋아했던 데다가, 보수 매체에 오랜 기간 출연해 진행자들과의 관계도 돈독했다. 처음에 앞서 나갔던 전 플로리다 주지사 젭 부시는 보수층의 큰 관심을 끌지는 못했지만 백악관에서 러시 림보를 환영해 줬던 두 대통령의 아들이자 동생이었다. 젭 부시는 라디오 토크쇼 최고 거물의 20주년을 기념하는 대통령 가족의 축하 전화에 참여하기도 했다.

그러나 초기에 이념적으로는 다소 미심쩍어 보였음에도 불구하고, 트럼프는 스타일 면에서는 보수 매체에 최적화된 후보였다. 진행자들은 오랫동안 정치적 올바름을 비난해 왔는데, 고상함과 규범을 따지지 않고 대범하게 행동하며 혐오스러운 민주당과 주류 언론을 공격할 의지가 있는, 거침없는 공화당 후보를 갈망해 왔다. 진행자들은 자신들처럼 말하고 자신들의 오랜 불만을 대변해 줄 정치인을 원했지만, 기득권층은 대체로 그런 요구를 무시했다. 이런 점에서 트럼프는 진행자들의 사람이었다.

성공한 보수 매체 언론인들과 가장 흡사했던 트럼프의

특성 한 가지는, 항상 매력적이었다는 점이었다. 트럼프는 좋은 프로그램을 만들기 위해 진행자들이 매일 같이 사용하던 지침서를 참고했다.

트럼프의 스타일은 출마 선언에서부터 분명하게 드러났다. 그는 자신의 재산과 골프장을 자랑했으며, 오바마 행정부 국무장관 존 케리가 자전거를 타다가 다리를 부러뜨렸다며 비웃었다. 전통적인 정치 연설과는 다른 재미있는 볼거리였다. 정책과 관련해서 트럼프는 중국과 멕시코를 향해 미국을 '죽이는' 경제적 경쟁자라고 독설을 퍼부었다. 그는 미국으로 쏟아져 들어오는 '강간범들'과 기타 범죄자들을 막기 위해 "남쪽 국경에 거대한 장벽"을 건설할 것이며, 비용은 멕시코가 지불하도록 만들겠다고 약속했다. 그는 자신의 선거 캠페인에 활기를 불어넣을 슬로건으로 "우리에게는 미국이라는 브랜드를 다시 위대하게 만들 수 있는 누군가가 필요하다"를 제시했다.[1]

주류 언론들은 트럼프의 연설이 매우 이상하고 유별나다는 것에 주목해 실격이라고 결론지었다. 그러나 보수 매체 언론인들은 나머지 언론들이 이해하지 못한 것을 이해했다. 트럼프의 충격적인 언어는 실격이 아니라 매력적이고 호소력이 짙은 것이었다. 림보는 트럼프에 완전 꽂혔다. 실제로 그는 트럼프 연설에 초현실적이고 축제 같은 요소가 있다는 점을 높이 샀다. 림보는 청취자들에게 익살스러운 별명 '보 스너들리 Bo Snerdley'로 알려진 자신의 동료이자 프로듀서 제임스 골든 James Golden을 가리키며, "스너들리와 나는 여기 앉아 30분 동안 도널드 트럼프의 대통령 출마 선언을 봤는데, 우리는 내내 바보같이 웃고 있었다.", "다시 말해, 그냥 악쓰는 시간이었다." 라고 말했다. 그러나 림보는 그 황당한 장면 속에 숨겨진 천재성 또한 보았다. 그는 "이건 많은 사람의 호응을 받을 것이라고 장담한다. 얼핏 본 사람들은 코웃음을 칠 것이다. 그들은 선거 캠페인은 축제 같은 것이라며 그걸 무시하겠지만, (1992

년과 1996년 대통령 후보였던) 로스 페로처럼 호응이 있을 것이다."라고 말했다. 오랜 시간 보수 지지층과 대화해 왔기 때문에 림보는 "언론이 싫어하고 조롱할수록 트럼프는 더 많은 지지를 받을 것"이라고 확신할 수 있었다.[2]

트럼프의 연설은 가장 영향력 있는 우익 온라인 공간에서 즉각적으로 큰 인기를 얻었다. 브라이트바트뉴스는 '도널드 트럼프는 미국을 다시 위대하게 만들고 싶어 한다, 2016년 출마 선언'이라는 제목으로 기사를 게재했다. 기사는 여러 단락을 할애해 불법 이민을 단속하겠다는 공약을 다뤘다.[3] 트럼프가 말하는 스타일에 너무나 적합한 새로운 플랫폼인 트위터와 다른 소셜 미디어 덕분에, 트럼프의 온라인 팔로우 수는 어마어마했다.

트럼프의 출마 선언에 대한 다양한 반응을 보면 2015년 보수 매체의 반향실에서는 세상을 얼마나 다르게 봤는지 분명히 알 수 있었다. 비자가 없는 이주민들을 강간범과 동일시하자 외부에 있는 많은 사람은 분노했지만, 림보는 이미 알고 있었듯이, 이는 라디오 토크쇼 청취자들이 듣고 싶었던, 실제로는 종종 들어왔던 말이었다. 라디오 토크쇼 청취자들에게 트럼프의 말은 누군가의 기분을 해치지 않을까 과도하게 걱정한 진보가 공적 대화에서 없애버렸던 일종의 '직설'로 들렸다. 뒤에 갖다 붙인 변명은, 심지어 가장 무례한 진행자들의 기준에서 볼 때도 걸작이었다. "내가 보기에 몇몇 사람들은 좋은 사람들이다." 이 첨언을 핑계 삼아 트럼프 팬들은 인종차별이라고 경악하는 사람들을 과민하다고 치부할 수 있었다. 그건 순수한 라디오 토크쇼 방식, 즉 조롱으로 상대를 모욕하는 동시에 무장 해제시키고, 지지층을 향해서는 윙크하는 것이었다.

라디오 토크쇼 청취자들에게 그 말은 논란거리도 아니었다. 우선 림보는 멕시코 정부가 고의로 강간범과 다른 '쓰레기'를 미국으로 보낸다는 트럼프의 주장에 즉각 동의했다. 몇 달 후, 첫 공화당 대선 토론에서 트럼프가 이 주장 때문에 공격을 받자 림보는 이 사안을 토론 주제에 포함시킨 트럼프의 공을 인정했다. 림보가 보기에 트럼프는 불편한 진실을 이야기하고 있는 게 분명했다.[4]

여론조사에 따르면 사람들은 놀라울 정도로 '강간범' 주장을 상반되게 받아들였다. 첫 번째 여론조사에서는 48퍼센트의 응답자들이 그 발언 때문에 트럼프에게 투표하고 싶은 마음이 줄어들었다고 말했다. 두 번째 여론조사에서는 응답자의 53퍼센트가 트럼프의 주장이 틀렸다고 말했다. 세 번째 여론조사에서는 37퍼센트의 응답자들이 그 발언이 모욕적이고 인종차별적이며 대통령 선거에서 할 말은 아니라고 답했다. 하지만 위의 여론조사들은 트럼프의 말이 충분히 먹혀들고 있다는 점도 보여줬다. 세 번째 여론조사에서 36퍼센트의 응답자들은 트럼프가 중요한 사안을 거론했지만, 말을 좀 더 조심했어야 했다고 말했고 26퍼센트의 응답자는 "트럼프는 우리가 해결해야 할 중요한 문제에 대해 자신의 생각을 있는 그대로 말할 용기를 가지고 있다."라고 대답했다.[5] 첫 번째 여론조사에서 44퍼센트의 응답자들이 트럼프가 기본적으로 옳다고 생각했다. 두 번째 조사에서 15퍼센트의 응답자들은 그 발언 때문에 트럼프에게 투표하고 싶은 마음이 더 커졌다고 말했다.[6] 트럼프가 자신의 발언 때문에 많은 유권자로부터 멀어졌던 건 분명하지만, 상당수 유권자들은 트럼프의 주장에 동의했다.

트럼프는 어떻게 보수 매체의 팬들에게 가장 적합한 정치 스타일을 보여줄 수 있었을까? 그리고 미국 최고의 라디오 토크쇼 진행자는 트럼프의 주장과 말하는 방식에 청취자들이 동조할 것이라는 걸 어떻게 알았을까? 아마 트럼프가 수년간 라디오 토크쇼에 출연하면서 자신의 주요 정책들을 현장에서 검증했기 때문일 가능성이 크다. 그는 이를 이용해 정치 브랜드를 만들고 사업을 홍보했다. 예를 들어 그는 이민에 대해 레빈이나 다른 진행자들과 이야기를 나눈 적이 있다.[7] 2012년 잉그레이엄과의 대화는 특히 주목할 만한데, 거기서 트럼프는 자신의 정치적 견해에서부터 〈어프렌티스〉와 미스 유니버스 선발대회에 이르기까지 다양한 이야기를 아주 매끄럽게 이어갔다. 미래의 대통령은 다음과 같이 말했다.

> 잘 알고 있겠지만, 젭처럼 말하는 사람들 대부분은 중재자들입니다. 그들은 중간에 서고 싶어 해요. 나는 지금 이 나라가 중재자만으로 충분할 것인지 잘 모르겠습니다. 나는 전력을 다해야 한다고 생각합니다. 우리가 다시 위대해지려면, 잘 알고 있듯이 지금 우리는 채무국이고 위대하지 않은데. 이 나라가 다시 위대해지려면, 나는 협상가, 중재자, 중간적인 사람이 '대통령'이 되어도 되는지 확신할 수 없습니다.[8]

트럼프는 유권자들에게 "미국을 다시 위대하게 만들자Make America Great Again, MAGA"고 촉구하기 수년 전부터 이 슬로건을 마음에 두고 있었다. 그는 라디오 토크쇼 청취자들이 그 슬로건에 동조할 것이라는 것을 본능적으로 알고 있었다.

사실 잉그레이엄의 청취자들은 트럼프가 출마를 선언하기 정확히 두 달 전부터 트럼프 캠페인의 주제와 핵심 정책을 잘 알고 있었다. 2015년 4월 장난스러운 대화에서 잉그레이엄은 '트럼프 국경 순찰대'처럼 트럼프의 이름을 따 정부 기관의 명칭을 바꾸자고 제안했고, 자신이 얼마나 자주 플로리다의 골프클럽 마라라고Mara-Lago를 방문했는지 언급했으며, 자신은 트럼프가 실제로 대통령에 출마할 것이라고 예상하지 못한 사람들 중 하나라고 말했다. 같은 대화에서 트럼프는 자신이 어떤 후보가 될 것인지 밑그림을 제시했다. 무역에 대해서는 다음과 같이 설명했다.

> 무역이 우리를 죽이고 있습니다. 무역이 이 나라에 하고 있는 일은 우리를 죽이는 것입니다. 당신은 자유무역에 대해 알고 있고,

> 나도 자유무역을 믿습니다. 하지만 지난 몇 년 동안 내가 지켜본 바에 따르면, 협상하는 사람이 똑똑해야 자유무역이 좋은 제도가 된다는 것입니다. 만약 바보들이 우리를 대신해 협상한다면, 자유무역은 오히려 좋지 못합니다. 왜냐하면 자유무역은 그들에게는 좋지만, 우리에게는 좋지 않은 결과를 안길 것이기 때문입니다. 중국은 우리의 일자리를 빼앗습니다. 다른 많은 나라들을 보세요. 우리는 더 이상 이득이 되는 좋은 거래를 하지 못합니다.

트럼프는 "중국과의 문제는 끝날 것이다. 반드시 종료된다. 멕시코와 국경 그리고 모든 문제도 제대로 해결될 것"이기 때문에 자신이 대통령 직무를 잘해낼 것이라고 큰소리쳤다. 그리고 가장 큰 공약을 공개했다. 트럼프는 "나는 세계에서 가장 큰 건물들을 지었다."고 자랑하며 "벽은 쉽다. 장담컨대, 당신은 누구도 갖지 못했던 벽을 갖게 될 것이다. 그리고 합법적이지 않은 사람은 국경을 넘어올 수 없을 것이다."라고 말했다.

트럼프는 이내 유명해질 그의 슬로건을 인터뷰에서 두 번이나 사용했다. 그는 잉그레이엄에게 "나는 미국을 다시 위대하게 만들려고 한다. 젭은 할 수 없겠지만 난 할 수 있다."라고 말하며 젭 부시의 폐부를 찔렀다.[9] 비록 나중에는 확신이 부족하고 환상에 빠진 마구잡이 후보처럼 보이기도 했지만, 트럼프는 출마를 선언하기 한참 전에 이미 자신의 비전과 스타일을 갖추고 있었다.

트럼프는 선거 캠페인 초기 몇 주 동안 이후 걸어갈 17개월 대장정의 방향을 결정했다. 그는 다른 정치인들에 대해서, 그들의 선거 캠페인은 말할 것도 없고 정치 생명 자체를 끊어버릴 수 있을 정도로 선동적인 발언들을 반복했다. 언론, 정치인들, 그리고 그의 경쟁자들은 트럼프가 그런 말을 했음에도 불구하고 아무런 역풍이 불지 않는 걸 보고 어이없어했다. 그의 여론조사 수치는 단기적으로 떨어질 때도 있었지만 결국 반등했다.

트럼프는 전례가 없는 일들을 해나갔다. 예를 들어 그는 2015년 7월 19일 베트남전 전쟁포로이자 대다수 사람이 전쟁 영웅으로 꼽는 애리조나 상원의원 존 매케인에게 핵폭탄을 투여했다. 트럼프는 "그는 사로잡혔기 때문에 전쟁 영웅이 됐다. 나는 붙잡히지 않은 사람들이 좋다."라며 "그는 전쟁 영웅이 아니"라고 주장했다. 트럼프의 경쟁자들은 즉시 그를 비난했다. 트럼프의 선거 캠페인이 한 달이나 계속된 것 자체가 놀라운 일이라고 생각했던 대다수 워싱턴 정치 전문가들은, 마침내 그의 서커스가 끝났다고 판단했다.[10]

그러나 림보는 트럼프가 장기적으로는 별다른 타격 없이 살아남을 것이라고 생각했고, 림보의 판단은 옳았다. 군복무 경력으로 존경받아 왔지만 정치 행보로는 비판받는 불순한 보수주의자 매케인에 대해 솔직한 말을 했다는 이유로 트럼프를 비난하는 기득권층에게 보수층이 치를 떤다는 사실을, 30년 방송 경력의 림보는 가장 잘 알고 있었다. 림보는 또한 트럼프가 자신의 발언으로 촉발된 다수의 분노에 대해 사과하는 게 아니라 반발하는 방식으로 대처한다는 걸 알아차렸다. 림보는 공화당 기득권층이 누군가 규율을 위반했다고 판단하면, "위반자는 사과하고 용서를 구하며 다시는 모습을 드러내지 않는다."라고 평가했다. 그러나 트럼프는 매케인에 대한 공격을 재개하고 퇴역군인 문제로 논의를 전환하는 방식으로 대응했다. 림보는 미국인들이 한동안 경험하지 못했던 "피하지 않고 스스로 튀어나오는 표적"을 보고 있다고 생각했다.

림보는 트럼프의 발언을 방어하기보다는, 그를 계속 지지하는 논리를 분명히 했다. 그는 청취자에게 "일부 공화당 의원들은 트럼프가 용납할 수 없고 정치적으로 올바르지 않은 괘씸한 말을 했기 때문에 시민들이 그의 사퇴를 요구한다고 말하지만, 그건 민주당 부속기관인 비열한 언론의 오만방자한 판단일 뿐"이라는 점을 일깨웠다. 동시에 "트럼프를 죽이려는 자들아, 적당히 해라. 내 눈앞에서 사라져라. 늘 있었던 일이지만 그들은 대다수 미국인이 그런 감성을 가지고 있다고 주장하는데, 그건 잘못된 생각일 뿐이다."라고 말했다.[11] 림보의 말은 언론과 다른 공화당 의원들이 트럼프를 사냥하고 있지만 그의 사퇴를 결정하는 건 자신의 청취자들과 유권자들이 될 것이라는 경고였다. 그는 트럼프 지지자들에게 우리가 트럼프를 좋아하는 이유를 정확하게 상기시켰다. 트럼프는 언론이나 '정치적 올바름을 따지는 사람들PC police'의 생각은 신경 쓰지 않고 직설적으로 말했다. 림보의 논리는 기본적으로 청취자에게 트럼프를 옹호하거나 아니면 주류 언론이 승리하게 놔두거나 둘 중 하나를 선택하라는 것이었다.

언론은 매케인에 대한 발언이 트럼프에게 타격이 되지 않는 현실을 보고 놀랐다. 일부 유권자들에게는 그 발언이 오히려 도움이 되기까지 했다. 6월 말 폭스뉴스가 공화당 경선에서 투표할 가능성이 높은 사람들을 대상으로 실시한 여론조사에서, 트럼프는 11퍼센트의 지지율로 2위를 차지했다. 하지만 7월 중순 매케인 발언 전후로 〈워싱턴포스트〉와 ABC뉴스가 함께 실시한 여론조사에서는 트럼프의 지지율이 23퍼센트로 치솟아 1위를 차지했다. 그리고 발언 이후 실시된 7월 말과 8월 초의 네 개 여론조사에서 트럼프의 지지율은 19에서 26퍼센트 사이로 여전히 1위였다.[12]

라디오 토크쇼 진행자들은 이런 여론조사 결과에 조금도 놀라지 않았다. 잉그레이엄은 깜짝 놀란 기득권층에게 트럼프를 비난만 하지 말고 왜 그가 그렇게 인기가 많은지 생각해 보라고 말했다. 그는 "지금 잠시라도 트럼프처럼 되어보는 건 어떤가?" 하고 물었다.[13] 진행자들은 트럼프가 호소하고 있는 메시지가 곧 자신들이 호소해 왔던 내용이었기 때문에 지지율의 의미를 충분히 이해했다. 공화당 지지층은 진행자들의 말에 매료됐던 것처럼, 트럼프의 터무니없는 말에도 완전히 빠져들었다. 주류 언론과 감시 단체들에 꾸준히 선동적인 표현에 대해 비판받아 왔지만, 결국 성공한 것은 진행자들이었다. 라디오 토크쇼 청취자들은 광고주들이 버텨주지 않는 격동의 순간에도 그들을 지켰다. 진행자들은 청취자들이 속으로 느끼지만 겉으로 드러내기 불편해하는 진실을 자신들이 대신 말해주기 때문에 인기가 많다는 걸 알고 있었다. 청취자들이 정치인에게 같은 걸 바라지 않을 이유가 있을까?

청취자들은 오랫동안 자신들이 좋아하는 진행자처럼 말하는 후보를 기다려 왔다. 그들은 기득권층의 비판에 위축되는 따분한 후보들에게 신물이 났다고 말해왔다. 트럼프는 위축되지 않았다. 진행자들처럼 그는 기득권층의 반대를 오히려 즐겼다. 그게 트럼프의 판매 전략이었고 권력의 원천이었다.

이 때문에 트럼프는 진행자들과 청취자들의 사랑을 받았지만, 그렇다고 라디오 토크쇼에서 저절로 승자가 된 건 아니었다. 선거 캠페인 초기에 많은 진행자는 트럼프보다는 크루즈의 열성팬이었다.[14] 크루즈도 트럼프처럼 비난을 자초해 오히려 공화당 지지층의 호응을 얻었다. 트럼프처럼 매우 전투적이었고, 워싱턴의 배타적인 규범을 결코 따르려 하지 않았다. 하지만 트럼프와 달리 관점과 행동 양식은 완전히 보수적이었다. 크루즈의 지지자들은 품격이나 과거 이념 성향에 대한 우려를 극복할 필요가 없었다. 크루즈의 도발적 발언은 보수의 원칙을 옹호하거나 표현하는 것이었지, 일부 보수층까지 불편하게 만드는 개인적 공격은 아니었다.

하지만 매케인 발언 일주일 후, 크루즈는 라디오 토크쇼가 트럼프의 것만은 아니라는 점을 보여줬다. 그는 그동안 민주당과 협상해 온 매코넬이 민주당 상원의원 해리 리드보다 나을 게 없는 거짓말쟁이라고 공격했는데, AP통신은 이를 "자신의 당 지도부에 대한 놀라운 공개 저격"이라고 말했다. 크루즈의 발언은 공화당 정치에서는 어마어마한 모욕이었고 라디오 토크쇼에는 완벽한 이야기였다. 복잡하거나 모호한 건 없었다. 단순하고 이해하기 쉬운 영웅 대 악당의 사례, 라디오 토크쇼 진행자들과 청취자들이 혐오하는 모든 것과 기득권층에 대항하는 크루즈였다.

크루즈는 공화당 상원의원 회의에서 매코넬에게 무역 협상권의 원활한 통과를 위해 수출입은행의 재허가를 상정하는 데 합의했냐고 물었다.[15] 경제계는 두 가지 모두에 찬성했지만 우파는 수출입은행이 정실 자본주의의 엔진이라며 재허가를 극렬하게 반대했다. 우파 단체들은 최소한 오바마 재임 중에는 무역협상권에도 반대했다. 크루즈는 매코넬이 수출입은행에 대한 합의는 없었다고 안심시킨 후에야 비로소 무역협상권 문제에 동의했다.

7월 24일 크루즈는 상원 연단에 서서 매코넬이 배신했다고 비난했다. 그렇게 해서 크루즈는 상원의원들의 상호 비방을 금지하는 규칙을 어겼고 상원의 규범을 짓밟았다. 하지만 크루즈는 사과하는 대신 십자군 전쟁터를 자신에게 더 호의적인 곳으로 옮겼다. 그날 오후 그는 전격적으로 림보의 라디오 토크쇼에 출연했다.[16] 크루즈는 매코넬 등을 지칭하며 "이게 바로 내가 워싱턴 카르텔이라고 부르는 것이다.", "로비스트들, 이해관계자들과 함께 잠자리에 드는 사람들은 바로 양당의 관록 있는 정치인들이다."라고 말했다.[17]

그날 오후 그는 자신의 주요 후원자인 레빈의 프로그램에 출연해 이야기를 나눴다. 레빈은 늘 크루즈의 계획을 지지했고, 가끔식 크루즈를 프로그램에 출연시켰으며 크루즈의 보좌진과도 자주 대화했다.[18] 그날 크루즈가 출연하기 전 레빈은 1939년 영화 〈스미스 씨 워싱턴에 가다Mr. Smith Goes to Washington〉○의 사랑받던 상원의원 제퍼슨 스미스와 크루즈를 동일시하며 그를 칭송했다. 레빈에게 매코넬은 "지적으로나 정치적으로 부패한" 정치인인 반면, 크루즈는 스미스처럼 "부패한 정치인들에 둘러싸여 있지만 지극히 진실한 사람"이었다. 레빈은 라디오 토크쇼에서는 영원하다고 할 정도

○ 이상과 정치적 현실의 충돌, 그리고 개인의 용기와 신념의 중요성을 다루는 영화다. 주인공 제퍼슨 스미스는 순수하고 정직한 인물로서 정치적 압박과 부패에 맞서 싸우며, 결국 진실과 정의가 승리한다는 메시지를 전달한다.

로 긴 시간인 6분 30초 이상 크루즈의 상원 연설을 방송했다. 그는 이 연설이 '상징적'이라면서, 청취자에게 "나는 내 친구 러시, 해니티에게 전화해서 이걸 들어보라고 했다."라고 말했다.

레빈은 크루즈의 연설이 선거 캠페인을 위해 기획된 깜짝쇼라고 말하는 언론 비평가들을 뭉개기 위해, 이번 연설이 크루즈에게 정치적으로 도움이 되지 않을 것이라고 주장했다. 하지만 크루즈는 방송에 나와서 당연하게도 자신의 출마와 공약을 선포했다. 레빈 또한 크루즈가 얼마나 많은 사람이 자신의 웹사이트를 통해 선거자금을 기부하고 있는지 네 번이나 자랑하도록 놔뒀다. 레빈은 크루즈를 공화당 보수파 사이에서는 신이나 다름없는 로널드 레이건과 동일시했다. 광고와 뉴스 속보를 제외하고 이날 레빈의 프로그램 시간 중 4분의 1 이상을 크루즈의 이야기와 인터뷰에 배정했다.[19]

크루즈의 도박은 2016년이 '아웃사이더들의 해'가 될 것이라는 또 다른 신호였다. 그는 기꺼이 위험을 감수하려고 했는데, 왜냐하면 공화당 지지층에게서는 잃는 것보다 얻는 게 더 많을 것이라는 계산이 있었기 때문이었다. 지지층 유권자들은 전통 정치인들에게 염증을 느꼈다. 그들은 주류 언론과 양당 지도자에 맞서는 공화당 후보를 원했다. 크루즈와 트럼프는 둘 다 그런 유형이었다. 비록 서류상의 경력이 다른 몇몇 경쟁자들만큼 인상적이지 못해도, 그들은 공화당 지지층을 지배하는 데 필요한 걸 가지고 있었다.

하지만 안타깝게도 공화당 후보들이 첫 번째 경선 토론을 위해 클리블랜드에 모이자 크루즈의 동력은 2주를 넘기지 못하고 사라져 버렸다. 토론을 통해 경선은 여전히 트럼프의 쇼라는 것이 확인됐다. 칭찬이든 비판이든 그는 모든 관심을 한 몸에 받았다. 크루즈를 포함한 그 어떤 경쟁자도 조명을 받지 못했다.

토론 사회자들이 트럼프를 쉽게 대하려고 노력하지는 않

았다. 오히려 그 반대로 트럼프는 메긴 켈리Megyn Kelly, 크리스 윌러스Chris Wallace, 브렛 바이어Bret Baier로 구성된 폭스뉴스 팀의 까다롭고 면밀한 질문들을 상대해야 했다. 켈리는 트럼프에게 오랜 기간 여성을 비하해 왔던 경력을 캐물었다. 트럼프가 코미디언이자 자신의 숙적인 로지 오도넬Rosie O'Donnell을 비난했을 뿐이라며 질문을 무시하려고 했지만, 켈리는 "분명히 해두자면 로지 오도넬을 훨씬 넘어서는 일이었다"면서 그의 주장을 일축했다.[20] 그는 트럼프의 과거 진보적인 정책 입장과 관련해서도 그를 몰아세웠다. 트럼프는 그 후 24시간 동안 출연한 매체와 트위터에서 폭스 사회자들을 맹비난했다. 그는 트위터에 "비록 폭스뉴스 3인조가, 특히 메긴 켈리가 별로 훌륭하다거나 전문적이지는 않았지만, 오늘 밤 토론은 정말 즐거웠다!"라고 썼다.[21] 그는 또한 폭스 기자들에게 분노한 팬들의 트윗을 리트윗했다. 트럼프의 공세는 정치사에 길이 남을 CNN의 돈 레몬Don Lemon과의 인터뷰에서 절정에 다다랐다. 트럼프는 먼저 켈리를 "모든 종류의 엉터리 질문"을 했던 "경량급"이라고 조롱했다. 그런 후 시청자에게 "당신은 그의 눈에서 피가 나오는 것을, 그의 어떤 곳에서 피가 나온다는 것을 알 수 있었다. 내 생각에 그는 기본도 안 되어 있다."라고 말했다.[22]

본인은 부인했지만 트럼프가 인터뷰에서 켈리가 월경으로 예민해져서 자신에게 공격적으로 질문했다고 암시하자, 정계는 혼란에 빠져들었다. 일부 보수층도 그의 발언에 역겨움을 느꼈다. 당시 레드스테이트의 편집장이자 블로거인 에릭 에릭슨은 그다음 날 애틀랜타에서 열린 레드스테이트 모임에 트럼프를 초대하지 않았다. 트럼프의 유일한 여성 경쟁자인 휴렛팩커드 전 CEO 칼리 피오리나는 "트럼프 씨, 변명의. 여지가. 없습니다."라는 트윗을 올렸다.[23]

하지만 에릭슨은 트럼프를 비난한 보기 드문 라디오 토크쇼 진행자였다. 매케인 발언 이후 그랬던 것처럼, 대다수 진행자들은 사람들이 트럼프의 말을 대수롭지 않게 여길 것이라고 확신하면서 핵심 지지층과 뜻을 함께했다. 잉그레이엄은 〈뉴욕타임스〉에 "공화당 지도부에 대한 들끓는 분노가 진짜고, 그 분노는 넘쳐서 어떤 방식으로든 누군가에게 흘러갈 것인데, 지금은 그게 트럼프라는 사실을 잊으면 안 된다."라고 말하며 유권자들의 변함없는 지지를 정당화했다.[24] 림보는 다음과 같이 말했다.

> 언론을 포함한 정치 특권층에 완전히 질려버린 사람들이 있습니다. 그리고 그들은 몇 년 동안 사람들에 대한, 사람들을 위한 이야기가 사람들에게 들리기를 원했지만 그렇지 못했습니다. 언론이 사랑받지 못했다는 말입니다. 많은 언론이 경멸당하고 있는데, 트럼프는 이 나라 많은 사람이 꿈에 그리던 방식으로 언론에 되갚아주고 있습니다. 그가 신선하게 느껴지는 이유입니다.[25]

림보는 항상 지지층의 반응을 확인했기 때문에 상황을 완벽하게 이해했다. 많은 공화당원은 역겨운 발언을 했다고 해서 트럼프를 악당으로 생각하지 않았다. 트럼프를 죽이려는 언론과 그와 거리를 두려는 보수주의자들이 오히려 악당이었다. 림보 프로그램에 전화를 건 크리스는 트럼프의 토론을 '붕괴'로 판정한 폭스뉴스의 전문가이자 〈워싱턴포스트〉 칼럼니스트인 찰스 크라우트해머Charles Krauthammer를 직접 언급했다.[26] 크리스는 크라우트해머나 그와 비슷한 생각을 가진 평론가들은 공화당에 대한 사람들의 분노를 이해하지 못한다고 주장했다. 그는 사람들이 "거의 배신당했다. 알다시피 우리는 '공화당'에 투표해서 권력을 주었지만, 권력은 제대로 쓰이지도 않았다. 분노는 너무나 당연하다. 나는 더 이상 공화당 대 민주당 같은 두 정당 구도로 보지 않는다. 거의 한 정당의 두 가지 버전으로 본다. 다른 쪽은 그들의 일부가 아닌 외부자들이다."라고 말했다.[27] 보수층이 아닌 사람들에게는 이런 사고방식이 완전히 이질적으로 보였을 것이다. 그들 중 대다수는 공화당이 이민 개혁부터 세금까지 사사건건 오바마를 방해한 이후로 두 정당 간의 간극을 그 어느 때보다 크게 느끼고 있었다. 하지만 라디오를 듣는 많은 사람은 크리스의 발언에 동의했을 것이다.

당시에는 트럼프의 팬이 아니었던 레빈조차 켈리와 폭스뉴스의 동료들을 비난했다. 토요일 아침 배넌이 진행했던 브라이트바트뉴스의 라디오 토크쇼와의 전화 통화에서, 레빈은 여성 비하에 대한 (켈리의) 질문을 불쾌해했다.[28] 시류에 편승할 필요가 있었다. 에릭슨은 레드스테이트 행사에 트럼프를 초대했다가 취소한 후, 트럼프 지지자들의 독설을 들어야 했다. 트럼프에게는 통상적인 규범이 적용되지 않을 것이고 그와 결별한 보수 지도자들과 전문가들은 그 대가를 치러야 한다는 게 명백했다.

트럼프는 팬들이 자신을 좋아하는 이유가 자신의 말 때문이라는 걸 알았다. 그래서 자신의 모욕으로 촉발된 논쟁에 뛰어들었다. 트럼프의 팬들은 주류 전문가들, 심지어 보수 전문가들과 트럼프의 발언에 대한 분노를 부추기는 정치적 올바름을 비난했다. 지지자들이 갈망하는 바대로 트럼프 역시 한 치도 양보하지 않고 거침없이 비평가들을 몰아붙였다. 그는 "얼치기 크라우트해머는 해고되어야 한다.", "나에 대한 어릿광대 크라우트해머의 혐오는 믿을 수 없을 정도다. 그래서 다른 사람들이 트럼프가 토론에서 쉽게 이겼다고 말할 때, 그는 아니라고 거짓말을 한다."라는 트윗을 올렸다.[29]

다음 날에도 켈리 발언이 계속 뉴스를 지배하자, 트럼프는 그 소란이 아무것도 아니라고 무시하며 자신은 단지 켈리의 코에서 피가 나온다는 걸 말했다고 주장했다. 그러나 그는 트위터에 "정치적 올바름이 우리나라를 죽이고 있다. '허약함'", "우리나라에는 '정치적으로 올바른' 바보들이 정말 많다. 우리 모두 다시 하던 일로 돌아가야 하고 헛소리에 시간과 에너지를 낭비하지 말아야 한다!"라고 썼다.[30] 이는 '강간범' 발언에 대한 후속 조치와 비슷했는데, 편협한 진보와 줏대 없는 보수의 반응을 지지층과 함께 비웃으면서 자신의 모욕적 발언을 부인하는 일이었다. 그건 트럼프 지지자들에게는 감미롭게 들렸는데, 기득권층의 공격을 받았을 때 되받아쳐 줬으면 하고 간절히 바라던 바로 그런 말이었다.

라디오 토크쇼의 거물들처럼 트럼프는 상당수 공화당 유권자가, 발언의 구체적 내용보다는 기득권층과 그들의 억압적 규칙을 뒤집으려는 의지가 있는지에 더 관심을 둔다는 걸 알고 있었다. 그는 공화당 일부 유권자들은 누군가가 진보, 온건파, 언론인을 쓰레기 취급하는 걸 듣고 싶어 한다는 것도 알아채고 있었다. 이런 유권자들은 트럼프가 반복하는 거친 공격에 관심을 가졌고 또 그걸 좋아했다. 오랜 기간 진정한 투사를 갈구해 왔기 때문에, 그들은 트럼프의 발언이 모욕적이라는 데 동의하더라도 그를 포기하지는 않았을 것이다. 좌파, 우파 및 언론 기득권층이 더 경악할수록 이런 유권자들은 자신들의 투사에 대해 더 확신을 갖게 됐다.

물론 모든 공화당원이 그렇게 느낀 건 아니었고 라디오 토크쇼의 반응도 나뉘었다. 일부 진행자들은 트럼프가 자격도 없고 저속하며 정책에 대해 아는 것도 없고 무엇보다 진정한 보수주의자가 아니라고 판단했다. 계속 드러나는 과거의 잘못들은 트럼프가 보수의 가치를 믿기는커녕 이해도 못하면서 그냥 거창하게 말만 늘어놓는 것뿐이라는 자신들의 직감을 확인시키는 것이었다. 그들은 트럼프의 과거 이단적 행태를 계속해서 열거했다.

이런 진행자들은 처음으로 자신들이 청취자나 라디오 토크쇼 세계와 방향을 달리하게 되었다는 걸 알게 됐다. 감히 트럼프에게 도전한 진행자들은 청취자, 동료 진행자, 그리고 몇몇 경우 방송국 경영진의 공격을 받았다. 하지만 트럼프에 대한 호불호와 상관없이 진행자들은 트럼프에게서 벗어날 수 없었다. 그는 경선 기간 동안 라디오 토크쇼의 모든 공기를 빨아들였다. 항상 수익을 염두에 두고 있기 때문에, 트럼프를 불쾌하게 생각하는 진행자들조차 트럼프가 끊임없이 뉴스를 만들어 내자, 매일같이 트럼프 이야기를 했다.

공화당 의원들이 심한 상처를 입고 가장 확고한 보수층조차 트럼프와 크루즈 지지로 나뉘면서, 라디오 토크쇼의 대형 스타들이 하는 말도 일부 청취자들 귀에는 거슬릴 수밖에 없었다. 트럼프가 뉴햄프셔 경선에서 압승을 거두자, 림보는 거의 공식 지지라고 볼 수 있을 정도로 크루즈의 자격과 자질을 상찬하는 뉴스를 만들었다. 그는 "보수주의가 당신의 방식이라면, 보수주의가 당신의 투표를 결정한다면, 이번 선거 캠페인에서 테드 크루즈가 당신의 유일한 선택이다."라며 "크루즈는 로널드 레이건에 가장 가깝다. 이론적으로 순수하고 이해하기 쉽고 명료하며 실행 가능성을 따져보면 그 누구보다 탁월하다."라고 말했다. 림보가 그런 발언을 하자, 한 청취자는 전화를 걸어 왜 경선에서 특정 후보를 지지하지 않겠다는 오랜 약속을 깨고 크루즈를 전폭적으로 지지하는지 물었다. 그 누구보다 솔직하고 말 많은 림보도 조용해질 수밖에 없었다.[31]

트럼프가 경선에서 승리할 때마다 반발도 더 격앙되면서, 해니티는 라디오 토크쇼 스타 중 가장 험난한 시간을 보냈다. 그의 방송은 트럼프에게 아부했다고 할 수 있을 정도였기 때문에 2016년 4월부터 일부 보수층 사이에서 분노가 커지기 시작했다. 특이하게도 진보 웹사이트인 '싱크프로그레스archive.thinkprogress.org'의 보도가 그 시작점이었다. 이 사이트는 해니티가 지난 9개월 동안 자신의 텔레비전 프로그램에서 트럼프를 무려 마흔한 번이나 인터뷰했을 뿐만 아니라, 소소한 질문만 쏟아냈지 실제 뉴스거리는 없었다는 걸 발견했다. 인터뷰에 포함된 보석 같은 질문들로는 "(중국인들도 당신의 스테이크 브랜드인) 트럼프 스테이크를 사나?"와 "당신이 재산을 가지고 있지 않은 주가 있나?"를 들 수 있었다.[32] 통상적으로 보수 진행자에 대한 진보 매체의 공격은 하품 날 정도로 지루하거나, 우파로부터 반격당할 정도였다. 그러나 레드스테이트의 작가 '스트리프'가 그 보도에 끼어들어 "해니티는 보수로 가장해 출마한 후보의 무원칙한 대변인이라는 게 드러났다."라고 비난했다. 그는 "이번 선거 캠페인 기간에 우리가 알게 된 한 가지는, 누가 실제 보수이고 누가 자신의 손익계산서만 따지는 냉소적 기회주의자인가 하는 것"이라며 "가장 큰 범죄자 중 한 명은 션 해니티다."라고 썼다.[33]

해니티는 화가 나서 "힐러리 클린턴을 대리하는 히트작 웹사이트 '싱크프로그레스'를 따라하는 '레트스테이트'가 불쌍하다."라고 말했다. 그는 최초 보고서의 진실성과 배후의 편향성을 문제 삼으면서, 자신은 중립을 유지한 채 청취자들에게 후보를 알렸을 뿐이라고 반박했다. 그는 자신이 다른 후보들보다 트럼프를 더 편하게 대하지 않았다고 주장했다. 해니티의 제작진이 계산한 바에 따르면 트럼프의 해니티 라디오 방송 출연시간은 크루즈와 루비오의 뒤를 이은 3위였고, 텔레비전 방송 출연 시간은 크루즈에 이은 2위였다. 해니티는 공화당 후보들에 대한 질문이 힐러리 클린턴에 대한 질문보다 100배 더 쉬웠을 것이라고 인정했지만, 그와 관련해 원칙이 없는 건 아니었다. 그는 공화당에 더 동조했고 그에게는 경선에서 누가 승리하느냐보다 클린턴을 이기는 게 진정 더 중요했다.[34] 그러나 레드스테이트의 레온 울프는 "우리는 누군가가 친트럼프이면서도 중립적인 척하고 있다는 걸 알고 있다… 해니티가 비판받는 이유는 그가 보수답지 않은 후보에게 많은 시간을 할애하고 있고, 가짜의 정체를 폭로하기 위해 아무것도 하지 않고 있기 때문이다."라고 반격했다.[35]

해니티가 친트럼프적이라고 알려지자, 다른 후보들과의 관계에도 영향을 받았다. 공화당 전당대회에서 중개인을 통해 대의원들을 낚아채지 않았느냐는 해니티의 질문에 크루즈가 답하지 않자, 두 사람은 퉁명스러운 대화를 주고받았다. 크루즈는 사람들은 그런 과정이 아니라 정책 사안들과 클린턴을 이기는 데 관심을 가지고 있다고 주장했다. 해니티는 이건 모든 사람이 당신에게 하는 질문이라고 반박했고, 여기에 대해 크루즈는 "이 질문을 하는 사람들은 모두 강경한 도널드 트럼프 지지자들이다."라고 응수했다. 해니티는 폭발했다. 그는 "왜 이러는 것이냐?"고 반문하며 "내가 당신을 방송에 출연시켜 정당한 질문을 할 때마다 당신은 나를 탓한다. 정말 진절머리가 난다. 나는 다른 어떤 후보보다 당신을 라디오와 텔레비전에 더 많이 출연시켰다. 그러니 내가 청취자들에게 설명해야 하는 정당한 질문을 하면, 그냥 대답하는 것이 어떻겠냐?"고 응수했다. 크루즈가 다시 한번 명확하게 답하지 않자, 해니티는 압박을 계속했고 크루즈도 결국 화가 나서 "분명히 말하는데, 나는 전혀 화난 게 아니다. 트럼프 캠프는 진정한 문제들이 아니라, 다른 문제들로 관심을 돌리고 싶어 한다. 나는 진짜 중요한 사안들에 집중하고 싶다. 당신이 허튼소리에 대해서만 질문을 할 때도 그렇다. 내가 여행할 때 사람들이 무엇을 물어보는지 아는가? 어떻게 하면 일자리를 되찾을 수 있는지, 우리 경제를 어떻게 되돌릴 수 있는지를 묻는다." 하고 소리쳤다. 해니티는 "내가 당신에게 그런 질문들을 백 번이나 했다."라고 중간에 끼어들었다. 결국 그들은 다른 주제로 넘어갔다.[36]

경선과 총선 캠페인 기간 내내 보수층은 자신들의 지지 후보를 진행자들이 싫어하지는 않는지 작은 꼬투리라도 찾아내려고 했다. 투표일에 림보는 자신과 동료들이 느끼고 있던 압력에 대해 다음과 같이 말했다. "나는 공화당, 보수층, 반트럼프, 준보수, 티파티, 포퓰리스트, 국수주의자 등 모든 집단이 선거 기간 중 특정 시점에 나에 대해 불만을 가졌다는 걸 여기저기서 들었다."[37]

청취자들이 열성적이었던 건 라디오 토크쇼의 엄청난 영

향력, 특히 경선에 미치는 영향력을 알고 있었기 때문이다. 유력 진행자의 메시지와 후보의 메시지가 충돌할 경우 그 후보는 당연히 패배했다. 이 점은 트럼프가 4월 5일 위스콘신에서 참패했을 때 가장 분명해졌다. 보수 라디오쇼는 크루즈가 승리한 위스콘신에서 열렬한 추종자와 엄청난 영향력을 자랑했다.

위스콘신에서 가장 유명한 여섯 명의 진행자들은 모두 트럼프를 반대했다. 트럼프의 선거 캠프는 이 진행자들이 트럼프를 반대한다는 것을 몰랐거나 그가 적대적인 라디오에 출연하는 게 좋겠다고 결론 내렸을 수도 있다. 그래서 진행자들이 트럼프를 비난하고 난타하는 와중에도 여러 불편하고 도전적인 인터뷰들이 이어졌다. 트럼프는 심지어 후보들의 배우자와 자녀들을 경선에 끌어들이는 걸 금지해야 하는지 여부를 놓고 진행자 비키 맥케나Vicki McKenna와 격렬한 논쟁을 벌이다가, 중간에 전화를 끊어버리기도 했다. 당시 트럼프는 크루즈의 아내 사진을 리트윗하며 뭔가 폭로하겠다고 위협하고 있었다.[38]

트럼프는 위스콘신에서 선거 유세를 하면서 진행자들을 맹렬히 비난했다. 그는 "특정 지역, 도시 지역에서, 나는 좋은 결과를 내지 못하고 있다."라고 불평하면서 라디오 토크쇼 진행자들이 "허위 정보를 제공하고 있다."라고 비난했다. 또 다른 행사에서 그는 "오늘 아침 나는 매우 유능한 라디오 진행자와 대담을 진행했다. 얼마 전 그 또라이가 아니라, 이름이 사이크스? 그는 최악이다."라며 위스콘신에서 가장 유명한 보수 진행자인 찰리 사이크스에 대해 악담을 퍼부었다. 사이크스의 잘못은? 트럼프와의 대담 도중 자신이 반트럼프라고 선언해 버렸다.[39]

위스콘신에서 라디오 토크쇼와 트럼프가 대립하자 전국적으로 언론 보도가 폭발했다.[40] 위스콘신의 최고 진행자들은 단합해서 트럼프에 반대했지만 주류 언론은 상황을 잘못 이해했다. 라디오 토크쇼 전체는 트럼프를 공격하지 않았다. 위스콘신은 예외적이었다. 경선을 좌우하는 주요 지역에서 진행자 다수는 여전히 트럼프를 좋아했다. 로스앤젤레스 KFI 방송국의 인기 오후 프로그램 진행자인 코빌트과 치암푸는 트럼프를 지지했다. 코빌트는 워싱턴 체제를 파괴하기 위해서는 트럼프가 후보로 지명될 필요가 있다고 생각했다. 두 진행자는 가끔 트럼프가 말도 안 되는 발언을 하면 비판도 했지만, 대체로 그의 스타일과 정책적 입장을 옹호했다. 그들의 청취자들도 같은 이유로 트럼프를 지지했다. 코빌트가 설명했듯이, 트럼프는 정치적 올바름을 거부하고, 모두가 생각은 하지만 겉으로 표현할 수 없는 것을 대신 말하는 것으로 청취자들의 마음을 사로잡았다. 사람들은 두 가지 경직된 이념이나 두 가지 방식으로만 사물을 바라보는 데 지쳐 있었다. 코빌트가 보기에 트럼프 같은 후보는 진즉에 출마했어야 했다.[41]

트럼프에게 열광하지 않았던 나머지 주요 지역의 진행자들도 만약 그가 최종 후보가 된다면 그를 지지하겠다고 약속했다. 인디애나폴리스 WIBC 방송국의 오랜 진행자인 그레그 개리슨은 트럼프가 "아무도 말하려고 하지 않던 사안들을 솔직히 드러내고 필요한 말을 했다"는 점을 존중했다. 하지만 그는 트럼프의 유치하고 개인적인 모욕을 싫어했다. 개리슨이 그를 좋아할 만하면 트럼프는 다시 시궁창으로 뛰어들었다. 대신 개리슨은 언제나 그래왔듯이 공공연한 크루즈 팬이었다. 개리슨은 크루즈가 훌륭한 헌법 수호자가 될 것이라고 생각했고, 그 텍사스 사람이 자신이 지지하는 후보라고 청취자들에게 말하는 걸 부끄러워하지 않았다. 그럼에도 불구하고 개리슨은 힐러리 클린턴에 대한 신랄한 논평은 일단 삼갔고, 트럼프에 대해서는 그가 후보가 된다면 적극적으로 목소리를 내겠다고 약속했다. 그는 단지 트럼프가 후보가 되기 전에 "말조심하는 법을 약간이라도 배우기"를 바랐다.[42] 필라델피아 WPHT 방송국의 아침 프로그램 진행자인 크리스 스티걸Chris

Stigall은 트럼프의 "말실수와 전반적인 준비 부족"을 비난했고, "나라의 미래를 진지하게 걱정하는 사람들을 당혹스럽게 만든다."라고도 했다. 스티걸은 그럼에도 불구하고 트럼프가 후보가 되면 지지하겠다고 맹세했다.[43]

일부는 진심으로 포용했고 다른 일부는 최선은 아니지만 고려할 만한 후보로 간주했으며 또 다른 일부는 완전히 거부하는 등 트럼프를 놓고 유력 라디오 토크쇼 진행자들은 분열했다. 그러나 트럼프의 인기와 영향력이 커지면서 보수 매체도 변하고 있었다. 트럼프는 어떤 주장이 자신을 치켜세우거나 자신의 마음에 들면 그 진실성을 고려하지 않고 미심쩍은 출처의 정보라도 리트윗하거나 인용하는 걸 좋아했다. 그러자 트럼프 주위에 괴팍한 악당들이 점점 늘어났는데, 라디오 토크쇼, 케이블 뉴스 및 기존 디지털 매체에서 활동하던 인물들은 어느 날 문득 자신들이 그런 신참 논평가들과 경쟁하고 있다는 걸 알게 됐다.

이들 중 가장 눈에 띄는 이가 알렉스 존스Alex Jones였다. 오랜 라디오 진행자이자 자신의 웹사이트 '인포워infowars.com'에서 수많은 이야기를 퍼뜨린 음모론자 존스는 열혈 반PC주의자들이 지배하는 AM 라디오 세계에서조차 너무 기이하고 무례한 인물이었기 때문에 최상급 라디오 토크쇼에는 들지 못했다.[44] 그의 주장은 진지했지만, 존 올리버부터 하워드 스턴, 글렌 벡에 이르기까지 코미디언들과 라디오 유명 인사들은 그를 비웃었다. 예를 들어 그는 2012년 샌디 훅 초등학교 참사°와 9·11 테러 공격은 위장전술, 즉 신분을 위조한 요원들이 수행한 정부의 비밀 작전이라고 단언했다. 이러한 섬뜩한 의혹들을 제기해도 그는 경선 기간 트럼프와 인터뷰할 수 있었는데, 이전 공화당 후보들은 상상할 수도 없는 일이었다.[45]

트럼프 덕분에 스타 반열에 오른 또 다른 인물은 마이크 세르노비치Mike Cernovich였다. 자수성

° 2012년 12월 14일, 미국 코네티컷 뉴타운의 샌디 훅 초등학교에서 발생한 끔찍한 총기 난사 사건입니다. 범인인 스무살의 백인 청년 애덤 란자는 집에서 자신의 어머니를 사살한 후 인근 샌디 훅 초등학교에 난입해 학교 내부에서 스무 명의 어린이와 여섯 명의 성인을 사살했다. 범인은 경찰이 도착하기 전에 스스로 목숨을 끊었다.

가한 작가이자 과잉남성성hypermasculinity□ 옹호자인 그는 트럼프와 가족, 보좌진이 자신의 이른바 '보도'를 리트윗하고 공유하기 전까지는 눈에 띄는 인물은 아니었다. 세르노비치 또한 25년 전 림보가 '페미나치'라고 고함을 질렀던 때 이후로 라디오 토크쇼의 전통이 된 부정확한 주장과 여성 비하를 반복했다. 세르노비치는 수십만 번 리트윗됐고 또 그만큼의 팔로워를 얻었다. 그럴싸한 음모론에는 반대하지 않던 전통적인 보수 매체들도 그를 어느 정도 인정했다. 세르노비치가 클린턴이 파킨슨병과 또 다른 심각한 질병을 앓고 있다는 소문을 퍼뜨리자, 보수 방송계에도 팬들이 생겼는데 그중 한 명인 폭스뉴스 앵커 루 돕스는 트위터에서 그를 팔로우했다.[46]

□ 주로 사회적, 문화적 맥락에서 남성들이 특정한 행동과 특성을 통해 남성다움을 과시하려는 태도를 말한다

완벽한 은발로 몇몇 사람들을 속여서 자신을 유명 보수 방송인이라고 믿게 만들었던 잔소리꾼이자 헤드헌터인 빌 미첼도 2016년에 두각을 나타낸 사람의 전형이었다. 트럼프를 끈질기게 지지한 덕분에 미첼은 인터넷 유명인사가 됐다. 그는 선거 판세를 판단하는 데 있어 앞마당 지지 팻말, 군중의 수, 유세장에서의 열정 등이 여론조사보다 더 좋은 척도이고, 이에 비추어 보면 트럼프가 승리할 것이라고 주장했다. 미첼은 그해 가을 여론조사 전문가들, 특히 진보 전문가들의 비웃음과 조롱의 대상, 욕받이였다. 그러나 2016년 캠페인의 탈진실 환경에서 그의 소셜 미디어의 존재감은 대단했다. 그의 트위터 계정은 선거 영향력을 분석한 MIT 미디어랩의 목록에서 26위를 차지했다.[47] 선거 캠페인 기간과 그 이후, 트럼프는 아홉 번에 걸쳐 미첼을 리트윗하거나 그의 트윗을 인용하거나 미첼을 인용한 사람을 트위터에서 언급했다.[48]

새로운 것이 기존의 것을 밀치고 나가는 보수 매체의 오랜 전통에 따라, 폭스뉴스와 림보가 트럼프를 충분히 지지하지 않을 때 새롭게 떠오른 온라인 유명 인사들은 트럼프 팬들이 듣고 싶은 걸 말해줬다. 브라이트바트뉴스와 존스의 인포

워 같은 그다지 새롭지 않은 매체도 세르노비치, 미첼과 함께 번성했다. 경선 기간 트럼프를 충분히 지지하지 않는다고 폭스뉴스를 계속 공격하자, 브라이트바트뉴스의 독자수와 소셜미디어 점유율은 급증해 온라인 담론을 극적으로 바꿨다. 하버드대학과 MIT의 미디어 연구자 4인이 수행한 심층 연구에 따르면, 폭스뉴스가 궤도 안에 머물러 있을 때 브라이트바트뉴스는 "또 다른 보수 매체 생태계의 중심"이 되었다.[49]

따라서 2016년 대선 캠페인은 보수 매체의 진화에 있어 특별한 시기였다. 1990년대 초까지만 해도 보수 방송이라고 해봐야 별 게 없었다. 전국 단위에서 바라보면, 별로 성공할 것 같지 않던 뭔가를 림보 정도가 시도하고 있었고, 보수 방송계에 다른 사람은 거의 없었다. 다른 유형의 우파 매체도 있었지만, 네트워크 없이 자체적으로 운영되는 수준이었다. 이윤 추구를 통해 성장한 보수 언론은 정치와 언론 세계에서 자신들만의 스타일과 이념적 위치를 확고히 가진 상호 연결된 네트워크를 만들어 냈다. 트럼프가 대선에 출마할 시기에는 신생 보수 매체가 25년 이상 발전해 온 터줏대감들을 비판하고 있을 정도로 보수 매체가 번성하고 있었다.

그러나 보수 매체와 유명 인사들의 범위가 넓어졌음에도 불구하고, 라디오 토크쇼의 거물들은 여전히 공화당 공식 기구의 관심을 지배했다. 트럼프가 경쟁자들과 격차를 넓히는 게 명확해지자, 공화당 전국위원회는 7월 전당대회에서 트럼프의 지명권을 빼앗으려는 반란 행위를 저지하기 위해 라디오 토크쇼에 의탁했다. 의장이 트럼프를 어떻게 생각하는가와 상관없이, 공화당 전국위원회는 반란 움직임이 재앙적인 내전을 유발할 것이라는 점을 알고 있었고, 반란을 막고 분열된 당을 치료하기 위해서는 거물 진행자들의 도움이 필요했다.

4월 공화당 전국위원회 의장 라인스 프리버스는 몇몇 보좌관들과 함께 플로리다 남부에 있는 림보의 본부를 전격 방문했다. 30분으로 예정됐던 프리버스와 림보의 만남은 90분

동안 지속됐다. 공화당 전국위 관계자들은 림보에게 자신들이 전술적으로 무엇을 하려는지, 그리고 왜 그걸 하려는지 설명하려고 했다. 그들은 또한 자금을 어디에 왜 투자했는지 설명하고 투자로 만들어 낸 데이터와 현장 성과들이 무엇인지도 림보에게 확실히 알려주고 싶었다.[50] 또한 벡과 레빈 같은 반트럼프 진행자들도 끌어들이려고 했다.[51] 그런 노력의 결과는 엇갈렸지만, 최소한 공화당이 라디오 토크쇼의 중요성을 알고 있다는 사실은 보여줬다. 공화당 전국위는 다수 유명 라디오 진행자들이 지원하지 않으면 공화당 후보는 성공할 수 없다고 확신했다.

전당대회가 끝난 8월 트럼프는 배넌을 선거 캠페인 총책임자로 임명함으로써 자신을 옹호했던 보수 매체에 대한 포용을 공식화했다. 배넌의 브라이트바트뉴스는 자사 기자인 미셸 필즈Michelle Fields가 트럼프의 이전 선거 캠페인 책임자가 기자회견 후 자신을 폭행했다고 고소했을 때도, 미셸 필즈가 아니라 트럼프 캠프 편을 들 정도로 열렬히 트럼프를 지지했다. 이 일로 몇몇 브라이트바트뉴스 직원이 사직하기도 했다.[52]

배넌은 선거 캠프 총책임자인 폴 매너포트Paul Manafort와 다른 보좌진이 트럼프의 지나친 말들을 통제하고 메시지를 완화하려고 노력하던 와중에도, 자신은 트럼프의 본 모습 그대로를 보여주겠다고 약속해 트럼프의 마음을 얻었다.[53] 트럼프는 라디오 토크쇼 진행자를 선거 캠페인 총책임자에 임명해 말폭탄을 계속 던지고 극우 포퓰리즘 캠페인을 지속하도록 부추겼는데, 이는 워싱턴 정치문화보다는 AM 라디오에 초점을 맞춘 조치였다.

트럼프는 길거리나 소란스러운 대규모 유세장에서 참여자들의 숨은 욕구를 자극하는 방식으로 연설했다. 트럼프는 여러 면에서 축제처럼 보이는 이런 행사를 라디오 토크쇼 방식으로 진행했다. 참여자들은 저속한 구호를 외치고 모자, 피켓, 티셔츠 등등의 소품을 입거나 들고서 행진을 벌였는데, 이는 그들이 직장이나 지역 공동체에서는 절대 보여주지 않을 모습이었다. 라디오 토크쇼에서와 마찬가지로, 트럼프 유세 현장에서 지지자들은 자신과 생각이 다른 동료, 상사, 가족 또는 다른 사람들의 반박을 두려워할 필요 없이 진정한 신념을 드러낼 수 있었다. 첫째 날부터 트럼프의 선거 캠페인을 취재한 NBC기자 케이티 터Katy Tur는 "트럼프 유세장 안에서 사람들은 속박에서 벗어나게 된다. 그들은 소리치고, 비명을 지르고, 다른 곳에서는 절대 밖으로 내뱉지 않을 말들을 할 수 있다. '오바마는 이슬람교도!', '힐러리 클린턴은 창녀다!', '이민자들은 이 나라에서 꺼져라!', '언론은 엿이나 먹어라!' 밖에서는 이런 행동이 용납될 수 없다. 하지만 트럼프 유세장에서 그들은 한 여성을 지목해 너는 못생겼으니 화장을 더 해야 한다고 말할 수 있다."[54] 수십 년 동안 청취자들은 익명성 덕분에 라디오 토크쇼의 영웅들이 자신들의 은밀한 신념을 방송에서 대신 말해주는 것을 들으며 짜릿함을 느껴왔다. 이제 트럼프가 라디오 토크쇼 팬들에게 그들이 가장 좋아하는 프로그램의 생중계 버전을 제공했다. 이곳에서는 정치적 올바름만이 안전하지 않은 신념이었다.

초가을이 되자 대부분의 라디오 토크쇼는 트럼프를 중심으로 단합했다. 해니티는 캠페인 홍보 영상에 출연할 정도로 열정적으로 응원했고, 최소한 독립적인 언론으로 보이려고 애쓰던 폭스뉴스의 경영진도 그를 거의 제지하지 않았다.[55] 트럼프를 한 번도 지지하지 않았던 레빈조차도 9월이 되자 트럼프에게 투표하겠다고 마지못해 발표했다. 그는 "그래서 나는 결국 선거일에 도널드 트럼프에게 투표하게 될 것"이라며[56] "도널드 트럼프에게 투표한다고 그를 전적으로 지지하는 것은 아니다. 클린턴을 저지하기 위해 트럼프에게 투표할 수밖에 없다는 의미"라고 말했다. 레빈이 보기에, 트럼프는 보수주의자가 아니었다. 하지만 힐러리 클린턴이 민주당 후보가 되면서 다른

선택의 여지가 없었다.[57]

여전히 림보는 시류에 전적으로 편승하면서도 트럼프의 결점을 인정했다. 그는 9월 중순경 자신의 프로그램에서 "트럼프는 보수가 아니라는 걸 인정하는 건가?" 하고 자문했다. 그리고 "그래 젠장, 인정한다. 여러분, 내가 언제 그가 보수라고 말했나? 어떻게 말해야 할지 모르겠는데, 이번 경선에서 보수주의는 졌다."라고 한탄했다. 그러나 림보는 트럼프가 라디오 토크쇼의 정서를 가장 명쾌하게 반영한 사안인 이민 문제로 말을 돌린 후, 열정적으로 트럼프를 지지했다. 림보는 "힐러리 클린턴은 이 나라로 쏟아져 들어오는 불법 이민자와 난민의 수를 늘리겠다고 약속했다"며 자신의 해석을 클린턴의 실제 정책인 것처럼 말했다. 그는 "이 나라는 교육 수준이 낮고 영어도 못하며 자신을 부양할 능력이 없는 사람들로 넘쳐나고 있다. 그리고 그게 정확히 민주당이 원하는 것"이라고 상황의 심각성을 설명하며 "이런 현상만은 막아야 한다. 이번 선거에서 이민자를 막을 거라고 말하는 후보가 있다. 트럼프가 정말로 해낼지는 알 수 없지만, 힐러리가 하지 않을 것이라는 건 안다."라고 말했다.[58]

투표일에 트럼프의 러닝메이트인 인디애나 주지사 마이크 펜스는 림보와 환담이나 나누려고 프로그램에 출연했다. 엘 러시보El Rushbo, 러쉬 림보의 애칭는 사람들이 왜 트럼프가 문제라고 생각하는지 이해한다고 인정했지만, 트럼프가 나라를 위해 가장 좋은 선택이라는 것은 추호도 의심하지 않았다. 림보 생각에 그런 점을 이해하지 못하고 클린턴이나 제3의 후보에게 투표하려는 보수층은 중대한 실수를 저지르는 것이었다. 그는 "공화당원이 어떻게 힐러리 클린턴에게 투표할 수 있는지 이해하지 못하겠다. 아무도 나를 이해시킬 수 없을 것이다. … 아무도 나를 이해시킬 수 없고, 내가 받아들이게 만들 수도 없다. 특히 지난 25년 혹은 30년 동안 관심을 가져온 공화당원들이라면."이라고 말했다.[59] 진행자들은 수십 년 동안 클린턴

을 악마화했기 때문에 그들이 클린턴이 당선되는 경우를 종말론적으로 바라보는 것도 당연했다.[60]

의심할 여지 없이, 사업적 동기 또한 진행자들이 결국 트럼프를 지지하게 된 요인이었다. 청취자와의 유대관계가 수익을 창출했기 때문에 진행자들은 그 유대감을 손상시키려고 하지 않았다. 청취자 중 많은 사람이 처음부터 열성적인 트럼프 지지자였던 것이다. 젭 부시의 홍보 책임자의 말에 따르면, 어떤 진행자는 "당신은 내 청취자에게 어느 정도 일리 있는 말을 할 수 있겠지만 나는 못한다."라고까지 고백했다.[61] 청취자들의 열정 때문에 진행자들은 관점을 바꿔야만 했거나 혹은 다른 후보를 지지하거나 트럼프에 대한 지지를 유보할 때 최소한 조심스럽게 말해야 했다.[62]

전국적 스타 진행자들인 벡과 메드베드를 포함한 몇몇 진행자들은 청취자들의 압력과 동료 진행자들의 공격에도 불구하고 반트럼프 진영에 확고하게 남아 있었는데 결국 대가를 치러야 했다. 메드베드는 다시는 프로그램을 듣지 않겠다는 수많은 청취자들의 편지와 전화를 받았다. 몇몇은 그의 '신속한 퇴진'을 바라기도 했다. 그가 트럼프호에 승선하는 것을 거부하자, 자신의 신디케이터 '세일럼미디어'와의 관계도 타격을 입었다. 그는 "나는 열성적으로 친트럼프인 신디케이터—소속된 다른 진행자들도 모두 친트럼프인—와 일하고 있다."라고 말했다. 한 라디오 방송 시장에서 세일럼미디어는 메드베드 프로그램을 교체하기도 했다. 그는 또한 4년마다 열리는 방송 네트워크의 선거 투어에서 제외됐다.[63] 그 당시 메드베드는 장기 계약이 보장돼 있었다. 그러나 2018년 말 계약이 만료되자, 세일럼미디어는 그를 대신해 트럼프 응원단원인 서배스천 고카와 계약해 버렸다.[64] 세일럼미디어는 반트럼프 목소리에 대한 광범위한 숙청 작업의 일환으로 21년 동안 함께 해온 메드베드를 제거했다.[65]

또 다른 불복종자는 벤 샤피로였는데, 그는 보수 매체에 파장을 일으키던 새로운 유형의 극우 인사 중 하나였다. 2016년 샤피로는 트럼프 반대와 미셸 필즈에 대한 부당한 처우를 이유로 브라이트바트뉴스를 떠났다. 그는 일자리를 잃었고, 세일럼미디어가 소유한 로스앤젤레스 KRLA 방송국의 동료들은 그에게 라디오 프로그램에서 트럼프를 헐뜯지 말라며 압박을 가했다. 세일럼미디어의 한 경영진은 이메일을 보내, 샤피로와 공동 진행자인 엘리샤 크라우스가 "전당대회에서 트럼프가 자녀들이 연설하게 했다고 비판하는 등 트럼프 캠페인과 공화당 전당대회의 사소하고 부정적인 부분을 들춰낸다. 우리가 트럼프 아내의 연설과 미셸 오바마의 연설을 한마디 한마디씩 비교할 필요가 있나? 그런 일들이 큰 구도와 어떻게 연관돼 있고 대의를 진전시키는 데 무슨 의미를 가지는가?"라고 불평했다.[66] 이런 불평을 무시하고 '나는 나'이고자 했던 크라우스는 트럼프를 비난했다고 청취율이 타격받는 건 아니라고 생각했다. 그럼에도 불구하고 두 진행자 모두 선거 직후 KRLA 방송국의 일자리를 잃었다.[67]

사이크스는 위스콘신에서 트럼프에 저항한 끝에 청취자들을 잃었다. 그가 온라인에서 받은 저주 중에는 그의 얼굴이 가스실에 들어가 있는 합성 사진도 있었다. 청취자들은 그를 거부했다. 라디오에서 거의 25년을 보낸 후 2016년 말 프로그램을 그만둔 그는, 진보인 MSNBC뿐 아니라 보수지만 반트럼프인 〈위클리스탠다드〉에서 일했다. 하지만 곧 소유주가 트럼프 친화적인 출판물을 지원하기로 결정하면서 〈위클리스탠다드〉는 폐간됐다.[68] 그러자 사이크스는 반트럼프 보수 웹사이트인 '불워크thebulwark.com'를 창간했지만 이미 부족에서 파문당한 상태였다.[69]

일반적으로 라디오 토크쇼는 대통령 선거에 실질적인 영향을 미칠 수 없는데, 왜냐하면 자신의 의지와 무관하게 모든 미국인이 상당한 양의 정보를 받아들이고 있기 때문이다. 뉴스와 캠페인은 늘, 도처에 존재하며 틈새 미디어의 영향을 감소시킨다. 하지만 2016년은 예외였는데, 유명 인사부터 일반 유권자에 이르기까지 수많은 보수층이 트럼프에 대해 의구심을 가졌기 때문이었다. 어떤 식으로든 트럼프를 받아들이게 된 후, 진행자들은 한편으로는 진심으로 우려하고 또 한편으로는 트럼프에게 투표하라고 권유하면서 그의 지지층을 결집시켰다.

처음에는 내켜하지 않았던 진행자들이 트럼프를 굳건하게 지지하기 시작한 건 청취자들의 신뢰 때문이었다. 진행자들이 트럼프를 차악으로 부를 때, 의심 많은 보수층은 귀를 기울였다. 많은 진행자가 양심상 트럼프를 사랑하는 척 하지는 못했지만, 힐러리 클린턴을 비난하고, 국무장관 재직 시 그가 개인 이메일 서버를 사용했다는 사실을 둘러싼 논란을 되풀이하며, 클린턴의 당선이 가져올 파장을 과장할 수는 있었다.[70] 라디오 토크쇼 전략의 또 다른 갈래는 이민 문제같이 보수 유권자들이 가장 중요하게 생각하는 사안을 집중 조명하는 것이었다.

한편 공화당 전국위가 트럼프를 대신하여 평소와 같은 강력한 라디오 토크쇼 지원 작전, 즉 진행자들에게 정보를 제공하고 전국 및 지역 프로그램을 모니터링해 무엇이 중요하게 논의되는지를 계속 파악했다. 진행자들도 중서부 주요 격전지들의 상황을 공화당 전국위에 알려줬다. 진행자들은 트럼프의 메시지가 블루칼라 유권자들에게 통하고 있다는 걸 확인할 수 있었다.[71]

하지만 라디오 토크쇼가 선거에 미친 영향은 트럼프를 지지하고 클린턴을 공격하는 정도를 훨씬 넘어서는 것이었다. 좋아하는 후보를 찾아내고 지지층을 활성화하는 것은 늘 해오던 일이었다. 라디오 토크쇼는 단순히 트럼프를 지지했던 것이 아니라 만들어 냈다. 선동적인 화법에서부터 음모론, 경쟁자에게 낙인을 찍는 사악한 별명 붙이기에 이르기까지, 트럼프는 함께 즐겁게 대화를 나누고 스타일을 높게 평가했던 진행자들의 역할을 따라 했다.

트럼프의 당선은 미국인들이 이제 라디오 토크쇼가 만든 세계에 살고 있다는 의미였다. 그곳만이 도널드 트럼프가 대통령이 될 수 있는 유일한 세상이었다. 1988년 트럼프가 러닝메이트에 관심이 있다는 것을 알았을 때, 대통령 후보였던 조지 부시는 "이상하고 믿지 못할" 일이라고 생각했다.[72] 그러나 2016년에 이르러 뉴스, 정치, 그리고 오락의 경계가 불분명해지면서 트럼프에게 기회가 열렸다. 20세기 중후반의 네트워크 방송 뉴스의 시대는 끝났고, 많은 미국인은 사실의 정확성이나 뉴스 가치보다 상대를 비난하는 데 골몰하는 당파적인 출처에서 정보를 얻었다.

트럼프는 또한 라디오 토크쇼의 급부상을 촉진했던 문화 전쟁의 맥락을 잘 활용했다. 2016년 유권자에게는 보수 매체가 넘쳐났고 우파가 공화당을 완전히 장악하고 있었음에도 불구하고 보수층은 여전히 억울하고 무시당하고 있었으며 목소리를 낼 수 없다고 느꼈다. 자신들이 사랑하는 미국은 여전히 사라져가고 있었다. 그들은 싸움을 멈추고 싶지 않았고 전투적인 인물을 너무나 갈망했다. 그렇기 때문에 트럼프의 슬로건 '미국을 다시 위대하게 만들자'에는 호소력이 있었다. 그 슬로건은 라디오 토크쇼가 수십 년 동안 주장해 온 주제들을 간결하게 전달했는데, 진행자들은 미국적 가치가 공격받고 있다고 열정적으로 말해왔고, 그런 가치가 지배하던 과거를 이상화했었다.

트럼프를 사랑하는 팬들의 말들은 라디오 토크쇼가 정치에 등장했을 때 림보를 환영했던 말들만큼이나 기괴하게 들렸다. 피닉스에서 열린 경선 유세 현장에서 47세의 스콧 로지어라는 기계공은 기자에게 "그는 우리 모두가 이야기하고 있는 것, 사람들이 생각은 하지만 말하기에는 너무 PC적인 것을 말한다."라고 이야기했다. 사우스캐롤라이나의 또 다른 유세 현장에서 33세의 니나 루이스는 "그는 모든 블루칼라 노동자들을 위한다. 그는 우리를 대변한다."라고 설명했다.[73] 트럼프의 팬들은 자신들이 동의하지 않았던 새로운 규범을 가볍게 무시해 버리는 투사가 마침내 등장해 대통령에 출마해 줘서 너무 고마웠다. 문화전쟁과 관련해서 트럼프는 청취자들이 가장 좋아하는 진행자들과 똑같았다. 다른 점은 대통령 선거에 출마했고 당선 가능하다는 것이었다.

마지막으로 그리고 가장 중요한 점은 라디오 토크쇼가 2016년에 이르기까지 거의 30년 동안 주류 언론의 공신력을 파괴해 왔다는 것이다. 최소한 라디오 토크쇼 청취자에게는 그러했다. 선거 캠페인 기간 내내 기자들은 트럼프의 부당하고 위선적인 활동들을 폭로했고, 많은 전문가와 관계자가 그의 후보 사퇴를 자신했다. 그럴 때마다 그는 여론조사에서 가벼운 타격만 입고 다시 반등해 정치평론가들을 경악시켰다. 트럼프는 과거 사례에 비춘다면 당연히 후보를 사퇴해야 했던 재앙들도 교묘하게 빠져나갈 수 있었는데, 이는 부분적으로 그의 팬들이 기자들의 폭로를 믿지 않았기 때문이었다. 트럼프 지지자 중 한 명인 리넷 하더웨이는 〈뉴욕타임스〉에 "지난 9개월 동안 언론이 그에 관해 했던 모든 선동적인 말들은 다 거짓이라고 생각한다."라고 말했다.[74] 사이크스는 그의 라디오 토크쇼 동료들이 "주류 언론을 너무 오랫동안 공격해서 이제 더 이상 신뢰할 만한 소식통이 없어졌기 때문에 우리에게도 일부 책임이 있다."라고 인정했다.[75]

캠페인 기간에 라디오 토크쇼는 트럼프를 보호하기 위해 메신저를 반복적으로 공격했다. 2016년 3월 말의 한 사례를 보면, 트럼프는 MSNBC의 앵커 크리스 매슈스와의 대화에서 지역에서 임신 중지를 불법화하면 임신 중지한 여성은 처벌을 받아야 한다고 주장해 파문을 일으켰다. 이는 임신 중지 시술자는 처벌하되 임신 중지 여성은 처벌하지 말자는 낙태 반대론pro-life, 생명존중에 대한 트럼프의 이해도가 얼마나 낮은지 잘 보여주는 것이었다. 위스콘신의 반트럼프 진행자 제리 베이더Jerry Bader는 고개를 저으며 "도널드 트럼프와 대립하는 이유는 그가 임신 중지를 찬성하지도 반대하지 않기 때문이다. 그는 임신 중지 반대 입장이 뭔지 모른다."라고 말했다.[76]

하지만 베이더는 예외적인 진행자였다. 림보는 매슈스를 완전히 경멸하면서 트럼프는 점잖게 대했다. 림보는 매슈스를 민주당의 하수인이자 '멍청이'라며 무시했다. 그는 "매슈스와 좌파들은 우익에 대한 증오와 자기들의 편견, 선입견에 사로잡혀서 임신 중지 반대가 곧 여성에 대한 처벌이라고 생각한다."라고 말했다. 림보는 매슈스가 트럼프를 함정에 빠뜨렸다고 암시하는 것처럼 보였다. 림보가 보기에 트럼프가 속은 건 중요하지 않았다. 임신 중지 반대에 대해 잘못 말한 것은 트럼프의 잘못이 아니었다. 잘못은 평소처럼 공화당을 공격하던 매슈스에게 있었다. 림보는 "그렇다. 그는 트럼프가 임신 중지에 대해 실수하도록 유도하고 있다"며 "내 말은 그 인터뷰가 본질적으로 트럼프뿐만 아니라 공화당에 대한 공격이라는 것이다. 그 인터뷰는 민주당이 트럼프뿐만 아니라 공화당을 공격할 때 활용할 수 있는 캠페인 서사를 만들어 냈다."라고 말했다.[77] 트럼프는 진보 언론의 정치적 사기의 희생자였기 때문에 그가 했던 말은 우발적인 것이었다.

라디오 토크쇼는 트럼프가 바닥을 쳤을 때도 트럼프보다는 언론을 탓했다. 10월 7일 〈액세스 할리우드〉○ 녹화영상이 유출됐다. 트럼프는 영상에서 프로그램의 공동 진행자인 빌리 부시에게 여자의 '음부'를 움켜쥐는 것에 대해 떠벌였다. 트럼프는 스타들은 "무엇이든 할 수 있기" 때문에 자신도 그렇게 할 수 있다고 자랑했다.[78] 혐오감을 느낀 많은 공화당원은 트럼프를 포기하고 퇴진을 요구했다. 퇴진하는 대신 트럼프는 이틀 후에 열린 두 번째 대통령 선거 토론에서 호전적이고 현란한 말로 화답했다. 여기에는 빌 클린턴의 성추행을 비난했던 여성들과 함께한 사

○ 1996년부터 NBC를 통해 주중에 방영되는 텔레비전 오락 뉴스 프로그램이다.

전 기자회견도 포함됐다.[79]

라디오 토크쇼 진행자들은 캠페인 기간에 트럼프가 설화에 휩싸일 때마다 했던 것처럼 〈액세스 할리우드〉 유출 문제를 처리했다. 림보는 트럼프가 아니라 언론과 민주당의 위선을 맹비난했다.

> 트럼프가 빌리 부시와 함께했던 〈액세스 할리우드〉의 자유발언 문제를 보면 좌파들은 너무 위선적입니다. 여기에 대해 격분하고 있는 사람들은 누구입니까? 이런 일에 박수를 보내고 존 F. 케네디를 축하해 준 사람들○, 여성들 무리를 백악관에 들여보내 준 바로 그 사람들입니다. 빌 클린턴! 불륜과 난잡한 성생활로 유명하지만, 위대한 사람이라고 축하받고 보호받고 칭송받고 추앙받는 민주당원과 연예인들의 이름을 쭉 열거해 보세요. "이봐, 그건 섹스지 업무가 아니야. 단지 사생활일 뿐이야. 그들의 리더십과는 무관해."

○ 존 K. 케네디가 대통령 재임 시절 백악관에서 마릴린 먼로 등 많은 여성들을 비밀통로를 통해 불러들여 부적절한 관계를 가진 의혹을 지적하는 말이다.

림보는 심지어 이 테이프가 공개돼서 트럼프가 '워싱턴 기득권층'들에게 외부인이라는 사실을 돋보이게 한다며, 오히려 좋은 일이라고 둘러댔다. 그는 "만약 기득권층을 내쫓으려고 한다면, 정치 세계 외부에서 백악관을 차지하려고 한다면, 그들은 당신을 파괴할 것"이라고 말했다. '바람둥이' 테드 케네디를 오랫동안 추적했던 림보는, 트럼프를 대신해 약간의 양해를 구했다. 그는 "당신이 아는 가장 도덕적인 사람을 선택할 수는 있다… 그리고 우리는 사람이기 때문에 어딘가를 털면 먼지가 나올 수 있다."라고 충고했다. 그런 후에 진보와 언론의 죄악을 언급했는데, 그의 결론은 격렬했다. "너무너무 불쾌하다며 방방 뛰는 이들 좌파와 언론? 그들은 사실 트럼프 말에 조금도 불쾌해지지 않았다! 그들은 단지 이용하고 있다. 오히려 이들이 이런 난잡한 사회를 만든 사람들이다! 그들이 기준을 허물고 있는 사람들이다!"[80] 계속해서 림보는 영상 공개 후 실시된 NBC-〈월스트리트저널〉 여론조사에서 트럼프가 클린턴에 11퍼센트 뒤지는 것으로 나오자, 민주당에 의해 조작된 것이라고 단언했다. 그는 "표본이 왜곡됐다"며 "제대로 된 결과가 아니다. 고전적인 허위 정보다. 우리는 이런 여론조사를 한 사람들이 클린턴 선거 캠프를 위해 일하고 있다는 것을 알아냈다."라고 주장했다.[81]

영상이 있고 사람들이 트럼프의 말을 들었기 때문에 부정할 수 없음에도 불구하고 림보는 언론의 신뢰를 떨어뜨릴 방법을 찾았다. 림보에 따르면 언론인들은 그 영상을 객관적으로 보도하지 않았고, 그들은 트럼프를 끝장내기 위해 영상을 이용하는 민주당 비밀 요원들이었다.

이 영상을 둘러싸고 림보는 며칠 동안 언론을 계속 공격했다. 하지만 그는 클린턴의 캠페인과 관련해 해킹된 이메일에서 나온 최신 폭로에 대해서도 말했다.[82] 청취자들에게 보내는 메시지는 분명했다. 트럼프에게 결함이 있을 수 있지만 민주당과 언론에서는 위선의 악취가 풍겨난다는 것이다. 그들은 오랫동안 스스로 용서해 왔던 죄악을 이유로 트럼프를 매장하려고 한다. 그러면 결국 훨씬 더 나쁜 사람이 대통령이 될 것이다. AM 라디오와 보수 매체 전반에 걸쳐 반복됐던 이 주장 덕분에 트럼프의 지지율은 추락하지 않을 수 있었다. 지지가 줄어들긴 했지만, 다른 후보였다면 회복 불가능한 타격을 입었을 것이다. 그러나 트럼프는 무사할 수 있었다.

트럼프 또한 라디오 토크쇼의 지침을 잘 알고 있었다. 언론을 쓰레기 취급하는 일에 관해서라면 그는 절대 진행자들에 뒤지지 않았다. 그는 트위터와 유세 현장에서 평론가들, 기자들, 그리고 언론 전체를 습관적으로 공격했다. 언론인들에 대한 그의 공격은 너무 개인적이어서 비밀경호국은 트럼프가 '꼬맹이 케이티'라고 부른 케이티 터의 유세가 끝난 후, 차에 도착하기까지 호위해야 했다. 트럼프는 자기 마음에 들지 않는 터의 트윗에 대해 "대단한 거짓말이다. 케이티 터. 정말 대단한 거짓말이었다"며 "세 번째. 등급. 기자. 그걸 기억하라."○ 라고 경고했다. 케이티 터를 거의 1년 동안이나 괴롭힌 후, 선거 캠페인 막바지에 트럼프는 '부정직한' 언론이 유세장에 모인 군중을 보여주지 않는다고 호통을 쳤다. 그는 다시 한 번 케이티 터에게 책임을 떠넘겼다. "그들은 보도하지 않고 있다. 케이티, 당신은 진실을 보도하지 않고 있다. 하지만 뭔가 벌어지고 있어, 케이티."라고 말했다. 군중들로부터 케이티 터에 대한 야유와 조롱이 빗발쳤다.[83]

○ "Third. Rate. Reporter. Remember that." 자신을 부정적으로 보도한 NBC 기자 케이티 터가 3류 기자라고 비난하는 말이다.

트럼프의 분노를 산 사람은 케이티 터뿐만이 아니었다. 수많은 언론과 언론인이 트럼프의 공격에 희생됐다. 자신이 가장 좋아했던 표적인 CNN과 〈뉴욕타임스〉는 정기적으로 '실패', '부정직', '저급'으로 격하됐다.[84] 트럼프는 그들과 나머지 주류 언론을 '삐딱한 힐러리'라고 비난했다. 그의 공격은 라디오 토크쇼에서 들을 수 있는 것과는 달리 개인적이고 노골적으로 느껴질 수 있었다. 그가 좋아하는 샌드백 중에는 MSNBC의 공동 진행자인 조 스카버러와 미카 브레진스키가 있었는데 트럼프의 예전 친구였던 두 사람은 캠페인 초기 트럼프에게 영합하는 것처럼 보여 혹독한 비판을 받기도 했다.[85] 하지만 그들이 트럼프의 행동에 의문을 제기하기 시작한 후, 트럼프는 "언젠가 상황이 진정되면 나는 조와 그의 위태위태한 오랜 여자 친구 미카의 실제 이야기를 말해줄 것이다. 두 광대!"□라는 트윗을 올려 두 사람이 사귄다는 걸 폭로하기까지 했다.[86]

□ 미카 브레진스키는 당시 결혼한 상태였다. 트럼프의 폭로와는 무관하게, 2010년 경 시작된 조 스카버러와의 불륜으로 인해 미카 브레진스키는 2016년 전 남편과 이혼한 후 2018년 조 스카버러와 결혼했다.

이런 공격들은 트럼프 팬들을 즐겁게 했다. 왜냐하면 수십 년 동안 라디오 토크쇼를 듣고, 케이블 뉴스를 시청하고, 언론인들을 비난하는 보수 디지털 출판물을 읽고 나자, 트럼프의 지지자들은 주류 언론이 단순히 결함이 있는 정도가 아니라 진짜 악당이라고 생각했기 때문이었다. 주류 언론에 대한 트럼프의 분노가 이념뿐만 아니라 불안과 개인적 변덕에서 비롯되었다는 사실은 그들에게 별로 중요하지 않았다. 마침내 그들이 바라던 방식, 마땅한 방식으로 주류 언론을 제대로 혼내주는 후보가 있었을 뿐이었다. 이후 트럼프가 언론인들을 "미국인의 적"이라고 부른 건 자신이 대선에 출마하기 훨씬 전부터 라디오 토크쇼에 널리 퍼져 있던 감정을 표현한 것이었다.[87]

라디오 토크쇼와 공화당 기득권층과의 오랜 불화도 비슷한 예방 효과를 냈다. 진행자들은 지난 10년 동안 공화당 기득권층을 조롱하다가 오바마 대통령 재임 첫 2년 동안은 잠시 비난을 멈췄다. 이로 인해 두 명의 부시 전 대통령을 포함한 공화당 기득권층의 지지를 받지 못했는데도, 트럼프의 지위는 큰 타격을 받지 않았다. 보수 매체 소비자들은 공화당 기득권층을 너무 싫어했는데, 경선 중 젭 부시가 트럼프를 공격했을 때 트럼프의 지지율이 오히려 올라갔을 정도였다. 기득권층의 전형인 부시의 공격을 받는 사람이라면 훌륭한 뭔가가 있는 게 틀림없었다.[88] 트럼프를 가장 큰 목소리로 비판했던 클린턴, 공화당 기득권층 그리고 주류 언론은 트럼프 팬들에게 그가 공직을 맡을 자격이 없다는 점을 납득시킬 수가 없었다. 왜냐하면 트럼프 팬들에게는 이런 비판들이 일고의 가치도 없었고, 그들이 사실은 트럼프라는 극단적 처방을 필요로 하는 문제 덩어리였기 때문이었다.

보수층이 주류 정치 기관들의 의견이나 결정에 대해 느끼는 불신과 경멸이야말로 라디오 토크쇼가 미국 언론과 유권자들에게 영향을 미쳤다는 가장 중요한 증거일 수 있다. 그 불신과 경멸을 바탕으로 트럼프는 정치적으로 성공할 수 있었다. 만약 보수층이 언론인, 워싱턴 베테랑, 그리고 주류 정치인을 신뢰할 수 있다고 생각했었다면 트럼프는 출마 선언과 캠페인의 모든 단계에서 그들의 기준을 넘어서지 못했을 것이다. 그러나 저널리즘과 정치적 타협을 비열한 진보라고 보는, 림보에서 시작된 건 아니지만 라디오 토크쇼와 그 계승자들에 의해 탄력을 받은 트럼프의 캠페인은, 이른바 전문가라는 사람들도 이해하지 못할 정도로 성공적이었다. 그래서 트럼프가 취임식 연단에 올랐던 2017년 1월 20일까지 그들은 쩍 벌어진 입을 다물 수가 없었다.

전체적인 상황

The Big Picture

도널드 트럼프의 부상은 2016년에 이르러 공화당이 라디오 토크쇼의 정당이 됐다는 것을 확인시켰다. 공화당 유권자들 대다수는 자신이 가장 좋아하는 보수 매체 인사들처럼 말하는 동시에 자신들이 공공연하게 말할 수 없는 것을 대놓고 드러내는, 불을 뿜고 독설을 내뱉는 정치인들을 갈망했다. 그들은 왜 선거 공약이 실현되지 않는다거나 왜 타협이 필요한지 말하는 공화당 의원들의 징징거림과 주저함, 소극성에 진절머리가 났다. 라디오, 텔레비전, 디지털 플랫폼의 우익 인사들이 이런 유권자들을 선동했다. 그들은 이념적으로 극단적인 후보들을 밀어주고 자신들이 꿈꿔오던 정당을 만들려고 했다. 충분히 보수적이지 않은, 그들이 평가하기에는 전혀 보수적이지 않은 기존 공화당 의원들을 맹렬히 공격하기도 했다. 새로운 기술과 매체와의 경쟁에서 압박을 받는 라디오 토크쇼 인사들이 극우로 기울어지고 공화당 역시 끌려가면서, 그들의 이념적 기준을 충족시키기는 점점 더 어려워졌다.

청취자들은 민주당과 주류 언론에 대한 터무니없는 이야기들을 꾸준히 들었고 진행자들과 제작자들은 분노로 들끓는 팬들에게 공화당에게서 더 나은 대접을 받으려면 매일 더 치열하게 싸우라고 부추겼기 때문에, 결국 트럼프가 등장했고 당선에까지 이르렀다. 라디오 토크쇼가 RINO를 국가에 대한 실체적 위협이라며 적대시한 결과, 온건파는 소멸했다. RINO는 진보를 무력화하는 걸 거부했기 때문에 미국적 삶의 방식을 위험에 빠뜨린 민주당과 작당한 것이었다.

첨예하게 분열된 나라에서 공화당 지지층과 라디오나 텔레비전이 원하는 대로만 해서는 정부가 제대로 작동할 수 없다. 사실 라디오 토크쇼와 케이블 뉴스는 전문가들이나 선출직 공직자들과는 근본적으로 다른 목표를 가지고 있었다. 공화당은 공화당 후보들이 당선될 가능성이 있고 특정 시점에서 최대한 보수적인 법안을 제정할 수 있을 것이라는 예측에 따라 움직였다. 이에 반해 진행자들과 제작진의 목표는 가장 재밌는 오락을 제공해서 이윤을 극대화하는 것이었다. 그 어떤 이념적이거나 정치적인 사안도 부차적이었다. 보수 매체 인사들은 이윤을 우선시한다는 점에서 정치권의 다른 검투사들과는 달랐다. 선출직인 의원들은 다르게 생각했다. 돈이나 잔뜩 버는 로비스트로 자신의 경력을 마무리할 수도 있었지만, 우선적으로는 정치적 계산, 정책 목표, 이념, 그리고 유권자들의 생각에 집중했다. 공화당 대통령 후보 릭 샌토럼은 2012년 림보에 대해 "그는 나와 매우 다른 분야에서 일한다"며 피임약 의료보험의 중요성에 대해 증언한 조지타운대학교 로스쿨 학생 산드라 플루크Sandra Fluke에 대한 림보의 발언○과 거리를 뒀다. 림보가 플루크를 '잡년', '매춘부'로 낙인찍은 후 샌토럼은 "그는 터무니없다. 하지만 연예인은 터무니없을 수 있다."라고 대응했다.[1]

정치인들과 달리 진행자들은 토크 프로그램을 유권자들의 의견을 바꾸거나 정책을 추진하기 위한 수단으로 생각하지 않았다. 또한 매일 자신들의 프로그램을 기획하면서 정치적 동기를 고려

○ 미국에서는 피임약이 처방약이다. 따라서 의사의 처방전이 있어야 피임약을 구할 수 있고, 의료보험 혜택도 받을 수 없어 가격도 비싸다. 페미니스트를 포함해 많은 여성 단체들이 피임약 처방이 의료보험 보장 범위에 포함돼야 한다고 주장해 왔다. 보수층과 공화당은 의료보장 확대에 기본적으로 반대하는데, 특히 피임약의 경우 도덕성까지 결부시켜 극렬히 반대했다. 피임약에 대한 의료보험 보장을 주장한 페미니스트 산드라 플루크에 대해 림보는 '페미나치'를 포함한 막말을 퍼부었다.

하지도 않았다. 림보와 그의 계승자들은 이윤을 추구하던 중 자신들이 활성화할 수 있는 일부 계층의 사람들을 우연히 만났을 뿐이었다. 이들은 1988년 림보가 전국 프로그램으로 데뷔하기 전에는 언론에 만족하지 못하고 있던 미국인들이었다. 진행자들은 소외된 청취자들을 대변하고 그들의 세계관을 강화했다. 그리고 진행자들은 몇몇 보수적 관점들은 명백히 금기시되던 시기에 보수 이념을 자유롭게 표현할 수 있는, 같은 생각을 가진 사람들의 공동체를 만들어 냈다.

많은 사람이 라디오 토크쇼 청취자를 진행자들에 의해 조종되는 생각 없는 로봇이라고 경멸했다. 그러나 그런 단정은 현실을 지나치게 단순화하고 왜곡했다. 진행자들은 팬들을 조종하는 게 아니라 그들의 집단적 견해를 활용했고 청취자들이 알지 못했을 수 있는 사안, 입법 및 정치인들에게 관심을 갖게 만들었다. 이는 다시 청취자들의 인식을 형성하고 그들의 열정을 자극했다. 대부분의 청취자들은 라디오 토크쇼가 영향을 미치기 훨씬 전부터 보수의 원칙에 헌신해 왔다. 오히려 이 청취자들은 오랫동안 라디오 토크쇼 같은, 즉 자신의 가치를 반영하면서 정보도 주고 즐거움도 주는 매체를 기다려 왔다.

진행자들이 청취자들에게 무엇을 생각해야 하는지 말하지는 않았지만, 유권자들과 활동가들을 행동하게 만드는 데는 놀라울 정도로 유능했다. 따라서 라디오의 연예인들은 스스로 의도하지 않았던 사람들이 돼버렸다. 새로운 공화당에서 엄청난 영향력을 행사하는 당 지도자들이 됐던 것이다. 그들은 선거자금 모금과 유세장 지원 유세 등 전통적으로 지도부가 해온 일을 받아들였다. 2016년 대선에서 생생하게 봤듯이 누가 후보가 되더라도 지지했다.

하지만 진행자들은 지도부 역할을 하면서 조금씩 달라지기 시작했다. 공화당 의원들을 전반적으로 지지했기는 했으나, 자신들의 이익을 위해서라면 언제든지 공화당을 타격할 준비가 돼 있었다. 진행자들은 충정에 이끌려 행동하는 예전의 정당 지도자들이 아니었다. 당에 어떤 결과가 초래되더라도, 청취율을 높이기 위해서라면 해야 할 일을 했다. 협치에 필요한 타협안이나 정부 부채 한도 증대에 대해 강의하는 식의 방송은 확실히 청취율이 떨어졌다. 기존 견해에 대해 도발적이고 터무니없는 논란을 만들어야 청취율을 유지할 수 있다면 그렇게 해야 했다. 보수 매체가 확장된 경쟁 상황에서 선명성을 시험하고 RINO를 사냥해야 청취율을 유지할 수 있다면 그렇게 해야 했다. 그렇게 하지 못하면 자신들에게 RINO 딱지가 붙는다는 걸 진행자들은 알고 있었다.

그렇다고 진행자들이 진심이 아니었다는 말은 아니다. 청취자들과 유대감을 형성하는 데 있어서 진정성은 매우 중요했다. 청취자들은 단순히 진부한 표현을 반복하거나 보수인 척했다면 사람들은 쉽게 간파했을 것이다. 진행자들은 청취자들의 마음을 붙들 수 있도록 자신들의 진정한 신념을 말했다. 하지만 시간이 흐를수록, 마치 해니티가 이민에 대한 자신의 '진화'를 뒤집었을 때처럼, 진행자들은 실용적 동기를 무시하고 이념적 신념을 고수하게 됐다.

진행자들이 더욱 비타협적으로 변한 건 사실이지만, 그들의 관점이 정치적 분위기에 따라 바뀐 건 아니었다. 자신들이 힘을 실어준 미적지근한 보수주의와 공화당에게 실망하자 진행자들은 점점 더 과감해졌고 반쪽짜리 해법이나 현실적 필요를 더욱 경멸하게 됐다. 변한 것은 진행자들의 의견이 아니라 분노의 대상과 강도였다. 약속을 어긴 기득권층에 대한 염증과 재정적 필요성 때문에 라디오 토크쇼는 더 오른쪽으로 옮겨갔다.

요즘 우파 매체에서는 사실상 이견이 허용되지 않는다. 자유롭게 생각하면 곧바로 강력한 반격을 받는다. 보수 텔레비전과 소셜 미디어에서 활약한 토미 래런Tomi Lahren의 경우를 생각해 보라. 모든 면에서 래런은 트럼프 시대에 완벽한 보수 선동가였다. 그는 인종차별적이고 논란 많은 생각을 주기적으로 내뱉었던 트럼프 대통령의 열렬한 지지자였다. 조롱, 신랄한 비판과 모욕 등 래런은 모든 항목에 해당했다. 좌파는 래런을 너무 싫어해서 식당에서 그에게 물을 끼얹기도 했다. 그러나 래런조차도 보수의 역풍에서 안전하지 않았다. 2017년에 그는 〈더뷰〉○에 출연해 과감하게 "나는 임신중지 찬성론자다. 헌법을 사랑하기 때문이다. 나는 정부의 역할을 제한하는 데 찬성한다. 그래서 정부를 제한하는 데 찬성한다면서 정부가 여성의 몸을 어떻게 할지 결정해야 한다는 그런 위선자는 될 수 없다. 내 총에 신경 쓰지 말라. 마찬가지로 내 몸에도 신경 쓰지 말라"고 선언했다.[2] 래런이 임신중지에 찬성했을 뿐만 아니라 임신중지를 반대하는 보수가 위선적이라고 암시하자, 반응은 격렬했고 결국 그는 글렌 벡의 방송 네트워크인 '블레이저'에서 해고됐다. 이후 폭스뉴스에 정착하긴 했지만, 래런의 사례는 정통성이 보수매체를 장악했다는 걸 보여줬다. 그는 벌을 받은 후에야 다시 말할 수 있었다.

○ 저명한 여성 저널리스트 바버라 월터스(Barbara Walters)가 제작한 토크 프로그램으로 1997년부터 ABC 방송을 통해 방영됐다. 네 명에서 최대 여덟 명까지 여성 패널이 출연해 정치인이나 연예인 등 유명 인사들을 상대로 인터뷰를 진행하는 형식이다.

선명성을 강요하자 공화당 의원들, 심지어 라디오 토크쇼의 표적이 아니었던 의원들에게도 다양한 문제가 발생했다. 가장 큰 걱정거리 중 하나는 진행자들의 말 때문에 정치인들이 곤경에 빠질 수 있다는 것이었다. 그래서 무시해 버릴 만한 사안에 대해서도 마음에 들지 않는 입장 중 하나를 어쩔 수 없이 선택해야만 했다. 예를 들어 2012년 림보가 플루크를 공격하자 공화당 의원들은 딜레마에 빠졌는데, 왜냐하면 림보가 그를 그 어느 때보다 험악하게 비난하기도 했고 그가 의원이나 유명인이 아닌 로스쿨 학생이었기 때문이었다. 그 비난에 동조하고 싶은 정치인은 거의 없었지만, 그럴 경우 림보와 그의 수백만 팬들을 화나게 할 수 있었다.[3] 반면 림보의 발언을 무시하거나 옹호할 경우 핵심 지지층 이외 유권자들의 분노를 살 위험이 있었다. 그래서 공화당 의원들은 림보를 너무 심하게 비판하지 않으면서도 자신들의 반대 의견을 드러내는, 그런 어려운 일을 해야 했다. 대통령 후보 미트 롬니는 "나라면 그런 말을 하지 않았을 것"이라고 소심하게 말했다.[4] 다른 대통령 후보 론 폴Ron Paul은 림보의 논평에 대해 "약간 품위 없게 들렸다."라고 인정하는 정도였다.[5]

논평을 거부하더라도 정치인들은 논란에 휘말릴 수 있었다. 보수 정치권에서 가장 영향력 있는 인물이라는 림보의 위상 때문에 의원들의 말과 상관없이 림보의 발언은 공화당에 대한 인식에 영향을 미쳤다. 2016년 라디오 토크쇼의 후보인 트럼프가 터무니없는 발언이나 트윗으로 공화당 정치인들을 공격했을 때도 공화당 의원들은 비슷한 덫에 빠졌다. 트럼프가 후보가 될 가능성이 커지기 이전에도 기자들은 트럼프의 발언에 대한 공화당 정치인들의 공식 입장을 알고 싶어 했다.

진행자들과 그들이 좋아하는 정치인들의 영향력이 커지게 만든 요인 중 일부는 구조적인 것이었다. 당선이 보장되는 게리맨더링 선거구○가 증가했고 진보층은 도시와 교외에 그리고 보수층은 도시 외곽과 농촌 지역에 거주하게 되면서 이념 성향에 따라 유권자들이 지역적으로 군집화됐다. 또한 몇몇 지역들에서 공화당과 민주당 지지세가 확고해지면서 지리적 양극화가 강화됐다. 2000년대 들어 시작된 이런 변화들 때문에 선거에서 양당이 경쟁하는 지역들은 급격히 감소했고, 그 결과 당내 경선이 더 중요해졌다. 이런 상황하에서 진행자들과 극단주의 정치인들의 단호한 목소리는 공화당 지지층을 쉽게 사로잡을 수 있었다. 당을 지배하기 위해 전체 유권자의 과반수를 설득할 필요도 없었다. 진행자들은 그저 투표율이 낮은 공화당 경선에 참여하는 유권자의 과반수 정도를 설득하기만 해도 충분했

○ 게리맨더링(gerry mandering)은 선거구를 특정 정당이나 후보에게 유리하도록 고의적으로 조작하는 행위를 말한다. 1812년 미국 매사추세츠 주지사인 엘브리지 게리(Elbridge Gerry)와 'salamander(도롱뇽)'의 합성어로, 당시 그가 승인한 선거구 모양이 도롱뇽을 닮았다는 데에서 유래했다. 게리맨더링을 통해 양당은 당선이 확실한 선거구를 확보해서 특정 정치인의 당선을 보장하거나 선거 참패의 위험을 관리한다. 게리맨더링 선거구는 당선이 확실한 선거구를 말한다.

다. 그 이후로는 정파적 이끌림이 알아서 했다. 총선에서 흔들릴 정도로 논란과 결점이 많은 극단주의 정치인은 드물었다. 2017년 보궐 선거에서 패배한 앨라배마 공화당 상원의원 후보 로이 무어는 예외일 수 있지만, 그가 아슬아슬하게 낙선한 이유는 급진적 관점이 아니라 선거 토론을 거부하거나 인종차별적 용어를 쓰는 등의 개인행동 때문이었다.

당내 경선 중심의 정치 환경에서 진행자들은 대의명분의 완벽한 대변인이었다. 청취자들은 진행자들의 강경 우파적 선의를 믿었고 그들을 가까운 친구들로 생각했다. 그래서 라디오 토크쇼는 당내 경선 도전자들에게 이상적인 플랫폼이 될 수 있었다. 정치 신인들은 진행자들을 활용해 인지도를 올리고 선거 자금을 모을 수 있었던 반면 진행자들은 당의 정책에 영향을 미칠 수 있는 기회로 삼았다.

그 영향력은 정책 결정 과정으로까지 확장됐다. 라디오 토크쇼는 법안을 정치적으로 유해하게 만들어서, 즉 의원들이 당내 경선에서의 위험 때문에 법안을 지지하지 못하게 만드는 방식으로 입법 과정에 영향을 미쳤다. 특별히 중요하거나 이념적으로 엇갈리는 법안일 필요도 없었다. 진행자들은 경선을 결정하는 보수 청취자들을 위해 지루한 정책 논쟁도 정치적 전쟁으로 바꿔 놓을 수 있었다. 진행자들은 충분한 방송시간(보통 주당 10시간에서 15시간)을 활용해 청취자들이 알지 못했던 사안이나 법안 투표, 입법 시도 등에 관심을 가지게 만들 수 있었다. 이렇게 자세히 들여다보기 시작하자, 정치학자 존 킹던John W. Kingdon이 입법 과정의 '정치적 흐름political stream'이라고 지칭한, 의원들이 법안에 대해 투표할 때 고려하는 요소들이 바뀌었다. 라디오 토크쇼가 공화당 내 배교자들을 집중 부각하기 전까지는 지지층의 실망이 가장 큰 정치적 우려사항이 아니었기 때문에, 의원들은 지지층에게 인기 없는 법안도 지지할 수 있었다. 그들은 선거 시기에 만나야 하는 더 폭넓은 유권자들이 그 법안을 어떻게 생각하는지도 고려할 수 있었다. 대다수 유권자가 소소하면서도 난해한 사안들에 대해서는 의견이 없었기 때문에, 그들의 입장은 고려조차 되지 않았다. 그러나 라디오 토크쇼로 인해 모든 게 투명해지자 가장 사소한 법안을 둘러싼 정치적 흐름에도 유권자들이 관여하게 됐고 작은 문제들도 지뢰가 돼버렸다.

주류 언론이 다루지 않는 작은 법안들에서만 라디오 토크쇼가 힘을 쓴 것은 아니다. 주류 언론은 부시와 오바마 대통령 재임 당시 이민 개혁에 집중했지만, 라디오 토크쇼는 그 논쟁에서도 영향력을 발휘했다. 타협도 가능했지만 공화당 의원들은 그 대가를 치를 수 없다고 판단했고 공화당 지도부도 지지층의 뜻을 무시하다가 정치적 치명타를 입을까 봐 조마조마했다. 반면 라디오 토크쇼와 다른 보수 매체를 자기들 편에 둔 공화당 강경파는 지명도 낮은 의원들까지도 후폭풍에 대한 두려움 없이 이민 개혁을 지지하는 지도부를 비난했다. 그들은 공화당 기득권층의 지원을 받는 당내 경선 도전자가 있더라도 승리한다는 걸 알고 있었다.

보수 매체의 영향력 덕분에 공화당은 행정부와 의회를 부분적으로 혹은 완전히 장악할 수 있었지만, 그럴 때도 보수 정책을 제대로 실행하지는 못했다. 2010년대에는 온건파가 소멸하고 극단주의자들이 발호하게 되면서 국정이 대부분 마비됐다. 국가적 과제는 고사하고 일상적인 업무 수행조차 사실상 불가능해졌다. 이 시점에 이르면 수십 년 전과는 정반대로 라디오 토크쇼는 정책을 추진하는 공화당 의원들을 도와주는 게 아니라 방해했다. 라디오 토크쇼는 이념적으로 보수라도 합의를 성사시키려는 공화당 의원들을 공격했고 정치를 전쟁으로 보지 않는 모든 사람들을 조롱했다. 특히 의회와 행정부가 분점된 기간 동안 진행자들은 청취자들의 기대를 너무 부풀려서 공화당은 실현 가능한 법안에 집중할 여유가 없었다. 보수 매체가 공화당 내에서도 가장 극단적인 의원들을 유명인으로 만들고 그들의 극단적 주장에 관심을 기울이자, 공화당 지도부는 성공할 수 없거나 역효과가 날 것이라는 걸 미리 알면서도 특단의 조치를 취할 수밖에 없었다.

공화당은 진행자들이 성장할 때 공신력을 부여하고 그들이 쏟아내는 호전적이고 과장된 말들과 요구들을 부끄러움 없이 받아들였다. 공화당 스스로가 라디오 토크쇼를 육성한 것이나 다름없기 때문에, 어느 정도는 이런 혼란을 자초했다고 볼 수 있었다. 공화당은 자신을 파괴하게 될 괴물을 키웠다. 물론 공화당은 여전히 존재하지만, 라디오 토크쇼 혁명 이전의 공화당과는 매우 다르다. 오늘날의 공화당은 이념적 대결 정치와 좋은 협치 사이에 갇혀 있는데, 의원들의 주된 목표가 재선임을 감안할 때 대결 정치는 늘 협치에 우선한다. 라디오 토크쇼에 좋은 것이 곧 정부 혹은 잘 작동하는 정부에게도 좋은 것은 아니다.

공화당은 이제 행정부와 의회를 모두 장악했을 때만 뭔가를 할 수 있는데, 그런 통제력을 누리던 2017년과 2018년에도 의료보장과 이민 개혁 같은 주요 사안을 잘 해결하지는 못했다. 사실 그들은 제 발등을 찍었다. 2017년 보수 매체와 그 극단주의 동맹인 조던과 메도스 등의 하원의원들은 건강보험법에서 가장 인기 있는 조항, 즉 기존 질환이 있는 사람들을 보호하는 내용을 위협하는 개정안을 밀어붙였다. 2019년 새로 선출된 하원 소수당 대표 케빈 매카시는 공화당이 하원에서 소수파가 된 것은 그 개정안 때문이라고 비난했다.[6]

민주당과 공화당이 정부에 대한 통제력을 분점할 경우, 이제는 클린턴과 조지 W. 부시 행정부 시절처럼 다수당이 주요 법안을 통과시키기 위해 반드시 필요로 하는 초당적 협상—필리버스터를 중단시키는 기준인 상원의원 예순 명의 찬성을 확보하기 위한—은 찾아볼 수 없게 되었다. 대신 오늘날의 공화당은 오바마 대통령이 거부권을 행사할 것이 확실한 2016년 건강보험법 폐지 법안 같은 보여주기식 정치만 한다.[7]

초당주의는 보수 매체를 분열시키거나 보수 매체 진행자

나 출연자들이 이야기하지 않는, 혹은 보수층의 충분한 지지를 얻을 수 있는 사안들에 한해서만 가능하다. 후자의 최근 사례로는 형사사법 개혁을 들 수 있다. 하지만 그 사례에서 볼 수 있었던 것은 공화당 의원들이 지지층을 자극하지 않기 위해 무척 경계한다는 것이었지, 법안 통과를 위한 협상으로 복귀했다는 의미는 아니었다.

2016년 형사사법 개혁 법안이 좌우, 민주당과 공화당을 불문하고 대단히 광범위한 지지를 받았다는 점을 염두에 둘 필요가 있다. 그럼에도 불구하고 상원 다수당 대표 매코널은 선거 유세 중인 트럼프가 '법과 질서'를 강조하자 공화당이 분열했다는 이유로 투표를 허용하지 않았다. 상원 다수당 부대표 존 코닌John Cornyn은 매코널이 "2016년 선거 직전에 당을 분열시키는 사안을 상정하고 싶어 하지 않았다."라고 인정했다.[8] 2년 후 트럼프 대통령이 상당한 압력을 넣고, 법안을 발의한 의원들도 상원 공화당 의원 다수로부터 지지를 얻었으나, 매코널이 중간선거가 끝나기 전에는 안 된다는 소심한 정치 입법 행태를 다시 한번 고집하자 거의 동일한 과정이 반복됐다.[9] 마침내 통과된 '연방교도소 개혁법The First Step Act'이 비록 가치 있는 성과였으나 공화당 의원들이 보수 매체의 굴레를 벗고 다시 제대로 된 협치로 돌아왔다는 증거는 아니었다.

심지어 트럼프 대통령의 가장 중요한 성과라는 것을 봐도 공화당이 강경 우파 지지층에 의해 잘 길들여져 있다는 걸 알 수 있다. 트럼프와 공화당 상원의원들은 전례 없는 속도로 사법부 인사를 밀어붙였다고 자랑하지만, 그 이유는 공화당이 법관 지명에 관한 한 지지층을 모두 만족시키는 것이 불가능하다는 것을 배웠기 때문이었다.[10] 조지 W. 부시가 해리엇 마이어스 백악관 고문을 대법관에 임명하려고 했을 때, 잉그레이엄 같은 보수 매체 인사들이 반발하자 지명은 곧바로 철회됐었다. 트럼프가 비슷한 사람을 지명했더라도 비슷한 반응을 불러일으켰을 것이다. 공화당이 사법부 인사에 성공한 또 다른 중요한 요인은 법관 지명을 인준하는 방식이 단순 다수결 원칙으로 전환했기 때문이었다. 단순 다수결 원칙은 공화당 의원들이 초당적 협의 없이도 법관을 인준할 수 있다는 의미였기 때문에 이념적으로 동질적인 지명자들을 내세울 수 있었다. 하지만 그 당시에도 공화당 상원이 근소하게라도 분열되면 성공하기 어려워졌는데, 상원의원 한 명이 전 과정을 마비시킬 수도 있었기 때문이었다. 예를 들어 애리조나 상원의원 제프 플레이크가 2018년 임기 마지막 몇 달 동안 법사위에서 지명자들을 거부하자 수십 명의 임명이 교착 상태에 빠져 버렸다.[11]

역설적이게도 라디오 토크쇼가 공화당 내에서 권력을 키워갈수록, 진행자와 경영진이 가장 신경 쓰는 청취율과 수익면에서 라디오 토크쇼의 경쟁력은 잠식되어 갔다. 디지털 시대에 라디오 토크쇼는 사업 영역에서 중대한 도전을 맞이했다. 2000년대 이후 지상파 라디오 토크쇼의 광고 기반 비즈니스 모델은 더욱 불안정해졌다. 부채 부담이 크고 비즈니스 이해관계가 다양한 거대 상장기업들이 방송국 대부분을 소유하게 됐고, 그들은 진행자들에게 한두 개 터무니없는 발언이 거대한 조직에 폐를 끼쳐서는 안 된다고 공지했다. 소셜 미디어가 등장하면서 문제성 발언을 쉽게 알리고 광고주, 방송국 및 모회사에 대한 불매 운동을 즉각적으로 조직할 수 있게 됐다.

온라인의 적들이 씹어댈 수 있는 자료가 그 어느 때보다 많아지면서 진행자들과 사업 파트너들은 점점 취약해지고 있다. 인터넷에서는 진행자들이 한 말이 영원히 보존되는 것은 물론, 보수 청취자를 넘어 새로운 수용자들에게까지 전달된다. 감시단체는 진행자들을 모니터링하고 잘못이라고 생각하는 언행을 모두 공격할 수 있다. 따라서 림보 프로그램을 송출하는 방송국 중 일부를 소유하고 있는 큐물러스미디어의 전 CEO 류 디키Lew Dickey는, 플루크에 대한 림보의 발언 이후로 광고주들을 상대로 한 소셜 미디어 캠페인 때문에 자신의 회사

가 수백만 달러의 손실을 입었다고 탄식했다.[12]

온라인 불매운동이 물론 보수 라디오 토크쇼에 한정된 것은 아니다. 라디오의 유력 인사들과 조직들을 견제하는 상당한 반대 세력이 바닥에서부터 성장하기 시작한 것이다. 림보만큼이나 무례한 진보 성향의 진행자 하워드 스턴은 연방통신위원회와 광고주들과의 갈등 때문에 구독 기반 위성 라디오로 쫓겨났다. 불매운동은 당시 보수 매체에서 림보 다음가는 스타였던 오라일리를 무너뜨렸다. 2017년 오라일리의 성추행을 고발한 여성들에게 폭스뉴스가 합의금을 대신 지급했다는 사실이 폭로된 후, 불매운동의 압력을 받은 광고주들이 〈오라일리 팩터〉의 광고를 끊으면서 폭스뉴스와 오라일리는 결별했다.[13] 폭스뉴스가 수익을 낼 수 없다면 견고한 시청률과 열렬한 팬덤도 별 의미가 없었다. 게다가 오라일리의 평판이 훼손되면서 모회사인 '21세기 폭스' 전체 사업 이익도 위협받고 있었다.

오늘날 보수 언론 제국을 탄생시킨 AM 라디오 토크쇼는 점점 쇠퇴하고 있는 종이 신문의 길을 갈 가능성도 있다. 물론 시간이 지나봐야 알 수 있겠지만, 대다수 업계 관계자는 림보가 주도한 신랄한 AM 정치 토크의 시대는 끝나간다고 믿고 있다.

그럼에도 불구하고 이념 기반의 정치 인포테인먼트의 미래는 굳건하다. 전송 경로나 방식과 상관없이 라디오 콘텐츠 자체는 향후 수십 년 동안 활기찬 정치 담론이자 강력한 정치적 힘으로 남게 될 것이다. 자신들이 가장 좋아하는 보수 진행자의 말을 듣고 싶은 사람들은 단지 팟캐스트나 위성 라디오 또는 앞으로 등장할 어떤 새로운 플랫폼으로 전환하기만 하면 될 것이다. 물론 새로운 도전이 있을 수 있다. 우선 전통적인 광고 모델은 계속해서 어려움을 겪을 것이다. 디지털 수용자는 광고를 차단할 수 있는 수단을 가지고 있는 반면, 선택할 수 있는 콘텐츠는 엄청나게 많기 때문이다. 청취자들은 더는 전체 청취 시간의 3분의 1을 광고를 듣는 데 쓰지는 않을 것이다. 또한 디지털 세계는 AM 라디오보다 이념적으로 더 다양하기 때문에 보수 토크 프로그램의 지배력이 약화되거나 최소한 상쇄효과는 발생할 수 있다. 진보가 라디오에서는 실패했지만, 트럼프 시대에 진보 팟캐스트는 번창하고 있다.

디지털 진보 프로그램의 성공이 최신 매체의 어떤 이념적 성향을 보여주지는 않지만, 게이트키퍼로서 라디오 토크쇼 진행자들의 영향력이 앞으로 잠식될 것이라는 점은 잘 보여준다. 보수 매체도 함께 번성하고 있다. CRTV와 벤 샤피로의 팟캐스트 같은 새로운 보수 디지털 매체들의 인기가 급등하고 있다. 폭스뉴스 같은 거물들도 디지털 스트리밍에 뛰어들고 있다.[14] 디지털 영역에서 보수적 시각은 더 폭넓게 확장하고 있다. 명시적으로 트럼프에 반대하는 '불워크'에서부터, 보수 포퓰리즘과 그 대표적인 인물들에 대해서는 유보적인 샤피로, 그리고 대통령의 국가주의적 정책을 쉼 없이 응원하는 브라이트바트뉴스까지 다양하다. 흥미로운 점은 팟캐스트 콘텐츠에 대한 광고주들의 우려가 비교적 크지 않을 수도 있다는 것인데, 그 이유는 팟캐스트가 아직 이념적 라디오와 케이블의 진행자들만큼 감시당하지 않기 때문일 것이다.[15]

라디오 토크쇼의 제왕 림보의 지위는 시간에 따른 변화를 제외하고는 변함없다.○ 해니티와 폭스뉴스의 지닌 피로Jeanine Pirro 같이 트럼프 대통령과 인연이 깊은 보수 매체 인사들은 더 자주 보도된다. 그러나 림보는 보수 매체 내에서 여전히 가장 영향력 있는 인물로 남아 있으며 아마도 보수 정치에서 트럼프 다음으로 가장 중요한 킹메이커일 것이다. 2008년 부시 대통령이 림보의 전국 방송 20주년 때 그랬던 것처럼 2018년 트럼프는 30주년을 기념하기 위해 그의 프로그램에 전화를 걸었다.[16] 그리고 같은 해 말 림보는 정부 기금 협상을 극구 반대해 최장기간의 정부 폐쇄를 촉발시켰는데, 이는 트럼프가 림보에게

○ 림보는 2020년 말기 폐암 진단을 받았으며 2021년 2월 17일 70세의 나이로 사망했다. 그의 마지막 방송은 사망 보름 전인 2021년 2월 2일이었다.

국경 장벽에 대한 자금 지원○ 요구에 굴복하지 않겠다고 확인시켜 준 후에 시작됐다.[17] 보수 언론 제국이 점점 확장되면서 샤피로 같은 젊은 목소리를 위한 공간도 더 커졌지만, 여전히 림보를 넘어설 수는 없었다. 림보의 프로그램을 듣지 않는 사람들도 결국 그의 말을 듣게 되었는데, 왜냐하면 림보의 후예들의 프로그램을 통해 그의 말이 퍼져나가기 때문이다. 보수 매체의 영향력 있는 인물이 되기 위해서는 림보가 30년 전 발명했던 모델을 여전히 받아들여야 한다.

○ 트럼프는 대선 캠페인에서 국경장벽을 건설하는 비용을 멕시코 정부에게서 받아내겠다고 약속했다. 하지만 실현 가능한 공약은 아니었고, 국경장벽을 건설하기 위해서는 연방정부의 예산 지원이 필요했다. 트럼프는 이를 거부했다.

20세기 후반과 21세기 초반 미국 정치는 진퇴유곡에 빠진 엘리트의 양극화 현상 중 하나이며 날이 갈수록 악화되고 있다. 그리고 라디오 토크쇼는 그 중심에 있다. 라디오 토크쇼가 유발시킨 변화는 도널드 트럼프가 대통령이 될 수 있는 정치 세계를 만들어 냈다. 물론 '성장을 위한 클럽' 같은 선명성을 추구하는 정치단체의 부상, 소셜 미디어의 발전, 폭스뉴스의 폭발적 성장, 선거 자금 규제의 변화, 그리고 양당의 이념 성향 강화 등 다른 요인들도 영향을 미쳤다. 그러나 다른 요인들이 있다고 해서 라디오 토크쇼의 중요성이 줄어들지는 않는다. 라디오 토크쇼는 그런 변화들의 전제 조건이었다. 라디오 토크쇼로 인해 점점 더 많은 미국인이 정치적 관점이 같은 매체에서만 뉴스를 얻게 되자 반향실에 갇히게 됐다. 라디오 토크쇼 청취율이 정점에서 떨어지기 시작했고 다른 매체가 틈새시장을 가득 채우고 있지만, 진행자들이 정치에 미치는 영향은 지속되고 있다. 진행자들은 여전히 정치인들과 주류 언론의 관심을 끌고 유권자들을 지배하며 워싱턴의 정치 활동에 영향력을 행사한다. 진행자 대다수는 협치를 명분으로 타협하기를 거부하고 선거 결과에 관계없이 진행자와 청취자가 가장 중요하게 생각하는 원칙들을 고수하는 그런 공화당을 지지한다.

그 심각한 후과는 변함없이 남아 있다. 2016년 트럼프가 소수자, 젊은 유권자, 여성이 아니라 보수 매체 인사들과 그 청취자들의 지지만 받아도 공화당이 대선에서 승리할 수 있다는 것을 증명하긴 했지만, 라디오 토크쇼가 공화당에 안겨준 어려움은 없어지지 않았다. 1994년에 그랬던 것처럼 보수 매체를 이용하면 공화당이 권력을 얻을 수 있다고 믿는 사람은 라디오 토크쇼의 공화당이 되면서 2018년 중간선거에서 치러야 했던 대가를 냉정하게 떠올려보기만 하면 된다. 보수 매체 인물들이 부추기는 강경 우파 포퓰리즘 정치를 끊임없이 추구한 결과, 당의 외연은 계속 축소됐고 8년 만에 민주당이 하원에서 40석을 더 차지하게 되면서 공화당의 지배가 끝났다.

실제로 트럼프가 2016년 대선에서 승리했으나 재임 중에 인기가 없었다는 걸 보면 공화당이 라디오 토크쇼와의 관계에서 얻는 이점보다는 라디오 토크쇼의 정당으로서 직면한 도전 과제가 더 많다는 점을 알 수 있다. 1968년부터 1988년까지 대통령 선거에서 우위를 점한 이후 공화당이 선거인단 수에서 세 번 승리했지만 그 기간 동안 전체 득표수에서 앞선 건 단 한 번뿐이었다는 사실은 놀라운 일이 아니다.○ 트럼프는 전체 득표수에서는 2004년 조지 W. 부시가 더 얻었던 만큼 뒤졌는데, 이는 보수 매체가 공화당에 가장 강력한 영향력을 행사했던 시기에 공화당에 대한 전체 유권자의 긍정적 평가는 늘어나지 않았다는 의미로 해석될 수 있다. 그리고 라디오 토크쇼의 지침에 대한 트럼프의 집착이 공화당 지지층 사이에서는 엄청나게 인기였다는 건 증명됐지만, 이 책을 쓰는 2019년 초 기준으로 그의 지지율은 45퍼센트 아래에 머물러 있다.[18] 리처드 닉슨과 로널드 레이건은 선거에서 압승한 후 유연한 보수 메시지를 내놓았지만, 협치를 위해 어느 정도 실용주의를 채택해 인기를 유지하던 시대는 오래전에 끝났다.[19] 라디오 토크쇼는 그런 변화의 한 부분이다.

○ 간접선거 방식의 미국 대통령 선거에서는 선거인단 득표수가 전체 득표수에 비례하지 않을 수 있다.

라디오 토크쇼가 귀에 거슬리기 때문에 혹은 원칙에 헌신하기 때문에, 미국 민주주의에 대한 규범적 차원의 기여도 이념 성향에 따라 달리 평가하고 싶어질 것이다. 보수는 절망적일 정도로 편향된 주류 언론 환경에서 균형을 잡고 자신들의 목소리를 대변해 준다는 점에서 라디오 토크쇼를 옹호한다. 진보는 라디오 토크쇼를 편견의 수호자일 뿐이라고 평가절하한다.

우리는 이념 성향에 따라 평가하고 싶은 유혹을 이겨내고 라디오 토크쇼가 미국의 민주화를 촉진하는 동시에 방해해 온 요인이라는 점을 인식해야 한다. 라디오 토크쇼는 소외된 보수 미국인들을 정치 과정으로 끌어들였다. 진행자들은 정치에 대한 관심과 참여를 북돋우고 행동주의에 힘을 실어주었다. 또한 인터넷 등장 이전에는 절대 빛을 볼 수 없었을 것 같은 이야기들을 밖으로 드러내 투명성을 높였다. 라디오 토크쇼는 보수에게 중요한 문제들, 주류 언론이 무시했던 이야기들을 더 많이 보도했다.

그건 그렇다 쳐도, 라디오 토크쇼는 정부와 민주주의의 기능을 손상시키기도 했다. 진행자들은 이념-정치적 스펙트럼의 오른쪽에 있는 사람들을 위해서는 정치 과정을 열어젖혔지만, 다른 조건하에서는 정치 과정을 차단하려고 노력해 왔다. 우익 인사들은 투표 사기가 만연하고 무자격 투표자들이 선거를 도둑질한다는, 사실에 반하는 주장들을 밀어붙였다. 이런 허위 주장들로 인해 선거에 대한 신뢰가 이유 없이 훼손당하고 투표자 확인법이 도입되거나 투표 과정이 엄격해져서 참여가 더 어려워지면 결국 민주주의에 나쁜 영향을 미치게 된다.[20]

라디오 토크쇼는 또한 저널리즘을 타락시켜 민주주의에 해악을 끼쳐왔다. 진행자들은 허위 과장 정보로 청취자들을 자극하기 위해 뉴스와 오락을 뒤섞고 사실관계의 정확성을 무시했다. 동시에 그들은 언론인들의 공신력을 파괴하기 위해 노력했다. 그 결과 현재 상당히 많은 사람이 연예인(즉 진행자)들을 통해 뉴스를 듣는다. 시간이 흐르면서 진행자들은 자신들에게 의존하는 청취자들과 시청자들에게 다른 곳에서는 찾아 볼 수 없는 독점적 특종을 약속한다고 공언했다. 그러나 많은 경우 그들은 정보를 제공하기보다는 청취자들을 오도했다.

라디오 토크쇼는 또한 반향실을 만들어 민주주의에 대한 저널리즘의 기여를 약화시켰다. 비슷한 생각을 가진 출처에서만 정보를 받아들이게 되면서 우리가 지금 워싱턴에서 목도하고 있는 교착상태와 양극화가 강화됐다. 반향실로 인해 미국인들은 유익하고 진지한 정책 토론을 위해 필수적인 기초 사실들을 얻을 수 없게 된다. 반향실은 또한 '상대방'을 단지 의견이 다른 게 아니라 국가의 근본 가치를 파괴하려고 안달하는 '적'으로 인식하게 해 민주 사회에 필요한 시민적 예의를 훼손한다. 진행자들이 청취자의 기존 관점을 반영한다는 건 사실이지만, 정치에서 전쟁 심리를 조장했다는 책임을 면할 수는 없다.

이념의 관점에서 볼 때 근본 가치에 대한 트럼프의 입장이 불명확하기는 했지만 이 모든 일들의 귀결은 그의 당선이었다. 그는 우리 정부 시스템의 창시자들이 가장 걱정했던 바로 그런 유형의 선동가다. 그는 개인숭배를 만드는 데 능숙하지만 정부와 민주주의의 기능과 공공정책의 본질에 대해서는 무지해 보인다. 많은 라디오 토크쇼 진행자들처럼 그는 독극물이 섞인 허위 정보와 변화와 다양성에 대한 두려움을 증폭시키는 인포테인먼트를 제공한다.

그래서 라디오 토크쇼가 민주주의에 미친 영향은 무엇인가에 대한 답은 엇갈린다. 라디오 토크쇼는 민주적 참여를 촉진했다. 하지만 동시에 라디오 토크쇼 때문에 점점 더 소수의 유권자들이 미국 정치를 지배하게 됐다. 라디오 토크쇼는 결국 공화당을 장악하고 비타협적 보수를 당으로 끌어들였지만,

이제는 다른 많은 목소리들이 소외되거나 대변될 수 없게 되었다.

후자와 관련해, 진행자들은 흡족해할 수도 있다. 그들은 자신들이 증오하던 RINO를 처단하고 자신들의 아바타를 백악관에 앉혔다. 하지만 민주주의에 미친 복합적인 영향은 어떻게 할 것인가? 진행자들은 그냥 그렇게 방치할 수밖에 없을 것이다. 그들에게는 단순하고 명확한 메시지밖에 없다. 하지만 그들의 메시지가 미국의 민주주의에 미치는 영향은 회색이다. 회색은 결코 좋은 라디오 토크쇼를 만드는 데 적합하지 않다.

미주
Endnote

서론
Introduction

1 1988년 림보의 평균 청취자 수는 29만 9,000명이었다. 얼마나 많은 방송국이 림보의 프로그램을 편성했는지는 알기 어려운데, 신디케이트는 그 수를 부풀리는 경우가 있기 때문이다. 인터뷰에 응한 관계자들마다 달랐다. 노스다코타의 라디오 진행자 겸 제작자인 스콧 헨넨은 자신의 방송국이 1988년 림보 프로그램을 방송한 47개 방송국 중 하나라고 기억하고 있었다. 반면 1989년 시카고의 WLS 방송국에 림보 프로그램을 편성한 톰 트래덥은 방송국 수가 38~399개 정도라고 말했다. Paul Colford, *The Rush Limbaugh Story: Talent on Loan from God an Unauthorized Biography* (New York: St Martin's Press, 1994), 94, 138; Rush Limbaugh, "Ed McLaughlin, Founder of EIB", *The Rush Limbaugh Show*, August 1, 2008, http://www.rushlimbaugh.com/daily/2008/08/01/ed mclaughlinfounderof_eib;Tom Tradup, 저자와의 인터뷰, November 13, 2012; Scott Hennen, 저자와의 인터뷰, December 18, 2012.

2 Frank Ahrens, "Chat to the Future; Can Talk Radio Change with the Times?" *Washington Post*, February 2, 1999; Louis Bolce, Gerald De Maio, and Douglas Muzzio, "Dial in Democracy: Talk Radio and the 1994 Election", *Political Science Quarterly* 111, no. 3 (1996): 459. 1980년대 중반 이전에 존재했던 라디오 토크쇼 방송국의 수에 대해서는 자료에 따라 수치가 다르다. 1995년 〈네이션〉 기사는 1985년에 300개의 라디오 토크쇼 방송국이 있었다고 주장했지만 같은 해 〈타임〉 기사에서는 200개였다. 수전 더글러스는 자신의 2004년 저서 〈Listening In〉에 1987년 라디오 토크쇼 방송국의 수가 238개라고 적었다. 이런 수치들은 그 당시에 라디오 토크쇼 방송국의 수가 생각보다 급속하게 증가하고 있었음을 의미한다. 한편 추정치가 다른 건 라디오 토크쇼 방송국에 대한 정의가 다르기 때문일 수도 있다. 1980년대에 토크 프로그램이 성장한 것은 맞지만 1985년과 1987년에 그 정도까지 충분히 빨리 커지지는 않았을 것이다. 라디오 토크쇼의 발전사를 볼 때 제시된 것 중 최소치가 정확할 가능성이 가장 크다. Sheryl James, "AM Turning to Talk Radio", *St. Petersburg Times*, November 24, 1987; Peter Viles, "Talk Radio Riding High", *Broadcasting and Cable*, June 15, 1992, 24; Jim Cooper, "Talkers Brace for 'Fairness' Assault", *Broadcasting and Cable*, September 6, 1993, 44; Richard Corliss and John F. Dickerson, "Look

Who Is Talking", *Time*, January 23, 1995, 22–25; Micah L. Sifry and Marc Cooper, "Americans Talk Back to Power", The Nation, April 10, 1995, 482; Susan Douglas, *Listening In: Radio and the American Imagination* (Minneapolis: University of Minnesota Press, 2004), 300.

3 사례를 보려면 다음을 참고하라. Bill Press, *Toxic Talk: How the Radical Right Has Poisoned America's Airwaves* (New York: Thomas Dunne Books, 2010), 245–249; Eric Klineberg, *Fighting for Air: The Battle to Control America's Media* (New York: Metropolitan Books, 2007), 76–79.

4 이 책에서 논의하지는 않지만, 진보 라디오의 상업적 고충을 보여주는 세 번째 줄기의 이야기도 있다. Brian Rosenwald, "Mount Rushmore: The Rise of Talk Radio and Its Impact on Politics and Public Policy" (Ph.D. diss., University of Virginia, 2015).

5 다음을 참고하라. Kathleen Hall Jamieson and Joseph Cappella, *Echo Chamber: Rush Limbaugh and the Conservative Media Establishment* (New York: Oxford University Press, 2008). 많은 미국인들이 이념적으로 유사한 언론의 뉴스를 소비한다는 근거 자료는 넘친다. 사례를 보려면 Natalie Jomini Stroud, *Niche News: The Politics of News Choice* (New York: Oxford University Press, 2012)를 참고하라. 초기 연구들은 반향실의 사례가 과장됐고 대부분의 미국인들은 이념적으로 유사한 언론의 뉴스 소비는 자제하고 균형 잡힌 뉴스를 소비한다고 주장한다. 사례로는 Kevin Arceneaux and Martin Johnson, *Changing Minds or Changing Channels? Partisan News in an Age of Choice* (Chicago: University of Chicago Press, 2013)를 보라. 다음도 참고하라. Matthew Gentzkow and Jesse M. Shapiro, "Ideological Segregation Online and Offline", *Quarterly Journal of Economics* 126 (2011): 1799–1839.

6 다음을 참고하라. Matthew Levendusky, *How Partisan Media Polarize America* (Chicago: University of Chicago Press, 2013).

7 무엇보다 다음을 참고하라. David C. Barker, *Rushed to Judgment: Talk Radio, Persuasion, and American Political Behavior* (New York: Columbia University Press, 2002); Barker, "Rushed Decisions, Political Talk Radio and Voter Choice, 1994–1996", *Journal of Politics* 61, no. 2 (1999): 532–535; Barker and Kathleen Knight, "Political Talk Radio and Public Opinion", Public Opinion Quarterly 64, no. 2 (2000): 149–170; Bolce, De Maio, and Muzzio, "Dial in Democracy", 461–464, 466, 469; David A. Jones, "Political Talk Radio: The Limbaugh Effect on Primary Voters", *Political Communication* 15, no. 3 (1998): 367–381; R. Lance Holbert, "Political Talk Radio, Perceived Fairness, and the Establishment of President George W. Bush's Political Legitimacy", *Harvard International Journal of Press/Politics* 9, no. 3 (2004): 12–27; Diana Owen, "Talk Radio and Evaluations of President Clinton", Political Communication 14, no. 3 (1997): 333–353; Barry A. Hollander, "Political Talk Radio in the '90s: A Panel Study", *Journal of Radio Studies* 6, no. 2 (1999): 236–245; Hollander, "Talk Radio: Predictors of Use and Effects on Attitudes about Government", *Journalism and Mass Communication Quarterly* 73, no. 1 (1997): 102–113.

8 특히 다음을 보라. Jeffrey M. Berry and Sarah Sobieraj, *The Outrage Industry: Political Opinion Media and the New Incivility* (New York: Oxford University Press, 2014), 128, 142.

9 수전 더글러스의 저서 〈Listening In〉의 한 챕터는 림보, 돈 아이머스, 그리고 다른 진행자들의 성장을 다루고 있다. 하지만 더글라스는 림보로 대표되는 라디오 토크쇼 전통 내의 단절을 잘못 해석해서 림보의 혁명적인 프로그램과 1988년 이전까지 지배적이었던 토크 프로그램과의 차이점을 설명하지 못한다. 니콜 헤머와 헤더 헨더숏은 정치 철학을 빼고는 오늘날 보수 예능인들과 공유점이 거의 없었던 이전 세대 보수 방송인 및 미디어 제작자의 흥망성쇠를 탐구했다. 제프리 베리, 세라 소비에라이, 윌리엄 메이어를 포함한 여러

학자들은 라디오 토크쇼에서의 보수와 진보의 불균형을 정치적 편향으로 설명할 수 있다는 주장을 반박했다. 베리와 소비에라이는 성장 후반부에 접어든 2000년대 라디오 토크쇼를 보여줄 수 있지만, 그들의 서술은 대부분 변화가 일어났던 전반부에 대해서는 별다른 설명을 제시하지 못한다. 다음을 참고하라. Mayer, "Why Talk Radio Is Conservative", *Public Interest* 156: 86–103; Berry and Sobieraj, "Understanding the Rise of Talk Radio", *PS: Political Science and Politics* 44, no. 4 (2011): 762–767; Douglas, *Listening In*, 283–318; Berry and Sobieraj, *Outrage Industry*; Nicole Hemmer, *Messengers of the Right: Conservative Media and the Transformation of American Politics* (Philadelphia: University of Pennsylvania Press, 2016); Heather Hendershot, *What's Fair on the Air? Cold War Right-Wing Broadcasting and the Public Interest* (Chicago: University of Chicago Press, 2011).

10 림보의 청취자 수는 부침이 있었으나 30년 동안 라디오 토크쇼에서 가장 많은 청취자를 보유하고 있었다. 림보는 자신의 청취자 수에 대해서는 거의 말하지 않았지만 2018년 누적 청취자 추정치인 1,375만의 두 배라고 단언했다. Rush Limbaugh, "Kimmel's Ignorance and Our Audience Size", *The Rush Limbaugh Show*, February 5, 2018, https://www.rushlimbaugh.com/daily/2018/02/05/kimmels-ignorance-and-the-eib-audience.

11 Ron Bonjean, 2013년 1월 11일 저자와의 인터뷰.

12 후보 선출 과정에서 활동가들이 어떤 역할을 하는가에 대한 존 올드리치의 설명을 언급하면서 마티 코헨과 동료들은 "활동가들은 선거에 도움을 주지만 그 지원으로 인해 유권자를 만족시켜야 하는 후보들은 정책적 유연성에서 제약을 받는 대가를 치르게 된다"고 썼다. 이 논의는 선거에 한정된 것이지만 라디오 토크쇼 진행자들이 공화당에게 미치는 영향에 대한 정확한 서술이기도 하다. Marty Cohen, David Karol, Hans Noel, and John Zaller, *The Party Decides: Presidential Nominations Before and After Reform* (Chicago: University of Chicago Press, 2008), 28.

1 거인의 등장 The Colossus Rises

1 수전 더글러스는 라디오 토크쇼의 성공 요인을 AM 라디오가 직면했던 문제, 신기술의 영향, 문화적 소외 및 규제 완화라고 주장한다. 그러나 그는 러시 림보가 라디오 토크쇼의 스타일에 미친 영향은 알아차리지 못하고 림보를 이전 라디오 토크쇼의 전통에 포함시킨다. 이런 주장은 이전 상황에 대해 오해하고 있기 때문이다. 당시 림보나 스턴과 비슷했던 진행자들은 예외였으며 일부 지역에 한정돼 있었다. 또한 이 책처럼 AM 라디오 토크쇼가 거의 보수 일색이 되는 과정을 다루지는 않는다. 다음을 참고하라. Susan Douglas, *Listening In: Radio and the American Imagination* (Minneapolis: University of Minnesota Press, 2004), 283–318.

2 케이블 뉴스, 라디오 토크쇼 및 블로그 등 '격분 미디어'의 부상에 대해 논의하면서, 제프리 베리와 세라 소비에라이는 기술 변화와 그에 따른 정치의 변화의 영향을 강조한다. 그러나 음성 추적 기술이나 음악 스트리밍 등 그들이 지목한 기술은 라디오 토크쇼가 부상한 후 한참 뒤에 도입됐다. 그들은 2000년대 이후의 성장에 초점을 맞추고 있지만, 그때는 라디오 토크쇼의 두 번째 확장기였다. Jeffrey M. Berry and Sarah Sobieraj, *The Outrage Industry: Political Opinion Media and the New Incivility* (New York: Oxford University Press, 2014), 66–94.

3 문화전쟁에 관해서는 다음을 참고하라. Andrew Hartman, *A War for the Soul of America: A History of the Culture Wars* (Chicago: University of Chicago Press, 2015).

4 전통적인 핵가족을 옹호하는 반페미니스트 움직임의 등장에 대해서는 다음을 참고하라.

Robert Self, *All in the Family: The Realignment of American Democracy since the 1960s* (New York: Hill and Wang, 2012); and Stacie Taranto, *Kitchen Table Politics: Conservative Women and Family Values in New York* (Philadelphia: University of Pennsylvania Press, 2017).

5 Richard Harrington, *Washington Post*, September 20, 1985; "The Capitol Hill Rock War"; Anita Manning, "Teens and Sex in the Age of AIDS", USA Today, October 2, 1988; Curt Suplee, "Sex in the 90s", *Washington Post*, January, 9, 1989; Irene Sege, "Teen-Age Pregnancy: An American Problem", *Dallas Morning News*, December 5, 1986; Stuart Elliot, "Advertisers in the Line of Fire: 'New Puritans' Launch Attack on 'Trash' TV", *USA Today*, March 25, 1989, "Do We Value Our Children Growing Up in a Changing World?", *Record*, March 29, 1989.

6 다음을 참고하라. Natalia Mehlman Petrzela, *Classroom Wars: Language, Sex, and the Making of Modern Political Culture* (New York: Oxford University Press, 2015); Trey Kay, Deborah George, and Stan Bumgardner, "The Great Textbook Wars", American Radioworks, http://americanradioworks.publicradio.org/features/textbooks; Adam Laats, *The Other School Reformers: Conservative Activism in American Education* (Cambridge, MA: Harvard University Press, 2015), 186–237; and Gary Nash, Charlotte Crabtree, and Ross Dunn, *History on Trial: Culture Wars and the Teaching of the Past* (New York: Vintage Books, 2000).

7 Jonathan Kaufman, "The Color Line a Generation after the Civil Rights Movement", Boston Globe, June 18, 1989. 다음도 참고하라. Murray B. Levin, *Talk Radio and the American Dream* (Lexington, MA: Lexington Books, 1987), xiv.

8 James Davison Hunter, *Culture Wars: The Struggle to Define America* (New York: Basic Books, 1991); James Davison Hunter and Alan Wolfe, *Is There a Culture War: A Dialogue on Values and American Public Life* (Washington, DC: Pew Forum / Brookings Institution Press, 2006), 2, 14. See also Jonathan Haidt, *The Righteous Mind: Why Good People Are Divided by Politics and Religion* (New York: Vintage Books, 2012), 150–216.

9 T. R. Reid, "Robertson Faded, but Born-Again Christians Remain Potent Force", *Washington Post*, August 16, 1988.

10 Jan Norman, "Too Hot to Handle? Outraged Viewers Carry Protests to TV Program Advertisers", *Orange County Register*, April 23, 1989.

11 Douglas, *Listening In*, 291–293; Berry and Sobieraj, Outrage Industry, 146–148.

12 Berry and Sobieraj, *Outrage Industry*, 147. 그들은 또한 독설이나 상대의 악마화, 과장된 재해석 등 말하는 방식으로도 격분 미디어를 구분할 수 있다고 썼다.

13 Jason Zengerle, "Talking Back", *New Republic*, February 16, 2004.

14 Dave Elswick, 저자와의 인터뷰, November 27, 2012.

15 Roger Hedgecock, 저자와의 인터뷰, January 9, 2013.

16 Howard Kurtz, "Party Poopers: Conservative Pundits Who Break Ranks Find Themselves on the Wrong Side of the Right", *Washington Post*, July 22, 1997.

17 Hugh Hewitt, 저자와의 인터뷰, November 5, 2012; Lars Larson, 저자와의 인터뷰, November 16, 2012. .

18 Hewitt, 인터뷰; Larson, 인터뷰.

19 Elswick, 인터뷰.

20 J. D. Hayworth, 저자와의 인터뷰, September 26, 2012; Dan Balz, "Carter-Baker Panel to Call for Voting Fixes", *Washington Post*, September 19, 2005.

21 Hayworth, 인터뷰.

22 Rush Limbaugh, "Discussion on Budget Cuts at the City University of New York, Animal Rights Protesters or PETA, the Republican Contract with America, Democratic Views on Social Issues and the Republican Tax Cut", Rush Limbaugh, produced by Roger Ailes, *Multimedia Entertainment*, April 5, 1995.

23 Rush Limbaugh, "Discussion of Homosexuals and Gays Visiting the White House; Michael Jackson and Lisa Marie Presley's Interview; and President Clinton's Announcement on How He Plans to Balance the Budget", *Rush Limbaugh*, produced by Roger Ailes, *Multimedia Entertainment*, June 15, 1995; Jill Zuckman and John Aloysius Farrell, "Democrats in Uproar at Budget Plan", *Boston Globe*, June 15, 1995.

24 Patrick Joseph Buchanan, "Culture Wars Speech: Address to the Republican National Convention", August 17, 1992, available at Voices of Democracy: The U.S. Oratory Project, http://voicesofdemocracy.umd.edu/buchanan-culture-war-speech-speech-text.

25 Greg Stevens, "Cybercampaigning: Why It Promises More than Just Geek Votes", *Roll Call*, August 3, 1995.

26 다음을 참고하라. Douglas, *Listening In*, 255–282, for a complete description of the rise of FM radio.

27 "The Trend Continues", *Broadcasting*, July 4, 1988; "Can AM Radio Be Saved?", *Broadcasting and Cable*, July 3, 1988; Robert Unmacht, 2013년 1월 25일 저자와의 인터뷰.

28 "AM Radio: Survival of the Fittest—AM Fights Back", *Broadcasting and Cable*, July 1, 1989; David Kinney, "Will AM Radio Fade Out as Force in Broadcasting?", *Business North Carolina*, July 1, 1986.

29 Deborah Mesce, "Troubled Times for AM Radio", *Associated Press*, April 10, 1988; Paul Fiddick, 저자와의 인터뷰, December 21, 2012.

30 Barry Farber, 저자와의 인터뷰, November 29, 2012; Tom Leykis, 저자와의 인터뷰, August 19, 2014; Maurice Tunick, 저자와의 인터뷰, November 17, 2014.

31 John Burgess, "AM Radio Fights against Decline", *Houston Chronicle*, April 3, 1988; Janet DeStefano, "Yakity-Yak: AM Radio Talks Back to Compete", *Record* (Bergen County, NJ), May 24, 1987.

32 Kinney, "Will AM Radio Fade Out?"

33 Douglas, *Listening In*, 288.

34 1981년부터 1987년까지 공정성원칙을 폐지하기 위한 연방통신위원회의 노력을 보려면 다음을 참고하라. Donald Jung, *The Federal Communications Commission, the Broadcast Industry, and the Fairness Doctrine 1981–1987* (Lanham, MD: University Press of America, 1996). 1981년 이전까지의 공정성 원칙의 역사에 대해 알고 싶다면 다음을 보라. Steven J. Simmons, *The Fairness Doctrine and the Media* (Berkeley: University of California Press, 1978), especially 16–71.; Peter Boyer, "FCC Struggled with Itself Six Years before Reversing a Policy It Opposed", *New York Times*, August 6, 1987; Martin Tolchin, "How Fair Is the Fairness Doctrine?", *New York Times*, April 5, 1987; Ernest Holsendoph, "FCC Asks End of Fairness Doctrine", *New York Times*, Septmber 18, 1981;

Tom Shales, "Danger Signs: The FCC Homes In on the Fairness Doctrine", *Washington Post*, October 8, 1981; Ernest Holsendoph, "FCC Chief Assails 'Fairness' Policy", *New York Times*, April 8, 1982; Mark S. Fowler, An F.C.C. for the Common Man", *New York Times*, May 25, 1985; Reginald Stuart, "The Fowler Years", *Broadcasting*, March 2, 1987, 51–54; Reginald Stuart, "Fairness Doctrine Assailed by FCC", *New York Times*, August 8, 1985.

35 Ronald Reagan, Message to the Senate Returning S. 742 Without Approval, 23 Weekly Comp. Pres. Doc. 715 (June 19, 1987).

36 타일러 콕스에 따르면 그 시기 KFBK 방송국에는 공정성 원칙을 충족시키기 위해 대립되는 의견을 살펴보는 또 다른 진행자가 있었다. Tyler Cox, 저자와의 이메일, March 5, 2015.

37 Neal Boortz, "Boortz Bio: Neal Boortz, aka: The Talkmaster, Mighty Whitey and the High Priest of the Church of the Painful Truth", February 28, 2001, accessible via the Wayback Machine at https://web.archive.org/web/20130402024342/ http://www.boortz.com/news/entertainment/personalities/boortz-bio/n8Lt.

38 Gary Burns, 저자와의 인터뷰, September 13, 2012; Unmacht, 인터뷰; Randall Bloomquist, 저자와의 인터뷰, August 27, 2012; Gabe Hobbs 저자와의 이메일, February 25, 2019. 라디오 토크쇼를 발전시킨 기술 변화에 대한 더 자세한 사항은 다음을 참고하라. Douglas, *Listening In*, 287–288 and 293–295.

39 Gil Troy, *Morning in America: How Ronald Reagan Invented the 1980s* (Princeton: Princeton University Press, 2005), 115–146, 276–280.

40 Arlene Rodda, "Talk Radio: The Phenomenon and Some of Its Personalities", *Alert Collector* 35, no1, 19; Cindy Richards, "Taking Back Talk Radio", *Chicago Sun-Times*, November 20, 1994; Arlene Levinson, "America's Yakking It Up", *Pittsburgh Post-Gazette*, September 4, 1994; "Talk Radio Is a Favorite Forum for GOP Presidential Hopefuls", *Associated Press*, November 26, 1995; Michael Harrison, 저자와의 인터뷰, November 9, 2010; Martin Walker, "Patriotism in the Roar of Talk Radio", The Guardian, March 23, 1991; Alan W. Bock, "Yakety, Yak! And You Can Talk Back!", *Orange County Register*, March 12, 1989; Fraser Smith, "Big Talk: Radio Host Alan Christian Was on a Crusade to Save America", *Regardie's The Business of Washington*, October 1, 1990; Scott Hennen, 저자와의 인터뷰, December 18, 2012.

41 Bruce Webber, "A Loud Angry World on the Dial", New York Times, June 7, 1992.

42 라디오의 친밀함에 대해 더 알아보려면 다음을 참고하라. Roland Marchand, *Advertising the American Dream: Making Way for Modernity*, 1920–1940 (Berkeley: University of California Press, 1985), 88: "라디오는 다른 어떤 미디어보다 매스 미디어 같지 않다. … 청취자들은 마치 사적으로 이야기를 듣는다고 상상할 수 있다".

43 Thom Hartmann, 저자와의 인터뷰, November 2, 2012.

44 Vincent Coppola, "Neal Boortz: Have Mouth, Will Talk", *Atlanta Magazine*, July 1, 1998, http://www.atlantamagazine.com/features/1998/07/01/neal-boortz-have-mouth-will-talk.

45 Hayworth, 인터뷰.

46 Berry and Sobieraj, *Outrage Industry*, 132–135; Ron Hartenbaum, 저자와의 인터뷰, December 11, 2012.

47 Tom Becka, 2012년 12월 19일 저자와의 인터뷰; Tom Taylor, 저자와의 인터뷰, January 11, 2013.

48 Doug McIntyre, 저자와의 인터뷰, November 1, 2012.

49 Dave Elswick, 저자와의 인터뷰, November 27, 2012.

50 Lisa Liddane, "Hundreds Join KFI Cash Mob to Keep Toy Shop Afloat", *Orange County Register*, August 1, 2012; Amy Senk, "Cash Mob Infusion Keeps O.C. Toy Store Open for Now", *Orange County Register*, August 5, 2012.

2 신이 내려준 재능 With Talent on Loan from God

1 Greg Hamilton, "Minister Longs to Wrestle for Rush", *St. Petersburg Times*, March 21, 1994; Scott Hennen, 저자와의 인터뷰, December 18, 2012; Steve Goldstein, 저자와의 인터뷰, November 6, 2012; Jon Sinton 저자와의 이메일, April 25 2012.

2 Heather Hendershot, "Introduction", Cinema Journal 51, no. 4 (2012): 160–165; Jeffrey M. Berry and Sarah Sobieraj, "Understanding the Rise of Talk Radio", PS: Political Science and Politics 44, no. 4 (2011): 762–767; Frank Ahrens, "Chat to the Future: Can Talk Radio Change with the Times?", *Washington Post*, February 2, 1999; Louis Bolce, Gerald De Maio, and Douglas Muzzio, "Dial-In Democracy: Talk Radio and the 1994 Election", Political Science Quarterly 111, no. 3 (1996): 457–481; Sheryl James, "AM Turning to Talk Radio", St. Petersburg Times, November 24, 1987; Peter Viles, "Talk Radio Riding High: Both Ratings and Influence Are on the Rise; Can Respect Be Far Behind?" Broadcasting and Cable, June 15, 1992, 24; Jim Cooper, "Talkers Brace for 'Fairvness' Assault", Broadcasting and Cable, September 6, 1993, 44.

3 Paul D. Colford, *The Rush Limbaugh Story: Talent on Loan from God, an Unauthorized Biography* (New York: St. Martin's Press, 1994), 28.

4 Rush Limbaugh, "Ed McLaughlin, Founder of EIB", *The Rush Limbaugh Show*, August 1, 2008, http://www.rushlimbaugh.com/daily/2008/08/01/ed_mclaughlinfounderofeib; Bill McMahon, 저자와의 인터뷰, January 23, 2013; Colford, *The Rush Limbaugh Story*, 50–84; Museum of Television and Radio Seminar Series, "The First Annual Radio Festival: Rush Limbaugh and the Talk Radio Revolution", October 24, 1995, catalog number T:40932, Paley Center's New York branch; Bruce Marr, 저자와의 인터뷰, October 11, 2014; Tyler Cox, 저자와의 인터뷰, October 24, 2014; Kathryn Cramer Brownell, *Showbiz Politics: Hollywood in American Political Life* (Chapel Hill: University of North Carolina Press, 2014).

5 Colford, *Rush Limbaugh Story*, 72–88.

6 Tim Grieve, "On the Road with America's Most-Listened-To Talk-Show Host", *Sacramento Bee*, December 17, 1989.

7 Limbaugh, "Ed McLaughlin, Founder of EIB."

8 Hennen, 저자와의 인터뷰 및 이메일, February 1, 2013.

9 초기 보수 라디오의 역사를 보려면 다음을 참고하라. Alan Brinkley, *Voices of Protest: Huey Long, Father Coughlin and the Great Depression* (New York: Vintage Books, 1982); Heather Hendershot, *What's Fair on the Air: Cold War Right-Wing Broadcasting and the Public Interest* (Chicago: University of Chicago Press, 2011); Nicole Hemmer, "Messengers of the Right" (Ph.D. diss., Columbia University, 2010); Nicole Hemmer, *Messengers of the Right: Conservative Media and the Transformation of American Politics* (Philadelphia: University of Pennsylvania Press, 2016).

10 Robert P. Laurence, "Still Awake after 'Late Night'? Now There's 'Later'", *San Diego Union*, August 22, 1988.

11 Barry Farber, 저자와의 인터뷰, November 29, 2012.

12 Richard Lacayo, Elaine Dutka, and Marilyn Alva, "Audiences Love to Hate Them", *Time*, July 9, 1984, 86; Mickey Luckoff, 저자와의 인터뷰, August 27, 2014; Tom Leykis, 저자와의 인터뷰, August 29, 2014; John Mainelli 저자와의 이메일, October 20, November 21, 2013.

13 가장 잘나갈 때 코플린의 "Golden Hour of the Little Flower"는 한 주에 최소 1,000만 명의 청취자를 가지고 있었다. Brinkley, *Voices of Protest*, 119–120.

14 Hendershot, *What's Fair on the Air?* 26–102.

15 Hendershot, *What's Fair on the Air?* Kindle Edition, 99–100; Hemmer, Messengers of the Right, 68. 16. Rush Limbaugh, "The Original Gorbasm", *The Rush Limbaugh Show*, February 2, 2005, http://www.rushlimbaugh.com/daily/2005/02/02/theoriginal_gorbasm2.17. Colford, *Rush Limbaugh Story*, 141.

18 Maurice Tunick, 저자와의 인터뷰, November 17, 19, 2014.

19 Bob Rose, "Kook-Baiting Pyne Likes Controversy", *Washington Post*, July 29, 1967.

20 Don Page, "Pyne Newest Figure to Stir the Natives", *Los Angeles Times*, April 22, 1962.

21 Doug McIntyre, 저자와의 인터뷰, November 1, 2012.

22 이 방송은 1990년 2월 23일 미시건 사우스필드의 엠버시 스위트 호텔의 자크 데머스 바에서 진행됐다.

23 John Mainelli, 저자와의 이메일, October 20, 2010.

24 Eric Morgenthaler, "A Common Touch: 'Dittoheads' All Over Make Rush Limbaugh Superstar of the Right", *Wall Street Journal*, June 28, 1993.

25 Rush Limbaugh, "The Animal Rights Update Theme in Honor of the Late, Great Andy Williams", *The Rush Limbaugh Show*, September 26, 2012, https://www.rushlimbaugh.com/daily/2012/09/26/theanimalrightsupdate_themeinhonorofthelategreatandywilliams.

26 Peter Boyer, "Bull Rush", *Vanity Fair*, May 1992, 158; Rush Limbaugh, "We're Not Your Problem, Barney", *The Rush Limbaugh Show*, September 30, 2010, https://www.rushlimbaugh.com/daily/2010/09/30/werenotyourproblem_barney; "The Philanderer: Teddy the Swimmer", http://www.youtube.com/watch?v=f4huqCCBcSI; "Barney Frank, Banking Queen", https://www.youtube.com/watch?v=a5NrqqK60OI.27. "Rush Limbaugh's America", *Frontline*, season 13, episode 11, directed by Marian Marzynski, produced by Steve Talbot, aired February 28, 1995, https://www.youtube.com/watch?v=tWDF6sZ5dE.

28 George Oliva, 저자와의 인터뷰, November 16, 2012; Valerie Geller, 저자와의 인터뷰, January 4, 2013.

29 Tom Tradup, 저자와의 인터뷰, November 3, 2012; Oliva, 인터뷰.

30 Peter Viles, "AM Radio's One Man Comeback (Talk Show Host Rush Limbaugh)", *Broadcasting and Cable*, May 4, 1992, 55; Peter Viles, "Talk Explodes in National Syndication", *Broadcasting and Cable*, May 17, 1993, 34; Henry Allen, "Media to the Left! Media to the Right!" *Washington Post*, August 20, 1992; Morgen

thaler, "A Common Touch"; Lewis Grossberger, "The Rush Hours", *New York Times*, December 16, 1990.

31 Carrie Borzillo, "Fans Rush for Lunch Listening; NPR, Denon Team for Promo", *Billboard*, July 31, 1993, 68; Steven V. Roberts, "What a Rush", *U.S. News & World Report*, August 16, 1993, 26.

32 Geller, 인터뷰; David Rimmer, 저자와의 인터뷰, Septembr 6, 2012; Gary Burns, 저자와의 인터뷰, September 3, 2012; John McConnell, 저자와의 인터뷰, December 2, 2012; Robin Bertolucci, 저자와의 인터뷰, October 17, 2012; Dave Elswick, 저자와의 인터뷰, November 27, 2012; Tom Becka, 저자와의 인터뷰, December 17, 2012; Jeffrey M. Berry and Sarah Sobieraj, *The Outrage Industry: Political Opinion Media and the New Incivility* (New York: Oxford University Press, 2014), 114–116.

33 Sam Howe Verhovek, "Out of Politics, but Still Talking, Radio Style", *New York Times*, March 13, 1995.

34 Grossberger, "The Rush Hours"; Sam Howe Verhovek, "The Media Business: Talk Radio Gets a Spirited New Voice from the Left", *New York Times*, May 9, 1994.

35 Howe Verhovek, "Out of Politics."

36 Michael Harrison, "The Importance of Air America", *Talkers Magazine*, April 2004, 43, 46.

37 Some sources, including Limbaugh at times, style the title "Gulf War I."

38 여러 면에서 림보는 예능 정치의 등장을 규정했다. 이에 대해서는 다음을 참고하라. Brownell, *Showbiz Politics*.

39 Rush Limbaugh, "The Gulf War Retrospective", January 16, 1992, Paley Center catalog number R:8373, Paley Center's New York branch.

40 Laura Ingraham, *The Laura Ingraham Show*, February 11, 2005, Library of Congress's Web Radio Recording Project.

41 Michael Medved, *The Michael Medved Show*, September 22, 2006, Library of Congress's Web Radio Recording Project.

3 우리와 비슷한 언론 Media That Sounds Like Us

1 Steven V. Roberts, "What a Rush", *U.S. News and World Report*, August 16, 1993, 26.

2 Museum of Television and Radio Seminar Series, "The First Annual Radio Festival: Rush Limbaugh and the Talk Radio Revolution", October 24, 1995, catalog number T:40932, the Paley Center's New York branch.

3 For example, Gary Burns, 저자와의 인터뷰, September 13, 2012; Doug McIntyre, 저자와의 인터뷰, November 1, 2012; David Hall, 저자와의 인터뷰, September 25, 2012; Gabe Hobbs, 저자와의 인터뷰, August 29, 2012; Doug Stephan, 저자와의 인터뷰, December 10, 2012.

4 Henry Allen, "Media to the Left! Media to the Right!" *Washington Post*, August 20, 1992.

5 베리와 소비에라이는 진행자들을 "팬들의 가치를 옹호하거나 방어하는 응원단"이라고 규정했다. Jeffrey M. Berry and Sarah Sobieraj, *The Outrage Industry: Political Opinion Media and the New Incivility* (New York: Oxford University Press, 2014), 141; Amy Bernstein, "Show Time in the Rush Room", *U.S. News and World Report*, August 16, 1993, 36.

6 *The Rush Limbaugh Show*, "The Segment", Paley Center for the Media, catalog number 12583R.

7 Eric Morgenthaler, "A Common Touch", *Wall Street Journal*, June 28, 1993.

8 Roberts, "What a Rush."

9 Vincent Coppola, "Neal Boortz: Have Mouth, Will Talk", *Atlanta Magazine*, July 1, 1998, https://www.atlantamagazine.com/great-reads/neal-boortz-have-mouth-will-talk.

10 Neal Boortz, *Maybe I Should Just Shut Up and Go Away* (Franklin, TN: Carpenter's Son Publishing, 2012), Kindle location 2401.

11 Howard Kurtz, "Talk Radio Hosts Waking Up on the Right Side of the Bed", *Washington Post*, November 10, 1994.

12 Tom Becka, 저자와의 인터뷰, December 19, 2012; Susan Douglas, *Listening In: Radio and the American Imagination* (Minneapolis: University of Minnesota Press, 2004), 292, 310–312.

13 Berry and Sobieraj, *Outrage Industry*, 127; Howard Kurtz, "Radio Daze: A Day with the Country's Masters of Gab", *Washington Post*, October 24, 1994, B01; Arlene Levinson, "America's Yakking It Up", *Pittsburgh Post-Gazette*, September 4, 1994.

14 John McGuire, "The Loudest Limb on the Family Tree", *St. Louis Post-Dispatch*, September 27, 1992.

15 Anonymous radio producer 1, 저자와의 인터뷰, August 12, 2016; anonymous radio producer 2, 저자와의 인터뷰, December 20, 2016.

16 Joe Getty, 저자와의 인터뷰, February 13, 2013; Jack Armstrong, 저자와의 인터뷰, February 25, 2013.

17 David G. Hall, 저자와의 인터뷰, September 25, 2012; Morgenthaler, "A Common Touch."

18 1988년 림보의 프로그램이 전국적으로 방송되기 전에도 머레이 레빈은 이미 라디오 토크쇼가 노동자 계급의 불만을 대변하는 유일한 하층 계급의 매체라고 말했다. Murray B. Levin, *Talk Radio and the American Dream* (Lexington, MA: Lexington Books, 1987), xiii.

19 앨리슨 펄먼은 림보가 인종차별주의를 통해 인종 의식을 자극해 보수를 위한 민권운동이라는 외피를 뒤집어썼는지 보여준다. 다음을 참고하라. Allison Perlman, "Rush Limbaugh and the Problem of the Color Line", *Cinema Journal* 51, no. 4 (2012): 198–204; Larry Letich, "Why White Men Jump", *Washington Post*, October 30, 1994.

이런 생각의 뿌리에 대한 설명을 보려면 다음을 참고하라. Thomas Byrne Edsall and Mary D. Edsall, *Chain Reaction: The Impact of Race, Rights, and Taxes on American Politics* (New York: W. W. Norton, 1992); and Rick Perlstein, *Nixonland: The Rise of a President and the Fracturing of America* (New York: Scribner, 2008).

20 Jack Armstrong, 저자와의 인터뷰; Douglas, *Listening In*, 288–292, 302–307.

21 Kathleen Hall Jamieson and Joseph Cappella, *Echo Chamber: Rush Limbaugh and the Conservative Media Establishment* (New York: Oxford University Press, 2008), 90–104.

22 G. Gordon Liddy, *The G. Gordon Liddy Show*, July 5, 1994, C-Span, http://www.c-spanvideo.org/program/58461-1.

23 Bill Cunningham, *The Big Show with Bill Cunningham*, December 20, 2005, Library of Congress's Web Radio Recording Project.

24 Rush Limbaugh, *Rush Limbaugh*, produced by Roger Ailes, aired October 23,

1992 (Multimedia Entertainment).

25 *G. Gordon Liddy Show*, July 5, 1994.

26 Levinson, "America's Yakking It Up"; Donna Petrozzello, "Clinton Criticizes Media for Message", *Broadcasting and Cable*, July 4, 1994.

27 Jamieson and Cappella, *Echo Chamber*, 77; Howard Kurtz, "Radio's New Right Fielder", *Washington Post*, January 14, 2002.

28 Bill Lambrecht, "Radio Activity: In a Big Rush", *St. Louis Post-Dispatch*, November 13, 1994.

29 남부지역의 보수주의의 발전에 대한 분석을 보려면 다음을 참고하라. Lisa McGirr, *Suburban Warriors: The Origins of the New American Right* (Princeton: Princeton University Press, 2001); Matthew Lassiter, *The Silent Majority: Suburban Politics in the Sunbelt South* (Princeton: Princeton University Press, 2006); Kevin Kruse, *White Flight: Atlanta and the Making of Modern Conservatism* (Princeton: Princeton University Press, 2005).

30 Rush Limbaugh, "Discussion about Students from Different Colleges Joining the Program; How Sam Donaldson Is in the Hot Seat; Higher Taxes for the Wealthy", *Rush Limbaugh*, aired April 3, 1995; Rush Limbaugh, October 14, 1992.

31 Jamieson and Cappella, *Echo Chamber*, 90–104.

32 David Remnick, "Day of the Dittohead", *Washington Post*, February 20, 1994.

33 Paul D. Colford, *The Rush Limbaugh Story: Talent on Loan from God, an Unauthorized Biography* (New York: St. Martin's Press, 1994), 2–13.

34 David Barker offers evidence that Limbaugh affects his listeners' attitudes toward the issues. Barker, *Rushed to Judgment: Talk Radio, Persuasion, and American Political Behavior* (New York: Columbia University Press, 2002), 30–74.

35 Sean Hannity and Alan Colmes, "Interview with Rush Limbaugh; Bush Responds to DUI Charge from 1976", *Hannity & Colmes*, Fox News Channel, November 3, 2000, TV transcript.

36 Bill McMahon, 저자와의 인터뷰, January 23, 2013; Thom Hartmann, 저자와의 인터뷰, November 3, 2012; George Oliva, 저자와의 인터뷰, November 26, 2012; Valerie Geller, 저자와의 인터뷰, January 14, 2013.

37 Juan Williams, "Interview with Rush Limbaugh", *Special Report with Brit Hume*, Fox News Channel, February 25, 1999, Federal Document Clearing House, TV transcript.

38 Jim Rutenberg, "Despite Other Voices, Limbaugh's Is Still Strong", *New York Times*, April 24, 2000. 이 주장은 폭스뉴스에 대한 대니얼 홉킨스와 조너선 래드의 연구 결과와 일치한다. 그들의 연구에 따르면 "이념적으로 구분되는 매체에 접근할 수 있으면 정당에 대한 충성심을 강화시키지만, 다른 정당에는 영향을 미치지 않는다"고 한다. Daniel J. Hopkins and Jonathan McDtonald Ladd, "The Consequences of Broader Media Choice: Evidence from the Expansion of Fox News", *Quarterly Journal of Political Science* 9, no. 1 (2014): 115–135.

39 Bernstein, "Show Time in the Rush Room."

4 필요는 발명의 어머니 Necessity, Mother of Invention

1 Robert Walker, 저자와의 인터뷰, October

10, 2013.

2 Danielle Herubin, "Appearance as Radio Talk-Show Host Tempers Dornan's Disappointment", *Orange County Register*, December 21, 1991; "The Buzz: This Week—Politics", *Orange County Register*, September 6, 1993.

3 Marlin Fitzwater, "Phone Call to Representative Dornan Hosting The Rush Limbaugh Talk Radio Show", Memo to President Bush, Bush Presidential Library, Cody McMillian 저자와의 이메일, February 15, 2019.

4 Bill Himpler, 저자와의 인터뷰, October 23, 2012; Ed Gillespie, 저자와의 인터뷰, July 31, 2013.

5 Michael S. Johnson, 저자와의 인터뷰, October 8, 2013; Dick Armey, 저자와의 인터뷰, March 7, 2013; John Feehery, 저자와의 인터뷰, May 2, 2013.

6 Missi Tessier, 저자와의 인터뷰, October 22, 2013.

7 Dan Balz and Ron Brownstein, *Storming the Gates: Protest Politics and the Republican Revival* (Boston: Little Brown, 1996), 172.

8 Paul Luthringer, 저자와의 인터뷰, October 29, 2013.

9 Dorrance Smith, 저자와의 인터뷰, October 23, 2013.

10 Barrie Tron, 저자와의 인터뷰, October 10, 2013.

11 Tron, 인터뷰.

12 이렇게 초점을 맞춘 건 시기와도 관련이 있었다. 림보의 인기가 급상승하자 이에 자극받은 라디오 토크쇼는 부시의 임기 2년 차나 3년 차에 정치 무대에 진정한 싸움꾼으로 등장했다. 그러나 이 시점에서 부시 백악관은 이미 그들의 홍보 전략을 수립하여 다른 매체에 초점을 맞추고 있었다; Tron, 인터뷰.

13 이런 관점은 부시 대통령 임기 마지막 2년 동안 백악관이 사용할 수 있는 모든 텔레비전 도구를 최적화하는 일을 담당했던 스미스의 업무와도 일치했다. 스미스는 지역 언론도 관리했다.

14 Smith, 인터뷰.

15 "Remarks by the President in Interview with Gene Burns of WOR Radio", US News wire, August 24, 1994.

16 Richard Strauss, 저자와의 인터뷰, November 30, 2012.

17 Luthringer, interview; Steve Rabinowitz, 저자와의 인터뷰, June 7, 2013.

18 Strauss, 인터뷰; Jeff Eller, 저자와의 인터뷰, January 16, 2013.

19 Strauss, 인터뷰.

20 "Politics Unusual", *Nightline*, ABC News, aired September 29, 2004; Mandy Grunwald, 저자와의 이메일, February 25, 2019.

21 Strauss, interview.

22 Mark Gearan, 저자와의 인터뷰, November 6, 2013.

23 Rabinowitz, interview.

24 Will Feltus, 저자와의 인터뷰, October 23, 2013.

25 Balz and Brownstein, *Storming the Gates*, 172.

26 Associated Press, "Limbaugh a Guest at White House", June 11, 1992.

27 "Interview: Rush Limbaugh Talks about His Stay at the White House", *The Today Show*, NBC News, June 8, 1992.

28 Correspondence, Bush Presidential Library, no. 345747 ME001, email to author from Cody McMillian, February 15, 2019.

29 Documents, Bush Presidential Library, no. 367693 ME001, Cody McMillian, 저자와의 이메일, February 15, 2019.

30 Jerry Hagstrom, "Campaign Sideshow", *National Journal*, September 5, 1992.

31 Elizabeth Long, 저자와의 이메일, April 18, 2013.

32 Long,이메일; Balz and Brownstein, *Storming the Gates*, 172; Mary Matalin and James Carville with Peter Knobler, *All's Fair: Love, War and Running for President* (New York: Touchstone and Random House, 1995), 284–285; Associated Press, "Quayle Invites Limbaugh to Be Debate Moderator", October 2, 1992; "Candidate George Bush Visited Rush Limbaugh's Radio Show", *St. Louis Post-Dispatch*, September 27, 1992; Michael Wines, "The 1992 Campaign: White House; Quayle Says Character Will Be Big Issue in Fall", *New York Times*, July 8, 1992; Rush Limbaugh, "Quayle Campaign Appearance", *The Rush Limbaugh Show*, July 7, 1992, http://www.c-span.org/video/?27000-1/QuayleCampaignApp; Feltus, interview.

33 Long, 이메일.

34 클린턴의 MTV 출연 때문에 백악관에서 부시도 그 방송에 출연해야 하는지에 대한 논쟁이 벌어졌다. 결국 부시의 고문들은 부시가 그런 상황에서 편안해하지 않을 것이라고 판단했다. Smith, 인터뷰; Feltus, 인터뷰.

35 Walt Riker, 저자와의 인터뷰, November 14, 2013.

36 Clarkson Hine, 저자와의 인터뷰, November 23, 2013; Bob Grant, *The Bob Grant Show*, WABC Radio, April 8, 1994, http://www.c-span.org/video/?55911-1/BobGr.

37 Hine, 인터뷰.

38 Mark Updegrove, *The Last Republicans: Inside the Extraordinary Relationship between George H. W. Bush and George W. Bush* (New York: Harper Collins 2017), 239.

39 Jim Cooper, "Talkers Brace for 'Fairness' Assault", *Broadcasting and Cable*, September 6, 1993, 44.

40 Times Mirror Center for the People and the Press, "The Vocal Minority in American Politics", July 16, 1993, 2, 14–15, http://people-press.org/report/19930716/the-vocal-minority-in-american-politics.

41 Peter Viles, "Only in America: Liddy Goes National", *Broadcasting and Cable*, May 3, 1993, 43.

42 Gabe Hobbs, 저자와의 인터뷰, August 29, 2012; Randall Bloomquist, 저자와의 인터뷰, August 27, 2012; Holland Cooke, 저자와의 인터뷰, October 4, 2012; Brian Jennings, 저자와의 인터뷰, October 29, 2012.

43 G. Gordon Liddy, "Interview with Rich Noyes", *The G. Gordon Liddy Program*, March 21, 2006, Library of Congress's Web Radio Recording Project

44 워싱턴의 뉴스전문 라디오방송 WTOP에서 일했던 조엘 옥슬리와 짐 팔리는 그런 방송국이 전국에 11개 지역에만 있다고 말했다. 이에 반해 퓨 리서치 센터의 2015년 미디어 현황 보고서에 따르면 2014년에 뉴스전문 방송의 수는 31개(27개 지역)에 달했으며, 이는 2012년의 37개

에서 감소한 것이었다. 이런 차이는 뉴스전문 방송국에 대한 개념 정의의 차이에 따른 것일 수 있다. Jim Farley, 저자와의 이메일, August 30, 2014; Joel Oxley, 저자와의 인터뷰, January 14, 2013.

45 Hobbs, 인터뷰. Michael Smerconish, 저자와의 인터뷰, October 5, 2012. 이 주장을 뒷받침할 자료를 찾는 것은 어려울 것이다. 왜냐하면 당시 림보의 프로그램을 방영하던 많은 방송국, 특히 작은 방송국들의 청취율이 조사되지 않았기 때문이다. 게다가 아비트론(Arbitron)은 오전 10시부터 오후 3시까지 시간대별로 측정했는데, 림보의 프로그램은 지역에 따라 그 시간대에서는 두세 시간만 방송됐기 때문이다.

46 Shannon Sweatte, 저자와의 인터뷰, April 15, 2013; Jennings, 인터뷰.

47 수전 더글라스는 클린턴의 당선이 "아마 림보에게는 가장 좋은 일 중 하나였다"고 말했다. Susan Douglas, *Listening In: Radio and the American Imagination* (Minneapolis: University of Minnesota Press, 2004), 315.

48 Tom Taylor, 저자와의 인터뷰, January 11, 2013.

49 "Playboy Interview: Rush Limbaugh", *Playboy Magazine*, December 1993, 59.

5 공화당의 새로운 지배자 The New Republican King

1 James Bowman, "Rush: The Leader of the Opposition", *National Review*, September 6, 1993.

2 "Convention Tidbits: The Last in a Series", *National Journal* "Hotline", August 21, 1992; Karl Vick, "GOP Youth Seen but Mostly Heard", St. Petersburg Times, August 22, 1992; John Carmody, "The TV Column", *Washington Post*, September 10, 1992.

3 "Candidate George Bush Visited Rush Limbaugh's Radio Show", *St. Louis Post-Dispatch*, September 27, 1992.

4 "White House '96—New Hampshire: Campbell, Gramm, and Perot Check the Foliage", *National Journal* "Hotline", October 25, 1993; "Poll Update—Harris: Dole Maintains Lead in GOPstakes", *National Journal* "Hotline", January 3, 1995.

5 Rush Limbaugh, "Tribute to Ronald Reagan", *Rush Limbaugh*, produced by Roger Ailes, aired September 5, 1996 (Multimedia Entertainment).

6 캐슬린 홀 제이미슨과 조지프 카펠라는 림보가 정당 지도자라고 언급하며 보수 언론 인사들이 정당 지도자들의 역할을 수행한다고 지적한다. 그러나 그들은 메시지 전달 이외의 지도자 역할을 개척하지 않는다. 보다 일반적으로 정당에 관한 연구들은 이런 지도자 역할을 규명하지 못한다. Kathleen Hall Jamieson and Joseph Cappella, Echo Chamber: *Rush Limbaugh and the Conservative Media Establishment* (New York: Oxford University Press, 2008), xiii, 46.

7 1990년대 공화당에 관한 연구들은 라디오 토크쇼가 공화당에 미친 영향을 무시하는 경향이 있다. 새로운 공화당의 등장에 대한 연구들은 다음과 같다. Douglas L. Koopman, *Hostile Takeover: The House Republican Party 1980–1995* (Lanham, MD: Rowman and Littlefield, 1996); Dan Balz and Ronald Brownstein, *Storming the Gates: Protest Politics and the Republican Revival* (Boston: Little Brown, 1996); William F. Connelly Jr. and John J. Pitney Jr., *Congress' Permanent Minority: Republicans in the U.S. House* (Lanham, MD: Rowman and Littlefield, 1994); Nicol C. Rae, *Conservative Reformers: The Republican Freshmen and the*

Lessons of the 104th Congress (Armonk, NY: M. E. Sharpe, 1998); James G. Gimpel, *Legislating the Revolution: The Contract with America in Its First Hundred Days* (Boston: Allyn and Bacon, 1996). 이 중 벨즈와 브라운스타인만 공화당이 라디오 토크쇼를 이용한 것을 언급했다. 하지만 그들은 연구 당시의 상황 때문이기도 하지만 라디오 토크쇼 진행자들이 공화당을 제한하는 것을 탐구하지 않았다. 데이비드 브록은 공화당 의원들과 라디오 토크쇼의 관계를 과도하게 단순화해서, 진행자들을 단순 전달자로 묘사했다. David Brock, *The Republican Noise Machine: Right-Wing Media and How It Corrupts Democracy* (New York: Crown Publishers, 2004), 261–291.

8 "미국의 정당들은 자신들의 목적을 위해 정부를 장악해 이용하려는 이익집단과 활동가들의 연합으로 볼 때 가장 잘 이해될 수 있다. 이들의 목적은 물질적인 자기이익에서부터 고귀한 이상에 이르기까지 다양하다. 정책 요구 집단의 연합은 상호 수용 가능한 정책 목록을 개발하고, 그에 확실히 헌신할 후보의 지명을 요구하며, 그 후보가 당선되도록 노력한다." Kathleen Bawn, Martin Cohen, David Karol, Seth Masket, Hans Noel, and John Zaller, "A Theory of Political Parties: Groups, Policy Demands and Nominations in American Politics", *Perspectives on Politics* 10, no. 3 (2012): 571–597.

9 Charles Walston, "Center's Limo Offers Voters a Taste of Gingrich Lifestyle", *Atlanta Journal Constitution*, October 24, 1992.

10 Rush Limbaugh, *Rush Limbaugh*, aired November 2, 1992 (Multimedia Entertainment); Paul J. Hendrie, "Stumping through New Jersey: Ridgewood Roars 20,000 Supporters Greet Bush at Rally", *Record* (Bergen County, NJ), October 23, 1992; Terry Mutchler, "Bush Swings through NJ Urging Voters to Ignore Polls, Trust Him", Associated Press, October 22, 1992.

11 George H. W. Bush, "Remarks to the Community in Madison, New Jersey", November 2, 1992, the American Presidency Project, http://www.presidency.ucsb.edu/ws/?pid=21726.

12 이런 주장들은 연구자들이 한때 주장했던 것과 달리 정당은 약하지 않고, 21세기에 적합한 보다 폭넓은 개념으로 보면 정당이 꽤 강하다는 최근 연구에 따른 것이다. 그러나 이런 주장들은 넓은 정당 개념에서도 이념적인 언론계 인사들을 배제하기 때문에 결과적으로 현대 정당 지도에서 중요한 부분을 누락시킨다. Seth E. Masket, *No Middle Ground: How Informal Party Organizations Control Nominations and Polarize Legislatures* (Ann Arbor: University of Michigan Press, 2009); Marty Cohen, David Karol, Hans Noel, and John Zaller, *The Party Decides: Presidential Nominations Before and After Reform* (Chicago: University of Chicago Press, 2008); John H. Aldrich, *Why Parties? A Second Look* (Chicago: University of Chicago Press, 2011), especially 286–292.

13 Michael S. Johnson, 저자와의 인터뷰, October 8, 2013.

14 익명의 캠페인 보좌관2, 저자와의 인터뷰, September 14, 2016.

15 "Election Hot Sheet", *Atlanta Journal Constitution*, October 30, 2004; Neal Boortz, *Maybe I Should Just Shut Up and Go Away* (Franklin, TN: Carpenter's Son Publishing, 2012), Kindle location 802–803.

16 Mark Mellman, 저자와의 인터뷰, October 11, 2013.

17 Rush Limbaugh, "Comments on the New Jersey Senate Race, The Homework Issue at Cabrillo Unified School, Debate between Senator Kennedy and Mitt Romney and Estimates What a Candidate Spends per Vote They Receive", *Rush Limbaugh*, produced by

Roger Ailes, aired October 26, 1994 (Multimedia Entertainment).

18 Ruth Marcus, "Bush Takes Up Draft Cry; Clinton Accused of Failing to Level with Public", *Washington Post*, September 22, 1992; John W. Mashek, "Bush Accuses Clinton of Failure to Come Clean on Vietnam", *Boston Globe*, September 22, 1992; Frank J. Murray, "Bush Tells Foe to 'Come Clean' First Direct Jab on Draft Issue", *Washington Times*, September 22, 1992; Rush Limbaugh, *Rush Limbaugh*, produced by Roger Ailes, aired September 21, 1992 (Multimedia Entertainment).

19 Rush Limbaugh, *Rush Limbaugh*, produced by Roger Ailes, aired November 6, 1992 (Multimedia Entertainment).

6 라디오 토크쇼의 혁신가 빌 클린턴 Bill Clinton, Talk Radio Innovator

1 벤자민 페이지와 제이슨 태넌봄은 진행자들보다 전화 참여자들이 라디오 토크쇼의 토론을 주도했다고 말한다. "Zoe Baird, Nannies, and Talk Radio", in *Who Deliberates: Mass Media in Modern Democracy*, ed. Benjamin Page, 77–105 (Chicago: University of Chicago Press, 1996); "Radio Talk Shows Increasing Influence on Policy", *Morning Edition*, 1130, segment no. 14 (July 16, 1993); Tom Hamburger, "Attorney General Search Says Much about Politics and Washington in '90s", *Minneapolis Star Tribune*, February 9, 1993; Bob Dart, "Dial-tone Democracy Born of Technology, Talk Shows", *Austin American Statesman*, February 6, 1993; Elizabeth Kolbert, "The People Are Heard, at Least Those Who Call Talk Radio", *New York Times*, January 29, 1993; Rod McQueen, "Baird Fiasco Showed Clinton Is Listening to Public", *Financial Times*, January 27, 1993; Jill Lawrence, "Baird Galvanized America", *Austin American Statesman*, January 24, 1993; Howard Kurtz, "Talk Radio's Early Word on Zoe Baird", *Washington Post*, January 23, 1993; John Aloysius Farrell, "Baird: Reminder of Populist Outrage", *Boston Globe*, January 23, 1993; Lynne Duke and Michael Isikoff, "Baird's Illegal Hiring Raises Sharp Debate", *Washington Post*, January 21, 1993.

2 Howard Fineman, Mark Miller, and Ann McDaniel, "Hillary's Role", *Newsweek*, February 15, 1993, 18.

3 Mark Gearan, 저자와의 인터뷰, November 6, 2013.

4 Michael Harrison, "George Stephanopoulos Interviewed", *Talkers Magazine*, June 1994, 1, 10.

5 Richard Strauss, 저자와의 인터뷰, November 30, 2012.

6 Strauss, 인터뷰.

7 Jeff Eller, 저자와의 인터뷰, January 16, 2013.

8 Strauss, 인터뷰; Gearan, 인터뷰.

9 "Remarks by President Clinton on 'Imus in the Morning' Radio Show", U.S. Newswire, February 17, 1994.

10 Strauss, 인터뷰.

11 Michael Harrison, "Chief Executive Reaches Out to Talk Radio", *Talkers Magazine*, no. 53 (1994), 6, 13.

12 Howard Kurtz, "Talking Back: Radio Hosts Stir Up Fires and Bask in Newfound Glow", *Washington Post*, June 22, 1996.

13 Eller, 인터뷰.

14 Terrance Hunt, "Radio Show Hosts Flock to D.C.", *New Orleans Times Picayune*, September 22, 1993.

15 Rush Limbaugh, *The Rush Limbaugh Show*, February 18, 1994, accessible via the C-SPAN library at https://www.c-span.org/video/?54681-1/rush-limbaugh-radio-talk-show.

16 Clinton Presidential Records, Subject Files OA/ID number 100676, Scan ID 046960, Folder Title FG006-01, Stack S, Row 88, Section 6, Shelf 6, Position 7, Clinton Presidential Library, Little Rock, AR.

17 Ron Fournier, "Gab Gonzos Take over White House Lawn", Associated Press, September 23, 1993; Howard Kurtz, "Radio Free America: White House Troops Deliver Health-Care Air Blitz", *Washington Post*, September 24, 1993; Hunt, "Radio Show Hosts Flock to D.C."; "Washington Reacts to President Clinton's Speech on Health Care", *NBC News*, September 23, 1993; Thomas Friedman, "Clinton's Health Plan", *New York Times*, September 24, 1993; Elizabeth Kolbert, "An Open Mike, a Loudmouth Live, and Thou", *New York Times*, September 26, 1993; Frank J. Murray, "Radio Hosts Pitch Tents as White House Pitches Plan", *Washington Times*, September 24, 1993; Ann Devroy, "It's Show Time under Clinton's Big Top", *Washington Post*, September 24, 1993.

18 Gearan, 인터뷰.

19 Kurtz, "Talking Back."

20 Gearan, 인터뷰.

21 모든 인터뷰는 저하드 피터스와 존 우들리가 온라인에 올려놨다. Gerhard Peters and John T. Woolley, The American Presidency Project: William J. Clinton, interview with Bruce Newbury of WPRO Radio, Providence, RI, https://www.presidency.ucsb.edu/node/218043; William J. Clinton, interview with Mike Siegel of KVI Radio, Seattle, WA, https://www.presidency.ucsb.edu/node/218204; William J. Clinton, interview with John Watson of WILM Radio, Wilmington, DE, https://www.presidency.ucsb.edu/node/218215; William J. Clinton, interview with John Gambling of WOR Radio, New York City, https://www.presidency.ucsb.edu/node/218346; William J. Clinton, interview with Paul W. Smith of WWDB Radio, Philadelphia, PA, https://www.presidency.ucsb.edu/node/218351.

7 법안 가로막기 Stopping Legislation in Its Tracks

1 필리버스터 종결에 관해 더 알아보려면 다음을 참고하라. Barbara Sinclair, *Party Wars: Polarization and the Politics of National Policy Making* (Norman: University of Oklahoma Press, 2006), 185–233; Sean M. Theriault, *The Gingrich Senators: The Roots of Partisan Warfare in Congress* (New York: Oxford University Press, 2013), especially 124.

2 R. Douglas Arnold, *The Logic of Congressional Action* (New Haven: Yale University Press, 1990), 5.

3 아놀드의 모형에 라디오 토크쇼를 적용하면, 진행자들은 무관심할 수도 있는 공중을 활성화하는 촉발자 역할을 했다. Arnold, *Logic of Congressional Action*, 17–87, especially 30 and 68–69.

4 다음을 참고하라. John W. Kingdon, *Agendas, Alternatives and Public Policies*, updated 2nd ed. (Boston: Longman, 2011), 66.

5 Rush Limbaugh, *The Rush Limbaugh Show*, at 38:00, November 3, 1992, http://c-spanvideo.org/program/Limb.

6 Arnold, *Logic of Congressional Action*, 100–101.

7 베리와 소비에라이는 '격분 미디어'가 의원들의 행태를 효과적으로 추적했다는 점을 지적한다. Jeffrey M. Berry and Sarah Sobieraj, *The Outrage Industry: Political Opinion Media and the New Incivility* (New York: Oxford University Press, 2014), 195.

8 Frank R. Baumgartner and Bryan Jones, *Agendas and Instabilities in American Politics*, 2nd ed. (Chicago: University of Chicago Press, 2009), 103–126.

9 베리와 소비에라이는 '격분 미디어'가 공공 정책에 관한 논쟁에서 새로운 프레임을 도입할 수 있었다는 근거를 제시한다. Berry and Sobieraj, *Outrage Industry*, 198–199. 다음도 참고하라. Frank R. Baumgartner et al., *Lobbying and Policy Change: Who Wins, Who Loses, and Why* (Chicago: University of Chicago Press, 1993), 173–187.

10 Candi Wolff, 저자와의 인터뷰, January 22, 2015.

11 E. J. Dionne, Jr., "Washington Talk: Radio and Politics", *New York Times*, February 15, 1989; Jeffrey York, "On the Dial: Tea but No Sympathy", *Washington Post*, February 14, 1989; "Hill Steamed over Radio's Tea Time", *Broadcasting and Cable*, February 13, 1989; Bruce McCabe, "AM Radio Heating Up the Airwaves", *Boston Globe*, February 10, 1989.

12 익명의 하원 보좌관1, 저자와의 인터뷰, March 12, 2015.

13 Brian Williams, "President's Lobbying Reform Proposal Killed by Republicans", *NBC Nightly News*, October 6, 1994.

14 Paul Brubaker, 저자와의 인터뷰, December 4, 2014.

15 Senate Roll Call Vote 116, on S. 349, Lobbying Disclosure Act of 1994, 103rd Cong. 1st. sess., May 6, 1993, http://www.senate.gov/legislative/LIS/roll_calllists/rollcallvotecfm.cfm?congress=103&session=1&vote =00116.

16 House Roll Call Vote 90, on S. 349, Lobbying Disclosure Act of 1994, 103rd Cong. 2nd sess., March 24, 1994, http://clerk.house.gov/evs/1994/roll090.xml.

17 Linda Gustitus, 저자와의 이메일, February 25, 2014.

18 Christopher Drew, "Pro-GOP Calls Help Kill Lobbying Bill", *Orange County Register*, October 7, 1994.

19 상원 다수당 대표 조지 미첼의 말에 대한 기사는 CNN 한 건과 신문기사 두 건이었다.

20 Drew, "Pro-GOP Calls"; Jim Drinkard, "Grassroots Groups Fire Up Faxes, Phones and Airwaves", Associated Press, October 6, 1994; Katharine Q. Seelye, "All-Out Strategy Hobbled Lobby Bill", *New York Times*, October 7, 1994.

21 Representative Bryant, 140 Cong. Rec. (September 29, 1994) H26756.

22 Representative Bryant, 140 Cong. Rec. (September 29, 1994) H26759.

23 House Roll Call Vote 449, on H. Res. 550, Waiving Points of Order against the Conference Report to Accompany S. 349; Lobbying Disclosure Act, On Agreeing to the Resolution, 103rd Cong. 2nd sess., September 29, 1994, http://clerk.house.gov/evs/1994/roll449.xml; House Roll Call Vote 450, on S. 349, Lobbying Disclosure Act, On Motion to Recommit the Conference Report, 103rd Cong. 2nd sess., September 29, 1994, http://clerk.house.gov/evs/1994/roll450.xml; House Roll Call Vote 451, on S. 349, Lobbying Disclosure Act, On

Agreeing to the Conference Report, 103rd Cong. 2nd sess., September 29, 1994, http://clerk.house.gov/evs/1994/roll451.xml.

24 Rush Limbaugh, *Rush Limbaugh*, produced by Roger Ailes, aired September 29, 1994 (Multimedia Entertainment).

25 익명의 하원 보좌관1, 인터뷰.

26 Gustitus, 이메일; 익명의 상원 보좌관1, 저자와의 인터뷰, November 25, 2014.

27 Brubaker, 인터뷰.

28 림보 팀의 오랜 팀장이었던 키트 카슨에 따르면 레빈은 림보 프로그램에 출연한 가장 생산적인 민주당 의원이었다. Drew, "Pro-GOP Calls"; Kit Carson, 저자와의 이메일, December 5, 2013.

29 Drew, "Pro-GOP Calls"; 익명의 상원 보좌관1, 인터뷰.

30 Editorial, *Washington Post*, October 9, 1994; Senate Roll Call Vote 325, S. 349, Lobbying Disclosure Act, 103rd Cong. 2nd sess., October 7, 1994, On the Cloture Motion, http://www.senate.gov/legislative/LIS/rollcalllists/rollcall_votecfm.cfm?congress=103&session =2&vote =00325.

31 Jim Drinkard, "Hi-Tech E-Lobbying Swamps Reform Bill", Charleston Gazette, October 7, 1994.

32 Linda Gustitus, 저자와의 인터뷰, February 10, 2014; 익명의 하원 보좌관1, 인터뷰; Senate Roll Call Vote 328, S. 1060, Lobbying Disclosure Act of 1995, On Passage of the Bill, 104th Cong. 1st sess., July 25, 1995, http://www.senate.gov/legislative/LIS/rollcalllists/rollcallvotecfm.cfm?congress=104&session =1&vote =00328; House Roll Call Vote 828, H.R. 2564, Lobbying Disclosure Act, 104th Cong. 1st. sess., November 29, 1995, http://clerk.house.gov/evs/1995/roll828.xml; Candi Wolff, 저자와의 인터뷰, January 22, 2015; "Lawmakers Enact Lobbying Reforms", in *CQ Almanac 1995*, 51st ed., 1-38-1-41. Washington, DC: Congressional Quarterly, 1996, http://library.cqpress.com/cqalmanac/cqal95-1099505.

33 Scott Hogenson, 저자와의 인터뷰, September 7, 2012.

34 Lisa Nelson, 저자와의 인터뷰, September 22, 2015.

35 Patricia Schroeder, 저자와의 인터뷰, March 24, 2014.

36 David Leach, 저자와의 인터뷰, January 23, 2014.

37 Mike Mills, "How an Editorial and an Ad Changed the GATT Debate", *Washington Post*, November 25, 1994.

38 Mills, "How an Editorial"; Leach, 인터뷰; "Campaign Bombshell Dropped on Incumbents", Business Wire, October 4, 1994.

39 Leach, 인터뷰.

40 "Pioneer's Preference Financing Defended at Extraordinary Hearing", *Communications Daily*, October 6, 1994; Jeannine Aversa, "Republicans Back Price Break Plan at Special House Hearing", Associated Press, October 5, 1994.

41 Mills, "How an Editorial."

42 Leach, 인터뷰.

43 Tom Davis, 저자와의 인터뷰, September 10, 2013.

44 Brett Shogren, 저자와의 인터뷰, February 23, 2015.

8 정치적 격변
The Political Earthquake

1 Sam Howe Verhovek, "The Media Business", *New York Times*, May 9, 1994; Tim Jones, "Talk, Talk, Talk on the Radio", *Buffalo News*, July 21, 1994; Katharine Q. Seelye, "Talk Radio Hosts Answer a Political Call", *New York Times*, April 16, 1994.

2 Jack Swanson, 저자와의 인터뷰, September 19, 2012.

3 Mickey Luckoff, 저자와의 인터뷰, November 27, 2012; August 27, 2014; Swanson, 인터뷰.

4 Jim Farley, 저자와의 인터뷰, December 20, 2012.

5 John Herndon, "Talk Radio Fans Defy Expectation", *Austin American Statesman*, May 19, 1994.

6 Douglas Turner, "Paxon Makes Mark Heading GOP Panel", *Buffalo News*, February 27, 1994.

7 정치 전문가들과 연구자들은 라디오 토크쇼가 선거 결과에 결정적인 영향을 미칠 수 있다는 주장에 대해 회의적이다. 그럼에도 불구하고 1994년 라디오 토크쇼는 선거 결과에 상당한 영향을 미쳤다. 특정한 여러 요인들 때문에 라디오 토크쇼가 더 큰 영향력을 가질 수 있었기 때문이다. 이러한 요인들로는 공화당 지지 성향의 지역에 현역 민주당 의원들이 많았다는 점, 림보가 문화적 현상이 됐다는 점, 그리고 하원 공화당을 지지하는 라디오 토크쇼의 선명성 등을 들 수 있다. 라디오 토크쇼가 없었다면 공화당 하원의원 후보들은 여러 매체에 상당히 많은 비용을 지불한 후에도 메시지를 전달하는 데 어려움을 겪었을 것이다. 또한 주류 언론은 공화당이 하원을 장악할 가능성이 낮다고 여겼기 때문에 대부분의 개별 하원 선거에 대해 별다른 관심을 가지지 않았다.

8 Adam Clymer, "Michel, G.O.P. House Leader, to Retire", *New York Times*, October 5, 1993.

9 Lisa Nelson, 저자와의 인터뷰, September 22, 2015; Kevin Schweers, 저자와의 인터뷰, January 25, 2013; Dick Armey, 저자와의 인터뷰, March 7, 2013; Robert Walker, 저자와의 인터뷰, October 10, 2013.

10 Bill Paxon, 저자와의 인터뷰, September 20, 2012.

11 Dan Horn, "Chabot Battles the Clock", *Cincinnati Post*, October 31, 1994.

12 Leslie Phillips, "Talk Radio Hosts Crank Up the Political Volume", *USA Today*, October 26, 1994.

13 Federal Election Commission Campaign Summary Report Index L through December 31, 1994, for Thomas S. Foley, Candidate ID H6WA05023 and George R. Nethercutt, Candidate ID H4WA05028. Matthew Rowley의 이메일, February 4, 2017.

14 George Nethercutt, 저자와의 인터뷰, February 24, 2014.

15 Ken Lisaius, 저자와의 인터뷰, October 12, 2012.

16 Jeffrey R. Biggs and Thomas S. Foley, *Honor in the House* (Pullman: Washington State University Press, 1999), 252–253; Jim Camden, 저자와의 인터뷰, September 16, 2013; Bob Shrum, 저자와의 인터뷰, October 7, 2013.

17 Mark Souder, 저자와의 이메일, September 26, 2013.

18 Saxby Chambliss, 저자와의 인터뷰, May 14, 2015.

19 "Rush Limbaugh's America", Frontline,

season 13, episode 11, directed by Marian Marzynski, produced by Steve Talbot, aired February 28, 1995, https://www.youtube.com/watch?v=tWDF6sZ5dE.

20 "Rush Limbaugh's America"; Rush Limbaugh, "Views of CBS News/New York Times Poll Dealing with Voter Sentiment, Alienation, Outlook, Trust in Government and Government's Response to Populace", *Rush Limbaugh*, produced by Roger Ailes, aired November 4, 1994 (Multimedia Entertainment).

21 Rush Limbaugh, "Discussion on Barbara Streisand, President Clinton and Political Ads for Democratic Candidates", *Rush Limbaugh*, produced by Roger Ailes, aired October 4, 1994 (Multimedia Entertainment).

22 Rush Limbaugh, "Comments on Roseanne Barr; Household Contributions to Organizations Are Down; Advertisements Regarding the Congressional Elections; and the Use of Morphing to Create Ads for the Congressional Elections", *Rush Limbaugh*, produced by Roger Ailes, aired October 19, 1994 (Multimedia Entertainment).

23 Rush Limbaugh, "Discusses Mario Cuomo's Election Strategy, Ross Perot's and Rudolph Giuliani's '94 Endorsements, Texas Opinion Poll of Perot, and Research Study Showing Link between Abortions and Breast-Cancer Risks", *Rush Limbaugh*, aired November 2, 1994 (Multimedia Entertainment).

24 Rush Limbaugh, "Discussion on Electing Republicans to the House of Representatives; the Attempt to Ban Assault Weapons; and Alice Revlon's Memo That Suggests How to Deal With the Budget", *Rush Limbaugh*, produced by Roger Ailes, aired October 24, 1994 (Multimedia Entertainment).

25 Rush Limbaugh, "Look at the Upcoming Election and How Republicans Can Do Better", *Rush Limbaugh*, produced by Roger Ailes, aired October 31, 1994 (Multimedia Entertainment).

26 Rush Limbaugh, "Satirical Analysis of the Day's Political News", *Rush Limbaugh*, aired October 3, 1994 (Multimedia Entertainment).

27 Associated Press, "Cynical Public Blasts Bush on Taxes", *Record*(Bergen County, NJ), June 28, 1990; Gerry Yandel, "'Read My Lips,' Too: Talk Radio Callers Sound Off in Disgust", *Atlanta Journal Constitution*, June 28, 1990; Robert Dvorchak, "For Lip Readers, Bush's Turnabout Flops—Even in Peoria", Associated Press, June 27, 1990.

28 George H. W. Bush, "Address Accepting the Presidential Nomination at the Republican National Convention in New Orleans", August 18, 1988, available at the American Presidency Project, https://www.presidency.ucsb.edu/documents/address-accepting-the-presidential-nomination-the-republican-national-convention-new.

29 림보는 1990년 디트로이트의 진행자 데니 맥클레인과 함께 한 방송에서 이 질문에 답했다.

30 Rush Limbaugh, *Rush Limbaugh*, produced by Roger Ailes, aired October 27, 1994 (Multimedia Entertainment).

31 *Rush Limbaugh*, October 27, *1994; Rush Limbaugh*, October 31, 1994.

32 *Rush Limbaugh*, October 27, 1994; *Rush Limbaugh*, October 31, 1994. Limbaugh also told the Zschau story on his June 1, 1990, radio show, which C-SPAN recorded, http://www.c-span.org/video/?12584-1/Rush,at 1:21:50.33.

33 Walker, 인터뷰; Nelson, 인터뷰.

9 예정된 변화
Everything Changes

1 "Rush Limbaugh Highlights", catalog number 12568R, accessed at the Paley Center's New York branch.

2 "Rush Limbaugh's America", Frontline, PBS, February 28, 1995; Linda Killian, *The Freshmen* (Boulder, CO: Westview Press, 1998), 26; Rush Limbaugh, "Address to Republican Freshman Orientation", December 10, 1994, at 14:45 and 1:12:50, https://www.c-span.org/video/?62105-1/republican-freshmen-orientation. 다음도 참고하라. Steve Kornacki, The Red and the Blue: The 1990s and the Birth of Political Tribalism (New York: HarperCollins, 2018), 292.

3 Howard Kurtz, "The Talkmeisters: Saying All of the Right Things", *Washington Post*, January 5, 1995; Dick Armey, 저자와의 인터뷰, March 7, 2013; "Rush Limbaugh's America", Frontline.

4 Kevin Merida, "Rush Limbaugh Saluted as Majority Maker", *Washington Post*, December 11, 1994; Katharine Q. Steele, "Republicans Get a Pep Talk from Rush Limbaugh", *New York Times*, December 12, 1994; Jim Rutenberg, "Despite Other Voices, Limbaugh Still Strong", *New York Times*, April 20, 2000.

5 〈워싱턴포스트〉의 하워드 커츠가 분석한 바에 따르면 1994년 기준 약 70퍼센트의 라디오 진행자가 보수적이었다. 그러나 당시에는 그 이후보다 교조적이지 않은, 중도 보수가 진행자들의 이념 성향에 더 적합했다. Howard Kurtz, "Radio Daze: A Day with the Country's Masters of Gab", *Washington Post*, October 24, 1994; Joe Logan, "Tuning In to More Than Disaffection", *Philadelphia Inquirer*, May 7, 1995.

6 Alexandra Marks, "Talk Radio's Voice Booms across America", *Christian Science Monitor*, November 1, 1995.

7 Joseph N. Cappella, Joseph Turow, and Kathleen Hall Jamieson, "Call-In Political Talk Radio: Background, Content, Audiences, Portrayal in Mainstream Media", Report Series, no. 5, Annenberg Public Policy Center, University of Pennsylvania, August 7, 1996, 5.

8 Cappella et al., "Call-In Political Talk Radio", 14.

9 David Rimmer, 저자와의 인터뷰, September 6, 2012.

10 Limbaugh, "공화당 초선 의원 오리엔테이션에서의 연설" 25:15.

11 Phil Kuntz and Jackie Calmes, "With Some Pomp and Circumstance, Gingrich Assumes Role as House Speaker", *Wall Street Journal*, January 5, 1995; Kurtz, "Talkmeisters".

12 Chad Kolton, 저자와의 인터뷰, August 1, 2012.

13 Bill Paxon, 저자와의 인터뷰, September 20, 2012.

14 Benjamin Sheffner, "GOP Hosts Talk Radio", *Roll Call*, March 20, 1995.

15 Armey, 인터뷰.

16 Andrew Weinstein, 저자와의 인터뷰, June 3, 2013.

17 John King, "Gingrich Again Considers Running for President", *Austin American Statesman*, June 3, 1995.

18 Weinstein, 인터뷰; Christina Martin, 저자와의 인터뷰, May 8, 2013; Kevin Schweers, 저자와의 인터뷰, January 25, 2013; Lauren

Maddox, 저자와의 인터뷰, November 25, 2013; Leigh Ann Pusey, 저자와의 인터뷰, December 10, 2013; Rachel Robinson, 저자와의 인터뷰, January 13, 2014.

19 Kornacki, *The Red and the Blue*, 296.

20 Limbaugh, "Address to Republican Freshman Orientation", at 34:48.

21 Rush Limbaugh, "Insufficient Ammunition for US Military Going to Haiti", *Rush Limbaugh*, produced by Roger Ailes, aired September 22, 1994 (Multimedia Entertainment).

22 Deroy Murdock, "A Republican Leader", *Washington Times*, April 9, 1997; Tara Meyer, "Gingrich Says He Still Wants a Tax Cut This Year", *New Orleans Times-Picayune*, April 5, 1997; Greg Hitt, "Gingrich Vows to Kill New Rule Taxing Business Partnerships", Dow Jones News Services, April 3, 1997; Katharine Q. Seelye, "Gingrich Moves to Turn Back Any Challenge to Leadership", *New York Times*, April 4, 1997.

23 "Transcript of Newt Gingrich Appearance on the Rush Limbaugh Program on March 20, 1997", Newt Gingrich Collection, Box 2231, Folder 27, University of West Georgia, Carrollton, GA.

24 Kyle Downey, 저자와의 인터뷰, December 12, 2012.

25 "Museum of Television and Radio Seminar Series, The First Annual Radio Festival: Rush Limbaugh and the Talk Radio Revolution", October 24, 1995, Catalog number T:40932, accessed at the Paley Center's New York branch; Mary Jacoby, "Aftershocks", *Roll Call*, January 5, 1995.

26 Mike Stokke, 저자와의 인터뷰, July 2, 2014; J. Dennis Hastert, 저자와의 인터뷰, June 11, 2014.

27 Mark Souder, 저자와의 이메일, September 26, 2013.

28 Souder, email; Jack Kingston, 저자와의 인터뷰, January 8, 2016; John Linder, 저자와의 인터뷰, January 15, 2016.

29 Linder, 인터뷰; Kingston, 인터뷰.

30 Robert Bennett, 저자와의 인터뷰, January 4, 2013; Downey, 인터뷰.

31 Dave Hodgden, 저자와의 인터뷰, October 23, 2013; Downey, 인터뷰.

32 Jon Kyl, 저자와의 인터뷰, October 15, 2015.

33 Chris Paulitz, 저자와의 인터뷰, January 9, 2013.

34 Trent Lott, 저자와의 인터뷰, September 16, 2013.

35 Lott, 인터뷰.

36 Armey, 인터뷰.

37 Killian, The Freshmen, 32–62.

38 Robert Walker, 저자와의 인터뷰, October 10, 2013; House Roll Call Vote 276, on H.J. Res. 73, On Agreeing to the Substitute Amendment, 104th Cong. 1st sess., March 29, 1995, http://clerk.house.gov/evs/1995/roll276.xml; House Roll Call Vote 277, on H.J. Res. 73, Term Limits Constitutional Amendment, 104th Cong. 1st sess., March 29, 1995, http://clerk.house.gov/evs/1995/roll277.xml.

39 Wesley Pruden, "What a Difference a Subpoena Makes", *Washington Times*, March 11, 1994; Howard Kurtz, "Whitewater Weirdness", *Washington Post*, April 23, 1994; John Aloysius Farrell, "White House Cleared in Death of Aide Foster", *Boston Globe*, July 1, 1994; Susan Schmidt, "Foster's Family Pleads for End of Public Scrutiny", *Buffalo News*, July 21, 1994; Anthony Lewis, "Abroad at Home: The Grassy Knoll", *New York Times*, August 5, 1994; David L. Michelmore, "Right Wingers Claim Clinton Lawyer's Death Is a Cover-Up", Pittsburgh Post-Gazette, April 30, 1995; John Yemma, "Object of Disaffection Mrs. Clinton Suffers Slings and Arrows of Radio Outrage", *Boston Globe*, January 26, 1996; Michael Isikoff and Mark Miller, "Road to a Subpoena", *Newsweek*, February 5, 1996, 32; David Brock, *The Republican Noise Machine: Right-Wing Media and How It Corrupts Democracy* (New York: Crown Publishers, 2004), 286.

40 Kornacki, *The Red and the Blue*, 261.

41 Steve M. Gillon, *The Pact: Bill Clinton, Newt Gingrich, and the Rivalry That Defined a Generation* (New York: Oxford University Press, 2008).

42 라디오 토크쇼 이전에도 온건파 공화당 의원들에 대한 보수 매체의 비판이 있었다. 예를 들어 1940년대와 1950년대에는 *Human Events, National Review* 등 보수 출판물이 공화당 내에서 온건파인 듀이-아이젠하워(Dewey-Eisenhower) 계파를 일관되게 비판했었다. Michael Bowen, *The Roots of Modern Conservatism* (Chapel Hill: University of North Carolina Press, 2011). See also Nicole Hemmer, *Messengers of the Right: Conservative Media and the Transformation of American Politics* (Philadelphia: University of Pennsylvania Press, 2016).

43 "50 State Report—Oregon: Hatfield Faces '96 Wrath of BBA Vote, If He Runs", *National Journal* "Hotline", March 3, 1995.

44 Connie Morella, 저자와의 인터뷰, August 22, 2013; Chet Lunner, 저자와의 인터뷰, September 5, 2013.

45 Peter Blute, 저자와의 인터뷰, May 3, 2013.

46 Nancy Johnson, 저자와의 인터뷰, August 1, 2013; Mike Castle, 저자와의 인터뷰, February 7, 2013; James Walsh, 저자와의 인터뷰, March 6, 2013.

47 "House Leaders Beware: A Loaded Gun", *National Journal*, October 2, 1993; Mary Jacoby, "Discharge Bill May Be Gutted", *Roll Call*, September 13, 1993; Jack Quinn, 저자와의 인터뷰, February 20, 2013.

48 Steve LaTourette, 저자와의 인터뷰, February 12, 2013; Castle, 인터뷰.

49 Steve Nousen, 저자와의 인터뷰, August 7, 2013.

50 2004년 스펙터의 선거 캠프가 실시한 경선 여론조사 결과, 참여자 600명 중 32퍼센트가 매우 보수적, 35퍼센트가 다소 보수적이라고 응답했다. Glen Bolger, 저자와의 이메일, September 16, 2013.

51 Scott Hoeflich, 저자와의 인터뷰, August 13, 2013.

52 Rush Limbaugh, "Boston Herald Article on Liberals; Atlanta's Crime Rate; Troubles within the Republican Party; Liberal Media; Menendez Attorney Leslie Abramson", *Rush Limbaugh*, produced by Roger Ailes, aired August 29, 1996 (Multimedia Entertainment).

10 민주당의 각성 The Democrats Wake Up

1 Gabriel Kahn, "Like GOP, Democrats Now Turn to Talk Radio", *Roll Call*, January 26, 1995; Jennifer Senior, "With More Time Now at Their Disposal, Democrats Take to the Airwaves", *The Hill*, March 8, 1995.

2 Paul Starobin, "Politics: Be There or Be Square", *National Journal*, August 3, 1996.

3 Tom O'Donnell, 저자와의 인터뷰, November 13, 2013; Laura Nichols, 저자와의 인터뷰, January 8, 2014; Dan Sallick, 저자와의 인터뷰, December 9, 2013.

4 Fred Clarke, 저자와의 인터뷰, October 30, 2012.

5 Clarke, 인터뷰.

6 Clarke, 인터뷰.

7 Howard Kurtz, "Mario Cuomo, the Limbaugh of the Left?" *Washington Post*, June 20, 1995; Jennifer Senior, "Dems Mount Talk Show Offensive", *The Hill*, April 10, 1996.

8 Nichols, 인터뷰.

9 David Bonior, 저자와의 인터뷰, February 24, 2014.

10 O'Donnell, 인터뷰.

11 Rosa DeLauro, 저자와의 인터뷰, February 7, 2014.

12 DeLauro, 인터뷰; O'Donnell, 인터뷰; Bonior, 인터뷰; "Congressional Democrats Discuss Medicare Cuts on Talk Radio", news release from office of Richard Gephardt, May 17, 1995.

13 Sallick, 인터뷰; Julianne Corbett Waldron, 저자와의 인터뷰, November 29, 2012.

14 Waldron, 인터뷰.

15 Micha L Sifry, "A Kick-Ass Liberal (Tom Leykis)", *The Nation*, April 10, 1995.

16 Nichols, 인터뷰.

17 Kimberlin Love, 저자와의 인터뷰, February 26, 2013; Waldron, 인터뷰.

18 DeLauro, 인터뷰.

19 Bonior, 인터뷰; Patricia Schroeder, 저자와의 인터뷰, March 24, 2014; DeLauro, 인터뷰.

20 Schroeder, 인터뷰.

21 Tom Daschle, 저자와의 인터뷰, April 19, 2013; Laura Quinn, 저자와의 인터뷰, December 12, 2012.

22 Quinn, 인터뷰; Roger Lotz, 저자와의 인터뷰, September 18, 2012.

23 Byron Dorgan, 저자와의 인터뷰, May 13, 2013.

24 Lotz, 인터뷰; Quinn, 인터뷰; Daschle, 인터뷰.

25 Jim Kennedy, 저자와의 인터뷰, December 27, 2013; Jano Cabrera, 저자와의 인터뷰, November 12, 2013; Kathie Scarrah, 저자와의 인터뷰, January 20, 2014.

26 Starobin, "Politics: Be There or Be Square."

27 Scarrah, 인터뷰; Kennedy, 인터뷰.

28 More than other liberals, Lieberman had support from across the political spectrum; Scarrah, 인터뷰; Kennedy, 인터뷰.

29 Quinn, 인터뷰.

30 Waldron, 인터뷰.

31 Clinton Presidential Records, Harold Ickes

Files, OA/ID 9298, Stack S, Row 22, Section 5, Shelf 3, Position 1, FOIA# 2011-1067-F, 80–85, Clinton Presidential Library, Little Rock, AR.

32 Clinton Presidential Records, Harold Ickes Files, OA / ID 9298, folder title "Talk Radio-White House [1]", 114.

33 Megan Moloney, 저자와의 인터뷰, February 11, 2013; Mike McCurry, 저자와의 인터뷰, October 21, 2013; Joe Lockhart, 저자와의 인터뷰, December 10, 2013; Don Baer, 저자와의 인터뷰, November 15, 2013; Loretta Ucelli, 저자와의 인터뷰, February 28, 2013.

34 "Clinton Blasts Negative Media Coverage", *Washington Times*, June 25, 1994; Cheryl Wetzstein and Ralph Z. Hallow, "Clinton Lashes Out at Religious Conservatives", *Washington Times*, June 25, 1994; Harry Levins, "Clinton, Limbaugh Swap Slaps on KMOX", *St. Louis Post-Dispatch*, June 25, 1994; Douglas Jehl, "Clinton Calls Show to Assail Press, Falwell and Limbaugh", Associated Press, June 25, 1994; Ann Devroy and Kevin Merida, "Angry President Assails Radio Talk Shows, Press", *Washington Post*, June 25, 1994.

35 Dan Balz and Howard Kurtz, "Clinton Assails Spread of Hate through Media", *Washington Post*, April 25, 1995; J. Jennings Moss and George Archibald, "Clinton Lashes Out at 'Angry Voices,'" *Washington Times*, April 25, 1995; Bill Nichols, "Aides Soft-Pedal President's 'Hate' Remarks", *USA Today*, April 25, 1995; Todd S. Purdum, "Clinton Blames 'Loud and Angry' Voices in Media for Spreading Hate", *Los Angeles Daily News*, April 25, 1995; Michael K. Frisby and Joe Davidson, "Clinton Continues Attack on Hate Speech as Hunt for Bombing Suspect Intensifies", *Wall Street Journal*, April 25, 1995; John Aloysius Farrell, "Clinton Decries Hate Spread on Airwaves", Boston Globe, April 25, 1995; Mike Feinsliber, "A New Round of Angry Talk over Hate Talk and Its Consequences", Associated Press, April 25, 1995; "Radio Talk Show Hosts Take Offense at President Clinton's Criticism of Hatred on the Airwaves", *NBC Nightly News*, aired April 25, 1995.

11 텔레비전을 접수한 라디오 토크쇼와 탄핵 시도 Talk Radio Takes Over Television

1 Gabriel Sherman, *Loudest Voice in the Room: How the Brilliant, Bombastic Roger Ailes Built Fox News—and Divided a Country* (New York: Random House, 2014), 214.

2 Sherman, Loudest Voice, 226.

3 Rush Limbaugh, "Direct Read Ad for Fox News", *The Rush Limbaugh Show*, July 23, 1997, provided by the Missouri History Museum, St. Louis, MO.

4 Sherman, *Loudest Voice*, 178.

5 초기 보수 매체가 진보 매체의 편향이라는 개념을 어떻게 확산시켰는지에 대해 더 알아 보려면 다음을 참고하라. Nicole Hemmer, *Messengers of the Right: Conservative Media and the Transformation of American Politics* (Philadelphia: University of Pennsylvania Press, 2016).

6 Jim Rutenberg, "The Right Strategy for Fox", *New York Times*, September 18, 2000.

7 Sherman, *Loudest Voice*, 198.

8 Paul Fahri, "Is Sean Hannity a Journalist or Not? Here's Why It Matters", *Washington Post*, April 18, 2018; Brendan Karet, "'I'm Not a Journalist': Sean Hannity Attacks Critics", Media Matters for America blog, April 13, 2016, https://www.mediamatters.org/blog/2016/04/13/im-not-journalist-sean-hannity-attackscritics-calling-out-his-softball-interviews-trump/209912.

9 Sarah Ellison, "Will Fox News Survive as a House United?" *Washington Post*, November 11, 2018; Daniel D'Addario, "Shep Smith Has the Hardest Job on Fox News", *Time Magazine*, March 15, 2018; Rob Tornoe, "Fox News Anchor Martha MacCallum: We're Not Trump's State-run TV", *Philadelphia Inquirer*, November 5, 2018; Susan B. Glasser, "Is Trump the Second Coming of Reagan?" *New Yorker*, May 18, 2018.

10 Joe Lockhart, 저자와의 인터뷰, December 10, 2013.

11 Megan Moloney, 저자와의 인터뷰, February 11, 2013.

12 Lockhart, 인터뷰.

13 Kandie Stroud, 저자와의 인터뷰, April 8, 2013.

14 Jerry Zremsky, "Houghton Hounded by Critics, Media", *Buffalo News*, December 10, 1998; Robert J. McCarthy, "Houghton's 'No' Decision Spawns 2000 Opponent, Voter Complaints", *Buffalo News*, December 12, 1998; Rachel Van Dongan, "Colleagues, Constituents Lead Souder to Rethink Vote", *Roll Call*, December 17, 1998; Brian Fitzpatrick, 저자와의 인터뷰, August 29, 2013; Chet Lunner, 저자와의 인터뷰, September 5, 2013; "Clinton Accused: The Impeachment Vote", Washington Post, http://www.washingtonpost.com/wp-srv/politics/special/clinton/housevote/in.htm; Mark Souder, 저자와의 이메일, September 26 and October 12, 2013.

15 Christopher Shays, 저자와의 인터뷰, August 11, 2013.

16 Princeton Survey Research Associates / *Newsweek* Poll, December 1998, USPSRNEW.121298.R09A; CBS News / *New York Times* Poll, December 1998, USCBSNYT.122198. R24; Gallup Poll, December 1998, USGALLUP. 98DC16.R02; ABC News / *Washington Post* Poll, December 1998, USABCWP.121498.R04.

17 Geoffrey Skelley, "How Crazy Is It That the Senate and House Might Move in Opposite Directions This Year?" FiveThirtyEight, October 8, 2018, https://fivethirtyeight.com/features/how-crazy-is-it-that-the-senate-and-house-might-move-in-opposite-directions-this-year.

18 Chris Murphy, "Musser's Abortion Stand Assailed; GOP Pledges Support amid Call for Fund Cut", *Capital Times* (Madison, WI), October 16, 1998.

19 제이미슨과 카펠라는 "림보는 궁극적으로 민주당이 아닌 공화당 후보들을 당선시키는 데 관심이 있다. 그는 선거 제도가 허용하는 한 같은 성향을 가진 후보들을 당선시키기 위해 실용적으로 접근한다."라고 썼다. 그러나 시간이 흐름에 따라 이는 점점 사실이 아닌 것으로 보이며 온건파에 대한 림보의 입장은 덜 관대해졌다. Kathleen Hall Jamieson and Joseph N. Cappella, *Echo Chamber: Rush Limbaugh and the Conservative Media Establishment* (New York: Oxford University Press, 2008), 118.

20 James Greenwood, 저자와의 인터뷰, May 26, 2015.

21 Gary W. Cox and Mathew D. McCubbins, *Setting the Agenda: Responsible Party Government in the U.S. House of Representatives* (New York: Cambridge University Press, 2005), 29–30; Barbara Sinclair, *Party Wars: Polarization and the Politics of National Policy Making* (Norman: University of Oklahoma Press, 2006), 166–168.

12 돈을 위한 라디오 토크쇼의 우경화
Money Propels Talk Radio to the Right

1 House Roll Call Vote 25 on S. 652, Telecommunications Reform Act,104th Cong. 2nd sess., February 1, 1996, http://clerk.house.gov/evs/1996/roll025.xml; Senate Roll Call Vote 8 on S. 652, Telecommunications Reform Act, 104th Cong. 2nd sess., February 1, 1996, https://www.senate.gov/legislative/LIS/rollcalllists/rollcallvotecfm.cfm?congress= 104&session =2&vote =00008.

2 Josh Hyatt, "Radio Waves to the Future", *Boston Globe*, January 23, 1994; Eric Klineberg, *Fighting for Air: The Battle to Control America's Media* (New York: Metropolitan Books / Henry Holt, 2007), 26–27.

3 다른 집중화 요인으로는 또 다른 규제완화 조치인 이른바 반트래피킹 규정(anti-trafficking rule)의 일시적 유보를 들 수 있다. 이 규정에 따르면 회사들은 방송국을 다시 판매하기 전에 3년간 소유해야 했다. 또한 규모의 경제적 이점도 집중화를 촉진했다. 소규모 소유주들은 현금 흐름의 열두 배나 열다섯 배를 받고 자신의 방송국을 대기업에 매각했다. 1990년대 중반부터 후반에 이르는 집중화 격변기에 자신의 방송국을 매각한 전 방송국 소유자인 척 슈와르츠는 회사를 키우거나 파는 것 중 두 가지 선택지가 있다고 느꼈다고 말했다. Susan Douglas, *Listening In: Radio and the American Imagination* (Minneapolis: University of Minnesota Press, 2004), 296, 298; Klineberg, *Fighting for Air*, 57–61; Holland Cooke, 저자와의 인터뷰, October 4, 2012; Tom Taylor, 저자와의 인터뷰, January 11, 2013; Chuck Schwartz, 저자와의 인터뷰, September 18, 2015; Walter Sabo, 저자와의 인터뷰, November 7, 2012.

4 The precise number of stations owned by these companies at any one moment fluctuated. Taylor, 인터뷰; Christopher Stern, "Blocked Radio Deals Approved: Chairman of FCC Uses Administrative Power", *Washington Post*, March 13, 2001; Tim Jones, "Fall of Milwaukee-Based Media Empire Shows Perilous Flip Side of Buying Frenzy", *Chicago Tribune*, May 20, 2000; Katherine Yung, "Merger Creates World's Largest Radio, Billboard Company", *Dallas Morning News*, October 5, 1999.

5 Klineberg, Fighting for Air, 62. 다른 이들은 그 비중을 다르게 계산한다. 2001년 상원의원 어니스트 홀링스와 바이런 도건이 기고한 공동 칼럼에서 상위 네 개 기업이 업계 광고 수익의 90퍼센트를 장악하고 있다고 주장했다. Ernest F. Hollings and Byron Dorgan, "Your Local Station, Signing Off", *Washington Post*, June 20, 2001.

6 Harry A. Jessell, "Telecom Bill; a Deal, but Not Done", *Broadcasting and Cable*, January 1, 1996.

7 Bill Handel, 저자와의 인터뷰, November 20, 2012.

8 John Kobylt, 저자와의 인터뷰, February 8, 2013; Jeremy Coleman, 저자와의 인터뷰, January 18, 2013.

9 Dan Collins, "DJs Dumped over Church Sex Stunt", CBS News, August 21, 2002, https://www.cbsnews.com/news/djs-dumped-over-church-sex-stunt; "Radio Show Canned after Sex Stunt", CNN, August 22, 2002; Stephen Battaglio with Maki Becker, "Racy L.A. Host Replaces WNEW's Shock Jerks", *New York Daily News*, August 24, 2002; Gayle Ronan Sims, "Radio Show Is Canceled over Sex Stunt", Philadelphia Inquirer, August 23, 2002; William K. Rashbaum, "Radio Station Cancels a Show after Complaints of Indecency", *New York Times*, August 23, 2002; Dareh Gregorian and Michael Star, "Fired & Brimstone: Radio Jerks Axed for Church Sex Stunt", *New York Post*, August 23, 2002.

10 라디오 토크쇼는 광고주와의 갈등도 관리해야 했다. ABC 라디오에게 3년간 림보 프로그램을 대형 광고 패키지의 일부로 판매할 수 있도록 허용한 후, 에드 맥러플린은 다른 회사에게 프로그램을 개별 단위로 판매했다. 맥러플린은 림보에게 자신이 어떤 계약을 했는지 알고 있는 광고주들이 필요하다고 느꼈다. 림보는 광고주들이 좋아하지 않았기 때문에 프로그램의 가장 논란이 되는 요소들을 천천히 폐기해 왔다. Ron Hartenbaum, 저자와의 이메일, January 28, 2013; David Hall, 저자와의 인터뷰, September 25, 2012; Gabe Hobbs, 저자와의 인터뷰, August 29, 2012; Doug Stephan, 저자와의 인터뷰, December 10, 2012; Randall Bloomquist, 저자와의 인터뷰, August 27, 2012; January 28, 2013.

11 Kobylt, 인터뷰; Hobbs, 저자와의 이메일, March 18, 2013.

12 Tom Leykis, 저자와의 인터뷰, August 19, 2014.

13 다음을 참고하라. "Buckley Radio", http://buckleyradio.com; and "Richard D. Buckley", http://web.archive.org/web/20130627131407/http://www.buckleyradio.com/pages/15818922.php; Neil MacFarquhar, "WOR Hires Bob Grant to Be Host of Program", *New York Times*, April 28, 1996; Lawrie Mifflin, "Bob Grant Is Off Air Following Remarks on Brown's Death", *New York Times*, April 18, 1996.

13 2000년대 라디오 토크쇼와 정치의 거대한 변화 Talk Radio in the 2000s: Big Changes for the Medium and for Politics

1 Jane L. Levere, "The Fox News Channel Tops CNN's Audience", *New York Times*, January 30, 2002; Pradnya Joshi, "How Fox News's Influence Grew under Roger Ailes", *New York Times*, July 22, 2016.

2 John McConnell, 저자와의 인터뷰, December 2, 2012; Jack Swanson, 저자와의 인터뷰, September 19, 2012; Elisha Krauss, 저자와의 인터뷰, May 18, 2018.

3 "Radio Networks", *Mediaweek*, September 3, 2001.

4 McConnell, 인터뷰.

5 Pamela Davis, "Beck Muscles Out Dr. Laura at WFLA", *St. Petersburg Times*, September 18, 2001; "Westwood One and Fox News' The Radio Factor with Bill O'Reilly Is the Biggest Launch in the History of Talk Radio", Business Wire, May 6, 2002; Miriam Longino, "On Radio WSB Taking Boortz and Howard National", *Atlanta Constitution*, December 16, 1998; David Hinckley, "Gallagher: 'Going Back to What I Enjoy and Do Best,'" *New York Daily News*, October 26, 1998; "Inside Media", *Media week*, May 21, 2001; David Hinckley, "Twin Cities Show Gets Gotham Dancing to a Brand-New Beat", *New York Daily News*, February 26, 1998.

6 Editorializing by Broadcast Licensees, 13 FCC 1246 (1949), 1250.

7 See, for example, Rush Limbaugh, "Mr. President, Keep the Airwaves Free", *Wall Street Journal*, February 20, 2009; Keach Hagey, "Fairness Doctrine Fight Goes On", Politico, January 16, 2011, https://www.politico.com/story/2011/01/fairness-doctrine-fight-goes-on-047669; John Hudson, "Talk Radio's Long War on the Fairness Doctrine Is Over", The Atlantic, June 8, 2011, https://www.theatlantic.com/business/archive/2011/06/talk-radios-long-war-fairness-doctrine-over/351566.

8 Marin Cogan, "Bum Rush", *New Republic*, December 3, 2008, 8–10.

9 John Mainelli, email message to author,

October 20, 2010; Michael Harrison, 저자와의 인터뷰, November 9, 2010; Jon Sinton, 저자와의 이메일, April 25, 2012.

10 Scott Herman, 저자와의 인터뷰, December 26, 2012.

11 많은 제작자들은 진보와 보수가 같은 방송국에서 함께 성공할 수도 있다고 믿었다. David Hall, 저자와의 인터뷰, September 25, 2012; Mickey Luckoff, 저자와의 인터뷰, November 27, 2012; August 27, 2014; Mickey Luckoff, 저자와의 이메일, January 29, 2013; Robert Unmacht, 저자와의 이메일, January 26, 2013; Holland Cooke, 저자와의 인터뷰, October 4, 2012; Gabe Hobbs, 저자와의 인터뷰, August 29, 2012; Paula Span, "Radio Waves: Talk-Show Host Randi Rhodes Joined a New Liberal Network", *Washington Post*, September 12, 2004.

12 Laurie Cantillo, 저자와의 이메일, January 21, 2013.

13 Phil Boyce, 저자와의 인터뷰, October 15, 2014.

14 Walter Sabo, 저자와의 인터뷰, November 7, 2012; Steve Goldstein, 저자와의 인터뷰, November 6, 2012; Robert Unmacht, 저자와의 인터뷰, January 25, 2013; Hall, 인터뷰; Jim Farley, 저자와의 인터뷰, December 20, 2012. 다음도 참고하라. Jeffrey M. Berry and Sarah Sobieraj, *The Outrage Industry: Political Opinion Media and the New Incivility* (New York: Oxford University Press, 2014), 100.

15 Farley, 인터뷰.

16 진보 라디오 토크쇼의 실패 요인에 대해 더 알고 싶다면 다음을 참고하라. Brian Rosenwald, "Mount Rushmore: The Rise of Talk Radio and Its Impact on Politics and Public Policy" (Ph.D. diss., University of Virginia, 2015), 109–166.

17 Bill Weston, 저자와의 이메일, May 15, 2013; Steve Goldstein, 저자와의 이메일, May 23, 2013; Kraig Kitchin, 저자와의 인터뷰, February 13, 2013; Harrison, 인터뷰.

18 베리와 소비에라이는 또한 대안 편성이 진보 라디오 토크쇼의 잠재적 청취자들을 파편화했다고 주장한다. Jeffrey M. Berry and Sarah Sobieraj, "Understanding the Rise of Talk Radio", *PS: Political Science and Politics* 44, no. 4 (2011): 762–767, 766.

14 자기 길을 가는 정당들 The Parties Go Their Own Ways

1 Mark Pfeifle, 저자와의 인터뷰, January 16, 2013; Chris Paulitz, 저자와의 인터뷰, January 9, 2013.

2 Susan Phalen, 저자와의 인터뷰, April 1, 2013.

3 "Interview of the Vice President by Sean Hannity", January 11, 2006, https://georgewbush-whitehouse.archives.gov/news/releases/2006/01/20060111-9.html; "Interview of the Vice President by Rush Limbaugh", February 1, 2006, https://georgewbush-whitehouse.archives.gov/news/releases/2006/02/20060201-7.html; "Interview of the Vice President by Laura Ingraham", February 3, 2006, https://georgewbush-whitehouse.archives.gov/news/releases/2006/02/20060203-5.html; all from the George W. Bush White House Archives.

4 See Peter Baker, *Days of Fire: Bush and Cheney in the White House* (New York: Doubleday, 2013), 421, 495.

5 Trey Bohn, 저자와의 인터뷰, October 31, 2012; Taylor Gross, 저자와의 인터뷰, March 13, 2013; Nick Piatek, 저자와의 인터뷰, January 2, 2017.

6 Gross, 인터뷰.

7 Susan Russ, 저자와의 인터뷰, August 16, 2013; James Jeffords, *My Declaration of Independence* (New York: Simon and Schuster, 2001).

8 Paul Kane, "How Jim Jeffords Single-Handedly Bent the Arc of Politics", *Washington Post*, August 18, 2014.

9 Bohn, 인터뷰; Brian Walton, 저자와의 인터뷰, February 20, 2013; Scott Hogenson, 저자와의 인터뷰, September 7, 2012.

10 Sandra Sobieraj, "Radio Hosts Descend on White House for Political Talk", Associated Press, October 30, 2002.

11 Michelle Grasso, 저자와의 인터뷰, October 2, 2013.

12 Gene Ulm, 저자와의 인터뷰, August 6, 2013.

13 Saxby Chambliss, 저자와의 인터뷰, May 14, 2015.

14 Grasso, 인터뷰; Paige Perdue, 저자와의 인터뷰, October 9, 2013.

15 Kathleen Hall Jamieson and Joseph N. Cappella, *Echo Chamber: Rush Limbaugh and the Conservative Media Establishment* (New York: Oxford University Press, 2008), 20–41.

16 Joe Holley, "Sen. Robert Byrd Dead at 92", *Washington Post*, June 28, 2010.

17 Howard Kurtz, "Dan Rather to Step Down at CBS", *Washington Post*, November 24, 2004; Alex Weprin, "The Untold Story behind Dan Rather's Departure from CBS", *Adweek*, April 16, 2012, https://www.adweek.com/tvnewser/the-untold-story-behind-dan-rathers-departure-from-cbs.

18 Sean Hannity, *The Sean Hannity Show*, March 11, 2005, Library of Congress'sWeb Radio Recording Project, which can be accessed only in the Library; "Sen. Robert Byrd Talks with Alan Colmes", *Hannity and Colmes*, Fox News, March 10, 2005, http://www.foxnews.com/story/2005/03/11/sen-robert-byrd-talks-with-alan-colmes.

19 Randall Bloomquist, 저자와의 인터뷰, August 27, 2012; 익명의 공화당 보좌관, 저자와의 인터뷰, November 16, 2016; Piatek, 인터뷰; Elisha Krauss, 저자와의 인터뷰, May 18, 2018.

20 많은 미국인들이 이념적으로 유사한 출처의 뉴스를 소비한다는 증거는 많다. 예를 들어 다음을 보라. Natalie Jomini Stroud, *Niche News: The Politics of News Choice* (New York: Oxford University Press, 2012). 하지만 초기 연구는 반향실의 사례는 과장됐다고 주장한다. 미국인들은 생각보다 이념적 뉴스 출처를 자제하고 균형 잡힌 뉴스를 접했다는 것이다. 예를 들어 다음을 보라. Kevin Arceneaux and Martin Johnson, *Changing Minds or Changing Channels? Partisan News in an Age of Choice* (Chicago: University of Chicago Press, 2013).

21 Jamieson and Cappella, *Echo Chamber*, especially 62–76.

22 Jamieson and Cappella, *Echo Chamber*, 126–140.

23 Jamieson and Cappella, *Echo Chamber*, 184–185.

24 Hannity, *Sean Hannity Show*, March 11, 2005.

25 Jamieson and Cappella, *Echo Chamber*, 82, 141.

26 Jamieson and Cappella, *Echo Chamber*, 142.

27 1940년대와 1970년대의 행동주의를 알고 싶다면 다음을 보라. Nicole Hemmer, *Messengers of the Right: Conservative Media and the Transformation of American Politics* (Philadelphia: University of Pennsylvania Press, 2016).

28 Rush Limbaugh, "Discussion of Prosecutor Marcia Clark, Mario Cuomo and the Upcoming Congressional Elections", aired October 6, 1994; Rush Limbaugh, "Comments on the Limbaugh Ad for the *New York Times* and the NOW Boycott; Ordinary Citizens Stopping Crime in the City; Mainstream Media's Complaints of Not Being as Powerful s They Used to Be", aired October 21, 1994; Rush Limbaugh, "Discussed Mario Cuomo's Election Strategy, Ross Perot's and Rudolph Giuliani's '94 Endorsements, Texas Opinion Poll of Perot, and Research Study Showing Link between Abortions and Breast-Cancer Risks", aired November 2, 1994; all *Rush Limbaugh*, produced by Roger Ailes (Multimedia Entertainment). For additional examples of the unflattering nicknames Limbaugh gave to prominent journalists, see Jamieson and Cappella, *Echo Chamber*, 147.

29 Jamieson and Cappella, *Echo Chamber*, 39, 71, 125.

30 Rush Limbaugh, "Florida Orange Juice Sales Rose in July Despite NOW Boycott; Abe Lincoln's Wife Abused Him Physically; Democrats Up for Re-Election Avoid Link with Clinton; Environmental Wacko Communes with Trees", aired September 5, 1994; Rush Limbaugh, "Discusses Upcoming Elections and Various Campaigns; The Clinton Administration and the Labor Department's Job Corps Program", aired October 7, 1994; Rush Limbaugh, "Talks about a Personal Letter from Former President Ronald Reagan and Does a Presentation of Various Campaigns around the Country", aired October 17, 1994; Rush Limbaugh, "Discussion of Senatorial Election Races in Massachusetts and Virginia, Fashion and Its Effect on Feminism, *the New York Times* and Lack of Credit Perceived by Democrats for Improvement in the Economy", aired October 18, 1994; Rush Limbaugh, "Comments on the Limbaugh Ad for *the New York Times* and the NOW Boycott; Ordinary Citizens Stopping Crime in the City; Mainstream Media's Complaints of Not Being as Powerful as They Used to Be", aired October 21, 1994; Rush Limbaugh, "Comments on the New Jersey Senate Race, the Homework Issue at Cabrillo Unified School, Debate between Senator Kennedy and Mitt Romney, and Estimates What a Candidate Spends per Vote They Receive", aired October 26, 1994; Rush Limbaugh, [episode title unavailable], aired November 1, 1994; all *Rush Limbaugh*, produced by Roger Ailes (Multimedia Entertainment). Jamieson and Cappella, *Echo Chamber*, 169.

31 제이미슨과 카펠라는 1996년 대통령 선거 기간 동안 림보의 청취자들이 클린턴 대통령의 의료보장 지출과 미사일 방어에 대한 입장이 자신들의 입장과 실제보다 더 다르다고 믿었다는 증거를 제시하고 있다. 림보의 청취자들은 라디오 토크쇼를 듣지 않거나 진보 혹은 다른 보수 진행자의 청취자들보다 클린턴에 대해 더 부정적인 감정을 느꼈고 도일에 대해 더 긍정적인 감정을 느꼈다. 다른 연구 결과에 따르면 1994년에 라디오 토크쇼 청취는 공화당 후보에게 투표할 가능성을 증가시켰으며, 1992년부터 1994년, 그리고 1994년부터 1996년 사이 민주당에서 공화당으로 지지정당을 바꾸는 데 도움이 됐다. 하지만 이 연구의 약점 중 하나는 원인과 결과를 분리할 수 없다는 것이다. 라디오 토크쇼가 청취자들의 투표성향을 변화시켰는가, 아니면 라디오 토크쇼가 공화당에 투표할 성향이 있는 사람들을 끌어들였는가? Jamieson and Cappella, *Echo Chamber*, 134–139, 195–210, 232; David C. Barker, *Rushed to Judgment: Talk Radio, Persuasion, and American Political Behavior* (New York: Columbia University Press, 2002); David Barker, "Rushed Decisions, Political Talk Radio and Voter Choice, 1994–

1996", *Journal of Politics* 61, no. 2 (1999): 527–539, 532–535; Barker and Kathleen Knight, "Political Talk Radio and Public Opinion", *Public Opinion Quarterly* 64, no. 2 (2000): 149–170; Louis Bolce, Gerald De Maio, and Douglas Muzzio, "Dial in Democracy: Talk Radio and the 1994 Election", *Political Science Quarterly* 111, no. 3 (1996): 461–464, 466, 469.

32 Randi Rhodes, "The Randi Rhodes Show Part 4 / 5" Youtube video, May 4, 2004, posted on January 18, 2013, https://www.youtube.com/watch?v=fuoI_qbLwk.

33 Byron Dorgan, 저자와의 인터뷰, May 13, 2013; Tom Daschle, 저자와의 인터뷰, April 19, 2013; Russ Kelley, 저자와의 인터뷰, May 1; May 3, 2013; Howard Kurtz, "A Voice from Above, and to the Left", *Washington Post*, January 10, 2005.

34 Daschle, 인터뷰; Eric Burns, 저자와의 인터뷰, May 28, 2013; Mike Papantonio, 저자와의 인터뷰, June 11, 2013; Janet Robert, 저자와의 인터뷰, December 3, 2012.

35 Bill Press, *Toxic Talk: How the Radical Right Has Poisoned America's Airwaves* (New York: Thomas Dunne Books, 2010), 255; Mark Walsh, 저자와의 인터뷰, April 22, 2013.

36 다음을 참고하라. Brian Rosenwald, "Mount Rushmore: The Rise of Talk Radio and Its Impact on Politics and Public Policy" (Ph.D. diss., University of Virginia, 2015), 139–157, for a detailed discussion of the failure of Air America.

37 Jamal Simmons, 저자와의 인터뷰, November 25, 2013.

38 Laura Nichols, 저자와의 인터뷰, January 8, 2014.

39 Brendan Daly, 저자와의 인터뷰, April 24, 2013; Kelley, 인터뷰s; Andrea Purse, 저자와의 인터뷰, May 9, 2013; Jim Manley, 저자와의 인터뷰, July 22, 2013; Rodell Mollineau, 저자와의 인터뷰, October 24, 2013.

40 "Pelosi: House Democrats Hit the Airwaves for New Direction Radio Day", November 1, 2006, news release from the office of the Democratic leader, https://votesmart.org/public-statement/225601/pelosi-house-democrats-hit-the-airwaves-for-new-direction-radio-day.

41 Loretta Ucelli, 저자와의 인터뷰, February 28, 2013; Josh Gottheimer, 저자와의 인터뷰, May 31, 2013.

42 Don Baer, 저자와의 인터뷰, November 15, 2013.

43 Karina Newton, 저자와의 인터뷰, April 30, 2013.

44 Gail Hoffman, 저자와의 인터뷰, July 10, 2013.

45 Ari Rabin-Havt, 저자와의 인터뷰, June 13, 2013.

46 Hoffman, 인터뷰; Rabin-Havt, 인터뷰. For a description of the Dean campaign's Internet operation and how it contributed to later Democratic efforts online, see Daniel Kreiss, *Taking Our Country Back: The Crafting of Networked Politics from Howard Dean to Barack Obama* (New York: Oxford University Press, 2012).

47 풀뿌리 조직화에 대한 인터넷의 역할에 관해 더 알고 싶다면 다음을 보라. David Karpf, *The MoveOn Effect: The Unexpected Transformation of American Political Advocacy* (New York: Oxford University Press, 2012).

48 Bill Richardson, 저자와의 인터뷰, February 13, 2013.

49 David DiMartino, 저자와의 인터뷰, June 21, 2016.

50 Rosa DeLauro, 저자와의 인터뷰, February 7, 2014.

51 Jano Cabrera, 저자와의 인터뷰, November 12, 2013.

52 American Conservative Union, "Federal Legislative Ratings", http://acuratings.conservative.org/acu-federal-legislative-ratings/?year1=2004&chamber=13&state1 =0&sortable =1; Senate roster, 107th Congress, Voteview, UCLA Department of Political Science, https://voteview.com/congress/senate/107/text.

53 Sean Hannity, "The Sean Hannity Show", August 4, 2006, Library of Congress's Web Radio Recording Project.

54 Hannity, Sean Hannity Show, August 4, 2006.

55 "DW-NOMINATE Scores, 107th Congress, House of Representatives", Voteview, UCLA Department of Political Science, https://voteview.com/congress/house/107/text; American Conservative Union, "Federal Legislative Ratings", http://acuratings.conservative.org/acu-federal-legislative-ratings/?year1=2002&chamber =12&state1 =45&sortable =1.

56 Sean Hannity, *The Sean Hannity Show*, August 20, 2002, Paley Center for the Media, catalog number RB:26220, Paley Center's New York branch.

57 Patricia Schroeder, 저자와의 인터뷰, March 24, 2014.

58 Clarke, 인터뷰; Schroeder, 인터뷰; Paul Starobin, "Politics: Be There or Be Square", National Journal, August 3, 1996.

59 Dorgan, 인터뷰.

60 DeLauro, 인터뷰; David Bonior, 저자와의 인터뷰, February 24, 2014.

15 온건파가 아니라면 불만이라도 여전히 지지 Disgruntled but Still Loyal — Unless You're a Moderate

1 Brian Walton, 저자와의 인터뷰, February 20, 2013.

2 Jim Rutenberg, "Bush's Campaign Finds Outlet on Local Radio", *New York Times*, December 29, 2003.

3 Kevin Madden, 저자와의 인터뷰, August 26, 2013. 1960년부터 2000년까지 웨스트버지니아에서 공화당 대통령 후보는 단 두 번 승리했다. 그것은 1972년과 1984년 대승하던 때였다. 그동안 웨스트버지니아는 1980년 지미 카터, 1988년 마이클 듀카키스를 지지했지만, 이 두 민주당 후보가 전국적으로는 대패하는 것을 지켜봐야 했다.

4 Elisha Krauss, 저자와의 인터뷰, May 18, 2018.

5 Tom Davis, 저자와의 인터뷰, September 10, 2013.

6 Christopher Shays, 저자와의 인터뷰, August 11, 2013.

7 "Senate Roster, 108th Congress", Voteview, UCLA Department of Political Science https://voteview.com/congress/senate/108/text.

8 Shanin Specter, 저자와의 이메일, November 7, 2016.

9 스펙터는 이후 민주당원이 됐다가 2010년

경선에서 탈락했다.

10 Federal Elections Commission, "Federal Elections 2004, Election Results for the U.S. President, the U.S. Senate and the U.S. House of Representatives", May 2005, https://transition.fec.gov/pubrec/fe2004/federalelections2004.pdf.

11 Mark Dion, 저자와의 인터뷰, September 17, 2013.

12 Chris Nicholas, 저자와의 인터뷰, August 27, 2013; Chris Mottola, 저자와의 인터뷰, August 23, 2013.

13 Deroy Murdock, "The Bush-Soros Pick", *National Review*, April 19, 2004.

14 Rush Limbaugh, "Specter: No Soros Connection", *The Rush Limbaugh Show*, April 14, 2004, http://www .rushlimbaugh.com/daily/2004/04/14/specterno_sorosconnection.

15 Dion, 인터뷰.

16 Lars Larson, 저자와의 이메일, August 7, 2013; Dion, 인터뷰.

17 Nicholas, 인터뷰; Mottola, 인터뷰; Dion, 인터뷰.

18 Michael Smerconish, 저자와의 이메일, July 30, 2013.

19 Carl Hulse, "Specter Switches Parties", *New York Times*, April 28, 2009.

20 Rush Limbaugh, "Moderate RINOS Undermine the GOP", *The Rush Limbaugh Show*, November 11, 2005, http://www.rushlimbaugh.com/daily/2005/11/11/moderaterinosunderminethegop2.

21 Howard Kurtz, "Radio Hosts Get Closer to the White House—If Only Physically", Washington Post, October 25, 2006; Jim Rutenberg, "As Talk Radio Wavers, Bush Moves to Firm Up Support", *New York Times*, October 17, 2006.

22 익명의 라디오 제작자2, 저자와의 인터뷰, December 20, 2016.

23 Charlie Cook, "Midterm Elections Could Be a Wave", *National Journal*, July 29, 2013, http://www.nationaljournal.com/columns/off-to-the-races/midterm-elections-could-be-a-wave-but-who-s-going-to-drown-20130729; Kyle Trygstad, "History Shows Midterm Elections a Hard Slog for President's Party", *Roll Call*, January 21, 2013, http://www.rollcall.com/news/historyshows_midtermelectionsahardslogforpresidentsparty-220970-1.html.

24 피터 베이커가 관찰한 바도 비슷했다: "1월 10일 밤 카메라에 적색등이 켜졌을 때 종종 그랬던 것처럼 부시는 그의 고문들이 개인적으로 볼 때처럼 단단한 모습이 아니라 크라우치 박사가 말했듯이 불안하고 경직되고 작아 보였다." Peter Baker, *Days of Fire: Bush and Cheney in the White House* (New York: Doubleday, 2013), 525; Trey Bohn, 저자와의 인터뷰, October 31, 2012.

25 Mike Gallagher, "My Meeting with President Bush", *Talkers Magazine*, October 2006, 15–16; Boortz, "Today's Nuze", September 18, 2006, Internet Archive Wayback Machine, https://web.archive.org/web/20151204001803/http://www.wsbradio.com/weblogs/nealz-nuze/2006/sep/18/2006-09-18; Michael Medved, *The Michael Medved Show*, September 18, September 19, and September 22, 2006, the Library of Congress's Web Radio Recording Project.

26 Kurtz, "Radio Hosts Get Closer."

27 David Callender, "Gov Race Brings Out the Stars", *Capital Times & Wisconsin State Journal*,

November 4, 2006; Dave Pidgeon, "Santorum on Casey: 'He has no ideas'", Lancaster New Era | *Intelligencer Journal* | Sunday News, October 30, 2006; Ann E. Marimow, "GOP Heavyweights Help with Steele's Fundraising", *Washington Post*, October 25, 2006; "The 21st Century Version of 'This Is Your Life'", *National Journal* "Hotline", September 29, 2006; "Overlooked", National Journal "Hotline", September 29, 2006; Michael D. Shear and Tim Craig, "Allen Calls Webb Aide, Apologizes for Remark", *Washington Post*, August 24, 2006; David Jackson and Richard Benedetto, "Bush Tries to Regain His Footing on Once-Rock-Solid Conservative Base", *USA Today*, June 2, 2006; "A New York State of Mind", *National Journal* "Hotline", May 9, 2006; Anita Kumar, Adam C. Smith, and Bill Adair, "Harris Race Is Grist For Rumor Mill in Capital", *St. Petersburg Times*, March 9, 2006; Kurtz, "Radio Hosts Get Closer."

28 Sean Hannity, *The Sean Hannity Show*, August 4, 2006, Library of Congress's Web Radio Recording Project.

29 Paige Perdue, 저자와의 인터뷰, October 9, 2013.

30 제이미슨과 카펠라는 보수 진행자가 대선 캠페인 기간에 어떻게 이런 기법을 이용하는지 잘 보여줬다. 하지만 그들은 이런 기법이 더 잘 먹혀들 수 있는 총선에는 초점을 맞추지 않는다. Kathleen Hall Jamieson and Joseph Cappella, *Echo Chamber: Rush Limbaugh and the Conservative Media Establishment* (New York: Oxford University Press, 2008); Kurtz, "Radio Hosts Get Closer."

31 The Michael Medved Show, September 22, 2006.

32 Sean Hannity, *The Sean Hannity Show*, July 31, 2006, Library of Congress's Web Radio Recording Project. 33. *The Sean Hannity Show*, August 4, 2006.

34 Kurtz, "Radio Hosts Get Closer."

35 Howard Kurtz, "Party Poopers: Conservative Pundits Who Break Ranks Find Themselves on the Wrong Side of the Right", *Washington Post*, July 22, 1997; "Analysis: New Revelations in the Paula Jones-Bill Clinton Sexual Harassment Case", Meet the Press, June 22, 1997; Katharine Q. Seelye, "Gingrich Moves to Turn Back Any Challenge to Leadership", *New York Times*, April 4, 1997; "House GOP Conservatives Warn Leadership on Agenda", *Congress Daily*, March 21, 1997; Laurie Kellman, "Term-limits Supporters Shift Focus to White House", *Washington Times*, March 21, 1995.

36 또 다른 사례를 보려면 다음을 참고하라. Michael D. Shear and Tim Craig, "Allen Calls Webb Aide, Apologizes for Remark", *Washington Post*, August 24, 2006; John Feehery, 저자와의 인터뷰, May 2, 2013.

37 Matt Zapotosky, "Judge Sentences Former U.S. House Speaker Dennis Hastert", *Washington Post*, April 27, 2016.

38 Jeff Zeleny, "Hastert, a Political Survivor, Vows to Overcome Scandal", *New York Times*, October 6, 2006; Dana Milbank, "A Few Conservative Voices Still Speak for the Speaker", *Washington Post*, October 4, 2006; "Denny, But Not Out", *National Journal* "Hotline", October 4, 2006.

39 Ron Bonjean, 저자와의 인터뷰, January 11, 2013.

40 Peter Baker and Jim VandeHei, "Kerry Offers Apology to Troops", *Washington Post*, November 2, 2006.

41 John Ziegler, "How the John Kerry Gaffe Story Really Broke", *Talkers Magazine*,

November 2006, 1, 29.

42 Kate Zernike, "Flubbed Joke Makes Kerry a Political Punching Bag, Again", *New York Times*, November 2, 2006.

43 "Troops Respond to 'Jon Carry' with Plea for 'Halp'", CNN, November 2, 2006.

44 Bob von Sternberg, "Minnesota Unit behind 'Irak' Sign", *Minneapolis Star-Tribune*, November 3, 2006; Niles Lathem and Todd Venezia, "Genius GIs' Joy at Last Laugh", New York Post, November 3, 2006.

45 Rush Limbaugh, "Rush's 인터뷰 with President George W. Bush", *The Rush Limbaugh Show*, November 1, 2006; "Kerry Apologizes for Clumsy Attempt at Joke", *The Situation Room*, CNN, November 1, 2006.

46 Sean Hannity, *The Sean Hannity Show*, November 6, 2006; the first thirty minutes of this show are available on the Library of Congress's Web Radio Recording Project.

47 Rush Limbaugh, *The Rush Limbaugh Show*, November 6, 2006, Library of Congress's Web Recording Project.

48 다음을 참고하라. David Leip, "United States Presidential Elections Results: Rhode Island", http://uselectionatlas.org/RESULTS; "Senate roster, 109th Congress", Voteview, UCLA Department of Political Science, https://voteview.com/congress/senate/109/text.

49 See Katherine Gregg and Mark Arsenault, "Senate Candidates Go One-on-One", *Providence Journal*, August 18, 2006; Ottoe, "Rush vs. Chafee and SCLM Hypocrisy", Daily Kos (blog), July 20, 2006, http://www.dailykos.com/story/2006/07/20/229184/-Rush-vs-Chafee-and-SCLM-Hypocrisy#.50. Rush Limbaugh, "Matthews Remark Exposes Left-WingAnti-Semitism", *The Rush Limbaugh Show*, August 9, 2006, http://www.rushlim baugh.com/daily/2006/08/09/matthewsremarkexposesleftwingantisemitism.

51 Hugh Hewitt, 저자와의 인터뷰, November 5, 2012; "Guess Who's Coming to Lunch?" *National Journal* "Hotline", September 13, 2006.

52 "McCain at the New School: Day 4", *National Journal* "Hotline", May 23, 2006; "It's '08 Already", *National Journal* "Hotline", July 24, 2006.

53 It is impossible to determine what percentage of Laffey's out-of-state fundraising was driven by talk radio as opposed to national conservative groups, but it is reasonable to assume that talk radio contributed. The percentage is calculated using Laffey's FEC reports for the 2006 election cycle, http://www.fec.gov/fecviewer/CandidateCommitteeDetail.do. Gene Ulm, 저자와의 인터뷰, August 26, 2013; Mottola, 인터뷰.

54 Sherwood Boehlert, 저자와의 인터뷰, February 5, 2013.

55 2006년 헤이글, 그레이엄, 매케인의 DW-NOMINATE 스코어는 각각 0.344, 0.408, 0.381이었다. 다음을 보라. "Senate roster, 109th Congress", Voteview, UCLA Department of Political Science, https://voteview.com/congress/senate/109/text.

56 *The Sean Hannity Show*, August 4, 2006.

16 라디오 토크쇼의 거물과 초당적 협력의 대립 The Titans of Talk 1 — Bipartisanship 0

1 *How Democracy Works Now*, episode 3,

"Sam in the Snow", produced and directed by Michael Cammerini and Shari Robertson, at 32:15.

2 *How Democracy Works Now*, episode 1, "The Game Is On", produced and directed by Michael Cammerini and Shari Robertson.

3 *How Democracy Works Now*, episode 1; Marshall Fitz, 저자와의 인터뷰, February 21, 2014.

4 Frank Sharry, 저자와의 인터뷰, February 24, 2014.

5 Roger Hedgecock, 저자와의 인터뷰, January 9, 2013.

6 Adam Sharon, "Hosts and Their Listeners Hold Politicians' Feet to the Fire", *Talkers Magazine*, May 2005, 46–47.

7 House Roll Call Vote 661, H.R. 4437, Border Protection, Antiterrorism, and Illegal Immigration Control Act, On Passage, 109th Cong. 1st. Sess., December 16, 2005, http://clerk.house.gov/evs/2005/roll661.xml; National Conference of State Legislatures, "Border Protection, Antiterrorism and Illegal Immigration Control Act", H.R. 4437 Co-Sponsors: Representative James Sensenbrenner (R-WI) and Representative Peter King (R-NY), Immigrant Policy Project, accessed May 29, 2015, http://www.ncsl.org/research/immigration/summary-of-the-sensenbrenner-immigration-bill.aspx; The Border Protection, Antiterrorism and Illegal Immigration Control Act of 2005, H.R. 4437, 109th Cong., http://www.gpo.gov/fdsys/pkg/BILLS-109hr4437rfs/pdf/BILLS-109hr4437rfs.pdf; Patrick O'Connor, "DeLay Must Bridge Gap with Bush", The Hill, September 20, 2005; Emily Heil, "White House Huddles with Congress on Immigration Plan, *Congress Daily/P.M*, September 19, 2005; Doug Rivlin, 저자와의 인터뷰, November 2, 2017; Patrick O'Connor, "Lawmakers, Rove Talk Immigration", *The Hill*, September 15, 2005.

8 Laura Burton Capps, 저자와의 인터뷰, February 21, 2014; Fitz, 인터뷰.

9 G. Gordon Liddy, *The G. Gordon Liddy Program*, March 23, 2006, Library of Congress's Web Radio Recording Project. 의회도서관은 2006년 3월 23일 리디의 프로그램이 테네시 맨체스터의 제휴 방송국에서 방송되는 걸 우연히 녹음했다. 이민 개혁에 반대하는 단체들이 이 방송국의 광고를 구매했다면 그들은 아마 핵심 상원의원들의 지역 방송국에도 광고를 배치했을 것이다.

10 Rush Limbaugh, "Republicans Abandon Principle Out of Fear", *The Rush Limbaugh Show*, April 3, 2006, http://www.rushlimbaugh.com/daily/2006/04/03/republicansabandonprincipleoutoffear.

11 Rush Limbaugh, "Democrats Ripe for Political Embarrassment, but Gutless GOP Would Rather Pander", *The Rush Limbaugh Show*, April 4, 2006, http://www.rushlimbaugh.com/daily/2006/04/06/democratsripeforpolitical_embarrassmentbutgutlessgopwouldratherpander.

12 Senate Roll Call Vote 157, S. 2611, Comprehensive Immigration Reform Act of 2006, On Passage of the Bill, 109th Cong. 2nd Sess., May 25, 2006, http://www.senate.gov/legislative/LIS/rollcalllists/rollcallvotecfm.cfm?congress=109&session=2&vote=00157.

13 Fitz, 인터뷰; Rivlin, 인터뷰.

14 Joel Kaplan, 저자와의 인터뷰, October 1, 2014.

15 Fitz, 인터뷰.

16 Jon Kyl, 저자와의 인터뷰, October 15, 2014.

17 Lars Larson, 저자와의 인터뷰, November 16, 2012.

18 Kyl, 인터뷰.

19 Rush Limbaugh, "Immigration Bill Must Be Defeated", *The Rush Limbaugh Show*, May 21, 2007, http://www.rushlimbaugh.com/daily/2007/05/21/immigrationbillmustbe defeated.

20 익명의 상원 보좌관2, 저자와의 인터뷰, April 3, 2014.

21 Becky Talent, 저자와의 인터뷰, February 13, 2017.

22 Trent Lott, 저자와의 인터뷰, September 16, 2013; Saxby Chambliss, 저자와의 인터뷰, May 14, 2015; Kyl, 인터뷰; Robert Bennett, 저자와의 인터뷰, January 4, 2013; Jonathan Weisman and Shailagh Murray, "Republicans Hearing Static from Conservative Radio Hosts", *Washington Post*, June 20, 2007.

23 Hedgecock, 인터뷰; Larson, 인터뷰.

24 Pew Research Center, "Will Conservative Talkers Take on Immigration Reform", Pew Research Center, February 1, 2013, http://www.journalism.org/2013/02/01/will-conservative-talkers-take-immigration-reform; "Did Talk Radio Hosts Help Derail the Immigration Bill?" Pew Research Center, June 14, 2007, http://www.journalism.org/2007/06/14/pej-talk-show-index-june-3-8-2007. 베리와 소비에라이에 따르면 진행자들은 2007년 이사분기에 방송시간의 16퍼센트를 이민 문제에 대한 논쟁에 배정했다. Jeffrey M. Berry and Sarah Sobieraj, *The Outrage Industry: Political Opinion Media and the New Incivility* (New York: Oxford University Press, 2014), 205.

25 Kaplan, 인터뷰.

26 Chambliss, 인터뷰; Stephen Dinan, "Georgia Senators at Center of Battle", *Washington Times*, June 20, 2007.

27 Charles Babington, "Talk Shows Influence Immigration Debate", Associated Press, June 23, 2007.

28 Kyl, 인터뷰.

29 Mara Liasson, "Republicans Lash Back at Talk Radio's Criticism", *All Things Considered*, National Public Radio, June 27, 2007.

30 Tony Fratto, 저자와의 인터뷰, July 2, 2013; Bennett, 인터뷰; Lott, 인터뷰; Kyl, 인터뷰; Ed Gillespie, 저자와의 인터뷰, July 31, 2013.

31 Dinan, "Georgia Senators at Center of Battle"; Dinan, "Bloggers, Radio Reshaping Bill on Immigration", *Washington Times*, June 23, 2007; Gail Russell Chaddock, "Fury Grows over US Immigration Bill", *Christian Science Monitor*, May 25, 2007; N. C. Aizenman, "Small-Town Resistance Helped to Seal Defeat", *Washington Post*, June 29, 2007.

32 Rush Limbaugh, "What Do We Do about Trent Lott?" *The Rush Limbaugh Show*, June 15, 2007, http://www.rushlimbaugh.com/daily/2007/06/15/whatdo_wedoabouttrentlott.

33 Rush Limbaugh, "The List: GOP Senators Who Voted for Cloture", *The Rush Limbaugh Show*, June 26, 2007, http://www.rushlim baugh.com/daily/2007/06/26/thelistgop senatorswhovotedforcloture.

34 Bennett, 인터뷰; Kaplan, 인터뷰.

35 Senate Roll Call Vote 235, S. 1639, A Bill to Provide for Comprehensive Immigration Reform and for Other Purposes, On the Cloture Motion, 110th Cong. 1st Sess., June 28, 2007, http://www.senate.gov/legislative/LIS/

roll_calllists/rollcallvotecfm.cfm?congress=110&session=1&vote=00235.

36 Federation for American Immigration Reform, "Feet to the Fire 2013"; FAIR has subsequently redesigned its website and removed this page. It can be accessed using the Internet Archive Wayback Machine, http://web.archive.org/web/20130425024008/ http://www.fairus.org/action/feet-to-the-fire-2013.

37 Sharry, 인터뷰; Senate Roll Call Vote 235, S. 1639; Senate Roll Call Vote 157, S. 2611.

38 John Kobylt, 저자와의 인터뷰, February 13, 2013; Hugh Halpern, 저자와의 인터뷰, August 20, 2014.

39 Kobylt, 인터뷰; Valerie Richardson, "Dreier Targeted on Immigration", *Washington Times*, October 31, 2004.

40 John Fund, "Rush for the Border; Rush Limbaugh Issues a Warning to President Bush", *Wall Street Journal*, January 31, 2005; Richardson, "Dreier Targeted on Immigration."

41 Federal Elections Commission, "Federal Elections 2004 Election Results for the U.S. President, the U.S. Senate and the U.S. House of Representatives", May 2005, https://transition.fec.gov/pubrec/fe 2004/federalelections2004.pdf; Federal Elections Commission, "Federal Elections 2006 Election Results for the U.S. President, the U.S. Senate and the U.S. House of Representatives", June 2007, https://transition.fec.gov/pubrec/fe2006/federalelections2006.pdf.

42 Kaplan, 인터뷰.

43 시다 스코치폴과 버네사 윌리엄슨은 티파티 구성원이 불법 이민 반대를 중요시한다는 걸 보여줬다. 국가 재정에 대한 티파티의 관점이 많은 관심을 받았지만, 그들이 인터뷰한 티파티 구성원들은 이민 개혁에 열정적으로 반대했다. 그들은 불법 이민을 심각한 문제로 여기기 때문에 이를 막기 위해 정부 지출과 경찰력 강화에 찬성했다. 베리와 소비에라이는 게리 제이콥슨의 자료를 인용해 티 파티에 대한 지지와 반이민 태도가 매우 상관관계가 높다고 주장하며 이런 분석을 뒷받침했다. Skocpol and Williamson, *The Tea Party and the Remaking of Republican Conservatism* (New York: Oxford University Press, 2013), 57; Berry and Sobieraj, *Outrage Industry*, 205.

17 공화당의 꼭두각시였던 적은 없었다 Never a Republican Puppet

1 Nick Piatek, 저자와의 인터뷰, January 2, 2017; Trey Bohn, 저자와의 인터뷰, October 31, 2012; Kevin Sullivan, 저자와의 인터뷰, December 19, 2016; Ed Gillespie, 저자와의 인터뷰, July 31, 2013.

2 Lars Larson, "Orators in the Oval Office", *Talkers Magazine*, September 2007, 34; George W. Bush Library, "Appointments and Scheduling, White House Office of Presidential Daily Diary Backup", Stack W, Row 16, Section 28, Shelf 9, Position 6, FRC ID 13658, Location or Hollinger ID, 26521, NARA Number 13716, OA Number 13695.

3 Piatek, 인터뷰.

4 Rush Limbaugh, "Rush Meets with President Bush", *The Rush Limbaugh Show*, August 3, 2007, https://www.rushlimbaugh.com/daily/2007/08/03/rush_meetswith presidentbush.

5 Rush Limbaugh, "The Bush Family Calls Rush", *The Rush Limbaugh Show*, July 31, 2008, http://www.rushlimbaugh.com/daily/2008/08/01/thebushfamily_callsrush2.

6 Michael Steel, 저자와의 인터뷰, July 6, 2016; 익명의 하원 보좌관2, 저자와의 인터뷰, December 15, 2016; Mike Sommers, 저자와의 인터뷰, November 14, 2016.

7 익명의 상원 보좌관3, 저자와의 인터뷰, November 16, 2016; 익명의 상원 보좌관4, 저자와의 인터뷰, January 11, 2017; Josh Holmes, 저자와의 인터뷰, February 23, 2016.

8 Amanda Isaacson, 저자와의 인터뷰, January 13, 2017; 익명의 상원 보좌관3, 인터뷰.

9 Rush Limbaugh, "Rush Upstages Obama's Dinner with Washingtonian Republicans", *The Rush Limbaugh Show*, January 14, 2009, https://www.rushlimbaugh.com/daily/2009/01/14/rushupstagesobamasdinnerwith_washingtonianrepublicans.

10 Hugh Hewitt, @hughhewitt, "On the last Wednesday of his presidency, W met with conservative talk show hosts to urge them to give new guy a chance", Twitter, January 15, 2009, 8:43 p.m., https://twitter.com/hughhewitt/status/820854055488536577; George W. Bush Library, President's Daily Diary, Jnuary 13, 2009, FRC ID 13597; White House Office of Records Management, "Subject Files FG001-07", January 13, 2009, FRC ID 13124.

11 Rush Limbaugh, "I Hope Obama Fails", *The Rush Limbaugh Show*, January 16, 2009, https://www.rushlimbaugh.com/daily/2009/01/16/limbaughihope_obamafails.

12 Robert Walker, 저자와의 인터뷰, October 10, 2013.

13 Gillespie, 인터뷰.

14 Taylor Gross, 저자와의 인터뷰, March 13, 2013.

15 Scott Hennen, 저자와의 인터뷰, December 18, 2012.

16 John Feehery, 저자와의 인터뷰, May 2, 2013; Kevin Schweers, 저자와의 인터뷰, January 25, 2013; Mark Pfiefle, 저자와의 인터뷰, January 16; January 30, 2013; anonymous Senate staffer 5, 저자와의 인터뷰, March 22, 2016.

17 Feehery, 인터뷰.

18 Hennen, 인터뷰; Lars Larson, 저자와의 인터뷰, November 16, 2012.

19 익명의 라디오 제작자2, 저자와의 인터뷰, December 20, 2016.

20 Isaacson, 인터뷰.

21 Larson, 인터뷰.

22 Chad Kolton, 저자와의 인터뷰, August 1, 2012; "Did Talk Radio Hosts Help Derail the Immigration Bill?" PEJ Talk Show Index, June 3–8, 2007, Pew Research Center, June 14, 2007, http://www.journalism.org/2007/06/14/pej-talk-show-index-june-3-8-2007.

23 Feehery, 인터뷰.

24 Gross, 인터뷰.

25 Evan Smith, "Dan Bartlett on Life in the White House", *Texas Monthly*, January 2008.

26 Dave Zweifel, "What's Wrong with Right-Wing Radio", *Capital Times & Wisconsin State Journal*, December 1, 2008; Dan Shelley, "Secrets of Talk Radio, *Milwaukee Magazine*, November 17, 2008.

27 익명의 라디오 제작자2, 인터뷰.

28 진행자들의 권력은 도널드 크리츠로우가 "레이건 대통령이 공화당 내에 영구적인 보수 체제를 확립하지 못했다"는 주장을 복잡하게

만든다. 레이건이 규제 완화 철학을 따라 공정성 원칙을 폐지하게 되면서 의도치 않게 보수 라디오 토크쇼가 부상하는 길을 열어주었고, 이는 장기적으로 공화당 내에서 보수의 통제력 강화에 크게 기여했다. Critchlow, *The Conservative Ascendancy: How the Republican Right Rose to Power in Modern America* (Lawrence: University Press of Kansas, 2011), 186.

29 Jonathan Martin, "Gingrey Apologizes over Limbaugh", Politico, January 28, 2009, https://www.politico.com/story/2009/01/gingrey-apologizes-over-limbaugh-018067; Jim Galloway, "Political Insider: Phil Gingrey to Rush Limbaugh: 'I Regret Those Stupid Comments'", *Atlanta Journal Constitution*, January 28, 2009; Rush Limbaugh, "Congressman Phil Gingrey to Rush: 'I Regret Those Stupid Comments'", *The Rush Limbaugh Show*, January 28, 2009, https://www.rush limbaugh.com/daily/2011/05/19/congressmanphilgin greytorushi_regretthose stupidcomments.

30 Rush Limbaugh, "A Few Words for Michael Steele", *The Rush Limbaugh Show*, March 2, 2009; Mike Allen, "Steele to Rush: I'm Sorry", Politico, March 2, 2009, https://www.politico.com/story/2009/03/steele-to-rush-im-sorry-019517.

31 David Callender, "Thompson's Plans Add to State of Indecision", *Capital Times & Wisconsin State Journal*, April 14, 2006; John Nichols, "The Courage, Conscience of Dale Schultz", *Capital Times & Wisconsin State Journal*, March 6, 2013.

32 Kathleen Hall Jamieson and Joseph N. Cappella, *Echo Chamber: Rush Limbaugh and the Conservative Media Establishment* (New York: Oxford University Press, 2008), 115–120; "Schwarzenegger Sold Out", *The Rush Limbaugh Show*, March 20, 2007, http://www.rushlimbaugh.com/daily/2007/03/20/schwar zeneggersoldout.

33 "EIB Interview: Governor Schwarzenegger Calls Rush", *The Rush Limbaugh Show*, March 21, 2007, http://www.rushlimbaugh.com/daily/2007/03/21/eib_interviewgovernor schwarzeneggercallsrush2.

34 Jamieson and Cappella, Echo Chamber, 113–115; David Barker, *Rushed to Judgment: Talk Radio, Persuasion, and American Political Behavior* (New York: Columbia University Press, 2002), 87.

35 익명의 캠페인 보좌관1, 저자와의 인터뷰, March 22, 2016.

36 익명의 캠페인 보좌관1, 인터뷰; Crystal Benton, 저자와의 인터뷰, July 28, 2016; 익명의 공화당 전략가1, 저자와의 인터뷰, March 27, 2017.

37 익명의 캠페인 보좌관2, 저자와의 인터뷰, September 14, 2016; Benton, 인터뷰.

38 Andy Polesovsky, 저자와의 인터뷰, August 11, 2016; Benton, 인터뷰; 익명의 캠페인 보좌관2, 인터뷰.

18 보수 언론 제국 The Conservative Media Empire

1 John Randall, 저자와의 인터뷰, March 29, 2016; Ben Shapiro, 저자와의 인터뷰, May 4, 2017.

2 진보 의견 매체에도 같은 패턴이 존재했었다. 2000년대 가장 중요한 진보 라디오 진행자 중 한 명인 에드 슐츠는 2009년부터 2015년까지 MSNBC의 일일 프로그램을 진행했다. 레이첼 매도는 MSNBC와 Air America에서 방송을 했다.

3 Mike Gallagher, *The Mike Gallagher Show*, November 10, 2000, http://c-spanvideo.org/program/ElectionReactio.

4 Douglas Wilson, 저자와의 이메일, May 30, 2013; Hugh Hewitt, 저자와의 이메일, May 20, 2013; Genevieve Wood, 저자와의 이메일, May 20, 2013.

5 Molly Ball, "Is the Most Powerful Conservative in America Losing His Edge?" *The Atlantic*, January / February 2015.

6 Joshua Green, *Devil's Bargain: Steve Bannon, Donald Trump, and the Storming of the Presidency* (New York: Penguin Press, 2017), 109.

7 Elisha Krauss, 저자와의 인터뷰, May 18, 2018.

8 Robin Abcarian, "Andrew Breitbart: The Man behind the Shirley Sherrod Affair", *Los Angeles Times*, September 2, 2010; James Rainey, "Breitbart .com Sets Sights on Ruling the Conservative Conversation", *Los Angeles Times*, August 1, 2012.

9 Andrew Breitbart, *Righteous Indignation: Excuse Me While I Save the World* (New York: Grand Central Publishing, 2012), 33–44.

10 Green, *Devil's Bargain*, 143–145.

11 이런 인사들은 벤클러와 동료들이 "관심의 중심"이라고 부르는 역할을 했다. 그들은 관심의 중심을 "특정 주제에 대해 개인의 목소리를 증폭시켜 더 많은 트래픽을 받는 웹사이트"로 정의하지만 이 용어는 인기 있는 라디오 토크쇼와 케이블 뉴스 프로그램에도 적용될 수 있다. Yochai Benkler, Hal Roberts, Robert Faris, Alicia Solow-Niederman, and Bruce Etling, "Social Mobilization and the Networked Public Sphere: Mapping the SOPA-PIPA Debate", Berkman Center for Internet & Society Research Publication Series no. 2013-16, Berkman Klein Center, Harvard University, July 2013, http://cyber.law.harvard.edu/publications/2013/socialmobilization_andthenetworkedpublicsphere.

12 Oliver Darcy, "Glenn Beck's TheBlaze and CRTV Merge", CNN, December 3, 2018, https://www.cnn.com/2018/12/03/media/crtv-blaze-merger/index.html; Chris Crane, 저자와의 인터뷰, April 11, 2017.

13 Green, *Devil's Bargain*, 108, 124, 140, 172.

14 Dave Hodgden, 저자와의 인터뷰, October 23, 2013.

15 익명의 하원 보좌관3, 저자와의 인터뷰, December 20, 2016; David Popp, 저자와의 인터뷰, November 10, 2015; Randall, 인터뷰.

19 오바마에 대한 저주 I Hope He Fails

1 다음을 보라. Daniel Kreiss, *Taking Our Country Back: The Crafting of Networked Politics from Howard Dean to Barack Obama* (New York: Oxford University Press, 2012), 121–202.

2 Zach Galifianakis, "President Barack Obama: Between Two Ferns with Zach Galifianakis", March 13, 2014, https://www.youtube.com/watch?v=UnW3xkHxIEQ; Kory Grow, "10 Most Fascinating Quotes from Obama's 'WTF' Chat with Marc Maron", *Rolling Stone*, June 22, 2015; Amy Kaufman, "Podcaster in Chief: How Marc Maron Landed the Obama Interview", *Los Angeles Times*, June 20, 2015; Barack Obama, "I Am Barack Obama, President of the United States—AMA", Reddit, August 29, 2012, https://www.reddit.com/r/IAmA/comments/z1c9z/iambarackobama president oftheunitedstates.

3 Bill Burton, 저자와의 인터뷰, May 19, 2016; Dag Vega, 저자와의 인터뷰, June 9, 2015; Jen Psaki, 저자와의 인터뷰, February 22, 2017; Jay

Carney, 저자와의 인터뷰, March 3, 2016.

4 David Bonior, 저자와의 인터뷰, February 24, 2014.

5 Laura Quinn, 저자와의 인터뷰, December 12, 2012; Kimberlin Love, 저자와의 인터뷰, February 26, 2013; Julianne Corbett Waldron, 저자와의 인터뷰, November 29, 2012.

6 대부분의 주요 도시들에는 견고한 라디오 토크쇼 방송국이 있었지만 그 외에도 더 많은 선택지가 있었다.

7 David DiMartino, 저자와의 인터뷰, June 21, 2016.

8 Bill Richardson, 저자와의 인터뷰, February 13, 2013.

9 Debra DeShong, 저자와의 인터뷰, June 19, 2013. 목표 설정과 미세 설절의 발달에 관해서는 다음을 보라. Sasha Issenberg, *The Victory Lab: The Secret Science of Winning Campaigns* (New York: Broadway Books, 2013).

10 Psaki, 인터뷰.

11 Kathleen Hall Jamieson and Joseph N. Cappella, *Echo Chamber: Rush Limbaugh and the Conservative Media Establishment* (New York: Oxford University Press, 2008), 136–137.

12 Jamieson and Cappella, *Echo Chamber*, 190–236

20 틀어진 관계 The Relationship Sours

1 익명의 상원 보좌관3, 저자와의 인터뷰, November 16, 2016.

2 Robert G. Kaiser, *Act of Congress: How America's Essential Institution Works, and How It Doesn't* (New York: Vintage Books, 2013).

3 Kaiser, *Act of Congress*, 248–249.

4 의회 권력을 이동시킨 규칙 변화에 대해서는 다음을 보라. Julian Zelizer, *On Capitol Hill: The Struggles to Reform Congress and Its Consequences* (New York: Cambridge University Press, 2004); and Barbara Sinclair, *Party Wars* (Norman: University of Oklahoma Press, 2006).

5 Kaiser, *Act of Congress*, 249, 265–266.

6 Dick Armey, 저자와의 인터뷰, March 7, 2013.

7 Ben Shapiro, 저자와의 인터뷰, May 4, 2017.

8 Charlie Dent, 저자와의 인터뷰, January 9, 2017; Neil Bradley, 저자와의 인터뷰, June 20, 2017.

9 Sean Hannity, *The Sean Hannity Show*, August 4, 2006, Library of Congress's Web Radio Recording Project.

10 스카치콜과 윌리암슨은 보수 매체를 티 파티 운동의 세 기둥 중 하나로 본다. 베리와 소비에라이는 다른 격분 매체보다도 라디오 토크쇼가 티파티의 우선순위에 영향을 미쳤다는 점을 발견했다. Theda Skocpol and Vanessa Williamson, *The Tea Party and the Remaking of Republican Conservatism* (New York: Oxford University Press, 2012), 12–13; Jeffrey M. Berry and Sarah Sobieraj, *The Outrage Industry: Political Opinion Media and the New Incivility* (New York: Oxford University Press, 2014), 165.

11 익명의 하원 보좌관2, 저자와의 인터뷰, December 15, 2016.

12 Rush Limbaugh, "Madoff Sentenced to 150 Years, Waxman and Markey Remain Free", *The Rush Limbaugh Show*, June 29, 2009, http://

www.rushlimbaugh.com/daily/2009/06/29/madoffsentencedto150years_waxmanand markeyremainfree.

13 "Delaware", 270 to Win website, http://www.270towin.com/states/Delaware.

14 Don Surber, "Fighting for the Soul of the Republican Party", *Charleston Gazette*, October 29, 2009.

15 Sean Hannity, "Conservatives Taking the GOP; Interview with Dick Morris", *Hannity*, Fox News, aired November 2, 2009; Sean Hannity, "Independents Vote for GOP Candidates; Videos Surfaced of Kids Praising Obama in School", *Hannity*, Fox News, aired November 4, 2009.

16 Rush Limbaugh, "Why NY-23 Isn't a Third-Party Race", *The Rush Limbaugh Show*, October 27, 2009, http://www.rushlimbaugh.com/daily/2009/10/27/why_ny23isntathirdpartyrace.

17 Rush Limbaugh, "Dede Scozzafava Screws RINOs", *The Rush Limbaugh Show*, November 2, 2009, http://www.rushlimbaugh.com/daily/2009/11/02/dede_scozzafavascrewsrinos.

18 "Massachusetts", 270 to Win website, https://www.270towin.com/states/Massachusetts

19 Scott Brown, 저자와의 이메일, July 16, 2013.

20 Rob Willington, 저자와의 인터뷰, September 19, 2013.

21 Patrick Ruffini, "Scott Brown's Online Fundraising Machine", Engage (blog), January 28, 2010, https://enga.ge/scott-browns-online-fundraising-machine-inside-the-numbers.

22 Willington, 인터뷰.

23 Ruffini, "Scott Brown's Online Fundraising Machine."

24 American Conservative Union, "Federal Legislative Ratings", http://acuratings.conservative.org/acu-federal-legislative-ratings/?year1=2002&chamber=12&state1 =45&sortable =1;" DW-NOMINATE Scores, 111th Congress, House of Representatives", Voteview, UCLA Department of Political Science, https://voteview.com/congress/house/111/text.

25 Chris Good, "Tea Party Express's Delaware Ads", *The Atlantic*, September 1, 2010; David Eldridge, "In Delaware, GOP Insurgent Storms Castle", *Washington Times*, September 3, 2010; Chris Matthews, "Obama's News Conference; Quran Burning; 'Don't Ask, Don't Tell' Is Unconstitutional; 9 / 11 No Longer a Day Free of Politics", *Hardball*, MSNBC, September 10, 2010; Howard Kurtz, "Media Notes: Conservative Pundits on 'Suicide' Watch", *Washington Post*, September 15, 2010.

26 Sean Hannity, "Interview with Michelle Malkin", *Hannity*, Fox News, aired September 8, 2010.

27 Sean Hannity, "The Great American Panel", *Hannity*, Fox News, aired September 14, 2010.

28 Rush Limbaugh, "The Limbaugh Rule: Vote for Most Conservative Candidate in Primary", *The Rush Limbaugh Show*, September 14, 2010, http://www.rushlimbaugh.com/daily/2010/09/14/thelimbaughrulevoteformost_conservativecandidateinprimary.

29 Michael Medved, 저자와의 인터뷰, January 18, 2017.

30 Rush Limbaugh, "What If Everyone in This Audience Sent Christine O'Donnell a Buck", *The Rush Limbaugh Show*, September

15, 2010, http://www.rushlimbaugh.com/daily/2010/09/15/whatifeveryoneinthisaudiencesent_ christineodonnellabuck; Rush Limbaugh, "Can Christine O'Donnell Raise Another Million in Next 24 Hours", *The Rush Limbaugh Show*, September 16, 2010, http://www.rush limbaugh.com/daily/2010/09/16/can christine_odonnellraiseanothermillionin next24hours2.

31 "DW Nominate Scores for the United States Senate for the 107th Congress", Vote view, UCLA Department of Political Science, https://voteview.com/congress/senate/107/text.

32 다음을 보라. "Incumbent Senators Who Lost in Their Party's Primary", produced by the Senate Historian's Office via email from Mary Baumann on October 18, 2013. 다음도 참고하라. Robert KC Johnson, "Not Many Senators Have Found Themselves in Joe Lieberman's Predicament", History News Network, George Washington University, n.d., http://hnn.us/article/28947.

21 RINO 사냥 Hunting RINOs

1 라디오 토크쇼가 선거에 미치는 영향에 대해서는 많은 학술적 논쟁이 있다. 일부 연구자들은 상당한 영향을 발견했다. 하지만 라디오 토크쇼를 듣는 것이 총선에서 공화당 후보에 대한 투표 동기를 부여했다는 주장은 상관관계에서 인과관계를 추론할 수 없기 때문에 증명하기 어렵다. 라디오 토크쇼 콘텐츠가 청취자들의 의견에 영향을 미치기 때문에 공화당에 투표할 가능성이 더 높은 것인가? 아니면 그들의 공화당 투표 성향 때문에 라디오 토크쇼를 듣는 것일까? 다이애나 오언은 라디오 토크쇼 청취자들이 비청취자들보다 클린턴 대통령에 대해 더 부정적인 의견을 가지고 있었지만, 라디오 토크쇼가 이러한 부정적 감정을 생성하지는 않았다는 것을 발견했다. 오언은 라디오 토크쇼가 클린턴에 대한 부정적 감정을 강화했을 수는 있지만, 이러한 감정을 생성하지는 않았을 것이라는 가설을 세웠다. 마찬가지로 랜스 홀버트도 2000년 선거 결과의 공정성에 대한 인식과 라디오 토크쇼 청취 사이에 직접적인 관계가 없다는 것을 발견했다. David C. Barker, Rushed to Judgment: Talk Radio, Persuasion, and American Political Behavior (New York: Columbia University Press, 2002); Barker, "Rushed Decisions, Political Talk Radio and Voter Choice, 1994–1996", *Journal of Politics* 61, no. 2 (1999): 527–539, 532–535; Barker and Kathleen Knight, "Political Talk Radio and Public Opinion", *Public Opinion Quarterly* 64, no. 2 (2000): 149–170; Louis Bolce, Gerald De Maio, and Douglas Muzzio, "Dial in Democracy: Talk Radio and the 1994 Election", *Political Science Quarterly* 111, no. 3 (1996): 457–481, 461–464, 466, 469; R. Lance Holbert, "Political Talk Radio, Perceived Fairness, and the Establishment of President George W. Bush's Political Legitimacy", *Harvard International Journal of Press / Politics* 9, no. 3 (2004): 12–27; Diana Owen, "Talk Radio and Evaluations of President Clinton", *Political Communication* 14, no. 3 (1997): 333–353; Kathleen Hall Jamieson and Joseph N. Cappella, *Echo Chamber: Rush Limbaugh and the Conservative Media Establishment* (New York: Oxford University Press, 2008), 123.

2 다음을 보라. Jamieson and Cappella, *Echo Chamber*, 134–139, 195–210.

3 Jamieson and Cappella, Echo Chamber, 123. 다음도 참고하라. Sean Wilenz and Julian E. Zelizer, "A Rotten Way to Pick a President", *Washington Post*, February 17, 2008. 정당은 정치인들이 하향식으로 만들어 낸 것이라고 주장했던 존 앨드리치조차도 당내 경선에서는 활동가들이 정치인들에게 자신들의 극단적 관점을 수용하라고 압력을 넣는다는 점을 지적했다. John Aldrich, *Why Parties? A Second Look* (Chicago: University of Chicago Press,

2011), Kindle location 449; Jeff Roe, 저자와의 인터뷰, April 7, 2017.

4 Chris Mottola, 저자와의 인터뷰, August 23, 2013.

5 Public Opinion Strategies, "Pennsylvania Statewide March Brushfire Study", 277–282, 287–294. Glen Bolger, 저자와의 이메일, September 16, 2013. Bolger was the campaign's pollster.

6 Mottola, 인터뷰; Mark Dion, 저자와의 인터뷰, September 17, 2013.

7 Robert Bennett, 저자와의 인터뷰, January 4, 2013.

8 이는 지역 블로거들에게도 해당하는 사실이었다. Theda Skocpol and Vanessa Williamson, *The Tea Party and the Remaking of Republican Conservatism* (New York: Oxford University Press, 2012), 176.

9 Jeffrey M. Berry and Sarah Sobieraj, *The Outrage Industry: Political Opinion Media and the New Incivility* (New York: Oxford University Press, 2014), 109; Paul Begala, 저자와의 인터뷰, November 29, 2012.

10 Phillip Bump, "The Remarkable Recent Decline of Split-ticket Voting", *Washington Post*, November 10, 2014; Bump (@pbump), "@brianros1 Looks like 103 in 1992 and 100 in 1994"; Twitter, November 10, 2014, 2:38 p.m., https://twitter.com/pbump/status/531938987166810112; Bob Shrum, 저자와의 인터뷰, October 7, 2013.

11 Jamieson and Cappella, *Echo Chamber*, 111–113; David A. Jones, "Political Talk Radio: The Limbaugh Effect on Primary Voters", *Political Communication* 15, no. 3 (1998): 367–381.

12 Zev Chafets, *Rush Limbaugh: An Army of One* (New York: Sentinel, 2010), 193–196.

13 Office of the State Election Commissioner, "State of Delaware Elections System Official Election Results Primary Elections", September 14, 2010, http://elections.delaware.gov/archive/elect10/elect10Primary/html/stwoff_kwns.shtml.

14 Jan Van Lohuizen, 저자와의 이메일, June 8 and July 31, 2013.

15 Sherwood Boehlert, 저자와의 인터뷰, February 5, 2013; Steve LaTourette, 저자와의 인터뷰, February 12, 2013; Wayne Gilchrest, 저자와의 인터뷰, June 8, 2015.

16 R. Douglas Arnold, *The Logic of Congressional Action* (New Haven: Yale University Press, 1990), 5.

17 매스켓과 본 및 그 동료들이 제시한 정당 이론은 이념적 활동가, 이익 집단, 새로운 유형의 정당 지도자들이 정당을 통제하는 메커니즘으로서 당내 경선의 중요성에 초점을 맞춘다. 본과 그 동료들은 "신인들은 맨손으로 싸우지 않는다. 그들은 돈, 문 두드리는 사람들, 여론 조사원, 광고 제작자 및 기타 많은 것들이 필요하다. 그들은 이러한 자원을 어디서 얻는가? 보통 특정 지역 사회에서 정당과 연관된 이익 집단과 활동가들의 연합에서 얻는다."라고 썼다. 라디오 토크쇼는 이 연합의 필수 구성원이었다. Kathleen Bawn, Martin Cohen, David Karol, Seth Masket, Hans Noel, and John Zaller, "A Theory of Political Parties", *Perspectives on Politics* 10, no. 3 (2013): 571–597, 585; Seth E. Masket, *No Middle Ground: How Informal Party Organizations Control Nominations and Polarize Legislatures* (Ann Arbor: University of Michigan Press, 2011).

18 Andrew B. Hall, "How the Public Funding of Elections Increases Candidate Polarization" (unpublished manuscript, August 13, 2014), http://www.andrewbenjaminhall.com/Hall publicfunding.pdf. 앤솔라베히어와 스나이더 또한 더 권력이 많은 현역 의원이 더 많은 정치행동위원회의 자금을 지원받는다는 점을 보여줬다. Stephen Ansolabehere and James M. Snyder Jr., "Money and Institutional Power", *Texas Law Review 77*, no. 7 (1999): 1673–1704.

19 Jordan Gehrke, 저자와의 인터뷰, August 28, 2013; Gene Ulm, 저자와의 인터뷰, August 6, 2013.

20 Charlie Dent, 저자와의 인터뷰, January 9, 2017.

21 "Little Voter Discomfort with Romney's Mormon Religion", Pew Research Center, July 26, 2012, http://www.pewforum.org/2012/07/26/2012-romney-mormonism-obamas-religion; Jennifer Agiesta, "Misperceptions Persist about Obama's Faith", CNN, September 14, 2015, http://www.cnn.com/2015/09/13/politics/barack-obama-religion-christian-misperceptions/index.html; Sarah Pulliam Bailey, "A Startling Number of Americans Still Believe President Obama Is a Muslim", *Washington Post*, September 14, 2015; Louis Jacobson, "Do 59 Percent of Americans Believe Barack Obama Is Muslim?" Punditfact, November 23, 2015, http://www.politifact.com/punditfact/statements/2015/nov/23/arsalan-iftikhar/do-59-percent-americans-believe-barack-obama-musli.

22 Bob Inglis, 저자와의 인터뷰, June 7, 2016.

23 Inglis, 인터뷰.

24 Phillip Bump, "Kerry Bentivolio's Loss Was the 8th Worst for an Incumbent since 1968", *Washington Post*, August 6, 2014.

25 Inglis, 인터뷰.

22 실패로 끝난 협치
Trying (and Failing) to Govern

1 익명의 하원 보좌관2, 저자와의 인터뷰, December 15, 2016; 익명의 하원 보좌관3, 저자와의 인터뷰, December 20, 2016; 익명의 하원 보좌관4, 저자와의 인터뷰, December 20, 2016; Michael Steel, 저자와의 인터뷰, July 6, 2016; Mike Sommers, 저자와의 인터뷰, November 14, 2016; Tim Alberta, "John Boehner Unchained", Politico Magazine, November / December 2017, https://www.politico.com/magazine/story/2017/10/29/john-boehner-trump-house-republican-party-retirement-profile-feature-215741.

2 Nate Hodson, 저자와의 인터뷰, October 14, 2015; anonymous House staffer 5, 저자와의 인터뷰, November 10, 2015.

3 Hodson, 인터뷰; anonymous House staffer 5, 인터뷰.

4 Josh Holmes, 저자와의 인터뷰, February 23, 2016; Amanda Isaacson, 저자와의 인터뷰, January 13, 2017; anonymous Senate staffer 3, 저자와의 인터뷰, November 16, 2016.

5 Aldo Beckman, "Won't Oppose Percy Bid for Now, Says Nixon", *Chicago Tribune*, October 4, 1973; Michael Kilian, "Expect Bayh, Lugar in Faceoff for Senate", *Chicago Tribune*, February 3, 1974; Michael Kilian, "Indianapolis Mayor Ready to Go It Alone", *Chicago Tribune*, February 3, 1974.

6 David Willkie, 저자와의 인터뷰, February 10; 11, 2016.

7 다음을 보라. 116th Congress Senators, DW-NOMINATE plot, VoteView, UCLA Department of Political Science, https://voteview.com/congress/senate/text; Richard Lugar, 저자와의 인터뷰, January 28, 2016.

8 Andrew Prokop, "Losing Obama's Favorite Republican", *New Yorker*, May 8, 2012; Ken Strickland, "Barack Obama's Favorite Republican", NBC News, October 17, 2008, http://www.nbcnews.com/id/27241356/ns/politics-decision08/t/barack-obamasfavoriterepublican.

9 Laura Ingraham, "Interview with Richard Mourdock", *The Laura Ingraham Show*, May 7, 2012, http://www.lauraingraham.com/mediabits.

10 Jim Holden, 저자와의 인터뷰, June 2, 2016; Richard Mourdock, 저자와의 인터뷰, June 6, 2016; Greg Garrison, 저자와의 인터뷰, April 11, 2016; Audrey Mullen, 저자와의 인터뷰, June 15, 2016.

11 Mark Levin, *The Mark Levin Show*, August 11, 2011, http://www.marklevinshow.com/2011-podcast-archive; Mark Levin, *The Mark Levin Show*, March 28 and May 7, 2012, http://www.marklevinshow.com/2012-podcast-archive.

12 Rush Limbaugh, "Tea Party Fights for Conservatism in Indiana", *The Rush Limbaugh Show*, May 8, 2012, https://www.rushlimbaugh.com/daily/2012/05/08/teapartyfightsforconservatisminindiana; Rush Limbaugh, "Life in Obamaville: "My Employer Is Going Out of Business", *The Rush Limbaugh Show*, May 4, 2012, https://www.rush limbaugh.com/daily/2012/05/04/lifein_obamavillemyemployerisgoingoutof business.

13 Erick Erickson, "Ah … Dick Lugar", Red State, November 18, 2010, https://www.redstate.com/diary/Erick/2010/11/18/ah-dick-lugar; Erickson, "Dick Lugar's Voting Record", RedState, April 30, 2012, http://www.redstate.com/erick/2012/04/30/dick-lugars-voting-record; Erickson, "Tomorrow, Retire Dick Lugar", RedState, May 7, 2012, http://www.redstate.com/erick/2012/05/07/tomorrow-retire-dick-lugar; Chris Chocola, "It's Time to Bring Lugar Home", RedState, February 14, 2012, http://www.redstate.com/diary/chris_chocolacfg/2012/02/14/its-time-to-bring-lugar-home; Leon H. Wolf, "Richard Lugar Calls TEA Party Voters Morons", RedState, February 24, 2012, http://www.redstate.com/leonhwolf/2012/02/24/richard-lugar-calls-tea-party-voters-morons.

14 Steve Southerland, 저자와의 인터뷰, December 14, 2017.

15 Michael Medved, "Why the Right Hates Mitt Romney and His 2012 Presidential Bid", Daily Beast, November 10, 2011, https://www.thedailybeast.com/why-the-right-hates-mitt-romney-and-his-2012-presidential-bid.

16 Rush Limbaugh, "I'll Endorse When I Decide, Folks", *The Rush Limbaugh Show*, October 12, 2011, https://www.rushlimbaugh.com/daily/2011/10/12/ill_endorsewhenidecidefolks.

17 Anonymous campaign staffer 3, 저자와의 인터뷰, December 28, 2016; Anna Sugg, 저자와의 인터뷰, February 6, 2016.

18 Noah Rothman, "Laura Ingraham Tears into Romney Campaign", Mediaite, August 10, 2012, https://www.mediaite.com/online/laura-ingraham-tears-into-romney-campaign-he-needs-new-communications-team-strategy; Alexander Burns, "Laura Ingraham: 'Romney's Losing'", Politico, August 10, 2012, https://www.politico.com/blogs/burns-haberman/2012/08/laura-ingraham-romneys-losing-131662; "Laura Ingraham to GOP: 'If You Can't Beat Obama,'"Huffington Post, September 10, 2012, https://www.huffingtonpost.com/entry/laura-ingraham-gop-obama-shut-down-partyn1871911.

19 Karen Tumulty, "Romney Shifts to More

Moderate Stances", *Washington Post*, October 10, 2012.

20 Lori Montgomery, "Boehner, House GOP Leaders Offer 'Fiscal Cliff' Counterproposal", *Washington Post*, December 3, 2012.

21 Zachary A. Goldfarb and Scott Wilson, "Obama Calls for Immediate Freeze on Middle-class Tax Rates", *Washington Post*, November 9, 2012; Barack Obama, "Remarks on the National Economy", November 9, 2012, American Presidency Project, University of California, Santa Barbara, https://www.presidency.ucsb.edu/documents/remarks-the-national-economy-30.

22 Rush Limbaugh, "There's No Common Ground on the Cliff", *The Rush Limbaugh Show*, December 6, 2012, https://www.rushlimbaugh.com/daily/2012/12/06/theresnocommongroundonthecliff; Rush Limbaugh, "The GOP Seminar in Surrender", *The Rush Limbaugh Show*, December 5, 2012, https://www.rushlimbaugh.com/daily/2012/12/05/thegopseminarinsurrender.

23 Alberta, "John Boehner Unchained."

24 헤리티지 재단의 역사를 알아보려면 다음을 참고하라. Jason Stahl, *Right Moves: The Conservative Think Tank in American Political Culture since 1945* (Chapel Hill: University of North Carolina Press, 2016), 47–134.

25 Ed O'Keefe and Rosalind S. Helderman, "Club for Growth Comes Out against 'Plan B'", *Washington Post*, December 19, 2012; Natalie Jennings, "'Plan B' Vote Won't Violate Norquist Pledge", *Washington Post*, December 20, 2012; Rachel Weiner, "FreedomWorks Flips, Now Opposes 'Plan B'", *Washington Post*, December 20, 2012.

26 Doug Heye, 저자와의 인터뷰, November 21, 2016; Alberta, "John Boehner Unchained"; Ed O'Keefe, "As 'Plan B' Vote Nears, John Boehner Seen Whipping Votes", *Washington Post*, December 20, 2012; Paul Kane, Ed O'Keefe, and Lori Montgomery, "How Boehner's Plan B for the 'Fiscal Cliff' Began and Fell Apart", *Washington Post*, December 20, 2012.

27 Lori Montgomery and Paul Kane, "Obama, Senate Republicans Reach Agreement on 'Fiscal Cliff'", *Washington Post*, January 1, 2013; Jennifer Steinhauer, "Divided House Passes Tax Deal", *New York Times*, January 1, 2013.

28 House Roll Call Vote 659 on H.R. 8, 2001년과 2003년에 설치된 특정 세액 공제 조항을 확대하고 포괄적 세제 개혁을 신속히 검토하기 위해서, 112th Cong. 2nd Sess., January 1, 2013, http://clerk.house.gov/evs/2012/roll659.xml.

29 Rush Limbaugh, "Don't Blame Me for Plan B Debacle", *The Rush Limbaugh Show*, December 21, 2012, https://www.rushlimbaugh.com/daily/2012/12/21/don_tblamemeforplanbdebacle.

30 Sommers, 인터뷰; Rory Cooper, 저자와의 인터뷰, May 29, 2015.

31 Southerland, 인터뷰; Charlie Dent, 저자와의 인터뷰, January 9, 2017; Neil Bradley, 저자와의 인터뷰, June 20, 2017.

32 이민 개혁에 대한 티파티의 반대를 더 알아보려면 다음을 참고하라. Theda Skocpol and Vanessa Williamson, *The Tea Party and the Remaking of Republican Conservatism* (New York: Oxford University Press, 2012).

33 Henry Barbour, Sally Bradshaw, Ari Fleischer, Zori Fonalledas, and Glenn McCall, The Growth and Opportunity Project, https://gop.com/growth-and-opportunity-project.

34 "Immigration Battle", Frontline, Season 33, episode 16, produced by Michael Camerini and Shari Robertson, at 1:18, http://www.pbs.org/wgbh/frontline/film/immigration-battle.

35 "Immigration Battle", *Frontline*, at 1:21; Elspeth Reeve, "Steve King Wants to Protect the Border from Cantaloupe-Sized Calves", *The Atlantic*, July 23, 2013.

36 MacKenzie Weinger, "Hannity: I've 'Evolved' on Immigration and Support a 'Pathway to Citizenship'", Politico, November 8, 2012, http://www.politico.com/blogs/media/2012/11/hannity-ive-evolved-on-immigration-and-support-a-pathway-to-citizenship-149078.

37 Kerri Sherlock Talbot, 저자와의 인터뷰, April 21, 2017; Mark Delich, 저자와의 인터뷰, April 28, 2017; Cesar Conda, 저자와의 인터뷰, May 4, 2017.

38 Jason Horowitz, "Marco Rubio Pushed for Immigration Reform with Conservative Media", *New York Times*, February 27, 2016; anonymous Senate staffer 6, 저자와의 인터뷰, June 6, 2017.

39 Rush Limbaugh, "Senator Rubio Makes His Case", *The Rush Limbaugh Show*, January 29, 2013, https://www.rushlimbaugh.com/daily/2013/01/29/senatorrubio_makeshiscase; Conda, 인터뷰; Jon Baselice, 저자와의 인터뷰, June 21, 2017; anonymous Senate staffer 7, 저자와의 인터뷰, July 8, 2016.

40 Rush Limbaugh, "The Limbaugh Amnesty Proposal", *The Rush Limbaugh Show*, January 29, 2013, https://www.rushlimbaugh.com/daily/2013/01/29/the_limbaughamnestyproposal.

41 Joshua Green, *Devil's Bargain: Steve Bannon, Donald Trump, and the Storming of the Presidency* (New York: Penguin Press, 2017), 108–109; Todd Schulte, 저자와의 인터뷰, March 16, 2017.

42 익명의 상원 보좌관7, 인터뷰.

43 Green, *Devil's Bargain*, especially 108–109 and 145.

44 Matthew Boyle, "Senate Passes Amnesty by Vote of 68-32", Breitbart, June 27, 2013, http://www.breitbart.com/big-government/2013/06/27/senate-passes-amnesty-68-32; Mike Flynn, "The 'Angry Birds': GOP Senators Voting for Amnesty over Security", Breitbart, June 27, 2013, http://www.breitbart.com/big-government/2013/06/27/the-angry-birds-gop-senators-voting-for-amnesty-over-security.

45 Baselice, 인터뷰; Becky Tallent, 저자와의 인터뷰, February 13, 2017.

46 Micah Cohen, "Which G.O.P. House Members Might Support Immigration Reform?" *New York Times*, February 3, 2013.

47 Delich, 인터뷰; anonymous House staffer 6, 저자와의 인터뷰, May 19, 2017.

48 David Bier, 저자와의 인터뷰, July 13, 2017.

49 Tallent, 인터뷰; Bier, 인터뷰.

50 Bier, 인터뷰; Bradley, 인터뷰.

51 "Sam Johnson: An Unlikely Immigration Negotiator", *Roll Call*, April 29, 2013; Alec MacGillis, "How Republicans Lost Their Best Shot at the Hispanic Vote", *New York Times Magazine*, September 15, 2016; Doug Rivlin, 저자와의 인터뷰, November 3, 2017.

52 Deidre Walsh, "Key Republican in Immigration Debate", CNN, February 5, 2013, http://politicalticker.blogs.cnn.com/2013/02/05/key-republican-in-immigration-debatesays-undocumented-immigrants-not-clamoring-for-citizenship; Ashley Parker, "A Bipartisan House Group Works to Present Its Own Immigration Proposal", *New York Times*, February 2, 2013.

53 Sara Murray, "Focus of Immigration Debate Shifts to House", *Wall Street Journal*, July 10, 2013; Alan Gomez, "House Group Reaches Deal on Immigration Bill", USA Today, May 16, 2013; Kristina Peterson and Corey Boles, "Bipartisan House Group Reaches Broad Immigration Deal", *Wall Street Journal*, May 16, 2013; MacGillis, "How Republicans Lost"; Rebecca Kaplan, "Raul Labrador Quits House Immigration Group, Bipartisan Effort in Jeopardy", *National Journal*, June 5, 2013; Bier, 인터뷰; Rivlin, 인터뷰; 익명의 하원 보좌관7, 저자와의 인터뷰, August 9, 2017.

54 Ed O'Keefe, "Two Republicans Drop Out of House 'Group of Seven' Immigration Talks", *Washington Post*, September 20, 2013; Alan Gomez, "House Immigration Group Collapses", *USA Today*, September 20, 2013.

55 Rivlin, 인터뷰.

56 "Immigration Battle", *Frontline*.

57 Tony Lee, "Boehner Hires Adviser Who Helped McCain Push Amnesty", Breitbart, December 3, 2013, http://www.breitbart.com/big-government/2013/12/03/boehner-hires-adviser-who-helped-mccain-push-amnesty.

58 익명의 상원 보좌관7, 인터뷰.

59 Alberta, "John Boehner Unchained."

60 Rush Limbaugh, "Amnesty Is Suicide for GOP—and America", *The Rush Limbaugh Show*, January 31, 2014, https://www.rushlimbaugh.com/daily/2014/01/31/amnestyissuicidefor gopandamerica.

61 Laura Ingraham, "Does Rep. Renee Ellmers (R-NC) Want to Flood Labor Market?" *The Laura Ingraham Show*, March 13, 2014, http://www.lauraingraham.com/b/Does-Rep.-Renee-Ellmers-R-NC-want-to-flood-labor-market-to-help-her-big-money-backers-Explosive-interview/17705.html.

62 Laura Ingraham, "Frank Roche: Rep. Ellmers Is 'Not the Voice of Republicans, Let Alone Conservatives'", *The Laura Ingraham Show*, March 14, 2014, http://www.lauraingraham.com/b/Frank-Roche:-Rep.-Ellmers-is-not-the-voice-of-Republicans,-let-alone-conservatives/17723.html.

63 Tal Kopan, "Ellmers: Ingraham's 'Ignorant' Stand", Politico, March 13, 2014, https://www.politico.com/story/2014/03/renee-ellmers-laura-ingraham-104632.

64 익명의 하원 보좌관7, 저자와의 인터뷰.

65 "Immigration Battle", *Frontline*, at 1:31; MacGillis, "How Republicans Lost"; Heye, 인터뷰; Cooper, 인터뷰; Bradley, 인터뷰; Dylan Byers, "Right-wing Radio's Win", Politico, June 11, 2014, https://www.politico.com/story/2014/06/eric-cantor-laura-ingraham-107743.

66 Southerland, 인터뷰.

67 Dent, 인터뷰.

23 권력구조의 전복 Turning the Power Structure Upside Down

1 Molly Ball, "Is the Most Powerful Conservative in America Losing His Edge?" *The Atlantic*, January / February 2015.

2 Josh Holmes, 저자와의 인터뷰, February

23, 2016; Amanda Carpenter, 저자와의 인터뷰, September 8, 2016; anonymous House staffer 4, 저자와의 인터뷰, December 20, 2016; Mike Sommers, 저자와의 인터뷰, November 14, 2016; anonymous House staffer 8, 저자와의 인터뷰, August 12, 2016; Nate Hodson, 저자와의 인터뷰, October 14, 2015; 익명의 하원 보좌관6, 저자와의 인터뷰, May 19, 2017; Andrew Rosenthal, "No Comment Necessary: Drug Mules", *New York Times*, July 24, 2013.

3 익명의 하원 보좌관8, 인터뷰; Aaron Blake, "Here Are the Republicans Who Voted against John Boehner for Speaker", *Washington Post*, January 6, 2015.

4 Laura Ingraham, "Interview with Ted Cruz", *The Laura Ingraham Show*, October 21, 2015, under October 2015 at http://www.lauraingraham.com/mediabits.

5 Laura Ingraham, "Interview with Jim Jordan", *The Laura Ingraham Show*, April 29, 2015, under April 2015 at http://www.lauraingraham.com/mediabits.

6 Daniel Newhauser, Lauren Fox, and National Journal, "GOP Leaders Pull Abortion Bill after Revolt by Women, Moderates", *The Atlantic*, January 21, 2015.

7 Tim Alberta, "John Boehner Unchained", Politico Magazine, November / December 2017, https://www.politico.com/magazine/story/2017/10/29/john-boehner-trump-house-republican-party-retirement-profile-feature-215741; Sarah Ferris, "House GOP Mulls Lifting a Ban on Earmarks", Politico, January 9, 2018, https://www.politico.com/story/2018/01/09/republican-lifting-earmark-ban-271491; Devin Dwyer and Matthew Jaffe, "Senate Republicans Ban Earmarks; Will Democrats Follow?" ABC News, November 16, 2010, https://abcnews.go.com/Politics/earmark-moratorium-republicans-poised-ban-pork-barrel-spending/story?id=12155964.

8 Sommers, 인터뷰.

9 Jim Gerlach, 저자와의 인터뷰, February 5, 2016.

10 Matt Fuller, "Rule Vote Retribution Continues; Chaffetz Takes Away Subcommittee Gavel", *Roll Call*, June 20, 2015; Alberta, "John Boehner Unchained."

11 메도스는 "내가 아는 바에 따르면 현 시점에서는 그 누구도 총에 맞았거나 죽지 않았다. 하지만 일상적으로 많은 뒷거래가 이뤄지고 있다."라고 말했다. Elise Viebeck, "Mark Meadows' House of Cards Moment", *Washington Post*, June 25, 2015; 익명의 하원 보좌관6, 인터뷰; anonymous House staffer 2, 저자와의 인터뷰, December 15, 2016; Alberta, "John Boehner Unchained"; Sommers, 인터뷰.

12 Lauren French, "9 Republicans Launch House Freedom Caucus", Politico, January 26, 2015, http://www.politico.com/story/2015/01/house-freedom-caucus-conservative-legislation-114593.

13 Emma Dumain and Matt Fuller, "Conservatives Fume over Leadership's Crackdown on Rebels", *Roll Call*, June 22, 2015; Elise Viebeck, "Defiant Meadows Responds to Leadership Swipe", *Washington Post*, June 22, 2015; Mark Levin, *The Mark Levin Show*, June 22, 2015, http://www.marklevinshow.com/2015-podcast-archive; 익명의 하원 보좌관8, 인터뷰; Viebeck, "Mark Meadows' House of Cards Moment."

14 Laura Ingraham, *The Laura Ingraham Show*, June 22, 2015, under June 2015 at http://www.lauraingraham.com/mediabits.

15 Neil Cavuto, "Interview with Utah Congressman Jason Chaffetz", *Your World with*

Neil Cavuto, Fox News, June 24, 2015.

16 Alex Swoyer, "Huckabee Applauds Rep. Mark Meadows for Voting against Obama Trade", Breitbart, June 22, 2015, http://www.breitbart.com/big-government/2015/06/22/huckabee-applauds-rep-mark-meadows-for-voting-against-obamatrade; Robert Wilde, " 'Courageous Conservative' Axed by GOP Leadership for 'Voting His Conscience'", Breitbart, June 22, 2015, http://www.breitbart.com/big-government/2015/06/22/courageous-conservative-axed-by-gop-leadership-for-voting-his-conscience; Alex Swoyer, "Cruz versus Team Boehner-Obama: Slams 'Washington Cartel' on Obamatrade and Ex-Import Bank", Breitbart, June 24, 2015, http://www.breitbart.com/big-government/2015/06/24/cruz-versus-team-boehner-obama-slams-washington-cartel-on-obamatrade-and-ex-import-bank; "Sarah Palin: GOP Establishment Failed to Heed Stunning Grassroots Victory against Eric Cantor", Breitbart, June 22, 2015, http://www.breitbart.com/big-government/2015/06/22/sarah-palin-gop-establishment-failed-to-heed-stunning-grassroots-victory-against-eric-cantor.

17 익명의 하원 보좌관8, 인터뷰.

18 Alberta, "John Boehner Unchained."

19 Elise Viebeck, "He's Back: Mark Meadows Regains Subcommittee Gavel", *Washington Post*, June 25, 2015; Joint Statement on Meadows' Reinstatement as Chair of Government Operations, Rep. Mark Meadows (R-NC) News Release, Congressional Documents and Publications, June 25, 2015; Matt Fuller, "Meadows Gets Subcommittee Gavel Back", *Roll Call*, June 25, 2015; Jake Sherman and Anna Palmer, "GOP Leaders Reverse Punishment for Dissenter", Politico, June 25, 2015, https://www.politico.com/story/2015/06/gop-leaders-reverse-punishment-mark-meadows-jason-chaffetz-119422; 익명의 하원 보좌관6, 인터뷰; 익명의 하원 보좌관4, 인터뷰; Sommers, 인터뷰.

20 익명의 하원 보좌관8, 인터뷰.

21 Alberta, "John Boehner Unchained."

22 Heather Caygle, "Boehner's Successor Joins Freedom Caucus", Politico, June 9, 2016, https://www.politico.com/story/2016/06/warren-davidson-freedom-caucus-224145.

23 Charlie Dent, 저자와의 인터뷰, January 9, 2017; Gerlach, 인터뷰.

24 Laura Ingraham, "Interview with Ken Cuccinelli", *The Laura Ingraham Show*, September 28, 2015, under April 2015 at http://www.lauraingraham.com/mediabits.

25 Laura Ingraham, "Interview with Mo Brooks", *The Laura Ingraham Show*, October 22, 2015, accessible via the free clips under October 2015 at http://www.lauraingraham.com/mediabits.

26 익명의 하원 보좌관3, 저자와의 인터뷰, December 20, 2016; Kristina Peterson, 저자와의 이메일, February 1, 2016; Jenna Sakwa, 저자와의 이메일, November 3, 2017.

24 라디오 토크쇼가 만든 대통령 The President That Talk Radio Made

1 Alexander Burns, "Donald Trump, Pushing Someone Rich, Offers Himself", *New York Times*, June 17, 2015.

2 Rush Limbaugh, "Trump's Message Will Resonate", *The Rush Limbaugh Show*, June 16, 2015, https://www.rushlimbaugh.com/daily/

2015/06/16/trumps_messagewillresonate.

3 Alex Swoyer, "Donald Trump Wants to Make America Great Again, Announces 2016 Campaign", Breitbart, June 16, 2015, http://www.breitbart.com/big-government/2015/06/16/donald-trump-wants-to-make-america-great-again-announces-2016-campaign.

4 Rush Limbaugh, "The Orders to Take Out Trump Must Have Gone to Fox, Not the Other Candidates", *The Rush Limbaugh Show*, August 7, 2015, https://www.rushlimbaugh.com/daily/2015/08/07/theorderstotakeout_trumpmusthavegonetofoxnottheothercandidates/.

5 NBC News / *Wall Street Journal* Poll, July 2015, USNBCWSJ.080315.R29, indexed by iPOLL, Roper Center for Public Opinion Research, Cornell University.

6 Fox News Poll, July 2015, USASFOX.071615.R36; Suffolk University / *USA Today* Poll, July 2015, USSUFF.071415.R32, indexed by iPOLL, Roper Center for Public Opinion Research, Cornell University.

7 Joshua Green, *Devil's Bargain: Steve Bannon, Donald Trump, and the Storming of the Presidency* (New York: Penguin Press, 2017), 109.

8 Laura Ingraham, "Interview with Donald Trump", *The Laura Ingraham Show*, June 12, 2012, under June 2012 at http://www.lauraingraham.com/mediabits.

9 Laura Ingraham, "Interview with Donald Trump", *The Laura Ingraham Show*, April 1, 2015, under April 2015 at http://www.lauraingraham.com/mediabits.

10 Ben Schreckinger, "Trump Attacks McCain: 'I Like People Who Weren't Captured'", Politico, July 18, 2015, http://www.politico.com/story/2015/07/trump-attacks-mccain-i-like-people-who-werent-captured-120317.

11 Rush Limbaugh, "The Drive-Bys Missed My Point on Trump", The Rush Limbaugh Show, July 21, 2015, https://www.rushlimbaugh.com/daily/2015/07/21/thedrivebysmissedmypointontrump. The transcript reads "politically correct", but this is almost certainly in error.

12 NBC News / *Wall Street Journal* Poll, July 2015, USNBCWSJ.080315.R17; Fox News Poll, July 2015, USASFOX.080315.R07; Bloomberg Poll, July 2015, USSELZER.080415.R01; CBS News Poll, July, 2015, USCBS.080415.R17; ABC News / Washington Post Poll, July 2015, USABCWP.072015A.R05; Fox News Poll, June 2015, USASFOX.062415.R29, all indexed by iPOLL, Roper Center for Public Opinion Research, Cornell University.

13 Alan Rappeport, "Conservative Airwaves Grapple with Donald Trump, Aiding His Rise", *New York Times*, July 23, 2015.

14 John Kobylt, 저자와의 인터뷰, April 10, 2016.

15 Hal Shapiro and Lael Brainard, "Fast Track Trade Promotion Authority", Brookings Policy Briefing Series, December 1, 2001, https://www.brookings.edu/research/fast-track-trade-promotion-authority.

16 Paul Teller, 저자와의 인터뷰, August 14, 2017.

17 Rush Limbaugh, "The Rare EIB Interview: Senator Ted Cruz on Why He Called His Leader a Liar", *The Rush Limbaugh Show*, July 24, 2015, https://origin-www.rushlimbaugh.com/daily/2015/07/24/therareeibinterview_senatortedcruzonwhyhecalledhisleaderaliar; Rush

Limbaugh, "Cruz Calls McConnell a Liar", *The Rush Limbaugh Show*, July 24, 2015, https://www.rushlimbaugh.com/daily/2015/07/24/cruzcallsmcconnellaliar; Mike DeBonis, "Ted Cruz Calls Mitch McConnell a Liar on the Senate Floor", *Washington Post*, July 24, 2015.

18 Teller, 인터뷰; Amanda Carpenter, Twitter direct message to author, November 14, 2017.

19 *The Mark Levin Show*, July 24, 2015, http://www.marklevinshow.com/2015-podcast-archive.

20 "GOP Candidates Debate", Fox News, August 6, 2015.

21 Donald Trump (@RealDonaldTrump), "I really enjoyed the debate tonight even though the @FoxNews trio, especially @megynkelly, was not very good or professional!" Twitter, August 7, 2015, 12:53 a.m., https://twitter.com/realDonaldTrump/status/629561051982495744.

22 Phillip Rucker, "Trump Says Fox's Megyn Kelly Had 'Blood Coming Out of Her Wherever'", *Washington Post*, August 8, 2015; Brian Stelter and Tom Kludt, "Fox Moderators Get Applause for Tough Debate Questions", CNN, August 7, 2015, http://money.cnn.com/2015/08/06/media/republican-debate-fox/index.html.

23 Carly Fiorina (@CarolyFiorina), "Mr. Trump: There. Is. No. Excuse.", Twitter, August 7, 2015, 8:41 p.m., https://twitter.com/CarlyFiorina/status/629860026916716545.

24 Jonathan Martin and Maggie Haberman, "Hand-Wringing in G.O.P. after Donald Trump's Remarks on Megyn Kelly", *New York Times*, August 9, 2015.

25 Rush Limbaugh, "Trump Resonates Because Millions of People Are Sick of Political Correctness, Phony Outrage and Phony Apologies", *The Rush Limbaugh Show*, August 10, 2015, https://www.rushlimbaugh.com/daily/2015/08/10/trumpresonatesbecausemillionsofpeoplearesickofpolitical_correctnessphonyoutrageandphonyapologies.

26 Josh Feldman, "Fox's Krauthammer: This Debate Was 'The Collapse of Trump'", Mediaite, August 6, 2015, https://www.mediaite.com/tv/foxs-krauthammer-this-debate-was-the-collapse-of-trump.

27 Rush Limbaugh, "Fox Backlash across the Fruited Plain", *The Rush Limbaugh Show*, August 7, 2015, https://www.rushlimbaugh.com/daily/2015/08/07/fox_backlashacrossthefruitedplain.

28 Robert Wilde, "Mark Levin: Fox News, Megyn Kelly 'Hosted a National Enquirer Debate, Not a Republican Debate—Owe American People an Apology'", Breitbart, August 9, 2015, http://www.breitbart.com/big-journalism/2015/08/09/mark-levin-fox-news-megyn-kelly-hosted-a-national-enquirer-debate-not-a-republican-debate-owe-american-people-an-apology.

29 Donald Trump (@realDonaldTrump), "The hatred that clown @krauthammer has for me is unbelievable—causes him to lie when many others say Trump easily won debate", Twitter, August 7, 2015, 1:36 p.m., https://twitter.com/realDonaldTrump/status/629753109481422848; Donald Trump (@realDonaldTrump), ".... Dopey @krauthammer should be fired. @FoxNews", Twitter, August 7, 2015, 1:35 p.m., https://twitter.com/realDonaldTrump/status/629752759009583104.

30 Donald Trump (@realDonaldTrump), "So many 'politically correct' fools in our country. We have to all get back to work and stop wasting time and energy on nonsense!" Twitter, August 8, 2015, 5:29 a.m., https://twitter.com/realDonaldTrump/status/629992743788523520; Donald Trump (@realDonaldTrump), "@redstate I miss you all, and thanks for all of your support. Political correctness is killing our country. 'weakness.'" Twitter, August 8, 2015, 6:26 a.m., https://twitter.com/realDonaldTrump/status/630007166129303552.

31 Rush Limbaugh, "Why I Don't Endorse in Primaries", The Rush Limbaugh Show, February 12, 2016, https://www.rushlimbaugh.com/daily/2016/02/12/whyi_dontendorsein primaries; Rush Limbaugh, "If Conservatism Is Your Only Priority, There Is No Choice Other than Ted Cruz", *The Rush Limbaugh Show*, February 10, 2016, https://www.rushlimbaugh.com/daily/2016/02/10/ifconservatismisyour onlyprioritythereisno choiceotherthan_ted cruz.

32 Judd Legum, "How Sean Hannity Managed to Interview Trump 41 Times and Never Once Made News", Think Progress, April 11, 2016, https://thinkprogress.org/how-sean-hannity-managed-to-interview-trump-41-times-and-never-once-made-news-3a762a1fe170.

33 streiff, "Who Has Sean Hannity Interviewed 41 Times without Making News? Can You Guess?" RedState, April 12, 2016, http://www.redstate.com/streiff/2016/04/12/sean-hannity-interviewed-41-times-without-making-news-can-guess.

34 Lynda McLaughlin, "Candidate Time on The Sean Hannity Radio and TV Shows", *The Sean Hannity Show*, April 13, 2016, accessible via the Internet Archive Wayback Machine, https://web.archive.org/web/20160415194837/. http://www.hannity.com/articles/election-493995/candidate-time-on-the-sean-hannity-14601203.

35 Leon H. Wolf, "Sean Hannity Is Not Happy with Redstate", RedState, April 13, 2016, http://www.redstate.com/leonhwolf/2016/04/13/sean-hannity-happy-redstate.

36 Josh Feldman, "'You Gotta Stop!' Hannity Loses His Cool with Ted Cruz over Delegates", Mediaite, April 19, 2016, http://www.mediaite.com/online/you-gotta-stop-hannity-loses-his-cool-with-ted-cruz-over-delegates.

37 Rush Limbaugh, "The Day Is Finally Here", *The Rush Limbaugh Show*, November 8, 2016, https://www.rushlimbaugh.com/daily/2016/11/08/thedayis_finallyhere.

38 Donald Trump (@realDonaldTrump), "@Don_Vito_08: 'A picture is worth a thousand words' @realDonaldTrump #LyingTed #NeverCruz @MELANIATRUMP", Twitter, March 23, 2016, 8:55 p.m., https://twitter.com/realDonaldTrump/status/712850174838771712; Theodore Schleifer and Julia Manchester, "Donald Trump Makes Wild Threat to 'Spill the Beans' on Ted Cruz's Wife", March 22, 2016, CNN, http://www.cnn.com/2016/03/22/politics/ted-cruz-melania-trump-twitter-donald-trump-heidi/index.html.

39 Nolan D. McCaskill, "Trump Walks into #NeverTrump Radio Buzzsaw", Politico, March 28, 2016, http://www.politico.com/blogs/2016-gop-primary-live-updates-and-results/2016/03/trump-charlie-sykes-inter view- 221289; Charlie Sykes interviews Donald Trump, WTMJ, posted on Soundcloud, https://soundcloud.com/620-wtmj/charlie-sykes-interviews-donald-trump; "Wisconsin Radio Host Charlie Sykes Batters Donald Trump in Contentious Interview", March 28, 2016, https://www.youtube.com/watch?v=UOif2C3jPr8; Kevin Bohn, "Conservative Radio Hosts' Influence Seen in Trump's Wisconsin Loss",

CNN, April 6, 2016, http://www.cnn.com/2016/04/05/politics/wisconsin-radio-host-donald-trump-primary/index.html; Mark Sommerhauser, "Talk Radio Hosts Hammer Trump on Views, Ideas", *Capital Times & Wisconsin State Journal*, March 29, 2016.

40 Ashley Parker and Nick Corasanti, "6 Talk Radio Hosts, on a Mission to Stop Donald Trump in Wisconsin", *New York Times*, April 4, 2016; Jonathan Lemire, "Trump Grilled by Dean of Wisconsin Conservative Talk Radio", Associated Press, March 28, 2016; Bohn, "Conservative Radio Hosts' Influence"; John Fund, "Trump Steps into Wisconsin Talk-Radio Buzzsaw", *National Review*, March 29, 2016.

41 Kobylt, 인터뷰.

42 Greg Garrison, 저자와의 인터뷰, April 11, 2016.

43 Chris Stigall, 저자와의 이메일, April 14, 2016, and October 19, 2017.

44 존스는 스턴의 프로그램의 정기 출연자 중 한 명이었다. 진행자는 그를 조롱하고 흉내를 냈다. "Glenn Beck Mocks Alex Jones", posted by ulaghchi to Youtube on July 29, 2014, https://www.youtube.com/watch?v=VfrGYbuVjk; "Alex Jones", *Last Week Tonight*, July 30, 2017; Stern Show (@sternshow), "Alex Jones joined the #SternShow this week via satellite to protect his identity from @Howard Stern, plug a few products, and sing a new song", Twitter, February 7, 2019, 1:18 p.m., https://twitter.com/sternshow/status/1093620050542710791.

45 Eric Hananoki, "A Guide to Donald Trump's Relationship with Alex Jones", Media Matters for America, May 3, 2007, https://www.mediamatters.org/research/2017/05/03/guide-donald-trump-s-relationship-alex-jones/216263; Manuel Roig-Franzia, "How Alex Jones, Conspiracy Theorist Extraordinaire, Got Donald Trump's Ear", *Washington Post*, November 17, 2016; William Finnegan, "Donald Trump and the 'Amazing' Alex Jones", *New Yorker*, June 23, 2016; Callum Borchers, "Donald Trump Just Appeared with a Leading 9 / 11 Conspiracy Theorist", *Washington Post*, December 2, 2015.

46 Andrew Marantz, "Trolls for Trump", *New Yorker*, October 31, 2016; Liam Stack, "Who Is Mike Cernovich? A Guide", *New York Times*, April 5, 2017.

47 Charle Warzel, "How Bill Mitchell Owned the Liberal Media", Buzzfeed, November 13, 2016, https://www.buzzfeed.com/charliewarzel/bill-mitchells-revenge; Charle Warzel, "FiveThirtyHate: Meet the Trump Movement's Post-Truth, Post-Math Anti-Nate Silver", Buzzfeed, October 18, 2016, https://www.buzzfeed.com/charliewarzel/meet-the-trump-movements-post-truth-post-math-anti-nate-silv.

48 다음을 보라. Trump twitter archive, http://www.trumptwitterarchive.com/archive. The tweets, sometimes twice in one day, occurred on July 24, October 16, November 10, and December 27, 2015; January 28 and February 22, 2016; and March 22, 2017.

49 Yochai Benkler, Robert Faris, Hal Roberts, and Ethan Zuckerman, "Study: Breitbart-led Right-wing Media Ecosystem Altered Broader Media Agenda", *Columbia Journalism Review*, March 3, 2017, https://www.cjr.org/analysis/breitbart-media-trump-harvard-study.php.

50 Sean Spicer, 저자와의 인터뷰, June 28, 2018.

51 Ryan Lovelace, "Inside RNC's Stealth Push for Talk Radio to Save GOP", *Washington Examiner*, June 3, 2016.

52 Lloyd Grove, "Breitbart Rolls Over after Reporter 'Grabbed' by Trump Aide", Daily Beast, March 9, 2016, http://www.thedailybeast.com/breitbart-rolls-over-after-reporter-grabbed-by-trump-aide; Eric Levitz, "Breitbart Sides with Trump Campaign over Its Own Reporter in Assault Dispute", *New York Magazine*, March 11, 2016; Rosie Gray and McKay Coppins, "Michelle Fields, Ben Shapiro Resign from Breitbart", Buzzfeed, March 14, 2016, https://www.buzzfeed.com/rosiegray/michelle-fields-ben-shapiro-resign-from-breitbart.

53 Robert Costa, Jose A. DelReal, and Jenna Johnson, "Trump Shakes Up Campaign, Demotes Top Adviser", *Washington Post*, August 17, 2016; Jonathan Martin, Jim Rutenberg, and Maggie Haberman, "Donald Trump Appoints Media Firebrand to Run Campaign", *New York Times*, August 17, 2016; Green, Devil's Bargain, 208–209.

54 Katy Tur, *Unbelievable: My Front-Row Seat to the Craziest Campaign in American History* (New York: Dey St., 2017), 244.

55 Dylan Byers, "Sean Hannity Participates in Trump Promotional Video", CNN, September 21, 2016, http://money.cnn.com/2016/09/20/media/hannity-trump/index.html.

56 Phil Shiver, "Levin: I'm Voting for Trump… Here's Why", *Conservative Review*, September 6, 2016, https://www.conservativereview.com/articles/levin-im-voting-for-trump.

57 Shiver, "Levin: I'm Voting for Trump"; LevinTV, "Decision Time", Facebook, September 7, 2016, https://www.facebook.com/LevinTV/videos/vb.1546815202270918/1786065018345934.

58 Rush Limbaugh, "We're beyond Ideology, Folks", *The Rush Limbaugh Show*, September 15, 2016, https://www.rushlimbaugh.com/daily/2016/09/15/were_beyondideologyfolks.

59 Rush Limbaugh, "The Day Is Finally Here."

60 Amanda Carpenter, 저자와의 인터뷰, September 8, 2016.

61 Tim Miller, 저자와의 인터뷰, September 8, 2016.

62 Kobylt, 인터뷰; Brett Winterble, 저자와의 인터뷰, January 23, 2017.

63 Hadas Gold, "Michael Medved Suffers for His Anti-Trump Stance", Politico, November 6, 2016, http://www.politico.com/story/2016/11/michael-medved-salem-radio-donald-trump-230810; Michael Medved, 저자와의 인터뷰, January 18, 2017; Charlie J. Sykes, "Charlie Sykes on Where the Right Went Wrong", *New York Times*, December 15, 2016; Charlie Sykes, 저자와의 인터뷰, December 12, 2016.

64 Nicole Pinto, "Cancer Survivor Medved Signs Salem Contract Extension", *San Fernando Valley Business Journal*, November 18, 2015, http://www.sfvbj.com/news/2015/nov/18/cancer-survivor-medved-signs-salem-contract-extens; Asawin Suebsaeng, Maxwell Tani, and Andrew Kirell, "Seb Gorka in Talks to Be Salem Radio's New Host", Daily Beast, July 20, 2018, https://www.thedailybeast.com/seb-gorka-in-talks-to-be-salem-radios-new-host-as-network-plots-a-coup-against-its-trump-critics; "Sebastian Gorka to Replace MichaelMedved in Salem Radio Network Lineup", All Access Music Group, November 8, 2018, https://www.allaccess.com/net-news/archive/story/181574/sebastian-gorka-to-replace-michael-medved-in-salem.

65 Brian Stelter, "'Mass Firing' at Conservative Site RedState", CNN, April 27,2018, https://money.cnn.com/2018/04/27/media/redstate-blog-salem-media/index.html.

66 Hadas Gold and Oliver Darcy, "Salem Executives Pressured Radio Hosts to Cover Trump More Positively, Emails Show", CNN, May 9, 2018, http://money.cnn.com/2018/05/09/media/salem-radio-executives-trump/index.html.

67 Elisha Krauss, 저자와의 인터뷰, May 18, 2018; Ben Shapiro, 저자와의 인터뷰, May 4, 2017; Hadas Gold, "Michelle Fields, Ben Shapiro Resign from Breitbart", Politico, March 14, 2016, https://www.politico.com/blogs/on-media/2016/03/michelle-fields-ben-shapiro-resign-from-breitbart-220709.

68 Michael M. Grynbaum and Jim Rutenberg, "The Weekly Standard, Pugnacious to the End, Will Cease Publication", *New York Times*, December 14, 2018.

69 Sykes, "Charlie Sykes on Where the Right Went Wrong"; Sykes, 인터뷰.

70 Steve Guest, 저자와의 인터뷰, December 5, 2016; 익명의 공화당 보좌관, 저자와의 인터뷰, November 16, 2016; Scott Hogensen, 저자와의 인터뷰, July 18, 2018.

71 Hogensen, 인터뷰; Spicer, 인터뷰.

72 Jon Meacham, *Destiny and Power: The American Odyssey of George Herbert Walker Bush* (New York: Random House, 2015), 326.

73 보수에 대한 블루칼라 백인 노동자들의 호응에 대해서는 다음을 보라. Timothy Lombardo, *Blue-Collar Conservatism: Frank Rizzo's Philadelphia and Populist Politics* (Philadelphia: University of Pennsylvania Press, 2018); Stephanie McCrummen, "Cheers, a Punch, a Slur: What It's Like in the Crowd at a Donald Trump Rally", *Washington Post*, December 17, 2015; Molly Ball, "The Ecstasy of Donald Trump", *The Atlantic*, November 26, 2015.

74 Emma Roller, "The Women Who Like Donald Trump", *New York Times*, May 10, 2016; Melinda Henneberger, "What Trump Supporters Talk about When They Talk about Trump", *Roll Call*, June 13, 2016.

75 Eli Stokols, "Why Wisconsin's 'Never Trump' Movement Is Different", Politico, March 30, 2016, https://www.politico.com/story/2016/03/why-wisconsins-never-trump-movement-is-different-221407.

76 Gregory Krieg and Martin Savidge, "Why Wisconsin Hasn't Warmed to Donald Trump", CNN, April 4, 2016, http://www.cnn.com/2016/04/04/politics/donald-trump-wisconsin-problems-scott-walker/index.html.

77 림보의 논평의 출처는 그의 프로그램이다. Limbaugh's March 31, 2016, and April 1, 2016, shows.

78 David Fahrenthold, "Trump Recorded Having Extremely Lewd Conversation about Women in 2005", *Washington Post*, October 8, 2016.

79 Jose A. DelReal, "Ahead of Debate, Trump Holds News Conference with Bill Clinton Accusers", *Washington Post*, October 9, 2016.

80 Rush Limbaugh, "This Is What It Looks Like When You Take on the Establishment", *The Rush Limbaugh Show*, October 10, 2016, https://www.rushlimbaugh.com/daily/2016/10/10/thisiswhatitlookslikewhenyou_takeontheestablishment.

81 Rush Limbaugh, "John Harwood, Democrat Operative", *The Rush Limbaugh Show*, October 11, 2016, https://www.rushlimbaugh.com/daily/2016/10/11/john_harwooddemocratoperative.

82 Rush Limbaugh, "The Bombshells in

Hillary's Wall Street Speeches", *The Rush Limbaugh Show*, October 10, 2016, https://www.rushlimbaugh.com/daily/2016/10/10/the bombshellsinhillaryswallstreetspeeches; Rush Limbaugh, "More Jaw-Dropping Revelations in the WikiLeaks Clinton Email Dump", *The Rush Limbaugh Show*, October 11, 2016, https://www.rushlimbaugh.com/daily/2016/10/11/morejawdroppingrevelationsin the_wikileaksclintonemaildump.

83 Tur, Unbelievable, 172–173, 272–273; Callum Borchers, "'Hide of a Rhinoceros' Helps NBC's Katy Tur Withstand Donald Trump's Taunts", *Washington Post*, November 3, 2016; Dylan Byers, "Donald Trump Singles Out NBC's Katy Tur, Again", CNN, November 2, 2016, https://money.cnn.com/2016/11/02/media/donald -trump-katy-tur/index.html; Katy Tur, "My Crazy Year with Trump", Marie Claire, September 1, 2016.

84 다음을 참고하라. Trump Twitter archive under the category of "Media Disdain" for a list of Trump's Twitter assaults on media figures and journalists, http://www.trump twitterarchive.com.

85 Matt Taibbi, "Morning Blow: How Joe and Mika Became Trump's Lapdogs", Rolling Stone, February 23, 2016; Eliza Relman, "The Rise and Fall of Trump's Relationship with Mika Brezinski", Business Insider, June 30, 2017, http://www.businessinsider.com/who-is-mika-brzezinski-trump-feud-face-lift-2017-6; Lloyd Grove, "Is 'Morning Joe' Too Close to Donald Trump?" Daily Beast, February 17, 2016, https://www.thedailybeast.com/is-morning-joe-too-close-to-donald-trump; Sarah Quinlan, "Joe Scarborough, Anti-Trumper?" *National Review*, July 21, 2017.

86 Donald Trump (@realdonaldtrump), Twitter, August 22, 2016, 4:29 a.m., https://twitter.com/realdonaldtrump/status/767685048703279104?lang=en.

87 Michael M. Grynbaum, "Trump Calls the News Media 'the Enemy of the American People'", *New York Times*, February 17, 2017.

88 Miller, 인터뷰.

25 전체적인 상황 The Big Picture

1 "Santorum Calls Limbaugh Comments 'Absurd'", CNN, March 2, 2012, http://politicalticker.blogs.cnn.com/2012/03/02/santorum-calls-limbaugh-comments-absurd.

2 Kayla Webley Adler, "'I Was Fired for Being Pro-Choice'", *Marie Claire*, June 23, 2017; "Watch: Tomi Lahren Joins 'The View,' Explains Why She's Pro-Choice", Fox News, May 17, 2017, http://insider.foxnews.com/2017/03/17/tomi-lahren-explains-why-shes-pro-choice-view-interview; Amy Zimmerman, "Tomi Lahren Is Terrible. Period", Daily Beast, December 9, 2016, https://www.thedailybeast.com/tomi-lahren-is-terrible-period; Jonah Engel Bromwich, "Tomi Lahren: Young, Vocal and the Right's Rising Media Star", *New York Times*, December 4, 2016; Ashley May, "Fox Contributor Tomi Lahren Said Diner Threw Water on Her; Trump Tweeted His Support", *USA Today*, May 24, 2018.

3 Jeffrey M. Berry and Sarah Sobieraj, *The Outrage Industry: Political Opinion Media and the New Incivility* (New York: Oxford University Press, 2014), 3–4.

4 Sarah B. Boxer, "Romney: Limbaugh Remarks 'Not Language I Would Have Used'", CBS, March 3, 2012, http://www.cbsnews.com/news/romney-limbaugh-remarks-not-language-i-would-have-used.

5 Gregory Wallace, "Paul Calls Limbaugh Comments 'Crude'", CNN, March 3, 2012, http://politicalticker.blogs.cnn.com/2012/03/03/paul-calls-limbaugh-comments-crude.

6 Mike DeBonis, "McCarthy Blames Republican Loss of House Majority on GOP Health Care Bill", *Washington Post*, February 12, 2019.

7 Jennifer Haberkorn, "Obama Vetoes Obamacare Repeal Bill", Politico, January 8, 2016, https://www.politico.com/story/2016/01/obama-vetoes-obamacare-repeal-bill-217505; Mike DeBonis, "Obama Vetoes Republican Repeal of Health-care Law", *Washington Post*, January 8, 2016.

8 Carl Hulse, "Why the Senate Couldn't Pass a Crime Bill Both Parties Backed", *New York Times*, September 16, 2016.

9 Carl Hulse, "It Took Quite a Push, but McConnell Finally Allows Criminal Justice Vote", *New York Times*, December 13, 2018; Kolby Itkowitz, "Why Isn't Mitch McConnell Bringing Up Criminal Justice Reform?" *Washington Post*, November 30, 2018.

10 Jason Zengerle, "How the Trump Administration Is Remaking the Court", *New York Times Magazine*, August 22, 2018.

11 Manu Raju, "Senate Judiciary Committee Scraps Votes on Judges Because of Flake", CNN, December 5, 2018, https://www.cnn.com/2018/12/05/politics/senate-judiciary-committee-jeff-flake/index.html.

12 David Hinckley, "Rush Limbaugh Did Cost Our Company Millions, Says Cumulus CEO", *New York Daily News*, May 7, 2013.

13 Emily Steel and Michael S. Schmidt, "Bill O'Reilly Is Forced Out at Fox News", *New York Times*, April 19, 2017; "Bill O'Reilly Thrives at Fox News, Even as Harassment Settlements Add Up", *New York Times*, April 1, 2017; "Bill O'Reilly Settled New Harassment Claim, Then Fox Renewed His Contract", *New York Times*, October 21, 2017.

14 Stephen Battaglio, "Fox News Launches 'Fox Nation' as News Networks Try to Catch the Streaming Wave", *Los Angeles Times*, November 26, 2018.

15 Gabe Hobbs, 저자와의 이메일, February 11, 2019.

16 Rush Limbaugh, "President Trump Calls the Show!" *The Rush Limbaugh Show*, August 1, 2018, https://www.rushlimbaugh.com/daily/2018/08/01/president-trump-calls-the-show.

17 Rush Limbaugh, "A Great Day for the Swamp: Dems Get Everything, Trump Gets Less than Nothing", *The Rush Limbaugh Show*, December 19, 2018, https://www.rushlimbaugh.com/daily/2018/12/19/a-great-day-for-the-swamp-dems-get-everything-trump-gets-less-than-nothing; Rush Limbaugh, "The President Tells Me It's Money or Nothing", *The Rush Limbaugh Show*, December 20, 2018, https://www.rushlimbaugh.com/daily/2018/12/20/my-sources-say-trump-wont-sign-a-bill-without-real-money-for-the-wall; Jason Schwartz, "Rush Limbaugh Roars Back", Politico, December 21, 2018, https://www.politico.com/story/2018/12/21/rush-limbaugh-trump-comeback-1073726.

18 "Trump: Favorable / Unfavorable", RealClear Politics, https://www.realclearpolitics.com/epolls/other/trumpfavorableunfavorable-5493.html.

19 닉슨과 레이건은 때때로 큰 지지율 하락을 겪었지만, 그들의 지지율은 닉슨에 비해 바닥을 치지는 않았다.

20 Rush Limbaugh, "Non-Citizen Voting

Confirmed in Texas and Pennsylvania", *The Rush Limbaugh Show*, January 31, 2019, https://www.rushlimbaugh.com/daily/2019/01/31/non-citizen-voting-confirmed-in-texas-and-pennsylvania; "Caravan Arrives, Dems Steal Elections—and GOP Holds a Press Conference on Leadership Elections!" *The Rush Limbaugh Show*, November 14, 2018, https://www.rushlimbaugh.com/daily/2018/11/14/caravan-arrives-dems-steal-elections-and-gop-holds-a-press-conference-on-leadership-elections.

트럼프는 선택되었을 뿐이다

극우 확장의 메커니즘

초판 1쇄 인쇄 2024년 09월 04일
초판 1쇄 발행 2024년 09월 23일

지은이 브라이언 로젠월드
옮긴이 송현주
펴낸이 박지혜

기획·편집 박지혜
마케팅 윤해승, 장동철, 윤두열
경영 지원 황지욱
디자인 신용진
제작 영신사

펴낸곳 (주)멀리깊이
출판등록 2020년 6월 1일 제406-2020-000057호
주소 (03997) 서울특별시 마포구 월드컵로14길 61, 2층
전자우편 murly@humancube.kr
편집 070-4234-3241 마케팅 02-2039-9463 팩스 02-2039-9460
인스타그램 @murly_books

ISBN 979-11-91439-53-3 03330